Absprachevefahren im deutschen, US-amerikanischen
und georgischen Strafverfahrensrecht in vergleichender Sicht

Europäische Hochschulschriften

Publications Universitaires Européennes
European University Studies

Reihe II
Rechtswissenschaft

Série II Series II
Droit
Law

Bd./Vol. 5237

PETER LANG
Frankfurt am Main · Berlin · Bern · Bruxelles · New York · Oxford · Wien

Tamara Laliashvili

Abspracheverfahren im deutschen, US-amerikanischen und georgischen Strafverfahrensrecht in vergleichender Sicht

PETER LANG
Internationaler Verlag der Wissenschaften

Bibliografische Information der Deutschen Nationalbibliothek
Die Deutsche Nationalbibliothek verzeichnet diese Publikation in der Deutschen Nationalbibliografie; detaillierte bibliografische Daten sind im Internet über http://dnb.d-nb.de abrufbar.

Zugl.: Bremen, Univ., Diss., 2010

Gefördert von der VolkswagenStiftung

Gedruckt auf alterungsbeständigem,
säurefreiem Papier.

D 46
ISSN 0531-7312
ISBN 978-3-631-61811-0

www.peterlang.de

Inhaltsverzeichnis

Einleitung

1. Problemstellung

Nach dem Zusammenbruch der Sowjetunion Anfang der 1990-er Jahre hat Georgien begonnen, mit Hilfe verschiedener internationaler, europäischer und amerikanischer Organisationen und Experten eine neue, westlich orientierte Rechtsordnung zu entwickeln. Dieser Transformationsprozess umfasste auch das Strafverfahrensrecht. Im Mai 1999 verabschiedete das georgische Parlament eine neue Strafprozessordnung, deren Grundprinzipien sich stark an das kontinentaleuropäische Recht anlehnen. Die prägenden Prozessprinzipien sind das Anklageprinzip, die Durchführung einer Hauptverhandlung unter der Maxime von Amtsaufklärung, Unmittelbarkeit, Mündlichkeit und Öffentlichkeit und das Prinzip der freien Beweiswürdigung.

Nach der „Rosenrevolution" im Jahr 2003 änderte sich die politische Ausrichtung und es wurden Institute des angloamerikanischen Strafverfahrens in die StPO Georgiens aufgenommen. Unter den über 600 seit 2003 vorgenommenen Änderungen waren auch die im Jahr 2004 aufgenommenen Regelungen über das Abspracheverfahren (Kapitel LXIV(1): § 679(1) bis § 679(9) georgische Strafprozessordnung). Die entsprechenden Vorschriften sind unter Beteiligung amerikanischer Experten formuliert worden und lehnen sich an das amerikanische Verständigungsverfahren (*plea bargaining*) an. In der Praxis ist von dem Institut der Absprache sofort nach der Einführung intensiv Gebrauch gemacht worden. Von 1000 Ermittlungsverfahren enden nur noch drei mit einer gerichtlichen Entscheidung in der Hauptverhandlung.[1]

Trotz dieser enormen praktischen Relevanz des Absprachverfahrens sind bis heute sowohl grundlegende rechtliche Fragen als auch Anwendungsfragen ungeklärt. Die Lückenhaftigkeit einiger Vorschriften ist ebenso offensichtlich wie die Inkompatibilität der entsprechenden Vorschriften mit den Prozessmaximen. Jenseits dieser rechtsdogmatischen und konzeptionellen Fragen wirft aber auch die Umsetzung des Absprachverfahrens erhebliche Probleme auf. Die Staatsanwaltschaft steht in der Kritik, elementare rechtsstaatliche Grundsätze zu verletzen, indem sie eine Praxis des „Freikaufs" des Beschuldigten etabliert haben soll: Durch Zahlung eines von der Staatsanwaltschaft festgelegten Geldbetrages in die allgemeine Staatskasse oder auch auf ein dem Generalstaatsanwalt unterstehendes Konto wird der Strafrechtsfall „erledigt".[2]Obwohl diese Kritik sehr ernst zu neh-

---

1 Untersuchung der Assoziation Junger Juristen, veröffentlicht www.gyla-ge

2 http://www.eurasianet.org The New York-headquartered group Human Rights Watch (HRW) on 12 April 2005. Dornblüht Georgien und die Ukraine nach dem Machtwechsel. WWW.dradio.de/dlf/sendungen/hintergrundpolitik/352675/; *Assembly debate* on 24 January 2005 (1st Sitting) (see Doc. 10383, report of the Committee on the Honouring of Obligations and Commitments by Member States of the Council of Europe (Monitoring Committee), co-rapporteurs: Mr. Eörsi and Mr. Kirilov).

men ist – sie wird sowohl innerhalb Georgiens seitens der Medien als auch von verschiedenen internationalen Institutionen, wie etwa vom Europaparlament, und internationalen Menschenrechtsorganisationen[3]vorgetragen -, gibt es bis heute in Georgien kaum wissenschaftliche Beiträge über das Institut der strafprozessualen Absprache.[4]Die wenigen existierenden Abhandlungen konzentrieren sich auf den Inhalt der Absprachen und die Missbrauchsproblematik.[5]Es existiert bisher weder eine Kommentierung der gesetzlichen Vorschriften noch eine Systematisierung und Analyse der Rechtsprechung.

2. Zielsetzung

Für die rechtspolitisch-konzeptionelle Bewertung der Reform wie auch für die Implementierung der neuen Vorschriften in die georgische Rechtspraxis spielt die in jüngster Zeit in Deutschland sehr grundsätzlich geführte Debatte über die Problematik der Absprache,[6]die zu zahlreichen Problemen der Absprachepraxis ergangenen höchstrichterlichen Entscheidungen und das am 04.08.2009 in Kraft getretene „Gesetz zur Regelung der Verständigung im Strafverfahren“[7]eine große Rolle. In kaum einem anderen europäischen Land ist die Einführung sogenannter konsensualer Erledigungsformen derart gründlich und auf hohem wissenschaftli-

Text adopted by the Assembly on 24 January 2005 (1st Sitting); US. Department of State. Georgia: Country Reports on Human Rights Practices -2006.

3 http://www.eurasianet.orgThe New York-headquartered group Human Rights Watch (HRW) on 12 April 2005.Gesine Dornblüht Georgien und die Ukraine nach dem Machtwechsel. WWW.dradio.de/dlf/sendungen/hintergrundpolitik/352675/; *Assembly debate* on 24 January 2005 (1st Sitting) (see Doc. 10383, report of the Committee on the Honoring of Obligations and Commitments by Member States of the Council of Europe (Monitoring Committee), co-rapporteurs: Mr Eörsi and Mr Kirilov). *Text adopted by the Assembly* on 24 January 2005 (1st Sitting); U.S. Department of State. Georgia: Country Reports on Human Rights Practices -2006

4 Nur wenige Richter und Rechtsanwälte haben ihre Aufsätze in der Zeitschrift der Assoziation Junger Juristen (Ausgabe Mai 2005) veröffentlicht. Aufsätze über Absprachen von Prof. Merab Turawa, Rechtsanwälten Eka Besselja, Lia Muchaschawria.

5 Prof. *Turawa,* Rechtsanwälte *Besselja,* Zeitschrift der Assoziation Junger Juristen, 2005, S.26 ff.

6 Die Literatur ist so umfassend, dass hier nur auf die jüngste monographische Veröffentlichung und die darin enthaltenen Quellen verwiesen werden soll: *Huttenlocher,* Dealen wird Gesetz – die Urteilsabsprache im Strafprozess und ihre Kodifizierung, Hamburg 2007. Dort noch nicht berücksichtigt: *Duttge,* Von Flutwellen, Sümpfen und Wetterzeichen – zu den aktuellen Bestrebungen, Urteilsabsprachen per Gesetz zu „zähmen“, in: Festschrift für *Reinhard Böttcher*, 2007, S. 53 ff.; *Fischer,* Regelung der Urteilsabsprache – ein Appell zum Innehalten, NStZ 2007, 433 ff.; *Gieg,* Letzter Anlauf für eine gesetzliche Regelung von Verständigungen im Strafverfahren?, GA 2007, 469 ff.; *Meyer-Goßner,* Rechtsprechung durch Staatsanwaltschaft und Angeklagten? NStZ 2007, 425 ff.

7 BGBl.I, S. 2353. Vgl. hierzu auch die Erläuterungen von *Jahn/ Müller,* Das Gesetz zur Regelung der Verständigung im Strafverfahren - Legitimation und Reglementierung der Absprachenpraxis, NJW 2009, 2625. *Meyer - Goßner,* Strafprozessordnung – Ergänzugsheft - Gesetz zur Regelung der Verständigung im Strafverfahren, 52. Aufl., 2009.

chen Niveau diskutiert worden.[8] In der mehr als 20-jährigen Rechtsprechung hat sich mittlerweile eine Art „Verfahrensordnung für abgesprochene Urteile“ herausgebildet, die in der Summe nahezu einer gesetzgeberischen Gestaltung gleichkommt.[9]Mit dem Inkrafttreten des Gesetzes zur Regelung der Verständigung im Strafverfahren am 04. 08. 2009 (BGBl. I, S.2353) erreicht ein über mehr als ein Vierteljahrhundert geführter juristischer Streit eine neue Ebene. Das Gesetz intendiert mittels klarer, der Rechtssicherheit und der gleichmäßigen Rechtsanwendung dienenden Vorgaben die Schaffung einer Verfahrensordnung, die es dem Gericht, der Staatsanwaltschaft, dem Angeklagten und der Verteidigung ermöglicht, sich auf einen „einvernehmlichen Abschluss des Strafverfahrens“ zu verständigen.[10]

Zum anderen gilt es, die Erfahrungen und die juristische Problematisierung der Absprache im anglo-amerikanischen Rechtssystem auszuwerten, um sie für die Situation in Georgien fruchtbar zu machen. Dort wird die Erledigung einer Strafsache im gegenseitigen Einvernehmen aufgrund der allgemein gültigen Prozessmaximen – anders als in Kontinentaleuropa – nicht als Fremdkörper empfunden und seit langem praktiziert. Der Zusammenhang zwischen Absprachеverfahren und diesen Prozessmaximen bedarf einer gründlichen und kritischen Analyse, um beurteilen zu können, ob die Übernahme dieses verfahrensrechtlichen Instituts in ein kontinentaleuropäisch konzipiertes Prozessmodell überhaupt sinnvoll sein kann. Zwar liegen zu dieser Thematik bereits Arbeiten vor,[11]jedoch wird der reale „Import“ von amerikanischen Rechtsvorstellungen in ein ansonsten kontinentaleuropäisch orientiertes Verfahrensmodell dabei nicht untersucht. Dadurch bleiben insbesondere die speziellen Bedingungen der Rechtsentwicklung in den Transformationsstaaten unberücksichtigt. Die vorliegende Arbeit befasst sich daher zunächst mit dem deutschen und angloamerikanischen Rechtssystem und dem jeweiligen Absprachеverfahren und erörtert schließlich die Frage nach der Übertragbarkeit der verschiedenen Lösungsmodelle auf das georgische Strafverfahren. Erforderlich ist somit auch eine genaue Analyse der Vorschriften über das Absprachеverfahren in der georgischen StPO, um einen Vergleich mit den deutschen und US-amerikanischen Verfahrensgrundsätzen anstellen zu können.

Auf diesem Wege sollen strittige Grundsatzfragen einer Lösung zugeführt werden. Beispielhaft seien hier folgende Fragen zur Regelung der prozessualen Ab-

---

8 Vgl. *Orlandi*, Absprache im italienischen Strafverfahren, ZStW 116 (2004), 120-128, der über das Zustandekommen des italienischen Absprachеverfahren berichtet. Italien kann als „Vorreiter“ der Legalisierung von Absprachen im kontinentaleuropäischen Rechtsraum gelten.

9 Vgl. *Moldenhauer*, Eine Verfahrensordnung für Absprachen im Strafverfahren durch den Bundesgerichtshof? Frankfurt/M. 2004.

10 *Schlothauer/Weider*, StV 2009, 601.

11 *Trüg*, Lösungskonvergenzen trotz Systemdivergenzen im deutschen und US-amerikanischen Strafverfahren: ein strukturanalytischer Vergleich am Beispiel der Wahrheitserforschung, Tübingen 2003.

sprache in der georgischen Strafprozessordnung und zur Praxis dieser Absprachen genannt:

Sind die Regelungen des Absprachefahrens mit dem Rechtsstaatsprinzip und dem daraus abgeleiteten Grundsatz des fairen Verfahrens vereinbar?

Verstößt die Absprache gegen das Verfassungsrecht und die Strukturprinzipien der Strafprozessordnung, namentlich gegen den Legalitätsgrundsatz, die richterliche Aufklärungspflicht, den Unmittelbarkeits und Mündlichkeits-grundsatz, den Öffentlichkeitsgrundsatz, die Unschuldsvermutung und den Grundsatz des schuldangemessenen Strafens, sowie den Grundsatz der richterlichen Unabhängigkeit?

Wie muss das Gericht zu seiner inneren Überzeugung gelangen (§ 679(4) StPO Georgiens)? Ist der Richter noch frei bei der Beweiswürdigung?

Lassen sich die nach kontinental-europäischem Vorbild geprägten Grundsätze des georgischen Strafverfahrens mit den Grundsätzen der Kontradiktion, Disposition und Waffengleichheit vereinbaren?

Wie sind diese Grundsätze in der Verfahrenswirklichkeit aufgenommen worden?

Rechtfertigt das Interesse an einer schnellen und effektiven Rechtspflege die gesetzliche Verankerung der prozessualen Absprache?

Stehen die Vorschriften im Einklang mit den aus Art. 6 MRK abgeleiteten Verfahrensprinzipien wie Unmittelbarkeit, Fragerecht des Angeklagten, unparteiisches und unabhängiges Gericht?

Diese Fragestellungen sollen im Rahmen der vorliegenden Arbeit untersucht werden. Zu diesem Zweck wird in Hinblick auf Dogmatik und Konzeption ein Vergleich des georgischen, deutschen und US-amerikanischen Rechtssystems vorzunehmen sein, um die in Georgien entwickelte Konzeption rechtspolitisch – v. a. im Lichte der These von der Konvergenz der Lösungswege trotz bestehender Systemdivergenzen – bewerten zu können. Besonderes Augenmerk soll auf die Frage gelegt werden, ob das Institut der Absprache im Strafverfahren in einem Transformationsland mit noch nicht gefestigter Rechtstaatlichkeit zweckmäßig ist.

3. Zweckmäßigkeit der Absprache in einem Transformationsland wie Georgien

Georgien hat als Transformationsland spezifische politische, soziale, rechtliche und wirtschaftliche Probleme. Dazu gehört die Korruption im Rechtssystem. Diese Bedingungen können bei der Rechtsentwicklung und bei der Bewertung einzelner Rechtsinstitute nicht außer Acht gelassen werden.

Gekennzeichnet werden die Absprachen durch das wechselseitige Nachgeben der daran beteiligten Personen (Verfahrensbeteiligten) im Sinne eines Gebens und Nehmens (do ut des). Der Beschuldigte/Angeklagte hat dabei eine „Leistung" zu erbringen, indem er auf bestimmte prozessuale Rechte verzichtet oder Zugeständnisse in der Sache macht. Als „Gegenleistung" wird ihm dafür eine bestimmte (geringere) Strafe oder eine für ihn günstige Beschränkung auf bestimmte Tatkomplexe in Aussicht gestellt.[12] „Do ut des" heißt wörtlich übersetzt: Ich gebe, damit du gibst. Die Formel ist gebräuchlich als allgemeiner Ausdruck für ein Synallagma, d.h. ein wechselseitig verpflichtendes Schuldverhältnis.[13]Es liegt auf der Hand, dass damit für die staatlichen Akteure ein Handlungsmuster etabliert wird, das dem Rechtsanwendungsparadigma – d.h. der „klassischen" Aufgabe der Justiz, auf Sachverhalte das geltende Recht anzuwenden – deutlich entgegensteht. Die Nähe zum Handlungsmuster der Korruption ist nicht zu übersehen. Aus diesem Grund scheint die Missbrauchs-gefahr der Institution der Absprache in einem Rechts- und Staatswesen hoch zu sein, das insgesamt damit zu kämpfen hat, korruptive Strukturen zu unterdrücken und das staatliche Personal an die strikte Orientierung auf Recht und Gesetz zu gewöhnen. Dieser hier thematisierte Zusammenhang ist freilich bisher nicht mehr als eine plausible Hypothese. Ob die Einführung des Abspracheverfahrens in einem Transformationsland wie Georgien tatsächlich zu Missbräuchen bei-getragen hat, ob also die Legalisierung des Absprache-Procederes ein korruptives Klima im Rechtswesen begünstigt hat, gilt es deshalb in dieser Arbeit zu untersuchen.

---

12 *Satzger*, JA 1998, 99; *Günter*, DRiZ 1992, 230; Karlsruher Kommentar zur Strafprozessordnung, 4. Auflage, München 1999, Einl. 29 a, Bearbeiter *Pfeiffer*.

13 *Benke, Meissel*, Juristenlatein, 3. Auflage, 2009, 110.

Erster Teil

A. Das deutsche Modell des Absprachever fahrens.

I. Absprachen (do-ut-des); Allgemeines

1. Entstehungsgeschichte der Absprache

Durch eine Verfahrens*praxis* ohne Verankerung in der Strafprozessordnung sind Absprachen in Deutschlad faktisch eingeführt worden.[14] Dieses „Kind der Praxis“[15] existierte bis 25.05. 2009 ohne gesetzliche Grundlage[16] und hat zwischen Rechtsanwendern und Wissenschaft eine leidenschaftliche Diskussion provoziert.[17]

Einigkeit besteht jedoch darüber, dass nur eine Harmonisierung von Theorie und Praxis (wie die Harmonie zwischen Auge und Hand) eine vernünftige und gerechte Lösung darstellen kann.[18]

Die Praxis der Absprache ist keine neue Erscheinung,[19] sondern gilt vielmehr als so alt wie der rechtstaatliche Strafprozess selbst, in dessen Rahmen dem Angeklagten erstmals Einfluss auf die Beweiserhebung eingeräumt wird.[20] Nach der Einführung der Möglichkeit zur Verfahrenseinstellung gegen Geldzahlung (§ 153 a StPO)[21] hat sich die Praxis der Absprache jedoch mit rasender Geschwindigkeit ausgebreitet.[22] Untersuchungen des Freiburger Max-Planck-Instituts für ausländisches und internationales Strafrecht belegen, dass von der seit 1974 gesetzlich eingeräumten Möglichkeit, gem. § 153a StPO das Verfahren gegen Auflagen, insbesondere gegen Geldzahlung einzustellen, nicht nur in Fällen geringer, sondern auch in Fällen sehr erheblicher potentieller Schuld Gebrauch gemacht wird.[23] Dabei hat das Erfordernis der Zustimmung des Beschuldigten von Anfang

---

14 *Schünemann,* FS für Heldrich, 2005, S. 1178.

15 *Dahs,* Handbuch, Rn. 463.

16 *Schünemann,* Wetterzeichen vom Untergang der deutschen Rechtskultur, 2005, S. 9.

17 *Gerlach,* Absprachen im Strafverfahren ,1992. S 1. *Braun,* Die Absprachen im deutschen Strafverfahren S.1. *Heller,* Die gescheiterte Urteilsabsprache, 2004 S. 19. *Bussmann* , KritV 1989, 376.

18 *Meyer-Goßner*, ZRP 2000, 345.

19 *Dencker/Hamm*, der Vergleich im Strafprozess, 1988, S. 102.

20 *Dörr,* StV 1987, 467. *Bussmann,* KritV 1989, 377.: Im Jahre 1960 im Schrifttum ist ein Konkrete Entscheidung von BGH kritisiert und wird gewarnt vor der Erweckung der „Bösen Schein , als würden Geständnis und Strafmilderung als Tauschobjekte behandelt“. Im Jahre 1969 wird vom „Unzulässiger Freikauf von der Strafsanktion“ gesprochen.

21 Durch das EGStGB vom 2. Märtz 1974, BGBI I, S.469.

22 *Schünemann,* Wetterzeichen vom Untergang der deutschen Rechtskultur, 2005, S.10.

23 Eine empirische Untersuchung des Freiburger Max-Plank-Instituts für ausländisches und internationales Strafrecht zur staatsanwaltschaftlichen Verfahrenserledigung nach §153a I StPO, 1985, S. 119, Liebl-Meinberg, in Bundesministerium der Justiz (Hrsg.). Anschluss

an die Basis für Vergleichsverhandlungen abgegeben. Speziell in Wirtschaftsstrafsachen ist diese Art der Verfahrenserledigung inzwischen längst zu einer eigenständigen Sanktionierungsform bei unklarer oder schwieriger Rechts- oder Beweislage avanciert.[24]
Neben der Einführung des § 153a StPO haben zwei weitere Faktoren[25] zu einer beachtlichen Dynamik[26] geführt und so der Einführung prozesserledigender Absprachen in das deutschen Strafverfahren den Weg geebnet. Zunehmend umfangreichere Wirtschafts-, Drogen- und Umweltverfahren[27] steigern bei Richtern, Verteidigern und Staatsanwälten die Bereitschaft, die Hauptver-handlung dadurch abzukürzen, dass sich über die Strafzumessung im Voraus verständigt wird. Dabei wird dem Angeklagten für seine Kooperation – insbesondere für ein Geständnis – als Gegenleistung eine verminderte Strafe in Aussicht gestellt. Die ersten empirischen Untersuchungen zeigen, dass informelle Absprachen zwischen den professionellen Verfahrensbeteiligten im Bereich der Wirtschafts- und Drogenkriminalität üblich, bei anderem Deliktsarten (etwa bei Gewalttaten oder politisch motivierten Taten) demgegenüber ausgeschlossen waren.[28]
Jahrzehntelang hat man die Absprachen im Strafverfahren jedoch totgeschwiegen,[29] obwohl sich jedenfalls Ende der 1960-er und Anfang der 1970-er Jahre in der Strafjustiz „ein geradezu revolutionärer Paradigmenwandel“[30] feststellen lässt, dessen Anfänge allerdings nur schwer zu orten sind[31]. Noch zu Beginn der achtziger Jahre wurde das Phänomen der Urteilsabsprachen von Prozessbeteiligten streng geheim gehalten[32] und als einigermaßen anrüchiges Betriebsgeheimnis behandelt,[33]obwohl dieses Praxis fest etabliert war: „Fast jeder kennt sie, fast jeder praktiziert sie, nur keiner spricht darüber.“[34] Der strafprozessuale Vergleich ist existent, dieser Umstand wird aber nicht ausgesprochen.[35] In der Praxis läuft dies so: Man hat sich beispielsweise auf 18 Monate mit Bewäh-

---

und Vertiefungsuntersuchungen zur Bundesweiten Erfassung von Wirtschaftsstraftaten nach einheitlichen Gesichtspunkten (Projektleiter G. Kaiser) Bd. III 1984, S. 68 ff. *Herrmann,* JuS 1999, 1163.

24 *Schünemann,* NJW 1989, 1896.

25 *Schünemann,* Festschrift für Heldrich zum 70 Geburtstag , 2005, S.1184.

26 *Herrmann,* JuS, 1999, 1163.

27 *Herrmann,* JuS, 1999, 1163. *Schünemann,* Festschrift für Heldrich zum 70 Geburtstag, 2005, S.11 84.

28 *Hassemer/Hippler,* StV 1986, 363. Inzwischen kommen die Absprachen sogar in Verfahren wegen Gewaltdelikten, und wegen Mordes. (z.B.BGH, NStZ 1994, 196,- Raubmord; BGHSt 42. 191. Banküberfall, BGHSt 43, 195-schwere räuberische Erpressung).

29 *Schmidt - Hieber,* NJW 1990, 1884.

30 *Schünemann,* Festschrift für Heldrich zum 70 Geburtstag, 2005, S. 1177.

31 *Dencker/Hamm,* der Vergleich im Strafprozess, 1988, S. 15.

32 *Böttcher,* Festschrift für Lutz Meyer-Goßner, 2001, S. 52; *Schünemann,* Festschrift für Andreas Heldrich zum 70 Geburtstag, 2005, S. 1179; *Janke,* Verständigung und Absprachen im Strafverfahren, 1997, S. 19; *Weigend,* JZ 1990, 774.

33 *Weigend,* 50 Jahre Bundesgerichtshof, 2000, S. 1011.

34 *"Detlev Deal",* StV 1982, 545.

35 *Widmaier,* StV 1986, 358.

rung verständigt, es wird aber so getan, als habe es keine Verständigung gegeben. Dabei hat das ganze Publikum im Gerichtssaal gesehen, dass die Verhandlung seltsamerweise unterbrochen wurde und Verteidiger und Staatsanwalt zehn Minuten mit dem Richter im Beratungszimmer verschwunden waren. Plötzlich geht alles wie von selbst: Der Staatsanwalt plädiert für die Öffentlichkeit und fordert drei Jahre, der Verteidiger sagt, die Sache sei an der Grenze zum Freispruch, wobei alle im Saal wissen, dass nachher 18 Monate mit Bewährung herauskommen.[36] Es wird Hauptverhandlung gespielt.[37]

An diesem Beispiel erkennt man, dass die Entwicklung der Absprachen in den ersten Jahren unter Ausschluss der Öffentlichkeit stattfand. Über Vereinbarungen während des Vorverfahrens drang nichts nach außen, da dieses Verfahren ohnehin unter Ausschluss der Öffentlichkeit stattfindet. Kam es erst im Laufe der Hauptverhandlung zu Absprachen zwischen Gericht, Verteidiger und Staatsanwaltschaft, soweit sie nicht nur Formalitäten wie Terminierung, Zeitpunkt der Fortsetzung der Verhandlung u. a. betreffen, fanden diese im Richterzimmer, auf dem Gerichtskorridor oder am Telefon statt. In der öffentlichen Sitzung wurde von der Absprache nichts erwähnt.[38]

Die erste detaillierte Beschreibung der Absprachepraxis stammt aus dem Jahr 1982.[39] Sie brachte den Stein ins Rollen[40] und weckte das Phänomen der Absprache aus seinem „Dornröschenschlaf“[41]. Die erste empirische Untersuchung wurde Ende 1984 durchgeführt[42] und im Jahr 1990 wurde das Thema auf die Tagesordnung des Deutschen Juristentages gesetzt.

Seitdem wird oft die Frage gestellt, warum man über den strafprozessualen „Vergleich“ nicht sprechen mochte. Warum wurde darüber in der (juristischen) Öffentlichkeit schamhaft geschwiegen?[43] Warum tun die Prozessbeteiligten so, als gäbe es so etwas gar nicht? [44]

Die große Zurückhaltung in der Literatur bei der Darstellung der verschämt und mit schlechtem Gewissen getroffenen Vereinbarungen[45] lässt sich dadurch erklären, dass die vergleichsweise Erledigung eines Strafverfahrens im strafprozessualen Repertoire nicht vorgesehen war.[46] Die Absprache wird überwiegend als nicht vereinbar mit dem für angemessen erachteten Stil des Strafverfah-

---

36 *Widmaier,* StV 1986, 358 -359.

37 *„Deal",* 1982, StV 545.

38 *Herrmann,* JuS 1999, 1163. *Küpper,* Jura 1999, 351, 352. *Schünemann,* Wetterzeichen vom Untergang der deutschen Rechtskultur, 2005, S. 10. *Schmidt-Hieber,* Verständigung im Strafverfahren 1986, S. 2.

39 *Schünemann,* Festschrift für Heldrich, zum 70 Geburtstag 2005 , S. 1179. *„Deal“,* StV 1982, 545.

40 *Braun,* Die Absprachen im deutschen Strafverfahren, 1998, S. 1.

41 *Janke,* Verständigung und Absprachen im Strafverfahren, 1997, S.17.

42 *Hassemer/Hippler,* StV 1986, S. 360.

43 *Küpper,* Jura 1999, 351.

44 *Widmaier,* StV 1986, 358.

45 *Hanack,* StV 1987, 502.

46 *Deal,* StV 1982, 545.

rens[47] und der Würde staatlicher Autorität[48] angesehen, teilweise wird gar vertreten, sie verstoße gegen das (früher) geltende Recht[49]und an ihr hafte daher immer der Geruch des Außerprozessualen und Anstößigen. Diese Position war durchaus begründet, immerhin war in Deutschland eine wissenschaftliche Diskussion über Absprachen im Strafverfahren bis Mitte der 80er Jahre nur in Ansätzen und mit dem vorläufigen Ergebnis geführt worden, dass ein dem plea-bargaining ähnliches Verfahren mit der StPO unvereinbar sei.[50] Der Vergleich sei dem deutschen Strafprozess wesensfremd und nach der lex-lata schlicht unzulässig.[51] Außerdem wurde die Einführung des § 153a StPO heftig kritisiert und als „Freikaufsverfahren" bezeichnet. Es wundert daher nicht, dass die in der Strafprozessordnung nicht ausdrücklich vorgesehenen Vereinbarungen allenfalls hinter den Kulissen getroffen werden.[52] Als weiteres Motiv für die allseitige Verschwiegenheit kommt in betracht, dass die Verfahrensbeteiligten befürchtet haben könnten, eine öffentliche Diskussion über Absprachen würde den Gesetzgeber möglicherweise veranlassen, diese Variante der Verfahrens-erledigung ausdrücklich zu unterbinden.[53]

Schließlich erscheint es unwahrscheinlich, dass jahrzehntelang eine verbreitete und etablierte Praxis existiert haben und von der Wissenschaft dennoch vollständig übersehen bzw. systematisch totgeschwiegen worden sein soll. Dabei fällt besonders ins Gewicht, dass der 50. Deutsche Juristentag 1974, der den strafprozessualen Problemen der Großverfahren gewidmet war, zwar eine allgemeine Forderung nach mehr Kooperation im Strafverfahren verabschiedete, dort von den prozesserledigenden Absprachen jedoch nicht einmal die Rede war. Es ist deshalb davon auszugehen, dass die Absprachenpraxis ursprünglich nur in Einzelfällen existierte und sich erst in der zweiten Hälfte der 1970er Jahre weiter ausbreiten konnte. Darauf deuten auch empirische Untersuchungen von *Hassemer/Hippler* hin, wonach die Verfahrensbeendigung durch informelle Absprachen nicht von allen Organen der Rechtspflege praktiziert worden sei, sondern einigen diese Praxis nicht einmal bekannt gewesen sein soll.[54]Diesem Eindruck wird auch

47 *Schmidt – Hieber,* Verständigung im Strafverfahren, 1986 S.2.

48 *Hanack,* StV, 1987, 502.

49 *Hanack,* StV, 1987, 502 . „Dieses Phänomen scheint auf den ersten Blick jede Vorstellungskraft zu sprengen, denn wie können Tausende von Juristen in den ganz unterschiedlichen Rollen des Richters, des Staatsanwalts und des Verteidigers dazu kommen, die Gesetze zu missachten, deren Durchsetzung eigentlich ihre Aufgabe ist? Und wie kann ein Richter guten Gewissens einen Angeklagten wegen Rechtsbruchs hinter Gittern schicken, wenn er selbst den Respekt vor dem Gesetz verloren hat und den Zweck jegliche Mittel heiligen lässt?" Schünemann, Festschrift für Andreas Heldrich zum 70. Geburtstag, 2005, S.1178.

50 *Hassemer/Hippler,* StV 1986, 360.

51 *Dencker /Hamm,* der Vergleich im Strafprozess, S. 16.

52 *Schmidt-Hieber,* Verständigung im Strafverfahren, 1986, S.3.

53 *„Deal",* StV 1982, 545. *Weigen,d* JZ, 1990, 774.

54 *Schünemann,* Festschrift für Heldrich zum 70 Geburtstag, 2005, S. 1179 f.. *Hassemer/Hippler,* StV 1986, 363.

dadurch bestätigt, dass im Jahr 1960 eine Entscheidung des BGH vom Schrifttum allgemein kritisiert wird, weil darin der Schein erweckt werde, Geständnis und Strafmilderung würden als Tauschobjekte behandelt.[55] Im Jahre 1969 wird vom „unzulässigen Freikauf von der Strafsanktion" gesprochen.[56]

2. Begrifflichkeiten

a. Kommunikation

Der Ablauf von Ermittlungs- und Hauptverfahren ist durch Prozessnormen geregelt. Die Prozesssubjekte sind mit eigenen Rechten und Befugnissen ausgestattet. Diese Rechte und Befugnisse gestatten Kommunikation zwischen den Prozessbeteiligten. Dabei sind hauptsächlichKommunikationsformen vorgesehen, die durch Konflikt und Streit der Prozessbeteiligten geprägt sind.[57] Die Kommunikationsformen können formell und informell sein.[58] Konflikt und Streit zwischen den Beschuldigten und den staatlichen Organen bedeuten aber nicht, dass sie sich „kompromisslos wie Duellanten" gegenüberstehen.[59] In der Realität des Strafverfahrens können sich die Interessen und Erwartungen der Verfahrensbeteiligten in vielen Punkten decken.[60] Die StPO gibt den Prozess-beteiligten daher verschiedene Möglichkeiten; eine Angleichung der Interessen der Beteiligten ist oft Ziel der Kommunikation. Darüber hinaus gibt es weitere Beweggründe. Für die vorliegende Arbeit ist das Ziel der "Verständigung"[61] besonders relevant. Die StPO sieht verschiedene Prozesshandlungen vor, die nur im Einverständnis zwischen den Verfahrens-beteiligten vorgenommen werden können:
Die Prozessbeteiligten können mit dem Ziel kommunizieren, sich über eine „Beschränkung des Prozessstoffes," über die Verlesung einer Urkunde oder einer Vernehmung (§ 251 Abs.1) zu verständigen; genauso setzt die Rücknahme des Rechtsmittels nach § 303 StPO oder der körperliche Eingriff nach § 81a StPO das Einverständnis des Gegners/Beschuldigten voraus.[62]

---

55 BGH St 1. 387 (2) . *Grünwald,* NJW 1960, 1941.

56 *Bartsch,* ZRP 1969, 128 . *Dencker/Hamm,* Vergleich im Strafprozess, 1988, S. 16.

57 *Weigend,* JZ 1990, 774.

58 *Weßlau,* Das Konsensprinzip im Strafverfahren - Leitidee für eine Gesamtreform? 2002, S. 14. *Weßlau* schreibt: das Kommunikation und Partizipation bzw. Dialog sind Verhandlungsstil können formal und informell sein. Formalisiert sind sie z.B. in der ZPO § 139. *Kühne,* Strafprozessrecht, 2007, S. 409, 427, *Kühne* schreibt, in den verhaltenslenkenden Normen der StPO bestünde ein Freiraum, der Platz für die unterschiedlichsten Verhaltensweisen lasse. Er gliedert die Umstände, die kommunikatives Verhalten (informelle Kommunikation) in diesen Freiräumen beeinflussen, in vier Gruppen: die hierarchische Struktur der Justizbehörden; das Strafmaß als prozessuales Disziplinierungsmittel; das Prinzip der Kollegialität und die informellen Absprachen.

59 *Weigend,* Absprachen in Ausländischen Strafverfahren, S. 3.

60 *Schmidt-Hieber,* Verständigung im Strafverfahren, 1986, S. 2, 3. 1986.

61 *Weßlau,* Das Konsensprinzip im Strafverfahren - Leitidee für eine Gesamtreform? 2002, S. 15.

62 *Schmidt-Hieber,* StV 1986, 355.

Die Interessen der Verfahrensbeteiligten können sich sogar hinsichtlich des Verfahrensergebnisses decken.[63] Die Strafprozessordnung sieht verschiedene Möglichkeiten zur Verfahrenserledigung vor (§§ 153a, 407), die eine "Verständigung" zwischen den Verfahrensbeteiligten voraussetzen.Diese Erledigungsmöglichkeiten sind in der StPO abschließend geregelt und eröffnen keinen darüber hinausgehenden Handlungsspielraum.[64] Die Erledigung des Strafverfahrens steht jedoch anders als im Zivilprozess nicht zur Disposition der Verfahrensbeteiligten.[65] Bei den genannten Normen handelt es sich um „abschließende Sonderregelungen"[66],die (in diesem Fall auf das Verfahrens-ergebnis gerichtete) Kommunikation zwischen Verfahrensbeteiligten durch konkrete gesetzliche Vorschriften regeln.

b. Kooperation - Absprache

In Fällen, in denen der Beschuldigte im Hinblick auf das Versprechen einer für ihn günstigen Entscheidung (Maßnahme) eine Vorleistung (Geständnis, Verzicht auf prozessuale Rechte) erbringt, kooperieren die Verfahrensbeteiligten.[67]Eine solche Kooperation ist eine Sonderform der Kommunikation und wird im weiteren Verlauf dieser Arbeit als Absprache bezeichnet.

c. Begrifflichkeit in der Literatur

In der Literatur werden für diese Kooperation verschiedene Begriffe verwendet.[68] Die Begriffsvielfalt zeigt deutlich wie streitig die rechtliche Einordnung dieser Erscheinung ist. Je nach Auffassung des Autors wird das Phänomen der Kooperation positiv oder negativ konotiert, so sprechen Befürworter z.B. von Vergleich,[69] Verständigung;[70] Vereinbarung,[71] Kooperation, „gentleman`s agreement"[72] oder Absprache. Autoren, die solche Kooperationen für bedenklich halten, sprechen

63 *Schmidt-Hieber,* StV 1986, 357. *Schmidt-Hieber,* Verständigung im Strafverfahren, 1986, S. 1 f..

64 *Gelrach,* Absprachen im Strafverfahren, 1992, S.31.

65 *Weßlau* (a.a.O.): „Eine Disposition über den Verfahrensgegenstand kann es nicht geben. Die Einstellungsbefugnisse nach der §§ 154, 154a, 153 ff StPO ist vielmehr Bestandteil einer hoheitlichen Tätigkeit und somit an Recht und Gesetz gebunden."

66 *Gelrach,* Absprachen im Strafverfahren 1992, S. 31.

67 *Weßlau,* Das Konsensprinzip im Strafverfahren-Leitidee für eine Gesamtreform? 2002, S. 15.

68 *Siolek,* Verständigung in der Hauptverhandlung, 1993, S. 44. *Janke,* Verständigung und Absprachen im Strafverfahren, 1997, S. 39. *Ioakimidis,* Die Rechtsnatur der Absprache im Strafverfahren, 2001, S. 23. *Moldenhauer,* Eine Verfahrensordnung Für Absprachen im Strafverfahren durch den Bundesgerichtshofs, 2004, S.19.

69 *Dencker/Hamm,* Der Vergleich Im Strafprozess, 1988, S. 44. *Widmaier,* StV 1986, 357.

70 *Schmidt-Hieber,* Verständigung im Strafverfahren, 1986.

71 *Rückel,* NStZ 1987, 297.

72 *Dahs,* NJW 1987, 1318.

dagegen von Mauschelei,[73] Tuschel- oder Freikaufsverfahren, Kuhhandel, zwielichtigen Verfahren oder Verfahren hinter vorgehaltener Hand.[74]
Allerdings sind diese terminologischen Unterschiede in der bisherigen Diskussion nicht als wichtiges Problem[75]gesehen worden; entscheidend sei der Inhalt, der sich hinter den einzelnen Begriffen verbirgt. Viele der polemisierenden, negativbesetzten Begriffe gelten allgemein als nicht ernst zunehmend.[76] Die konsensuale Verfahrenserledigung wird in der Literatur deshalb überwiegend als „Absprache", „Verständigung" oder „Vereinbarung" bezeichnet; häufig werden diese Begriffe synonym benutzt.[77]*Denker/Hamm* bezeichnen das einschlägige Prozessgeschehen (im Sinne eines gegenseitigen Nachgebens, wobei das kooperative Verhalten des Beschuldigten von Seiten der Staatsanwaltschaft und Gerichte mit verschiedenen Angeboten prämiert wird,) als Vergleich.[78] Dagegen wenden sich verschiedene Autoren mit Recht. Der Begriff des Vergleichs ist in § 779 BGB definiert. Dabei handelt es sich um einen Vertrag, durch den ein Streit oder eine Ungewissheit der Parteien über ein Rechtsverhältnis im Wege des gegenseitigen Nachgebens beseitigt wird.[79] Der Strafprozess ist indes kein kontradiktorisches Parteiverfahren, das - wie das Zivilverfahren - durch Vertrag beendet werden kann; im Strafverfahren gibt es keine Dispositionsbefugnis der Beteiligten.[80]
Schmidt-Hieber grenzt die Thematik ein und meint mit „Verständigung" ein Verhalten der Prozessbeteiligten, das auf einen gemeinsam angestrebten Rechtserfolg gerichtet ist, aber weder einen Bindungswillen noch einen unmittelbaren Rechtserfolg voraussetzt.[81]*Dencker/Hamm* meinen mit „Verständigung" die im Gesetz ausdrücklich vorgesehnen Verfahrensweisen wie z. B. § 153a StPO."[82] Verschiedene Autoren verstehen unter „Verständigung" die Einigung zwischen Prozesssubjekten über den Fortgang des Verfahrens, über die Vornahme künftiger Pro-

---

73 *Deal,* StV 1982, 545.

74 *Schmidt-Hieber*, Verständigung im Strafverfahren, 1986, S. 3. *Baumann,* JZ 1980, 469. *Rönnau,* Die Absprachen im Strafprozess, S. 2.

75 *Moldenhauer*, Eine Verfahrensordnung für Absprachen im Strafverfahren durch den Bundesgerichtshof? 2003. S.20.

76 *Gerlach,* Absprachen im Strafverfahren, 1992, S.29. *Siolek,* Verständigung in der Hauptverhandlung, 1993, S. 45. *Siolek*, meint dass so Bezeichnungen die Fortentwicklung des Strafprozesses im Sinne eine Kooperation diskreditieren und das Vertrauen des Bürgers in die Justiz in Frage stellen.

77 *Gerlach,* Absprachen im Strafverfahren, 1992, S.33. Synonim wird auch von Braun benutzt: Die Absprache im deutschen Strafverfahren, 1988, S. 5. *Iokimidis,* der Rechtsnatur der Absprache im Strafverfahren, 2001,S. 25.

78 *Dencker/Hamm*, Der Vergleich im Strafprozess, 1988, S. 43, 45.

79 *Gerlach,* Absprachen im Strafverfahren,1992, S. 30; *Loakamidis,* Die Rechtsnatur der Absprache im Strafverfahren, 2001, S.25; *Janke,* Verständigung und Absprachen im Strafverfahren, 1997, S. 40.

80 *Gerlach,* Absprachen im Strafverfahren, 1992, S. 30. *Loakamidis,* Die Rechtsnatur der Absprache im Strafverfahren, 2001, S. 25, *Janke,* Verständigung und Absprachen im Strafverfahren, 1997, S. 40.

81 *Schmidt-Hieber*, Verständigung im Strafverfahren, 1986, S. 3.

82 *Dencker/Hamm,* Der Vergleich im Strafprozess, 1988, S. 39 f..

zesshandlungen, einschließlich der Kommunikationsakte die notwendig sind, um diese Einigung zu erzielen.[83] Gemeint ist also jede Einigung auf ein beiderseits zu befolgendes Verhaltensprogramm, nach dem das Verhalten des einen Partners von dem des anderen abhängig sein soll. Der Vorleistende erbringt dabei seinen Verhaltensbeitrag mit Blick auf die erwartete Gegenleistung, der Nachleistende den seinigen um der erbrachten Vorleistung willen.[84] Ein solches Verhalten wird als Absprache definiert, die meisten Autoren verwenden hierfür den Begriff der Verständigung synonym.[85]

d. *Begrifflichkeit in der Rechtsprechung*

In der Rechtsprechung werden überwiegend die Begriffe „Verständigung" und „Absprache" verwendet. Das Bundesverfassungsgericht hat sich in seiner Entscheidung vom 27.1.1987 zu den verfassungsrechtlichen Grenzen einer Verständigung geäußert. Danach umfasst Verständigung den Stand und die Aussichten der Verhandlung. Aber es verwendet auch den Begriff „Absprache".[86] Der Bundesgerichtshof setzt die Begriffe „Verständigung" und „Absprache" gleich.[87] Der Große Senat für Strafsachen ist der Auffassung, dass die Straf-prozessordnung a. F. keine Regelung über die Absprache oder Verständigung als Erledigungsart einer Hauptverhandlung und als verbindliche Zusage über das Verfahrensergebnis kennt. Trotz Fehlens einer gesetzlichen Regelung habe sich im strafgerichtlichen Verfahren eine Praxis dahin entwickelt, dass die Verfahrensbeteiligten über Verfahrensergebnisse Vereinbarungen treffen oder es versuchen.[88]

e. *Begriflichkeit in der Reform des Strafverfahrens*

Bei den Eckpunkten einer Reform des Strafverfahrens werden die Begriffe „Verständigung" und „Absprache" verwendet in dem Sinne, dass dem Gericht die Möglichkeit eröffnet werden soll, in öffentlicher Hauptverhandlung den Verfahrensbeteiligten eine vorläufige Beurteilung des Verfahrensstandes in tatsächlicher und rechtlicher Hinsicht mitzuteilen, wobei ihnen die Möglichkeit gegeben wird, in Erörterungen über die Frage einzutreten, ob und ggf. in welcher Weise die

---

83 *Siolek,* Verständigung in der Hauptverhandlung, 1993, S. 46.

84 *Siolek,* Verständigung in der Hauptverhandlung ,1993, S. 46. *Niemöller,* StV 1990, S.34 f.. *Braun,* Absprachen im deutschen Strafverfahren, 1998, S. 4.

85 *Gerlach,* Absprachen im Strafverfahren, 1992, S.33; *Braun,* Die Absprache im deutschen Strafverfahren, 1988, S. 5; *Lokimidis,* Die Rechtsnatur der Absprache im Strafverfahren 2001, S. 25; *Siolek,* Verständigung in der Hauptverhandlung, 1993, S. 46; *Niemöller,* StV 1990, 34 ff.; *Moldenhauer,* Eine Verfahrensordnung für Absprachen im Strafverfahren durch den Bundesgerichtshof? 2003, S.22. *Festa,* Absprache im deutschen und italienischen Strafprozess 2003, S.4.

86 BVerfG, Beschl. vom 1987 – 2 BvR 1133/86, wistra 1987, 134: Das BVerfG erörtert, dass wichtige Verfahrensgrundsätze nicht verbieten würden, außerhalb der Verhandlung eine Verständigung zwischen Gericht und Verfahrensbeteiligten über Stand und Aussichten der Verhandlung herbeizuführen; *Bussmann,* KritV 1989, 386.

87 BGHSt 43, 195; BGHSt 38, 102; BGHSt 36, 210; BGHSt 37 , 99; BGHSt 42, 46.

88 BGH, Großer Senat für Strafsachen, Entsch. v. 03.03.2005.

Hauptverhandlung abgekürzt werden kann.[89] Im Diskussionsentwurf für eine Reform des Strafverfahrens wird der Begriff „Verständigung" verwendet, womit eine gesetzliche Grundlage für Gespräche zwischen den Beteiligten geschaffen werden soll.[90] Der Referentenentwurf eines Gesetzes zur Regelung der Verständigung verwendet ebenfalls diesen Begriff und fasst darunter Verfahrensweisen, bei denen das Gericht und die Verfahrensbeteiligten – Staatsanwalt, Angeklagter und Verteidiger, aber auch Nebenkläger - versuchen sollen, sich über den Verfahrensfortgang und insbesondere den Verfahrens-ausgang zu verständigen.[91] Die Verwendung der Begriffe „Absprache" oder „Vereinbarung" wird damit begründet, dass die Gespräche für die Verfahrensbeteiligten rechtlich nicht bindend sind. [92] In der Literatur und Recht-sprechung werden überwiegend die Begriffe „Absprache und Verständigung" verwendet, wobei der Begriff der Absprache häufiger vorkommt.[93]

In der vorliegenden Arbeit wird unter dem Begriff der Absprache die Verfahrensweise verstanden, die sich über mehr als 25 Jahren in der Praxis entwickelt hat.[94] Sie zeichnet sich dadurch aus, dass sich Beschuldigter (Verteidigung), Staatsanwaltschaft und Gericht über das Ergebnis einigen, das am Ende der Hauptverhandlung erzielt werden soll.[95] Der Beschuldigte verzichtet nicht spontan auf eine streitige Beweisaufnahme (und legt z.B. ein Geständnis ab),[96] sondern erst nachdem ihm ein Entgegenkommen bei der Sanktion zugesichert oder ihm ein sonstiger Vorteil versprochen worden ist.

f. Begrifflichkeit im Gesetz

Das Gesetz über die Verständigung im Strafverfahren verwendet nicht den Begriff „Absprache" oder „Vereinbarung." In der Entwurfsbegründung wird hierzu angeführt, dass ansonsten der unzutreffende Eindruck entstehen könne, dass die Grundlage des Strafurteils eine quasivertraglich bindende Vereinbarung sei.[97] Das Gesetz geht von einer rechtlichen Bindung des Gerichts an seine Zusage aus (§

89 Eckpunkte einer Reform des Strafverfahrens, Beschluss der Bundesregierung, Stand: 6.4.2001, StV 2001, 316.

90 Diskussionsentwurf für eine Reform des Strafverfahrens der Fraktionen der SPD und von Bündnis 90/Die Grünen des Deutschen Bundestages und des Bundesministeriums der Justiz vom Februar 2004, StV 2004, 231, 237.

91 Referentenentwurf eines Gesetzes zur Regelung der Verständigung im Strafverfahren Stand: 18. Mai 2006.

92 Referentenentwurf eines Gesetzes zur Regelung der Verständigung im Strafverfahren Stand: 18. Mai 2006.

93 *Moldenhauer,* Eine Verfahrensordnung für Absprachen im Strafverfahren durch den Bundesgerichtshof? 2003, S. 23.

94 *Herrmann,* JuS 1999, 1162; Schünemann; Gutachten B zum 58. DJT 1990 Bd. I, B 9 ff. B. 16 ff.

95 *Weigend,* JZ 1990, 775.

96 *Weßlau,* ZStW 116 (2004), 152.

97 RegE eines Gesetzes zur Regelung der Verständigung im Strafverfahren v. 18. 3. 2009,BT-Dr 16/12 310, S. 13.

257 c IV 1 StPO). Sie beruht allein auf einer wirksamen Verständigung (§ 257 c I 1 StPO). Über diese teilt die Entwurfsbegründung[98] nur mit, dass sie wiederum auf einem „Einvernehmen" der Verfahrensbeteiligten beruhe. Dieser Begriff wird nicht weiter erklärt.

3. Inhalt der Absprache

Gekennzeichnet werden die Absprachen durch das wechselseitige Nachgeben der daran beteiligten Personen (Verfahrensbeteiligten) im Sinne eines Gebens und Nehmens (do ut des). Der Beschuldigte/Angeklagte hat dabei eine Vorleistung zu erbringen, indem er auf bestimmte prozessuale Rechte verzichtet oder Zugeständnisse in der Sache macht. Als Gegenleistung wird ihm dafür eine bestimmte (geringere) Strafe oder eine für ihn günstige Beschränkung auf bestimmte Tatkomplexe in Aussicht gestellt.[99]

„Do ut des" bedeutet wörtlich übersetzt: Ich gebe, damit du gibst, und ist gebräuchlich als allgemeiner Ausdruck für ein Synallagma, d.h. ein wechselseitig verpflichtendes Schuldverhältnis.[100] Die Praxis der Absprachen folgt einem solchen „des do ut des"-Prinzip.[101]

Die Leistungen und Gegenleistungen der Absprache sind vielgestaltig: Zur Vorleistung des Angeklagten kann z. B gehören: Geständnis (Teilgeständnis, Vollgeständnis); Erfüllung von Auflagen, z. B. Schadenwiedergutmachung; Aufklärungshilfe, z. B. Nennung anderer Tatbeteiligter; Angaben gemäß § 31 BtMG; Rücknahme von Beweisanträgen; Verzicht auf weitere Beweiserhebung; Verzicht auf Prozesshandlungen, wie z. B. Beweisanträge.[102] Zur Gegenleistung der Staatsorgane kann z. B. gehören: vorläufige Einstellung weiterer Anklagepunkte gem. § 154 II StPO; eine Einstellung des Verfahrens nach § 153 a StPO, ein Vorgehen im Wege des Strafbefehlsverfahrens gem. §§ 407 ff. StPO; Zusage einer Strafmilderung oder einer Strafaussetzung zur Bewährung; juristische Herabstufung eines Delikts z. B. qualifiziertes zu einfachem Delikt; Modifikation der Begehungsform von Vorsatz zu Fahrlässigkeit; Verzicht auf Vollstreckung; Außervollzugsetzung, Aufhebung eines Haftbefehls oder auch Haftverschonung.[103]

---

98 RegE eines Gesetzes zur Regelung der Verständigung im Strafverfahren v. 18. 3. 2009,BT-Dr 16/12 310, S. 13.

99 *Satzger*, JA 1998, 99. *Günter*, DRiZ 1992, 230. Karlsruher Kommentar zur Strafprozessordnung, 4. Auflage, München 1999, Einl. 29 a, Bearbeiter: *Pfeiffer*.

100 *Benke, Meissel,* Juristenlatein, 3. Auflage, 2009, S. 110.

101 *Weßlau*, StraFO 2007, 4.

102 Karlsruher Kommentar zur Strafprozessordnung, 5 Auflage, München, 2003, Einl. 29 a. ff, Bearbeiter *Pfeiffer*; *Dencker/Hamm,* Der Vergleich im Strafprozess, 1988, S. 45; *Tscherwinka,* Absprachen im Strafprozess, 1994, S.38; *Janke,* Verständigung und Absprachen im Strafverfahren, 1997, S. 49 f.; *Braun*, Die Absprache im deutschen Strafverfahren, 1998, S. 6.

103 Karlsruher Kommentar zur Strafprozessordnung, 5 Auflage, München, 2003, Einl. 29 a. ff, Bearbeiter *Pfeiffer; Dencker/Hamm,* Der Vergleich im Strafprozess, 1988, S. 45. *Tscherwinka,* Absprachen im Strafprozess, 1994 S.38; *Janke*, Verständigung und Ab-

In nicht wenigen Fällen war Gegenstand der Absprache auch ein Rechtsmittelverzicht.[104] Die höchstrichterliche Rechtsprechung hat in ihren Grundsatzentscheidungen den Gegenstand der Absprache beschränkt und eine Absprache über den Schuldspruch und einen Rechtsmittelverzicht für unzulässig erklärt.[105]
Absprachen sind in jedem Verfahrensstadium möglich. Inhaltlich können Absprachen in drei Bereichen erfolgen: Absprachen im Bereich der Verfahrensvereinfachung (Gang des Verfahrens), im Bereich des Prozessgegenstandes und im Bereich der Rechtsfolgen.[106]

4. Gründe für die Einführung der Absprachepraxis im deutschen Strafverfahren

Die Gründe für die Zunahme der Absprachen im Strafverfahren liegen einerseits in den Bedürfnissen und Interessen der Praxis, die bei Angeklagten und bei der Strafjustiz in erster Linie darin bestehen, Verfahrensdauer zu reduzieren[107] und andererseits in einer sich wandelnden Prozesskultur.[108] Im Einzelnen sind folgende Gründe auszumachen:

a. Die Überlastung der Justiz

Weitgehend Einigkeit besteht darüber, dass die Überlastung der Strafjustiz und damit das Bedürfnis nach einer Vereinfachung und Beschleunigung der Verfahren als Hauptursache für die Absprachepraxis anzusehen ist.[109] Ohne Absprachen könnte die Strafjustiz die bei ihr anfallenden Verfahren nicht mehr bewältigen;[110] ohne Vergleiche liefe sie Gefahr, zusammenzubrechen.[111] Die Belastung der Justiz hat demnach ein derartiges Ausmaß angenommen, dass einige Autoren die Ansicht vertreten, ohne Absprachen sei eine funktionsfähige Strafrechtspflege

---

sprachen im Strafverfahren, 1997, S. 49 f.; *Braun*, Die Absprache im deutschen Strafverfahren, 1998, S. 6; *Satzger*, JA 1998, 99; *Baumann*, NStZ 1987, 158 f..

104 BGHSt 2, NJW 1997, 2691; BGHSt 1, Wistra 1997, 195.

105 BGHSt 43, 195. BGHGSST 1/4, O3. O3. 2005, S.10.

106 *Weichbrodt*, Das Konsensprinzip strafprozessualer Absprachen, S. 119; *Tscherwinka*, Absprachen im Strafprozess, S. 39; *Baumann*, NStZ 1987, 158 f..

107 *Schünemann*, NJW 1989, 1898 f.; *Rebmann*, NStZ 1984, 244; *Janke*, Verständigung, S. 22.

108 *Weichbrodt*, Das Konsensprinzip, S. 120.

109 *Wagner/Rönnau*, GA 1990, 387, 392; *Meyer-Goßner*, DRiZ 1996, 180, 183; *Schmitt*, GA 2001, 411, 426; *Kremer*, Absprachen, S. 23.: „Die Personalverstärkung im Justizbereich reicht nicht aus, den steigenden Geschäftsanfall der Gerichte und Staatsanwaltschaften auch nur annähernd auszugleichen“. *Nestler-Tremel*, DRiZ 1988, 288 f.. *Meyer Goßner/Ströber*, ZRP 1996, 354.: „Die Strafjustiz ist überlastet und es besteht die Notwendigkeit, sie zu entlassen.“

110 *Nestler-Tremel*, DRiZ 1988, 290; *Hassemer*, JuS 1989, 893.; *Schünemann*, FS für Pfeifer, S. 480.

111 *Seier*, JZ 1988, 683, 684.

nicht mehr zu gewährleisten.[112] Von Strafrichtern hört man über die Notwendigkeit von Absprachen: „Wenn wir in unserer Kammer nicht so verfahren würden, könnten wir den Laden zumachen."[113]
Für die Überlastung werden verschiedene Ursachen angeführt: die Verfahrensflut, die überlange durchschnittliche Verfahrensdauer, die Zunahme von neuen, rechtlich schwierigen Straftatbeständen und die zunehmende Bereitschaft zur Konfliktverteidigung.[114]

b. *Ursachen für die Überlastung der Justiz. Verfahrensflut*

Die offiziellen Justizstatistiken,[115] aber auch die empirischen Untersuchungen über die Absprachen im Strafverfahren[116] zeigen, dass die Eingänge in Strafsachen im Vergleich zur Anzahl der in der Strafjustiz tätigen Personen überproportional angestiegen sind.[117] Die Untersuchungen von *Schünemann* bestätigen, dass die gesteigerte Arbeitsbelastung - hier: Zunahme der Verfahrenszahl multipliziert mit der Zunahme der Hauptverhandlungsdauer pro Verfahren – von Anfang der 1970-er Jahre bis zu den frühen 1980-er Jahren nicht allein durch eine Personalverstärkung – hier: Vermehrung der Richter –und Staatsanwaltsstellen –, sondern nur in Verbindung mit einer ebenfalls steigenden Bevorzugung summarischer Er-

---

112 *Kremer,* Absprachen, S. 285. *Nestler-Tremel,* DRiZ 1988, 290.: Es bestehe Konsens darüber, dass die Strafjustiz ohne informelle Absprachen ihr "input" an Verfahren gar nicht mehr bewältigen könnte.

113 *Schäfer,* Absprache, Symposium Triberg, S. 135.

114 *Weichbrodt,* Das Konsensprinzip, S.120; *Hauer,* Geständnis, S. 49.

115 *Wolter,* GA 1985, 64; nach der Polizeilichen Kriminalstatistik sind beispielsweise im Jahre 1977 3,29 Mio., 1980 3,82 Mio. und bereit 1983 4,35 Mio. Straftaten bekannt geworden.

116 Die Existenz von Absprachen und ihre zunehmende Ausbreitung wurden durch mehrere rechtstatsächliche Untersuchungen belegt. *Schünemann* befragte 1986-87 bundesweit 1590 Richter, Staatsanwälte und Verteidiger über Verständigungen, *Schünemann* , Gutachten, B 23; *Hassemer/Hippler* haben in Interviews insgesamt 23 Richter befragt, *Hassemer/Hippler,* StV 1986, 360; zwischen 1987 und 1988 führten *Bußmann* und *Lüdemann* im gesamten Bundesgebiet 177 Interviews mit Richtern, Staatsanwälten und Strafverteidigern aus Wirtschaftsstrafverfahren und vergleichbaren allgemeinen Strafverfahren durch, *Bußemann/Lüdemann,* KrimJ1989, S. 54; in dem Zeitraum 1985-1990 führte *Siolek* eine schriftliche Befragung bei sechs Wirtschaftsstrafkammern des LG Hildesheim durch: *Siolek,* Verständigung, S. 31 ff.; *ders.,* DRiZ 1993, 422. Von 2004 bis 2006 führten schließlich *Altenhain/Hagemeier/Haimerl/Stammen* empirische Untersuchungen durch, *Altenhain/Hagemeier/Haimerl/Stammen,* Die Praxis der Absprache im Wirtschaftsstrafverfahren, 2007.
Die hohe Belastung der Gerichte wird bestätigt durch die Untersuchungen von *Schünemann,* Gutachten 90, B, S. 28 ff.. Demnach hat der Geschäftsanfall in Strafsachen von Anfang der 1970-er bis zu den frühen 1980-er Jahren überproportional zugenommen. Zur gesteigerten Arbeitsbelastung vgl. *Kremer,* Absprachen, S. 23 ff; *Gerlach,* Absprachen, S. 21 ff; *Tscherwinka,* Absprachen, S. 21; Die Notwendigkeit von Absprachen betonen Strafrichter häufig: „Wenn wir das nicht tun, dann verjähren uns die Akten auf dem Aktenbock", *Jähnke,* in : Absprache, Symposium Triberg, S. 149 f.. *Dölling,* FS Für Meyer-Goßner, S. 102 f.. *Braun,* Absprachen, S. 28.

ledigungsformen aufgefangen werden konnte.[118] In den letzten 25 Jahren wird eine weitere Zunahme von Strafverfahren festgestellt.[119] Trotz der dem Geschäftsanfall angepassten personellen Verstärkung hat die Strafjustiz mit der tatsächlichen Entwicklung nicht Schritt halten können.[120] Nach einer von den Landesjustizministern in Auftrag gegebenen Studie aus dem Jahr 2001 fehlen bundesweit 1500 Richter und Staatsanwälte.[121]
Die Verfahrensflut und die damit verbundene Überlastung der Justiz[122] wurzelt nach Meinung des Schrifttums insbesondere auch in Großverfahren[123] mit objektiv schwieriger Sach- und Rechtslage.[124] Im Bereich der Kriminalität mit größeren Tätergruppen, teilweise mit internationaler Verflechtung, sei der aufzuklärende Tatsachenstoff immer umfangreicher geworden.[125] Die Anzahl der Verhandlungstage stelle dabei einen entscheidenden Indikator für die vermehrte Inanspruchnahme der Strafjustiz dar.[126] Am größten sei die Überlastung in Wirtschafts-, Betäubungsmittel- und Umweltstrafsachen.[127] Insgesamt besteht Übereinstimmung, dass die Überlastung der Justiz gerade in den umfangreichen Verfahren aus die-

118 *Schünemann,* Gutachten, 90, B. S. 28 ff. : Man könnte für die 1970-er und die frühen 1980-er Jahre von einem steil ansteigenden Wachstum der Geschäftsbelastung in Strafsachen sprechen, *Schünemann,* FS für Pfeifer, 1988, S. 465 f.; *Rieß, DRiZ 1982,*201 ff.:Parallel zum steigenden Geschäftsanfall ist das Personal vermehrt worden; 1977 waren in der Strafjustiz 4185 Richter und 3396 Staatsanwälte tätig, 1980 waren es dagegen 4480 Richter und 4296 Staatsanwälte. Immer häufiger wird im Strafverfahren von den Möglichkeiten der Einstellungen nach den §§ 153 ff. StPO Gebrauch gemacht.

119 *Rebmann,* NStZ 1984, 242 ff.; *Küpper/Bode*, Jura 1999, 351, 354 ff; *Terhorst*, GA 2002, 604.

120 *Janke,* Verständigung, 24.

121 Presseerklärung des deutschen Richterbundes vom 7. März 2002. (http://www. Drb.de/pages/html/presse/pr-personalbedarf.html).

122 *Rudolf,* DRiZ 1992, 6,7.

123 *Rebmann,* NStZ 1984, S. 241, Wonach die Verhandlungsdauer pro Verfahren deutlich zugenommen habe. *Kremer,* Absprachen, S. 24 f.. Eine realistische Aussage über die Belastung der Strafjustiz lässt sich erst abgeben, wenn man den Gesamtbedarf an Hauptverhandlungstagen mit in die Betrachtung einbezieht. Zwischen 1971 und 1981 hat sich vor dem Landgericht als erste Instanz die Anzahl der Hauptverhandlungstage von 16.767 auf 26.704 und damit um 59, 3 Prozent vermehrt, vgl. *Rieß*, DRiZ 1982, 207, 212; *Rebmann,* NStZ 1984, 241, 242.

124 *Hammerstein,* Absprache, Symposium Triberg, S. 95; vgl. *Tscherwinka,* Absprachen, S. 22

125 *Kuckein/Pfister,* in: Geiß/Nehm/Brandner/ Hagen (Hrsg.), 50 Jahre Bundesgerichtshof, S. 643.

126 *Schüneman,* FS für Pfeifer, S. 465. *Janke,* Absprachen, S. 25.

127 *Hamm,* ZRP 1990, 340; *Küpper-Bode,* Jura 1999, 354; vgl. Stellungnahme des Deutschen Richterbundes zum Thema „Verständigung im Strafverfahren“ in: DRiZ 1987, 244.: „Es ist nicht zu verkennen, dass in Umfangsverfahren, insbesondere in Bereich der Wirtschaftskriminalität, ein Strafprozess mit dem vorhandenen verfahrensrechtlichen Instrumentarium nicht zu bewältigen ist.“

sen Kriminalitätsbereichen der Hauptgrund für die Entwicklung der Absprachepraxis sei.[128]

aa. Ausweitung des materiellen Strafrechts

Ein weiterer Grund für das Ansteigen der Zahl der Verfahren in Strafsachen wird in den neuen Formen der Strafverfolgung aufgrund der fortschreitenden technischen Entwicklung sowie in der erheblichen Ausweitung des materiellen Strafrechts in den letzten Jahren gesehen.[129] Auf die zunehmende Komplexität der sozialen Umwelt habe der Gesetzgeber mit einer Intensivierung der Steuerung der Gesellschaft durch eine Vermehrung von Normen reagiert.[130] Schünemann spricht davon, dass das Strafrecht „wie ein Netz die gesamten gesellschaftlichen Betätigungen überwuchert" habe.[131] Der Gesetzgeber entwickele immer mehr die Tendenz, Strafvorschriften zu erlassen, die sich erheblich von den Kerntatbeständen des traditionellen Strafrechts (wie z. B. § 249 StGB) unterscheiden. Der Schutz von Gemeinschaftsgütern sei in der jüngsten Strafrechtspolitik in den Vordergrund getreten: In den Bereichen Wirtschaft, Umwelt und Datenverarbeitung werden zunehmend strafrechtliche Mittel eingesetzt.[132] Diese neuen Normen[133] ließen sich durch die zunehmende Komplizierung und Bürokratisierung der Lebensverhältnisse erklären.[134] Bei der Ausformung dieser Strafvorschriften verwende der Gesetzgeber unbestimmte Rechtsbegriffe, die unterschiedlich interpretierbar seien oder komplexe Begriffe mit schwer nachzuweisenden subjektiven Elementen[135] oder er verlagere den Rechtsgüterschutz in den Gefährdungsbereich bzw. in den Bereich der Vorbereitungshandlungen.[136] Nach Hamm erfreuen sich

---

128 *Küpper/Bode*, Jura 1999, 355; *Hamm*, ZRP 1990, 337; *Kintzi*, DRiZ 1992, 245 ff.;*Nestler-Tremel*, DRiZ 1988, 288, 290; *Schüneman*, FS für Pfeifer, 1988, 461, 463; *Seier*, JZ 1988, 683 f.; *Weigend*, JZ 1990, 775; *Weichbrodt*, Das Konsensprinzip, S. 123.

129 *Küpper/Bode*, Jura 1999, 351, 355; *Janke*, Verständigung, S. 25 f.; *Gerlach*, Absprachen, S. 23; *Kremer*, Absprachen, S. 285; *Schünemann*, ZStW 2002, 26 ff.; *Kohlmann*, FS für Pfeifer, S. 206 ff.

130 *Braun*, Absprachen, S. 30. *Schünemann*, FS Pfeifer, S. 471.

131 *Schünemann*, FS Pfeiffer, S. 471.

132 *Weichbrodt*, Das Konsensprinzip, S. 124.

133 *Kohlman*, FS für Pfeiffer, S. 206 ff.: Durch das 1.WiKG vom 29 . Juli 1976 wurde das Konkursstrafrecht verändert. Der Kreis der Bankrotthandlungen wurde erweitert. Darüber hinaus wurden in den §§ 264, 265 b neue Tatbestände im Vorfeld des Betrugs geschaffen. Durch die StrafRÄandG vom 18. August 1976 wurde § 129 in das StGB eingefügt, dessen Anwendung große Schwierigkeit bereitet. Durch das 18. StafRÄndG (Gesetz zur Bekämpfung der Umweltkriminalität) vom 28. März 1980 wurde das StGB um die §§ 311d, 311 e, und 324-330d erweitert.

134 *Denker/Hamm*, Vergleich, S. 69; *Schröder*, NJW, 1983, 137, 138; vergl. *Weichbrodt*, Konsensprinzip, S. 124; *Küpper/Bode*, Jura 1999, 355.

135 *Kremer*, Absprachen, S. 29.: Der Richter muss einen umfassenden Eindruck von der Persönlichkeit des Täters gewinnen. Die zunehmende Persönlichkeitserforschung, besonders bei der Sanktionsfrage, verlängert die Dauer des Verfahrens.

136 *Hamm*, ZRP, 1990, 341; vergl. *Küpper/Bode*, Jura 1999, 355; *Janke*, Verständigung, S. 26; *Keller/Schmid*, wistra, 1984, 206; *Kremer*, Absprachen, S. 29: Die Formulierungen

„abstrakte“ und „potenzielle“ Gefährdungsdelikte und Tatbestände mit diffusen Zustandsbeschreibungen anstelle klarer Benennungen von Handlungs- oder Erfolgsunrecht zunehmender Beliebtheit.[137] Als Folge einer solchen Ausweitung des materiellen Strafrechts seien nicht nur die Zahl der Straftaten, sondern auch die der Ermittlungsverfahren wegen der Vorverlagerung des Anfangsverdachts sowie die Zahl der möglichen Verfahrensbeteiligten stark angestiegen. Die aus dieser Situation folgenden rechtlichen Probleme im Bereich der Umwelt-, Wirtschafts-, und Betäubungsmittelverfahren seien so kompliziert, dass häufig nur eine Absprache helfe, ein jahrelanges Verfahren zu vermeiden.[138] Besonders auffällig sei das in Wirtschaftsstrafverfahren, in denen nach dem Ergebnis aller empirischen Untersuchungen die meisten Absprachen zu verzeichnen seien.[139]

bb. Beweisschwierigkeiten und Konfliktverteidigung

Als weitere Ursache für Absprachen werden Beweisschwierigkeiten und neue Verteidigungsstrategien genannt.[140] Gerade bei Verfahren aus dem Bereich der Wirtschafts-, Betäubungsmittel- oder Umweltkriminalität, aber auch bei umfangreichen Verfahren der allgemeinen Kriminalität mit vielen Angeklagten (teilweise noch mit internationaler Verflechtung), sind zur Erforschung der Wahrheit umfangreiche und schwierige Ermittlungen und Beweiserhebungen (oft mit langwierigen Rechtshilfeersuchen) durchzuführen.[141] Derartige Hürden könnten die Ursache für eine Verständigung sein,[142] mit deren Hilfe die Schwierigkeiten bei der Beweisführung ebenso beseitigt werden, wie Unklarheiten bei der Beurteilung der tatsächlichen Voraussetzungen der Rechtslage.[143]
Ferner wird nach der Ansicht im Schrifttum die Absprachepraxis durch einen neuen Typ des Verteidigers begünstigt.[144] Schon während der ersten Diskussionen über die Entstehung und Gründe der Absprache Ende der 1980iger Jahre wird über die Etablierung neuer Verteidigungsstrategien und eines neuen Typs von

---

der Straftatbestände sind häufig auslegungsbedürftig. Oft gibt es bei Staatsanwaltschaft, Verteidigung und Gerichten Unsicherheiten über die Rechtslage; diese Unsicherheiten beruhen auf der Verwendung von unbestimmten Rechtsbegriffen im materiellen Recht.

137 *Hamm*, FS Meyer-Goßner, S. 35 : Auch wurden und werden immer noch neue Rechtsfolgen eingeführt, die zum Teil nicht den Täter selbst treffen, z. B. kann nach § 73 Abs. 3 StGB der Verfall gegen einen Dritten angeordnet werden, unabhängig davon, ob ihn an der rechtswidrigen Bereicherung eine Schuld trifft.

138 *Küpper/Bode*, Jura 1999, 355; *Hamm*, FS Meyer-Goßner, S. 35 ff.

139 *Altenhain, Hagemeier, Haimerl, Stammen*, Die Praxis der Absprachen, S. 35.

140 *Weichbrodt*, Das Konsensprinzip, S. 125.

141 *Kucken/Pfister*, 50 Jahre Bundesgerichtshof, S. 643; *Wolfslast*, NStZ, 1990, 410; *Hanack*, StV 1987, 501; *Rebmann*, NStZ 1984, 243; *Rönnau*, Absprachen, S. 48; vergl. *Gerlach*, Absprachen, S. 25.: In Betäubungsmittelstrafverfahren bringt der Einsatz von V-Leuten besondere Probleme mit sich, die Beweisschwierigkeiten hervorrufen und eine vernünftige Prozessabwicklung behindern.

142 Vergl. *Gerlach*, Absprachen, S. 25.

143 *Schünemann*, NJW 1989, 1896; *Dencker/Hamm*, Der Vergleich, S. 123; *Wolfslast*, NStZ 1990, 410; *Schmidt-Hieber*, Recht und Politik, 1988, 144.

144 *Hanack*, StV 1987, 501; *Küpper/Bode*, Jura 1999, 355.

Verteidigern diskutiert.[145] Damit sind Strategiengemeint, die darauf abzielen, die Beweisschwierigkeiten für die Verteidigung auszunutzen und die Dauer der Verfahren durch immer neue Beweisanträge in die Länge zu ziehen.[146]
Hanack weist darauf hin, dass sich das Verständnis von Verteidigung entscheidend gewandelt habe. Der neue Typ der Verteidiger unterscheide sich wesentlich von der Generation vor ihm, da er es nicht mehr als seine vordringliche Aufgabe ansehe, um der Harmonie willen mit dem Gericht zu kooperieren, sondern fähig und auch dazu bereit sei, im Interesse seines Mandanten - ob schuldig oder nicht schuldig - die Möglichkeiten der Strafprozessordnung auszuschöpfen und dabei Verteidigungsstrategien zu entwickeln, die gerade auch auf die typischen Schwachpunkte der Justiz zielten. Es ist der Typ eines engagierten und seriösen, oft höchst kundigen Verteidigers, der formal durchaus korrekt verfahre, auch das Standesrecht beachte, sich im Grunde aber den traditionellen Zielen[147] des Strafverfahrens nicht mehr verpflichtet fühle oder mindestens doch die Bedeutung dieser Ziele im Spannungsverhältnis zu den Interessen seines Mandaten weniger stark gewichte als früher. Wegen dieser Tatsachen beginne die Justiz, sich - auch im eigenen Interesse - auf diese Situation einzurichten.[148]
Viele Autoren sind der Meinung, die Strafprozessordnung biete dem „neuen“ Verteidiger viele Möglichkeiten, auch Verfahren ohne tatsächliche oder rechtliche Schwierigkeiten in die Länge zu ziehen.[149] Zu den wesentlichen Ursachen der unverhältnismäßig langen Verhandlungen gehörten eine rechtsmissbräuchliche, jedenfalls exzessive Inanspruchnahme des Ablehnungsrechts, sonstiger Antragsrechte und des Fragerechts.[150] Die wirkungsvollste Verteidigungswaffe sei allerdings das Beweisantragsrecht.[151] Nach der höchstrichterlichen Rechtsprechung braucht der Verteidiger seine Erkenntnisquellen nicht offen zulegen, was in der Praxis dazu führe, dass angebliche Beweistatsachen ohne jeden Anhaltspunkt für ihr tatsächliches Vorliegen einfach „ins Blaue hinein“ behauptet werden könnten.[152] So sei der Strafverteidiger in der Lage, durch eine Vielzahl von Beweisan-

145 Vergl. *Kintzi,* DRiZ 1994, 325 ff; *Terhorst,* DRiZ 1988, 298; *Braun,* Absprachen, S. 26.

146 *Weichbrodt,* Das Konsensprinzip, S. 125.

147 Vergl. *Meyer-Goßner/Ströber,* ZRP 1996, 356: Der Strafprozess ist nicht mehr nur Kampf um Wahrheit, Recht und Gerechtigkeit, sondern zunehmend auch Kampf gegen Staatsanwaltschaft und Richter geworden.

148 *Hanack,* StV 1987, 501.

149 *Nehm/Senge,* NStZ 1998, 382: Die Verfasser haben die Ursachen von Verfahrensverzögerungen erforscht und festgestellt, dass zu den wesentlichen Ursachen auch die rechtsmissbräuchliche, jedenfalls exzessive Inanspruchnahme des Ablehnungsrechts und eine exzessive Inanspruchnahme sonstiger Antragsrechte und des Fragerechts durch die Verteidigung gehören; *Schmitt,* GA, 2001, 416: Wirkungsvollste Verteidigungsstrategie ist das Beweisantragsrecht; *Janke,* Absprachen S. 15.

150 *Nehm/Senge* NStZ 1998, 382.

151 *Kremer,* Absprachen, S. 28.

152 BGH NStZ 1988, 334; BGH 92, 397; *Schmitt,* GA 2001, 417.

trägen jedes Verfahren fast beliebig zu verzögern.[153] Diese Verteidigungsstrategie verschaffe dem Verteidiger gegenüber dem Gericht eine Machtposition, die ihn in die Lage versetze, dem Gericht eine Verständigungsbereitschaft abzunötigen.[154] „So lässt sich konstatieren, dass eine Verteidigungsstrategie, die sich konfliktbereit ihrer Position durch das Beweisantrags - und Ablehnungsrecht bewusst ist, einer fortschreitenden Absprachеentwicklung förderlich ist. Sie steigert die Verständigungsbereitschaft auf Seiten der Justiz, weil man ein überlanges streitiges Verfahren vermeiden will."[155]

a. *Bedürfnis der Verfahrensbeteiligten nach Austausch von Informationen und nach Kommunikation*

Als weiterer Grund für die Zunahme der Absprachen wird im Schrifttum ein Bedürfnis der Verfahrensbeteiligten nach Austausch von Informationen und nach Kommunikation sowie ihre Hinwendung zu einem kommunikationsorientierten Verhandlungsstil angeführt.[156] Dahinter wird die veränderte Auffassung über den Zweck der Strafe - Abkehr vom Vergeltungsgedanken und Hinwendung zu präventiven Zielen – als Ursache vermutet.[157] Auch der Charakter der staatlichen Autorität habe sich gewandelt. Wegen des heutigen Staatsverständnisses habe sich der Strafprozess von dem herkömmlichen autoritären Verhandlungsstil zu einem kommunikationsorientierten Verfahren gewandelt.[158]

Zwischen 1987 und 1988 haben Bußmann/Lüdemann Interviews mit Staatsanwälten aus den Abteilungen für Wirtschaftskriminalität und mit Strafverteidigern durchgeführt. Dabei konnten sie feststellen, dass die Verfahrensbeteiligten das traditionelle Strafverfahren mit seinen vorgegebenen Interaktionsregeln jedenfalls für die Erledigung der Wirtschaftsstrafsachen als zu restriktiv empfanden; eine eingeschränkte Kommunikation genüge danach den Beteiligten nicht mehr.

---

153 *Kremer,* Absprachen, S. 27; *Rönnau,* Die Absprache, S. 47; *Weichbrodt,* Das Konsensprinzip, S. 125.

154 *Kintzi,* JR 1990, 313.

155 *Weichbrodt,* Das Konsensprinzip, S. 126-127.

156 *Rönnau,* Die Absprachen, S. 41.

157 *Wolter*, GA 1989, 400 f.; *Janke*, Verständigung, S. 29.

158 *Kremer,* Absprachen,S. 31; vergl. *Braun,* Absprachen, S. 23; *Kühne,* Strafprozessrecht, 7. Auflage, S. 428.: Der Prozessablauf in der Hauptverhandlung ist durch die Verfahrensvorschriften in allen Einzelheiten vorstrukturiert. Die Kenntnis dieser Vorschriften allein ist nicht jedoch ausreichend, um zum Verständnis der prozessualen Realität zu gelangen. Das spezielle Sozialgeflecht der Justizbehörden und Justizpersonen ist die eigentliche Basis für das Verhalten im Prozess. Ohne diese Hintergrundinformationen ist in der Hauptverhandlung die äußerlich sichtbare Kommunikation nicht vollständig fassbar, da sie auf institutionalisierten sozialen Beziehungen der juristischen Verfahrensbeteiligten beruht. In dem von Verfahrensnormen vorgegebenen Bereich besteht ein Freiraum, der Platz für die unterschiedlichsten Verhaltensweisen lässt.

Vielmehr möchte manmiteinander verhandeln, also ungezwungen miteinander kommunizieren.[159]

b. Rechtsfrieden als Verhandlungsziel?

Einen weiteren Grund für das Aufkommen von Absprachen sieht ein Teil des Schrifttums in dem gewandelten Verhältnisvon Staat und Bürger,[160] sowie in dem veränderten Verständnis der Beteiligten von dem, was Strafrecht zu leisten hat und zu leisten vermag.[161] Danach ist das Strafverfahren nicht Selbstzweck, sondern hat dem individuellen Wohl der Bürger zu dienen.[162] Absprachen seien danach - im Rahmen der allgemeinen Rechtsentwicklung betrachtet - Ausdruck einer grundlegenden Neubestimmung des Verhältnisses von Staat und Bürger. Während dieses Verhältnis im Strafverfahren ursprünglich von dem Gedanken der Über- und Unterordnung geprägt gewesen sei,[163] werde es seit einiger Zeit auch durch Kooperation und einverständliche Streiterledigung bestimmt. Entscheidungen des Richters und des Staatsanwalts ergingen heute häufig erst, nachdem die streitigen Sach- und Rechtsfragen im Zusammenwirken mit dem Verteidiger und dem Angeklagten erörtert worden seien.[164] Auf diese veränderten Vorstellungen sei es auch zurückzuführen, dass sich das Rollenverständnis der professionellen Verfahrensbeteiligten gewandelt habe.[165] Der Angeklagte fühle sich berechtigt, in den Prozess der Schuldfeststellung und Straffestsetzung gestaltend einzugreifen. Auf ähnliche Weise sähen sich Verteidiger mehr und mehr als gleichberechtigte Partner von Richtern und Staatsanwaltschaft.[166] Infolge dieses Rollenwandels seien Ziel und Zweck des Strafverfahrens neu zu bestimmen. Nicht die Durchsetzung des materiellen Strafrechts stehe im Vordergrund, sondern die Lösung sozialer Probleme. [167] Darüber hinaus müsse das Strafverfahren

---

159 *Bußmann/Lüdermann,* MschrKrim 1988, 88-89; *Janke,* Verständigung, S. 29; *Schäfer,* DRiZ, 1989, 294.

160 *Hauer,* Geständnis, S. 54: Das Verständnis des Verhältnisses von Staat und Bürger hat sich seit dem Erlass der Strafprozessordnung von 1877 gewandelt, dementsprechend ist der Staat keine Autorität, sondern eine Dienstleister und hat die Aufgabe, für seine Bürger zu sorgen. In der modernen Welt, habe der Staat Aufgaben übernommen, die immer komplexer würden, dabei seien schnelle und unbürokratische Lösungen gefragt; *Eser,* ZStW 1992, 379-380.

161 *Schünemann/Hauer*, AnwBl 2006, 440.

162 *Eser,* ZStW 1992, 379-380.

163 *Seier,* JZ 1988, 684: Die Strafverfolgungsorgane und der Beschuldigte stehen einander nicht als gleichberechtigte Parteien gegenüber, ihre Beziehung ist vielmehr durch ein nachgerade klassisches Über-/ Unterordnungsverhältnis gekennzeichnet.

164 *Herrmann,* JuS 1999, 1166.

165 *Weßlau,* Das Konsensprinzip, 2002, S. 12.

166 *Herrmann,* JuS 1999, 1166.

167 *Herrmann,* JuS 1999, 1166; *Weigend,* JZ 1990, 780-781: Der moderne Staat, der in vielen neuen Gebieten des unüberschaubar komplex gewordenen Soziallebens lenkend und kontrollierend eingreift, setzt das Strafrecht als praktisches Steuerungsinstrument ein. Es geht ihm nicht mehr um gleichmäßige Retribution (Vergeltung), sondern um effiziente Prävention.

auch ökonomisch sinnvoll und effektiv eingesetzt werden.[168] Aus heutiger Sicht sei die Justiz ein Instrument des Staates zur Aufrechterhaltung des Gemeinschaftsfriedens.[169] Das Strafrecht solle vor allem sozialen Frieden schaffen,[170] der eben auch durch ein abgesprochenes Urteil hergestellt werden könne.[171] Da mit solchen Vereinbarungen immer eine erhebliche Verkürzung der Hauptverhandlungen einherginge, werde auch dem Erfahrungssatz „schnelleres Recht ist häufig besseres Recht" Rechnung getragen[172] Eine gemeinsame Suche der Beteiligten nach dem Ergebnis sei geeignet, Rechtsfrieden zu schaffen, wenn es einvernehmlich getragen und akzeptiert werde.[173] Deshalb gehe das Schrifttum überwiegend davon aus, dass *der Rechtsfrieden* im Wege der Verständigung wiederhergestellt werde.[174] Auch der Entwurf der Bundesrechtsanwaltskammer zur gesetzlichen Regelung der Absprachen sieht in der Wiederherstellung des Rechtsfriedens eine Legitimation für die Absprache: *„Der Gesetzgeber hat...dem Konsensprinzip (mehr) Raum zu geben und die Urteilsabsprachen als Ausdruck dieses Prinzips...zu institutionalisieren. Dies gilt umso mehr als das Konsensprinzip in einem engen Bezug zum Gedanken des Rechtsfriedens steht. Konsens schafft Frieden.*"[175] Weichbrodt vertritt dieselbe Meinung und wird deutlicher: *„Der Zweck des Strafverfahrens ist in diesem Sinne auch Interessenausgleich. Kooperative Kommunikation stellt die Weichen für die Wiederherstellung des Rechtsfriedens anders als eine konfrontative Verfahrenssituation. In einer kooperativen Kommunikation ist die Verpflichtung zur Wahrheit zur Wiederherstellung des Rechtsfriedens nicht unbedingt erforderlich, weil schon der Konsens zu einem Ausgleich der Interessen führt.* "[176] Da sich eine absolute Wahrheit kaum finden lasse, sei es gerechtfertigt, im Interesse der Verfahrensökonomie und zum Schutze der Opferzeugen auf informellem Wege eine pragmatische Lösung anzustreben. Der zwi-

---

168 *Hauer,* Geständnis, S. 54.

169 *Cramer,* FS für Rebmann, S. 148; *Widmaier,* StV 1986, 359.

170 Heute hat das Strafverfahren drei Zielen zu dienen: Die Entscheidung muss materiell richtig und prozessordnungsgemäß zustande gekommen sein und Rechtsfrieden schaffen, vergl. *Roxin,* Strafverfahrensrecht, 26. Auflage, S. 2 ff.; *Meyer-Goßner*, Strafprozessordnung, 52. Auflage, 2009; München, Einleitung, Rn. 4.LW, 26 Auflage, 2006, Berlin, Bearbeiter *Kühne*, Einl.Abschn. B. Ran. 13 Karlsruher Kommentar zur Strafprozessordnung, 4. Auflage, Ran. 2, München, 1999, Bearbeiter *Pfeiffer.*

171 *Schünemann/Hauer*, AnwBl 2006, 440; *Herrmann,* JuS 1999, 1166; *Weigend,* JZ 1990, 780-781.

172 *Cramer*, FS für Rebmann, S. 148; *Widmaier,* StV 1986, 359.

173 *Freund,* GA 2002, 88: Das Ergebnis des Strafverfahrens muss nicht nur für die Allgemeinheit und das Opfer einer Straftat, sondern auch für den Täter selbst zumindest annehmbar sein. Nur so kann die Rechtsfriedensfunktion effektiv erfüllt werden; *Hauer,* Geständnis, S. 54; *Siolek,* Verständigung, S. 100.

174 *Cramer,* FS für Rebmann, S. 148; *Widmeier,* StV 1986, 359; *Weigend,* JZ 1990, 780.

175 Vergl. Begründung des BRAK-Entwurfs, a.a.O.. S. 4.

176 *Weichbrodt,* Das Konsensprinzip, S. 40 ff.

schen den Verfahrensbeteiligten gefundene Konsens biete die Gewähr dafür, dass das Ergebnis gerecht sei.[177]

Solche Vereinbarungen stünden auch dem Gedanken der Gerechtigkeit nicht entgegen. Ein Konsens zwischen Richter, Staatsanwalt und Verteidigung sei ein Indiz dafür, dass eine gerecht zu nennende Entscheidung angestrebt werde. Sei das Rechtsgewissen der Beteiligten gestört, helfe auch die Idee der Gerechtigkeit nicht weiter. Ein Verbot von Absprachen könnte daran nichts ändern. Endlos dauernde Prozesse, überlastete Gerichte und überlange Untersuchungshaft widersprächen dem Prinzip der Gerechtigkeit weit mehr als eine Einzelfallentscheidung, in der ein Täter die Schuld auf sich nehme und möglicherweise eine geringere Strafe erhalte, als sie in einem streitigen Verfahren festgesetzt würde.[178]

Nicht wenige Wissenschaftler halten aber die Ansicht, dass es im Strafverfahren in erster Linie darauf ankomme, Rechtsfrieden zu schaffen, für bedenklich, weil offen bleibe, ob mit dem angestrebten Rechtsfrieden eine verfahrensbezogene oder eine soziologische Kategorie gemeint sei. Falls der Begriff im soziologischen Sinne verwendet werde, werde damit ein realer gesellschaftlicher Prozess beschrieben, durch den die Mitglieder der Gesellschaft sich hinsichtlich der begangenen Straftat beruhigen. Dann müsste aber das Strafverfahren geeignet sein, auf einen außerprozessualen Zustand einzuwirken und diese Wirkung müsste sich empirisch erweisen oder sich zumindest plausibel machen lassen. Es sei freilich keineswegs ausgemacht, dass einverständliche Verfahrensbeendigungen, denen erklärtermaßen nicht mehr in demselben Maße wie im herkömmlichen Strafprozess an einer Vollständigkeit der Sachverhaltsaufklärung gelegensei, den (soziologisch verstandenen) Rechtsfrieden fördern könnten. Der Begriff des Rechtsfriedens könne indes auch dahin verstanden werden, dass damit eine einverständliche Beendigung eines Interessenkonflikts gemeint ist, wobei das von Interessengegensätzen bestimmte Prozessgeschehen selbst in Betracht komme. In diesem Sinne handele es sich um eine verfahrensbezogene Kategorie. Die Aussage wäre aber bedeutungslos, weil jede Verfahrensbeendigung dem Rechtsfrieden diene.[179]

5. Die Interessen der Beteiligten an einvernehmlichen Absprachen;

a. Vorteile der einverständlichen Verfahrenserledigung

Im Folgenden soll auf die Interessen der einzelnen Verfahrensbeteiligten an einer einvernehmlichen Verfahrenserledigung eingegangen werden.

b. Vorteile für Gerichte, Staatsanwaltschaft und die Justiz insgesamt

Die Erledigung von Strafverfahren im Wege der Absprache bringt vor allem den beteiligten Richtern und Staatsanwälten sowie der Justiz insgesamt Vorteile.[180]

---

177 *Schünemann/Hauer*, AnwBl 2006, 440; *Cramer,* FS für Rebmann, S. 148; *Widmaier,* StV 1986, 359.

178 *Cramer,* FS für Rebmann, S. 148; *Gallandi,* NStZ 1987, 420.

179 *Weßlau*, StraFo 2007, 3.

180 *Küpper/Bode*, Jura, 1999, 355.

Nach Schünemann ziehen Richter und Staatsanwälte aus den einverständlichen Verfahrenserledigungen dreierlei Vorteile:

A. Eine „äußere Arbeitserleichterung" resultiere daraus, dass die Absprache geringere Leistungsanforderungen an die Verfahrensbeteiligten stelle als eine kontradiktorische Hauptverhandlung.
B. Als „innere Arbeitserleichterung" komme die Befreiung vom Druck einer streitigen Entscheidung hinzu.
C. Eine „kontrollbezogene Arbeitserleichterung" ergebe sich daraus, dass der zwischen Staatsanwaltschaft und Verteidigung vereinbarte Rechtsmittelverzicht zum Standardbestandteil der informellen Verständigungen gehöre.[181]

Unstreitig verkürzen Absprachen die Dauer der Hauptverhandlung. Damit entfallen Verhandlungstage, die u. U. mit einem enormen Personalaufwand (Richter, Schöffen, Staatsanwalt, Protokollführer, Justizwachtmeister, Sachverständige, Bewährungshelfer, Jugendgerichtshilfe und Dolmetscher) verbunden wären. Außerdem können umfangreiche Zeugenvernehmungen wegfallen[182] und Verteidiger unterlassen verfahrensverzögernde Anträge,[183] was zu einer Vereinfachung der Beweisaufnahme führt.[184] Viele Autoren vertreten die Ansicht, durch die Absprache erfahre der Richter auch einen psychologischen Vorteil, weil der Verteidiger die Verantwortung für das Urteil gewissermaßen mit übernehme: Der Richter werde vom Entscheidungsdruck entlastet.[185] Außerdem hinterlasse das in wenigen Stunden ausgehandelte Ergebnis bei den Verfahrensbeteiligten mehr Zufriedenheit und weniger Frustration als eine langwierige, kontrovers geführte Hauptverhandlung.[186]

Einverständliche Urteile werden häufig sofort rechtskräftig. Damit entfällt auch die Arbeitsbelastung für die nächste Instanz.[187] Für den Tatrichter eröffnet sich die Möglichkeit, gem. § 267 Abs. 4 StPO das Urteil in abgekürzter Form abzufassen, eine ganz erhebliche Arbeitserleichterung. Denn in anderen Fällen fließt ein erheblicher Teil der richterlichen Arbeitskraft gerade in die schriftliche Abfassung von Urteilen, weil die Anforderungen der Revisionsgerichte an die Urteilsgründe immer höher werden.[188]

---

181 *Janke*, Verständigung, S. 31; *Schünemann*, Gutachten B, 90, S. 32.

182 *Tscherwinka*, Absprachen, S. 27, 28: Der Zeugenverzicht hat für das Gericht mehrere Vorteile: Zum einen eine Beschleunigung des Verfahrens, zum anderen wird aus revisionsrechtlicher Sicht (des Gerichts) die Gefahr von Fehlern bei Belehrung und Vernehmung der Zeugen vermieden.

183 *Lokimidis*, Die Rechtsnatur, S. 18.

184 *Weigend*, JZ 1990, 775; *Schünemann*, Gutachten B, 90, S. 32.

185 Weigend, JZ 1990, 775; *Schünemann*, Gutachten B, 90, S. 32: Die Ersetzung einer antagonistisch-autoritären Entscheidungsfindung durch einen Konsens hat infolgedessen für die Richter einen inneren Entlastungseffekt; *Kremer*, Absprachen, S. 192.

186 Weigend, JZ, 1990, 775; *Kremer*, Absprachen, S. 192.

187 *Hauer*, Geständnis, S. 52.

188 Vergl. *Weichbrodt*, Das Konsensprinzip, S. 130; LW, 25. Auflage, 1999, Berlin, Bearbeiter *Hanack*, § 337, Rn. 121, 123, 131 ff.: In neuer Zeit sind vor allem die Anforderungen

Ein persönlicher Nutzen des Richters kann beim Rechtsmittelverzicht auch dadurch entstehen, dass die justizinterne Karriere eines Instanzrichters durch häufige Aufhebungen seiner Urteile im Rechtsmittelzug negativ beeinflusst werden kann.[189]

Die Interessen der Staatsanwaltschaftdecken sich insoweit mit denen des Gerichts, als auch hier die aus Absprachen resultierende Verkürzung der Hauptverhandlungen den Staatsanwälten zugutekommt.[190]

Informelle Verständigungen brächten somit der Justiz insgesamt einen massiven, vielfältigen und sichtbaren Nutzen, während ins Gewicht fallende Nachteile nicht ersichtlich seien.[191]

a. Interessen des Angeklagten

Es ist schwer feststellbar, ob der Angeklagte aus einer Absprache wirklich Vorteile zieht und im Schrifttum besteht auch keine Einigkeit über diese Frage.[192]

Nach der herrschenden Meinung besteht für den Angeklagten der größte Vorteil einer Absprache in der Möglichkeit einer Strafmilderung bei einem Geständnis oder - im Sonderfall - bei einer dritte Personen belastenden Aussage ("Kronzeuge").[193]

Ob das wirklich der Fall ist, wird von einigen Autoren bezweifelt. Sie sehen das entscheidende Element der Absprache nicht in der – vordergründigen - Gewährung einer Vergünstigung, sondern in der damit implizit verbundenen Drohung mit einer härteren Strafe im Fall der Ablehnung einer Absprache[194] (vgl. zu den Einzelheiten Abschnitt IV, S. 62 ff.).

Weigend führt hierzu aus: *Wird dem Angeklagten für den Fall, dass er sich kooperativ zeige, eine mildere Sanktion zugesagt, so liegt der Gegenschluss auf der*

---

gewachsen, die die Revisionsgerichte sachlich rechtlich an die tatrichterliche Beweiswürdigung und an die spezielle Überzeugungsbildung bzw. an deren Darstellung im Urteil stellen; *Schünemann*, Gutachten, S. 33: Die Beseitigung der Revisionskontrolle schafft dem Richter noch einen besonderen sowohl äußeren als auch inneren Nutzen: Die daraus folgende Abkürzung der schriftlichen Urteilsbegründung gem. § 267 Abs. 4 StPO.

189 *Schünemann,* Gutachten B, 90, S. 33.

190 *Schünemann*, Gutachten B, 90, S. 33; *Tscherwinka*, Absprachen, S. 29; *Janke*, Verständigung, S. 32.

191 *Schünemann*, Gutachten B, 90, S. 35.

192 *Weigend,* 50 Jahre Bundesgerichtshof, 2000, S. 1012; anders aber *Schmitt*, GA 2001, 411, 414.

193 *Moldenhauer*, Eine Verfahrensordnung, S. 35; *Schmitt,* GA 2001, 414: Die Ergebnisse der Absprache sind für den Angeklagten in aller Regel nicht nachteilig, sondern sie führen im Gegenteil zu so erheblichem Nachgeben der Gerichte beim Strafmaß und bei der Feststellung des Schuldumfangs, wie der Angeklagte dies durch kein unter strenger Anwendung strafprozessualer Vorschriften durchgeführtes Verfahren erreichen könnte; *Wolfslast,* NStZ 1990, 410: Für den Beschuldigten kann also im Einzelfall eine durch Geständnis erwirkte Verfahrensverkürzung nur von Vorteil sein.

194 Vergl. *Weigend,* JZ 1990, 778; *Dencker/Hamm,* Der Vergleich, S. 44, 54; *Weichbrodt,* Das Konsensprinzip, S. 134.

Hand: Verweigert der Angeklagte den "deal", so muss er mit "allem" rechnen, kann jedenfalls keinerlei Entgegenkommen des Gerichts oder der Staatsanwaltschaft mehr erwarten.[195] *Tendenziell profitiert derjenige Angeklagte, der die ihm vorgeworfene Tat wirklich begangen hat, dabei aber gleichzeitig über ausreichende Ressourcen verfügt, um die Beweislage so zu verwirren, dass er für die Erleichterung des Verfahrens, insbesondere durch Ablegen eines Geständnisses einen Bonus vom Gericht erhält. Dieser Angeklagte hat einen deutlichen Vorteil gegenüber demjenigen Angeklagten, der zwar dieselbe Tat begangen hat, bei dem aber die Beweislage eindeutig ist, oder der bereits im Ermittlungsverfahren unbedacht oder unberaten ein Geständnis abgelegt hat und dessen Kooperationsbereitschaft im Hauptverfahren keinen Marktwert mehr besitzt.*[196]

Daneben bestehen im Schrifttum auch Bedenken, ob die im Zuge der Absprache dem Angeklagten zugesagte Strafobergrenze tatsächlich eine mildere Strafe ist (zu debn Einzelheiten vgl. auch hier die Ausführungen im Abschnitt IV, S. ??). Entscheidend ist hier ein Vergleich zwischen der bei konfrontativer Verfahrensdurchführung verhängten Strafe und der nach Verständigung tatsächlich zugesprochenen Sanktion. Auch in Deutschland gibt es keine präzise Berechnungsgrundlage für die Höhe einer *richtigen* Strafe.[197] Als Erstes wird in diesem Zusammenhang die in der Strafzumessungslehre herrschende und von der Rechtsprechung vertretene*Spielraumtheorie*[198] genannt.[199] „Diese Theorie ermöglicht es dem Richter, innerhalb eines erheblichen Schuldspielraums die Strafe nach general- und spezialpräventiven Zwecken festzusetzen. Dieser beträchtliche Ermessensspielraum macht einen verlässlichen Vergleich einer Strafe nach Absprache mit dem Strafrahmen in einem ohne Absprache und Geständnis konfrontativ geführten Verfahren nahezu unmöglich.[200] Der Angeklagte selbst kann nicht beurteilen, ob er bei einer Absprache tatsächlich eine mildere Strafe bekommt; er muss sich auf die Aussagen des Gerichts und seines Verteidigers verlassen.[201] Weider erhebt einen weiteren Einwand gegen die herrschende Meinung: Er habe bei der Staatsanwaltschaft die Tendenz beobachtet, die Anklagen nicht auf den

---

195 *Weigend,* JZ 1990, 778.

196 *Weigend,* 50 Jahre Bundesgerichtshof, 2002, S. 1012; vergl. *Moldenhauer*, Eine Verfahrensordnung, S. 36; *Weichbrodt*, Das Konsensprinzip, S. 134: Hypothetische Vorteile gibt es in der Absprachepraxis ohnehin nur für den geständnisbereiten Beschuldigten. Für einen Beschuldigten, der das konfrontative Verfahren mit dem Ziel eines Freispruchs anstrebt, muss daher der Versuch seitens der Justiz, zu einer außerprozessualen Einigung zu kommen, mit versteckten Nachteilen verbunden sein, weil ein abgelehntes Gesprächsangebot in der Regel nicht ohne Konsequenzen für den Fortgang des konfrontativen Verfahrens bleibt.

197 *Schünemann,* Gutachten, B, 90, S. 36-37.

198 Vergl. zur Rechtsprechung BGHSt 20, 264, 266 ff.; BGHSt 24, 132, 133 f.; BVerfGE 45, 187, 259 f. In der Literatur zustimmend zur Spielraumtheorie: *Bruns*, Das Recht der Strafzumessung, S. 105 ff.

199 *Weichbrodt,* Das Konsensprinzip, S. 135.

200 *Schünemann,* Gutachten B, 90,S. 36-37; vergl. *Weichbrodt*, Das Konsensprinzip, S. 135.

201 *Hauer,* Geständnis, S. 53.

Grundtatbestand zu beschränken, sondern beispielsweise Qualifikationen oder unwesentliche Nebensachverhalte anzuklagen, um so eine „Manövriermasse“ für Absprachen bereit zuhalten. Komme es in solchen Fällen zu einer Verständigung, dürfte sich der Strafrahmen kaum von demjenigen einer streitigen Hauptverhandlung unterscheiden.[202] Mit der Absprache gibt der Angeklagte die Chance auf einen Freispruch auf. Außerdem könnten nach Ansicht einiger Autoren die einmal begonnenen Abspracheverhandlungen häufig nicht abgebrochen werden, ohne dass sich daraus Nachteile für den Beschuldigten ergäben.[203] Nach einer Umfrage von Schünemann berichteten mehr als die Hälfte (55%) der Anwälte von solchen Nachteilen, nachdem sie die Angebote der Staatanwaltschaft oder der Gerichte im Rahmen von Absprachevverhandlungen abgelehnt hätten.[204]
Als weiterer Nutzen für den Angeklagten wird neben einer möglichen Strafmilderung auch die Beschleunigung des Verfahrens (Zeitgewinn), geringere Kosten, aber auch eine geringere psychische Belastung und eine geringere Stigmatisierung in der Öffentlichkeit bei einem milderen Urteil angeführt.[205] Diepsychische Belastung des Angeklagten entsteht durch die Ungewissheit über Dauer und Ausgang des Verfahrens; das seien Umstände, von denen eine "Quasi-Strafwirkung" ausgehe.[206] Ein sich lange hinziehendes Strafverfahren werde von den Angeklagten häufig als belastender empfunden als die letztlich verhängte Strafe.[207] Dass mit der Verfahrensdauer auch die Verfahrenskosten wachsen, liegt auf der Hand.[208] Neben den erhöhten Verfahrenskosten hat eine überlange Verfahrensdauer einen allgemeinen Zeitverlust und eine Belastung der sozialen Beziehungen zur Folge.[209] Diese Belastungen sind umso nachhaltiger, wenn sich der Angeklagte in der Untersuchungshaft befindet.
Ausgehend davon ist es für den Angeklagten tatsächlich eine Erleichterung, wenn das Verfahren abgekürzt wird.[210] Bedenken bestehen darüber, dass der Angeklagte während der Absprache nie aktiv beteiligt wird - in der Regel kommt der Angeklagte bei Absprachen nämlich nicht unmittelbar zu Wort, sondern muss abwarten, was in einer Unterbrechung der Hauptverhandlung im Beratungszimmer oder auf den Gang zwischen dem Gericht, derStaatsanwaltschaft und seinem Verteidiger besprochen wird. Nur selten wird der Angeklagte als Gesprächspartner

202 *Weider,* Vom Dealen mit Drogen und Gerechtigkeit, S. 149; vergl. *Weichbrodt,*Das Konsensprinzip, S. 135.

203 *Schüneman,* Gutachten, B, 90, S. 42.

204 *Schüneman,* Gutachten B, 90, S. 42.

205 *Tscherwinka,* Absprachen, S. 31 ff.

206 Unter dem Schlagwort „Der Prozess ist die Strafe“ ist der Übelcharakter des Verfahrens dargestellt bei *Feeley,* The Process is the Punishment, New York 1979; vergl. *Schüneman,* Gutachten, B, 90, S. 35.

207 *Kohlmann,* FS für Pfeiffer, S. 205.

208 Vgl. *Schmidhäuser,* JZ 1973, 531, 533; *Janke,* Verständigung, S. 36.

209 *Schüneman,* Gutachten, B, 90, S 35.

210 *Wagner/Rönnau,* GA 1990, 387, 393; *Wolfslast,* NStZ 1990, 409, 410; *Meyer-Goßner,* NStZ 1992, 167 -168; *Gerlach,* Absprachen, 1992, S. 27; *Janke,* Verständigung, S. 37; *Hauer,* Geständnis, S. 53.

in die Verständigungsgespräche aufgenommen,[211] so dass in der Verfahrenswirklichkeit die Rolle des Angeklagten in der Verständigungskommunikation als Verfahrenssubjekt äußerst marginal bleibt.[212] Die neuen in Wirtschaftsstrafverfahren geführten empirischen Untersuchungen[213] zeigen, dass nur 9,7 % der befragten Richter und 16 % der Verteidiger angaben, schon einmal Verständigungsgespräche unter Beteiligung des Angeklagten erlebt zu haben.[214]

b. Die Interessen der Verteidigung

Nach herrschender Meinung profitieren auch die Verteidiger von Absprachen und erzielen materielle und immaterielle Vorteile.[215]
Allerdings sind einigen Autoren der Meinung, die durch eine Absprache bewirkte Verkürzung der Hauptverhandlung führe zu einem Gebührenverlust, weil der Verteidiger für jeden Fortsetzungstag eine gesonderte Gebühr erhalte,[216] die höher sei,[217]als die im Vor- oder Zwischenverfahren oder in dem durch Absprache verkürzten Verfahren (§§ 2, 4 (1) Rechtsanwaltsvergütungsgesetz (RVG) in Verbindung mit der Anlage 1 zu § 2 (2) Anmerkung 4. 1. 2.).[218] Weiter wird dazu ange-

---

211 *Herrmann,* Absprachen, 1999, S. 66, 69; *Janke,* Verständigung, S. 133; *Weigend,* JZ 1990, S. 779; vergl. *Hauer,* Geständnis, S. 52.

212 *Schünemann,* Gutachten B, 90, S. 43, seine repräsentative Umfrage hat ergeben, dass der Beschuldigte nur von 9,8 % als wesentlich an den Absprachen angesehen wird; vergl. *Weichbrodt,* Das Konsensprinzip, S. 136.

213 *Alttenhain/Hagemeier/Haimerrl/Stammen,* Die Praxis der Absprachen, S. 87 ff.

214 *Alttenhain/Hagemeier/Haimerrl/Stammen,* a. a. O.: In der Diskussion wird die mangelnde Anwesenheit des Angeklagten bei Verständigungsgesprächen außerhalb der Hauptverhandlung vor allem damit erklärt, dass er von den Richtern und Staatsanwälten nicht als Gesprächspartner akzeptiert werde. Als andere Gründe werden- die Vermeidung unsachlicher Gesprächsbeiträge durch den Angeklagten und seine mangelnde juristische Argumentationsfähigkeit genannt, S. 90, 96. Fast die Hälfte der befragten Richter gab an, dass sie sich in Abwesenheit des Angeklagten zu einem *offeneren* Gespräch in der Lage sehen, S. 92.

215 *Wagner,* FS für Gössel, S. 589: Der Verteidiger kann etwa wegen bereits bezahlten Pauschalhonorars ein materielles Interesse an einem kurzen Verfahren haben. Immaterielle Vorteile des Verteidigers liegen in seiner späteren Darstellung, das ausgehandelte Ergebnis sei nur infolge seines guten *Drahtes* zum Vorsitzenden zustande gekommen; *Schünemann,* FS Rieß, S. 534.

216 Rechtsanwaltsvergütungsgesetz (RVG) §2, Anlage 1 (Zu §2(2)) Anmerkung 4. 1. 2: Unterabschnitt 2- Vorbereitendes Verfahren, Unterabschnitt 3-Gerichtliches Verfahren Erster Rechtszug, Berufung, Revision.

217 Gem. Rechtsanwaltsvergütungsgesetz (RVG) §2, Anlage 1 (Zu §2(2)) Anmerkung 4. 1. 2: Unterabschnitt 2- Vorbereitendes Verfahren, Unterabschnitt 3-Gerichtliches Verfahren Erster Rechtszug, Berufung, Revision, wird das Honorar des Verteidigers nach Tagen bestimmt. Danach erhält derjenige Verteidiger ein höheres Honorar, der seinen Mandaten an mehreren Verhandlungstagen im Gerichtssaal verteidigt.

218 Eine Tätigkeit außerhalb der Hauptverhandlung wird gem. Rechtsanwaltsvergütungsgesetz (RVG) §2, Anlage 1 (Zu §2(2)) Anmerkung 4. 1. 2: Unterabschnitt 2- Vorbereitendes Verfahren, Unterabschnitt 3-Gerichtliches Verfahren Erster Rechtszug, Berufung, lediglich zur Hälfte vergütet.

führt, dass mit einer Absprache auch häufig ein Rechtsmittelverzicht einhergehe und sich der Verteidiger damit die Möglichkeit von Einnahmen gemäß § 2 RVG in Verbindung mit Anlage 1 zu § 2 (2) Anmerkung 4. 1. 2. im Rahmen der Rechtsmittelinstanz abschneide.[219] Dem gegenüber vertritt Schünemann die Meinung, dass eine Hauptverhandlung nicht nur richterliche, sondern auch anwaltliche Arbeitskraft binde und dass die gesetzlich vorgesehenen Gebührensätze verhältnismäßig niedrig seien, wenn man den finanziellen Gesamtaufwand eines Anwalts für einen Hauptverhandlungstag in Rechnung stelle. Gerade in Verfahren, in denen Absprachen in Betracht kämen, seien Angeklagte bereit, großzügige Honorarvereinbarungen zu treffen, weil aus ihrer Sicht das Ergebnis und nicht der Zeitaufwand der Verteidiger zähle.[220] Ergänzend weist Rönnau darauf hin, dass die Angeklagten in umfangreichen Verfahren wie Wirtschafts- und Steuerstrafsachen häufig wohlhabende Mandanten seien, sodass die Strafverteidiger ihre Honorarvereinbarungen danach ausrichten könnten.[221]

Während im üblichen Strafverfahren der Verteidiger zwar allerlei Aktivitäten mit unterschiedlicher, aber meist geringer Erfolgsaussicht entfalten könne, erlebe er die entscheidende Phase der Urteilsfindung als nur passiv Beteiligter. Bei der Absprache sehe er sich dagegen mehr und mehr als gleichberechtigter Partner, der gemeinsam mit Richter und Staatsanwalt Lösungsstrategien entwickelt.[222] Den Erfolg seiner Bemühungen könne der Verteidiger dem Mandanten als Frucht seines professionellen Einsatzes, seiner Sachkunde, seines Verhandlungsgeschicks und seiner Vertrautheit mit den Gerichten darstellen.[223] Das verschaffe ihm eine größere Befriedigung als die Blockade des Verfahrens durch eine Flut von Beweisanträgen.

---

219 Vgl. *Janke,* Verständigung, S. 33; *Dash,* NStZ, 1988, 153, 159, *Dash* betont, dass der Verteidiger die häufige Folge einer Absprache, nämlich die Hinnahme wirtschaftlicher Nachteile infolge der Verkürzung des Verhandlungsumfangs, hinzunehmen hat, um für den Klienten das optimale Ergebnis zu erreichen.

220 *Schünemann,* NJW 1989, 1900, 1901.

221 *Rönnau,* Die Absprachen, S. 55 ff; dagegen *Gerlach*: Zum einen dürften Wirtschafts- und Steuerstrafsachen nicht zur Masse der Strafsachen zu zählen sein und der Abschluss von lukrativen Honorarvereinbarungen bei der Masse der Strafsachen eher Seltenheitswert besitzen; zum anderen wird sich die Mehrheit der Mandanten bei den meisten Strafverteidigern nicht aus finanzkräftigen Wirtschaftskriminellen, sondern aus der notleidenden Bevölkerung rekrutieren, Verständigung, S. 34; *Braun,* Absprachen, S. 32.

222 *Weigend,* JZ 1990, 775: Bei der Absprache gestaltet der Verteidiger nicht nur das Verfahren, sondern auch dessen Ergebnis mit und wird hierdurch zum scheinbar gleichberechtigten Partner, vgl. *Kremer,* Absprachen, S. 192; *Herrmann,* JuS 1999, 1166.

223 *Weigend,* 50 Jahre Bundesgerichtshof, S. 1012; *Wagner,* FS für Gössel, S. 589. *Gerlach,* Absprachen, S. 28; *Kremer,* Absprachen, S. 192.

II Absprachen im System des deutschen Strafverfahrens

1. Die Zulässigkeit der Absprachen nach geltendem Recht

Es ist offensichtlich, dass sich die Absprachepraxis im deutschen Strafverfahren etabliert hat[224] und aus der gerichtlichen Praxis nicht mehr wegzudenken ist.[225] Über die Entstehungsgründe für die seit Ende der siebziger Jahre zu beobachtende Erscheinung gibt es jedoch keine empirische Untersuchung; auch die Frage ihrer Verbreitung lässt sich kaum exakt beantworten.[226] Allerdings gibt es im Schrifttum plausible Vermutungen über die Bedingungen, die die Ausbreitung der Absprache begünstigt haben.[227] Danach waren es zunächst die umfangreichen Wirtschafts- und Betäubungsmittelstrafverfahren, die ein Bedürfnis nach Kommunikation über das Verfahrensergebnis (Erledigungsstrategien) zwischen den Verfahrensbeteiligten auslösten. Später werden Defizite im Justizwesens sowie ein sich von Grund auf wandelndes Verteidigerverhalten (Stichwort „Konfliktverteidigung") als weitere Ursachen ausgemacht.[228] Auch in der Einführung des § 153a StPO sieht das Schrifttum einen Grund für die Verbreitung der Absprache.[229] Darüber hinaus wird gerade diese Vorschrift auch Indiz für die verfahrensrechtliche Zulässigkeit der Absprache bemüht.[230] So hat auch der 4. Strafsenat in seiner Grundsatzentscheidung für sein Argument, eine prozesserledigende Verständigung sei dem deutschen Strafverfahrensrecht nicht völlig fremd, auf § 153 a StPO hingewiesen.[231] Davon ausgehend, werden im Schrifttum neben § 153 a insbesondere die §§ 153 ff. und das Strafbefehlsverfahren für Überlegungen zur Zulässigkeit der Absprache angeführt.[232] Ob von diesen Normen tatsächlich auf

224 *Weigend,* NStZ 1999, 55; *Schünemann,* FS Heldrich, S. 1179; *Marsch, Verden,* ZRP 2007, 220.

225 *Widmaier,* NJW, 2005, S. 1985; *Weigend,* NStZ, 1999, S. 57; *Huttenlocher,* Dealen wird Gesetz, S. 7.

226 *Altenheim/Hagemeier/Haimerl/Stammen,* Die Praxis der Absprachen im Wirtschaftsstrafverfahren, S. 20; *Weßlau,* ZStW 2004, 165: Über die Verbreitung dieser informellen Erledigungsstrategien lässt sich nichts Exaktes sagen. Aussagen darüber beruhen auf Schätzungen, die sich auf die Befragung von Praktikern stützen.

227 *Schünemann,* Gutachten, B, 90, S. 16; *ders.*, FS Heldrich, S.1179.

228 *Weichbrodt,* Das Konsensprinzip strafprozessualer Absprachen, 2005, S. 120.

229 *Schünemann,* FS Heldrich, S. 1183, er betrachtet die Einführung des § 153 a als wichtigstes begünstigendes Moment; *Hamm,* ZRP, 1990, S. 338, er sieht in § 153 a eine Art „Einstiegsdroge" für die Aufnahme von informellen Verhandlungen, die häufig in einem ausgehandelten Urteil enden.

230 *Tschewinka,* Absprachen im Strafprozess, 1994, S. 51-64; *Gerlach,* Absprachen im Strafverfahren, S. 45. *Ioakimidis,* Die Rechtsnatur der Absprache im Strafverfahren, 2001, S. 33; *Braun,* Die Absprache im deutschen Strafverfahren, 1998, S. 50; *Schmidt-Hieber,* Verständigung im Strafverfahren, 1986, S. 29

231 BGHSt 43, 195, 203.

232 *Tschewinka,* Absprachen im Strafprozess, 1994, S. 51-64; *Gerlach,* Absprachen im Strafverfahren, S. 45; *Ioakimidis,* Die Rechtsnatur der Absprache im Strafverfahren, 2001, S.

eine verfahrensrechtliche Zulässigkeit der Absprachepraxis geschlossen werden kann, soll im Folgendem kurz untersucht werden.

a. § 153 Abs. 2 StPO

Einige Autoren sehen die Verfahrenseinstellung gemäß § 153 Abs. 2 StPO als Beispiel für eine einverständliche Erledigung,[233] weil hier die Zustimmung des Beschuldigten erforderlich ist.[234] Sie sind der Meinung, es müsse zwischen den Verfahrensbeteiligten ein Konsens über die Verfahrenseinstellung bestehen oder erzielt werden, weil die Verfahrensbeteiligten nicht gezwungen seien, die erforderliche Zustimmung zu erteilen.[235] Gegen diese Meinung wird eingewandt, diese Erledigungsform sei nicht vergleichbar mit den üblichen Absprachen, weil es hier nicht darum gehe, eine für den Beschuldigten belastende Rechtsfolge zu legitimieren.[236] Außerdem gehe es hier nur um einseitige Verfahrenshandlungen[237] der Prozessbeteiligten, sie lägen auf einer anderen Ebene als die Absprachen.[238]

b. § 153 a StPO

§ 153 a StPO wird im Schrifttum seit längerem als ein kooperatives Verfahrensmodell charakterisiert.[239] Da ohne die Mitwirkung des Beschuldigten eine Verfahrenserledigung nicht möglich ist, wird die Kooperationsbereitschaft der Verfahrensbeteiligten zur zwingenden Voraussetzung.[240]

33; *Braun*, Die Absprache im deutschen Strafverfahren, 1998, S. 50; *Schmidt-Hieber*, Verständigung im Strafverfahren, 1986, S. 29; *Kintzi*,JR 1990, 309, 314. Der 4. Senat betont, dass es neben dem § 153a noch andere Vorschriften gibt, die eine Einwilligung des Betroffenen in eine bestimmte Rechtsfolge vorsehen und deshalb in der Regel mit einer Prognose des Verfahrensausgangs, einem Gespräch über die Sach- und Rechtslage und einer Einigung der Verfahrensbeteiligten verbunden sind, BGHSt 43, 195, 203.

233 *Tschewinka*, Absprachen im Strafprozess, S. 51-52, 63; *Weßlau* ist der Meinung, man könne die Einstellung nach § 153 Abs. 2 StPO als einverständliche Erledigungsform auffassen, weil sie von der Zustimmung des Beschuldigten abhängig sei, Konsensprinzip im Strafverfahren, 2002, S. 39.

234 § 153 StPO: Gemäß Abs. 1 kann die Staatsanwaltschaft bei Vergehen das Verfahren einstellen, wenn der Stand der Ermittlungen die Beurteilung zulässt, dass die Schuld des Täters als gering anzusehen wäre und kein öffentliches Interesse an der Strafverfolgung besteht. Erforderlich ist die Zustimmung des für die Hauptverhandlung zuständigen Gerichts, außer in Bagatellfällen gemäß § 153 Abs. 1 Satz 2 StPO. Nach Erhebung der Anklage ist die Zustimmung des Angeklagten erforderlich, § 153 Abs. 2 StPO.

235 *Ioakimidis*, Rechtsnatur der Absprache im Strafverfahren, 2001, S. 34.

236 *Weßlau*, Konsensprinzip im Strafverfahren, 2002, S. 39, sie ist der Meinung, dass es beim Verfolgungsverzicht vielmehr um die Fragen der Legalität und Opportunität im Strafverfahren geht.

237 *Janke*, Verständigung und Absprachen im Strafverfahren, 1997, S. 66.

238 *Siolek*, Verständigung in der Hauptverhandlung, 1992, S. 83.

239 LR-*Beulke*, 26. Auflage, 2007, § 153 a Rn. 2; *Sinner*, Der Vertragsgedanke im Strafprozessrecht, 1999, S. 147. *Dencker*, JZ, 1973, 149; *Saliger*, GA, 2005, 166.

240 *Weigend*, JZ 1990, 774 ff.

Die Einstellung eines Verfahrens nach § 153 a StPO ist möglich, wenn dem Beschuldigten nur ein Vergehen (§ 12 StGB) zur Last gelegt wird. In diesen Fällen kann die Staatsanwaltschaft das Ermittlungsverfahren mit Zustimmung des Gerichts und des Beschuldigten vorläufig einstellen und diesem zugleich Auflagen und Weisungen[241] erteilen, wenn diese geeignet sind, das öffentliche Interesse an der Strafverfolgung zu beseitigen und die Schwere der Schuld nicht entgegensteht. Das Gesetz stellt also klar, dass es sich um Straftaten handelt, deren Verfolgung eigentlich im öffentlichen Interesse liegt, andernfalls wäre an eine Einstellung nach § 153 Strafprozessordnung zu denken. Darüber hinaus gibt der Wortlaut der Vorschrift Auskunft über den Zeitpunkt, in dem der Staatsanwalt diese Erledigungsart ins Auge fassen darf: Aus der Formulierung „sieht von der Erhebung der öffentlichen Klage ab" folgt, dass die Ermittlungen abgeschlossen sein und einen hinreichenden Tatverdacht (§ 170 Abs. 1 StPO) gegen den Beschuldigten zum Ergebnis haben müssen. Hat der Beschuldigten die Auflagen korrekt erfüllt, ist der Staatsanwalt gehalten, das Verfahren einzustellen. Diese Entscheidung führt zu einem – allerdings auf Vergehen beschränkten – Strafklageverbrauch. Bei geringfügigen Taten bedarf es keiner Zustimmung des Gerichts (§ 153 a Abs. 1. S. 7 StPO).

Hat die Staatsanwaltschaft Anklage erhoben, kann der Tatrichter von § 153 a StPO Gebrauch machen (§ 153 a Abs.2 StPO).

Die Vorschrift ist 1975 in die Strafprozessordnung eingeführt worden. Bis dahin gab es die Praxis, Verfahren nach § 153 StPO einzustellen, falls der Beschuldigte zuvor eine mit ihm abgesprochene Geldzahlung erbracht hatte.[242] Ursprünglich war der Anwendungsbereich auf Vergehen mit geringer Schuld beschränkt. Nach der Neufassung kommt es darauf an, dass die Schwere der Schuld einer Einstellung nicht entgegensteht. Damit wird der Anwendungsbereich der Vorschrift erheblich erweitert.[243]

Im Schrifttum war die Regelung von Anfang an umstritten;[244]dieKritik gipfelt in dem Vorwurf, die Vorschrift sei verfassungswidrig.[245] Als Kritikpunkt wird im

241 Als mögliche Auflagen kommen insbesondere in Betracht: Täter-Opfer-Ausgleich, die Erbringung gemeinnütziger Leistungen, Zahlung eines Geldbetrags zugunsten einer gemeinnützigen Einrichtung oder der Staatskasse, die Erfüllung von Unterhaltspflichten, die Schadenswiedergutmachung oder die Teilnahme an einem Verkehrsseminar.

242 *Weßlau,* Das Konsensprinzip, 2002, S. 36; *Rieß*, ZRP, 1983, S. 93; *Hauer,* Geständnis und Absprache, 2007, S.229.

243 Die Neufassung erfolgte durch das Rechtspflegeentlastungsgesetz vom 11.1 1993 (RpflEG), BGBI. I, S. 50. Nach der Gesetzesbegründung verfolgte die erste Fassung des § 153 a zwei Zwecke: a) justizökonomische Ziele: Vereinfachung und Beschleunigung der Erledigung von Strafverfahren; b) kriminalpolitische Ziele: Entkriminalisierung im Bereich der Bagatellkriminalität. Bei der Neufassung der Vorschrift wird die Entkriminalisierung in den Gesetzesmaterialien nicht mehr erwähnt. Danach soll § 153 a nur noch der Verfahrensvereinfachung und der Entlastung der Strafjustiz dienen, BT- Drucks. 12/1217, S. 19, 34, 67; *Saliger,* GA, 2005, 158; *Feser,* ZStW, 1994, 31.

244 *Schmidhäuser,* JZ 1973, 529; *Baumann,* ZRP 1972, 273; *Feser,* ZStW 1994, 25.

Wesentlichen angeführt, die Norm verstoße gegen die Unschuldsvermutung bzw. gegen den Schuldgrundsatz, weil gegen den Beschuldigten eine Sanktion in Form der Auflage verhängt werde, ohne dass es zu einem rechtskräftigen Schuldspruch gekommen sei.[246] Mit dem Angebot einer im Vergleich zu einer Strafe geringeren Sanktion, die ohne Hauptverhandlung verhängt und auch nicht ins Bundeszentralregister eingetragen wird, gerate der Beschuldigte in die Zwangslage, entweder die Auflage anzunehmen und zu erfüllen oder eine Verurteilung zu riskieren; das verstoße gegen die dem Beschuldigten garantierte Freiheit der Willensentschließung und Willensbetätigung.[247] Die Einstellung des Verfahrens gegen Zahlung einer Geldauflage wird außerdem als Kommerzialisierung der Strafrechtspflege und Freikaufverfahren kritisiert, das zu einer Ungleichbehandlung führe, die Gefahr des Missbrauchs bürge und das Sozialstaatsprinzip gefährde.[248] Kritisiert wird ferner, dass die Vorschrift hinsichtlich der Voraussetzungen der Einstellung unklare und unbestimmte Begriffe verwende und deshalb Raum für eine ungleiche Handhabung biete.[249] In der Tatsache, dass § 153 a StPO hauptsächlich im Ermittlungsverfahren angewandt wird und die Bemessung der Auflage in den Händen der Staatsanwaltschaft liegt, wird ein Rückfall in den Inquisitionsprozess gesehen.[250]

Die Praxis teilt die Bedenken nicht und macht von § 153 a StPO ausgiebig Gebrauch.[251] Auch der Bundesgesetzgeber hält die Bedenken für unbegründet. In einem Bericht des Sonderausschusses für die Strafrechtsreform weist er darauf hin, dass nach der gesetzlichen Regelung über die Schuldfrage gerade nicht entschieden werde. Ein Konflikt mit der Unschuldsvermutung sei daher ausgeschlossen. Die mit der Einstellung verbundenen Auflagen und Weisungen stünden einer Strafe oder strafähnlichen Sanktion nicht gleich, da der Beschuldigte sie freiwillig erbringe.[252] Eine Eintragung der Entscheidung in das Bundeszentralregister unterbleibe, der Betroffene werde weiterhin als Unschuldiger und nicht als überführter Täter angesehen; [253] von ihm werde auch kein Schuldbekenntnis verlangt.[254]

Die Frage, ob die Einstellung gegen Auflagen mit einer Schuldfeststellung verbunden ist oder die Unschuldsvermutung unberührt lässt, hat ihre Wurzel im ein-

---

245 *Feser,* ZStW 1995, 25; *Hirsch* beanstandet, dass § 153 a ohne Beteiligung der Wissenschaft entstanden sei. Die Norm verstoße gegen mehrere Verfassungsgarantien: Ausübung der rechtsprechenden Gewalt allein durch den Richter (Art. 92 GG), Rechtsweggarantie (Art. 19 Abs. 4 GG), Grundsatz der materiellen Wahrheit, ZStW 1980, 251.

246 *Dencker,* JZ 1973, 149; *Hirsch,*ZStW 1980, 224; *Vogler,* ZStW, 1977, 761, 786.

247 *Denker,* JZ 1973, 149; *Schmidhäuser,* JZ 1973, 533.

248 *Schmidthäuser,*JZ 1973, 535.

249 *Hanack,* FS-Gallas, S. 347; *Freund,* GA 2002, 82, 89.

250 *Feser,* ZStW 1994, 1, 25; *Hirsch,*ZStW 1980, 218, 230; *Rudolphi,* ZRP 1976, 165, 168.

251 *Weßlau,* ZStW 2004, 150,153; *Rieß,* ZRP 1983, 93; SK-StPO-Weßlau, § 153a, S. 3, München 2007; *Salieger,* GA, 2005, 160.

252 BT-Drucks. 7/1261, 28.

253 Bericht über die 11. Sitzung des Sonderausschusses für die Strafrechtsreform, S. 402 ff.

254 BT-Drucks. 7/1261, 28.

verständlichen Charakter dieses Erledigungsverfahrens.[255] Aus dem Erfordernis einer Zustimmung des Beschuldigten wird gefolgert, dass die im Rahmen von § 153 a StPO verhängten Auflagen keine Strafqualität haben.[256] Zum Wesen der Kriminalstrafe gehöre es nämlich, dass sie mit einem sozialethischen Unwerturteil verbunden ist. Bei der Einstellung des Verfahrens nach § 153 a StPO ergehe gerade keine Sachentscheidung, ein Urteil werde vermieden und damit fehle eine Schuldfeststellung.[257] Wegen der spezifischen dogmatischen Konstruktion des § 153 a StPO[258] - Abhängigkeit der Erledigung eines Verfahrens von der Zustimmung und Mitwirkung des Beschuldigten - konnte das Einstellungsverfahren zu einem Instrument der Absprache avancieren.[259] Im Schrifttum spricht man teilweise von einer gesetzlichen Abspracheregelung.[260] Der Interessenausgleich besteht dann in der Erfüllung der Auflagen im Tausch gegen eine Verfahrenseinstellung. Die einverständliche Bereitschaft zur Verfahrensbeendigung, also der Konsens zwischen den Verfahrensbeteiligten, wird zwar als Legitimationsgrundlage für § 153 a StPO angesehen.[261] Sie trägt indes nicht die Ansicht, dass sich daraus eine Legitimationsgrundlage für Absprachen im Allgemeinen ergibt.[262] Denn zu einer Urteilsabsprache kommt es nur dann, wenn der Beschuldigte infolge eines Entgegenkommens beim Strafmaß oder Gewährung sonstiger Vorteile zum Verzicht auf eine „streitige" Beweisaufnahme bereit ist; die Verfahrenserledigung endet dann mit der Schuldfeststellung, was bei der Einstellung nach § 153 a StPO gerade nicht der Fall ist.[263]

c. Strafbefehlsverfahren

Dass die Strafprozessordnung Raum für Verständigungen im konkreten Strafverfahren und sogar für dessen einverständliche Erledigung lässt, also Absprachen dem Strafprozessrecht nicht fremd sind, wird im Schrifttum nicht nur aus § 153 a StPO, sondern auch aus den Vorschriften über das Strafbefehlsverfahren (§§ 407 ff. StPO) gefolgert.[264]

---

255 *Weßlau,* ZStW 2004, 154.

256 *Hauer,* Geständnis und Absprachen, 2007, S. 233.

257 *Weßlau,* ZStW 2004, 155; *Hauer,* Geständnisse und Absprachen, 2007, S. 233*Weßlau,* Konsensprinzip. 2002, S. 43.

258 *Weßau,* Konsensprinzip 2002, S. 51.

259 *Weßlau,* ZStW 2004, 156.

260 *Saliger,* GA 2005, 162; *Sinner* bezeichnet § 153 a als „Zentrum des Vertragsdenkens in den Opportunitätsvorschriften", Der Vertragsgedanke im Strafprozessrecht, 1999, S. 144.

261 *Saliger*, GA 2005, 162.

262 *Hauer,* Geständnis und Absprache, 2007, S. 231.

263 *Weßlau,* ZStW 2004, S. 152; *Hauer,* Geständnis und Absprache, 2007, S. 234.

264 *Weigend,* JZ, 1990, 774; *Ioakimidis,* Die Rechtsnatur der Absprache im Strafverfahren, 2001, S. 40; *Gerlach,* Absprachen im Strafverfahren, 1992, S. 45.

Beim Strafbefehlsverfahren handelt es sich um einen schriftlichen, summarischen[265] Verfahrenstyp für die schnelle und einfache Erledigung von Strafverfahren der kleinen und mittleren Kriminalität.[266] Nach § 407 Abs. 1 S. 1 StPO können in Verfahren, die ein Vergehen zum Gegenstand haben, auf schriftlichen Antrag der Staatsanwaltschaft die Rechtsfolgen der Tat durch schriftlichen Strafbefehl ohne Hauptverhandlung festgesetzt werden. Die Staatsanwaltschaft stellt einen solchen Antrag, wenn die Beweislage eindeutig ist und sie eine Hauptverhandlung nicht für erforderlich erachtet. Der Antrag der Staatsanwaltschaft muss auf eine bestimmte Rechtsfolge gerichtet sein; mit ihm wird die öffentliche Klage erhoben (§ 407 Abs. 1 S. 3 und 4 StPO). Die zulässigen Rechtsfolgen eines Strafbefehls regelt § 407 Abs. 2 StPO: Während ursprünglich nur Geldstrafen, bestimmte Nebenstrafen und Maßregeln in Betracht kamen, können seit Januar 1993 auch Freiheitsstrafen bis zu einem Jahr verhängt werden, wenn der Beschuldigte einen Verteidiger hat und die Strafvollstreckung zur Bewährung ausgesetzt wird. [267]

Gemäß § 408 Abs. 3 S. 1 StPO muss der Richter dem Antrag der Staatsanwaltschaft entsprechen, wenn dem Erlass des Strafbefehls keine Bedenken entgegenstehen. Hält der Richter dagegen den hinreichenden Tatverdacht nicht für gegeben, lehnt er den Antrag ab. Hat er Bedenken, ohne Hauptverhandlung zu entscheiden oder will er von dem Antrag der Staatsanwaltschaft abweichen, beraumt er die Hauptverhandlung an (§ 408 Abs. 2, Abs. 3 StPO).

Gegen einen Strafbefehl kann der Beschuldigte innerhalb von zwei Wochen Einspruch einlegen; es kommt dann zur Hauptverhandlung (§ 410 Abs. 1, S. 1, § 411 Abs. 1, S. 2 StPO). Das Verbot der „reformatio in peius" gilt hier nicht. Legt der Beschuldigte keinen (oder keinen rechtzeitigen) Einspruch ein, wird der Strafbefehl rechtskräftig; er steht dann einem rechtskräftigen Urteil gleich (§ 410 Abs. 3 StPO). Das Ergebnis eines Strafbefehlsverfahrens ist also eine einem Urteil entsprechende Entscheidung mit einem Schuldspruch und der Verhängung einer Kriminalstrafe ohne Durchführung einer mündlichen Verhandlung. Daraus ergibt sich eine gewisse Diskrepanz zu dem in der Strafprozessordnung vorgesehenen Standardverfahren: Danach setzt die Schuldfestellung gegen einen Beschuldigten

---

265 BVerfGE 65, 377, 383; BGHSt 28, 69, 71; *Meyer-Goßner*, StPO, 52. Auflage, 2009, vor § 407, Rn. 1; *Schaal,* Hinreichender Tatverdacht oder richterliche Überzeugungsbildung für den Strafbefehlserlass?, 1990, S. 441; *Schmidt- Hieber,* Verständigung im Strafverfahren, 1986, S. 35; *Pfeiffer,* StPO, 5. Auflage, 2005, Vor § 407, Rn. 1. Anderer Meinung ist *Metzger*: das Strafbefehlsverfahren sei kein summarisches Verfahren, weil es keine Abweichungen von den Anforderungen an die tatrichterliche Überzeugungsbildung gebe, *KMR-Metzger*, § 407, Rn. 18., 1998;*Müller,* Strafbefehlsverfahren, 1993, S. 130 ff.

266 *Müller,* Strafbefehlsverfahren, 1993, S. 130 ff.

267 Rechtspflegeentlastungsgesetz, Dt. Bundestag, 12. Wahlperiode, Drucksache 837/92. Dt. Bundestag, 12. Wahlperiode, Drucksache 12/1217, S. 19.

ein Urteil voraus, das auf Grund einer Hauptverhandlung mit einer Beweisaufnahme ergangen ist.[268]
Im Schrifttum wird die Meinung vertreten, beim Strafbefehl werde ebenso wie bei der Einstellung nach § 153 a StPO eine Sanktion ohne vollen Schuldnachweis verhängt, beim Strafbefehl sogar eine echte Kriminalstrafe. Dabei sei für den Erlass eines Strafbefehls ein hinreichender Tatverdacht ausreichend, der Richter erlasse also den Strafbefehl, ohne sich eine Überzeugung von der Schuld des Angeklagten verschafft zu haben. [269] Vertreter dieser Ansicht verweisen einerseits auf den Wortlaut der §§ 407 ff. StPO[270] und andererseits darauf, dass es nicht möglich sei, nur auf Grund der Aktenlage Überzeugung von der Schuld des Beschuldigten zu gewinnen.[271] Es wird aber auch der Standpunkt vertreten, dass es dem Richter in einfach gelagerten Fällen möglich sei, sich auch ohne Hauptverhandlung eine Überzeugung von der Schuld des Beschuldigten zu bilden.[272] Zur Begründung dieser These wird darauf verwiesen, dass das Strafbefehlsverfahren nur bei „geeigneten Fällen“ zulässig sei und zudem eine vollständige Übereinstimmung zwischen Staatsanwaltschaft und Gericht voraussetzt.[273] Für die vorliegende Arbeit sind diese Fragen nicht entscheidend, sodass sie offen gelassen werden können.
Für die Rechtfertigungder Verurteilung durch Strafbefehl werden zwei Argumente angeführt: a) der Beschuldigte hätte von seinem Einspruchsrecht Gebrauch machen können[274]; b) der Verzicht auf einen Einspruch ist als nachträgliches Geständnis zu werten. [275] Für Schünemann liegt in dem Akzeptieren der durch Strafbefehl verhängten Strafe eine echte Disposition des Beschuldigten; das Strafbefehlsverfahren enthalte damit eine Unterwerfungskomponente.[276] Nach Weßlau bringt das Strafbefehlsverfahren das Konsensprinzip zum Ausdruck[277]: Dieses Prinzip sei Legitimationsgrundlage für einen Schuld- und Strafausspruch, weil die endgültige Verurteilung durch einen Strafbefehl erst durch die der nachträglichen

268 *Weßlau,* Das Konsensprinzip, 2002, S. 54. Bei allen anderen Fällen muss nach deutschem Recht der Schuldnachweis durch eine vollständige Beweisaufnahme in der Hauptverhandlung erbracht werden, *Weßlau,* ZStW 2004, 158.

269 *Meyer-Goßner,* StPO, 52. Auflage, 2009, vor § 407 Rn. 2, § 408, Rn. 7; *Roxin,* Strafverfahrensrecht, 1998, S. 515; *Schünemann,* Gutachten B für den 58. Deutschen Juristentag, 1990, S. 69; *Schaal,* Hinreichender Tatverdacht oder richterliche Überzeugungsbildung für den Strafbefehlserlass?, 1990, S. 441.

270 *Meyer-Goßner*, StPO, 52. Auflage, 2009, vor § 407, Rn.1. verweist auf § 408 Abs. 2 S. 1 StPO: "Erachtet der Richter den Angeschuldigten nicht für hinreichend verdächtigt, so lehnt er den Erlass des Strafbefehls ab."

271 *Roxin,* Strafverfahrensrecht, 1998, S. 515; *Schaal,* a. a. O., S. 441.

272 z.B. *Pfeiffer,* StPO, 5. Auflage, 2005, § 408, Rn. 4; *Feser,* ZStW 1994, 20 ff.

273 z.B. *Feser,* ZStW 1994, 21 ff.

274 Vgl. BVerfGE 3, 248, 253.

275 *Löwe*, in LR, 19. Auflage (1934), § 407, Rn. 8.

276 *Schünemann,* Gutachten B für den 58. Deutschen Juristentag, 1990, S. 69; *ders.*, Wetterzeichen vom Untergang der deutschen Rechtskultur, 2005, S. 23.

277 *Weßlau,* Konsensprinzip, 2002, S. 55.

„Zustimmung“ des Beschuldigten erfolge, die im Übrigen einer richterlichen Kontrolle entzogen sei. Darin liege das Dispositionsmoment.[278]
Weil ein Strafbefehl nur bei vollständiger Übereinstimmung von Staatsanwalt und Richter sowie der (nachträglichen) Zustimmung des Beschuldigten zustande kommen kann,[279] wird dieses Verfahren als Beispiel für die grundsätzliche Vereinbarkeit von konsensorientierten Lösungen mit der Strafprozessordnung herangezogen.[280] Das Strafbefehlsverfahren gilt insoweit als „Einfallstor“ für Absprachen.[281] Denn dieses Verfahren bietet häufig die Möglichkeit für Verteidiger und Staatsanwaltschaft sich darüber zu einigen, ein Ermittlungsverfahren nicht im Wege der Anklageerhebung, sondern durch einen Strafbefehlsantrag abzuschließen. Es ist für den Staatsanwalt auch zweckmäßig vorab zu klären, ob der Strafbefehl vom Beschuldigten akzeptiert wird. Zwar soll der Staatsanwalt nach Nr. 175 (3) der Richtlinien für das Strafverfahren und das Bußgeldverfahren (RiStBV) von einem Strafbefehlsantrag nicht schon deshalb absehen, weil mit einem Einspruch des Beschuldigten zu rechnen ist. Ein Strafbefehlsverfahren wird in einem solchen Fall aber die Ausnahme bleiben. Auf jeden Fall wird der Staatsanwalt bei etwas komplizierteren Sachverhalten auch die Frage eines möglichen Einspruchs durch ein Gespräch mit dem Beschuldigten (bzw. dessen Verteidiger) klären.[282]
Obwohl das Strafbefehlsverfahren Strukturelemente des "Einverständnisses" in der Weise enthält,[283] dass Staatsanwaltschaft und Gericht in ihrer Beurteilung der Sach- und Rechtslage übereinstimmen müssen und der Angeklagte Einspruch einlegen darf, also selbst entscheidet, ob es bei dem Strafbefehl bleibt, bieten die gesetzlichen Vorschriften über das Strafbefehlsverfahren keine Lösung für die Probleme der Absprache im Strafverfahren im Allgemeinen.[284]Der Anwendungsbereich ist nicht weit genug; Absprachen gewinnen gerade bei komplexen und beweisschwierigen Fällen an Bedeutung, welche gar nicht in den Anwendungsbereich der Normen über die Einstellungs- oder Strafbefehlsverfahren fallen.[285]
Weiterhin ist für die Absprache das „do ut des“ ein wesentliches Charakteristikum, was im Strafbefehlsverfahren im Hintergrund steht. Darüber hinaus sehen die gesetzlichen Regelungen über das Strafbefehlsverfahren keinerlei Strafrabatte oder sonstige Anreize vor.[286]

---

278 *Weßlau,* Konsensprinzip, 2002, S. 56.

279 *Roxin,* Strafverfahrensrecht, 1998, S. 515; *Iokimidis,* Die Rechtsnatur der Absprache im Strafverfahren, 2001, S. 40.

280 *Iokimidis,* Die Rechtsnatur der Absprache im Strafverfahren, 2001, S. 40.

281 SK-StPO-*Weßlau,* München 2007, Vor § 407, Rn. 8.

282 *Tscherwinka,* Absprache im Strafprozess, 1994, S. 55; *Iokimidis,* Die Rechtsnatur der Absprache im Strafverfahren, 2001, S. 40; *Schmidt-Hieber,* Verständigung im Strafverfahren, 1986, S. 36-38.

283 *Feser,* ZStW 1994, 106.

284 *Weßlau,* ZStW 2004, 163.

285 *Weßlau,* ZStW 2004, 164-165.

286 *Weßlau,* ZStW 2004, 160-161.

d. §§ 154, 154 a StPO

Im Schrifttum wird vereinzelt die Meinung vertreten, die Regelungen der §§ 154, 154 a StPO ließen den Schluss zu, dass Absprachen über das Verfahrensergebnis nicht von vorneherein unzulässig seien.[287]

aa. Gegenstand der Vorschriften:

§ 154 Abs. 1 Nr. 1 StPO erlaubt ein Absehen von der Verfolgung einer Tat, wenn die Strafe oder Maßregel, zu der die Verfolgung führen kann, neben einer Strafe oder Maßregel, die gegen den Beschuldigten wegen einer anderen Tat verhängt worden oder zu erwarten ist, nicht beträchtlich ins Gewicht fällt (unwesentliches Nebendelikt). Darüber hinaus kann nach Nr. 2 dieser Vorschrift auch von der Verfolgung einer Tat abgesehen werden, wenn ein Urteil wegen dieser Tat in angemessener Frist nicht zu erwarten ist und eine wegen einer anderen Tat zu erwartende oder bereits rechtskräftig verhängte Sanktion zur Einwirkung auf den Täter und zur Verteidigung der Rechtsordnung ausreichend erscheint. Von der Vorschrift können im Ermittlungsverfahren der Staatsanwalt und nach Anklageerhebung das Gericht (mit Zustimmung des Staatsanwalts) Gebrauch machen. § 154 a StPO ergänzt § 154 StPO für abtrennbare Teile einer Tat oder einzelne von mehreren Gesetzesverletzungen und ermöglicht eine Stoffbeschränkung auf die wesentlichen Tatvorwürfe einer Straftat im Sinne des § 264 StPO.

bb. Gesetzliche Regelungen der §§ 154, 154 a StPO als Beispiel für Absprachen?

Verfahrensbeschränkungen nach §§ 154, 154a StPO sind zwar nicht an die Zustimmung des Beschuldigten gebunden. Trotzdem sollen in der Praxis Absprachen, die eine Begrenzung des Verfahrensstoffes nach diesen Vorschriften zum Gegenstand haben, nicht selten sein. Die Bedeutung des § 154 StPO ist nach allgemeiner Beobachtung gerade im Zusammenhang mit der Absprache gestiegen.[288] Es ist danach üblich, eine Urteilsabsprache mit einer Beschränkung der Tatvorwürfe gegen den Beschuldigten zu verbinden, indem entweder bereits angeklagte Taten nach § 154 Abs. 2 StPO oder Ermittlungsverfahren bei derselben Staatsanwaltschaft nach § 154 Abs. 1 StPO vorläufig eingestellt werden[289].

In diesem Zusammenhang taucht die Frage auf, ob es einen rechtfertigenden Grund für eine solche Absprache gibt, nach der der Angeklagte ein Teilgeständnis ablegt oder auf einen Beweisantrag verzichtet und das Gericht dafür im Gegenzug weitere, noch nicht aufgeklärte Anklagepunkte nach den §§ 154, 154 a StPO aus-

287 *Wolfslast,* NStZ 1990, 413; *Hanack,* StV 1987, 502, 503: Der *Verf.* ist der Meinung, dass nach geltendem Recht auch für solche Kooperationen ein legaler Spielraum besteht, die zum Agreement führen. Das ergebe sich aus den §§ 154, 154 a StPO.

288 *Tscherwinka,* Absprachen im Strafprozess, 1995, S. 54;KMR, 2007, § 154, Rn. 1, Bearbeiter *Plöd.*

289 BGHSt 45, 227 (229); BGH, StV 2004, 471; *Graumann,* Vertrauensschutz und strafprozessuale Absprachen, 2006, S. 488.

schließt.[290] Eine Antwort ergibt sich möglicherweise aus dem Sinn und Zweck der §§ 154, 154 a StPO. Zwei Gesichtspunkte werden für diese Vorschriften, die eine Durchbrechung des Legalitätsprinzips bedeuten, zur Begründung angeführt: In erster Linie sollen die Vorschriften der Prozessökonomie dienen; darüber hinaus sollen sie den Verhältnismäßigkeitsgrundsatz bei der Strafverfolgung realisieren.[291] Die §§ 154, 154 a StPO geben der Staatsanwaltschaft die Möglichkeit, im Interesse einer zügigen Verurteilung auf eine vollständige Aufklärung aller Tatvorwürfe zu verzichten; die Regelungen lassen jedoch nicht erkennen, dass für diesen Verzicht eine Gegenleistung - namentlich in Gestalt eines Geständnisses - gefordert werden darf. Eben dieses "do ut des" gehört aber zum Wesen der Absprache.[292]

2. *Die Vereinbarkeit der Absprache mit den Verfassungs- und Verfahrensgrundsätzen; Gefahren der Urteilsabsprachen im Hinblick auf Verfassungs- und Verfahrensgrundsätze;Allgemeines*

Hinsichtlich der Vereinbarkeit von Urteilsabsprachen mit den Verfahrensgrundsätzen bestehen seit den 1980iger Jahre zwischen der deutschen Strafrechtspraxis und der Strafrechtswissenschaft erhebliche Differenzen.[293] Während die Strafrechtspraktiker auf dem Standpunkt stehen, die Strafprozessordnung verbiete an keiner Stelle „offene Rechtsgespräche",[294] halten die Strafrechtslehrer Absprachen ganz überwiegend für unzulässig.[295] Nach ihrer Ansicht verstoßen die verfahrensbeendenden Absprachen nahezu gegen alle Verfahrensgrundsätze des deutschen Strafprozesses,[296] insbesondere gegen den Grundsatz der richterlichen Aufklärungspflicht (§ 244 Abs. 2 StPO) und den Grundsatz der freien richterlichen Beweiswürdigung (§ 261 StPO). Neben diesen Bedenken sehen die Kritiker noch eine Vielzahl weiterer Verfahrensprinzipien als verletzt oder gefährdet an: So verstießen Absprachen, die nicht in der Hauptverhandlung getroffen werden, sondern auf den Gerichtsfluren, im Zimmer des Vorsitzenden oder schriftlich, gegen den Öffentlichkeits-, Mündlichkeits-, und Unmittelbarkeitsgrundsatz.[297] Ferner sehen sie die Gefahr eines Widerspruchs zum Verbot von unzulässigen Vernehmungsmethoden (§ 136a StPO) und dem nemo-tenetur-Prinzip, zum Ge-

---

290 *Wolfsflat,* NStZ 1990, 413; *Graumann,* Vertrauensschutz und strafprozessuale Absprachen, 2006, S. 490.

291 SK-StPO-*Weßlau,* München 2007, § 154, S. 2; KMR, 2007, § 154, S. 2, Bearbeiter *Plöd.*

292 *Weßlau,* Konsensprinzip, 2002, S. 214, Fußn. 759.

293 *Duttge,* ZStW 2003, 541; *Schünemann,* FS für Rieß, 202, S. 529; *Weigend,* JZ 1990, 777.

294 *Böttcher/Dash/Widmaier,* NStZ 1993, 375; *Dash,* NStZ 1988, 153; *Rückel,* NStZ 1987, 297; *Widmaier,* StV 1986, 357.

295 *Hassemer,* JuS, 1989, 890; *Nestler-Tremel,* DRiZ 1988, 288; *Rönnau,* Die Absprache, S. 217; *Weigend,* JZ 1990, 777.

296 *Fahl,* ZStW 2005, 605.

297 *Deal,* StV 1982, 545.

bot eines fairen Verfahrens, zur Unschuldsvermutung und zum Zweifelssatz (in-dubio-pro-reo).[298]

Der Bundesgerichtshof hat in seinen Grundsatzentscheidungen Kriterien aufgestellt, welche die Urteilsabsprachen erfüllen müssen, wenn sie als rechtsmäßig anerkannt werden sollen.[299] Die Kritiker der Absprachenpraxis erkennen an, dass es der Rechtsprechung damit gelungen sei, die Absprache aus dem „Halbdunkel der Gerichtsflure herauszuholen und ihr eine gewisse Legitimität zu verleihen. [300] Gleichwohl wird aber im Schrifttum nach wie vor die Vereinbarkeit der Absprache mit allgemeinen Verfahrensgrundsätzen in Zweifel gezogen.[301]

3. Die Vereinbarkeit mit den Verfahrensgrundsätzen

a. Das Legalitätsprinzip

aa. Inhalt und Legitimationsgrundlagen des Legalitätsprinzips

Das Legalitätsprinzip ergibt sich aus den §§ 152 Abs. 2, 160, 170 StPO. Danach ist die Staatsanwaltschaft verpflichtet, Ermittlungen aufzunehmen, wenn ein Anfangsverdacht vorhanden ist und - falls nach Abschluss der Ermittlungen ein hinreichender Tatverdacht vorliegt - Anklage zu erheben.[302]

Abgesichert ist das Legalitätsprinzip durch das Klageerzwingungsverfahren nach §§ 172 bis 177 StPO und durch die Strafandrohung gemäß § 258a StGB.[303]

Der Wortlaut des § 152 Abs. 2 StPO, „soweit nicht gesetzlich ein anderes bestimmt ist", macht deutlich, dass das Legalitätsprinzip grundsätzlich uneingeschränkt gilt. Es gibt nur einige wenige, gesetzlich normierte Ausnahmen, bei denen nicht das Legalitäts-, sondern das Opportunitätsprinzip gilt. Dementsprechend entscheidet die Staatsanwaltschaft nach ihrem Ermessen zwischen Anklageerhebung und Einstellung oder Absehen von der Verfolgung.[304] Opportunität bedeutet jedoch nicht die Freiheit von Verfolgungspflicht.[305] Die Einschränkung des Legalitätsprinzips ist nur im Rahmen der gesetzlichen Vorschriften der §§ 153 bis 154 e, 376 StPO, 45, 47, 109 Abs. 2 JGG, 398 AO, 31, 37, 38 BtMG[306]

298 *Fahl,* ZStW 2005, 605.

299 BGHSt 43, 195; BGHSt (GSSt), 50, 40.

300 *Huttenlocher,* Dealen wird Gesetz, S. 26.

301 *Widmeier,* NJW 2005, 1985; *Fahl,* ZStW 2005, 605.

302 *Roxin,* Strafverfahrensrecht, 25. Auflage, S. 86; *Meyer-Goßner*, Strafprozessordnung, 50. Auflage, § 152, Rn 2., § 152 II StPO verpflichtet die Staatsanwaltschaft dazu, vorbehaltlich anderer gesetzlichen Regelungen, wegen aller verfolgbaren Straftaten einzuschreiten, sofern zureichende tatsächliche Anhaltspunkte vorliegen; BVerfG NStZ 1982, S. 430. Nach § 163 StPO unterliegen auch die Polizeibehörden dem Legalitätsprinzip, sind aber verpflichtet, ihre Ermittlungsergebnisse unverzüglich der Staatsanwaltschaft zur Entscheidung zu übersenden.

303 *Roxin,* Strafverfahrensrecht, 25. Auflage, S. 86, Rn. 5.

304 *Roxin*, Strafverfahrensrecht, 25. Auflage, S. 86, Rn. 1; *Beulke,* Strafprozessrecht, 9. Auflage, S. 21, Rn. 17.

305 *Kühne*, 7. Auflage, S. 188.

306 LR-*Beulke*, 25. Auflage, Berlin, 2004, § 152, Rn. 39 ff.

zulässig. Trotz dieser Durchbrechungen gilt der deutsche Strafprozess als vom Legalitätsprinzip beherrscht.[307] Im Schrifttum wird diese Dominanz jedoch wegen zahlreicher „positivrechtlicher Durchbrechungen und verfahrenspraktischer Umgehungen in Frage gestellt."[308]

Hinsichtlich der Legitimationsgrundlage des Legalitätsprinzips besteht keine Einigkeit.[309] Im älteren Schrifttum wird das Legalitätsprinzip aus der absoluten Straftheorie (Strafpflichttheorie) abgeleitet: „die Strafdrohung des Gesetzes muss in jedem einzelnen Fall verwirklicht werden."[310] Teilweise wird auch der Gedanke der Generalprävention als Rechtfertigung genannt.[311] Durch den sozialen Wandel hat die Begründung des Legalitätsprinzips aber eine neue Ausrichtung bekommen.[312] Mit der Durchsetzung des Gedankens der General- und Spezialprävention, welcher die Bestrafung an ihre gesellschaftliche Notwendigkeit und Zweckmäßigkeit knüpft, sind absolute Straftheorien abgelöst worden.[313] Dieser Wandel wird als einem rechtsstaatlichen Strafsystem angemessen aufgefasst.[314] Im Zuge dessen wird die Legitimation des Legalitätsprinzips heute in der Gewährleistung der allgemeinen Strafgerechtigkeit ohne Ansehen der Person und ihrer gesellschaftlichen Stellung, also der Gleichheit vor dem Gesetz (Art.3 Abs. 1 GG) gesehen. Es aktualisiert damit das Willkürverbot und sichert den Anspruch aller im Strafverfahren Beschuldigter auf Gleichbehandlung.[315] Das Legalitätsprinzip wird als Ausprägung und Konkretisierung des Rechtstaatsprinzips gesehen.[316] Auch das BVerfGE stellt das Legalitätsprinzip als Ausprägung des Recht-

---

307 *Döhring*, Ist das Strafverfahren vom Legalitätsprinzip beherrscht?, 1999, S. 247.

308 *Weichbrodt*, Das Konsensprinzip, S. 146.

309 LR-*Beulke*, 25. Auflage, Berlin, 2004, § 152, Rn. 12.

310 *Birkmeyer*, Deutsches Strafprozessrecht (1978), S. 64, als Vertreter der „klassischen Schule" geht er von der ausschließlichen Geltung der absoluten Straftheorie im Kant`schen Sinne aus, nach der die Strafe niemals „opportunistischen" Zwecken dienen darf, sondern allein das Gebot abstrakter Gerechtigkeit zu verwirklichen hat. Zur Herstellung absoluter Gerechtigkeit hat der Staat jede Übertretung ohne Ausnahme zu strafen; *Weigend*, Anklagepflicht, S. 66 ff.;*Roxin*, 25. Auflage, S. 85, Rn. 2.

311 *Loos*, JZ 1978, 593: Die Generalprävention leidet, wenn das Strafgesetz die Schuldigen nicht in gleicher Weise trifft.

312 *Rieß*, NStZ 1981, 4 ff.; *Kintzi* JR 1990, 314.

313 *Roxin*, Strafverfahrensrecht, 25. Auflage, S. 85, Rn. 2.

314 *Kintzi*, JR 1990, 314.

315 *Beulke*, Strafprozessrecht, 9. Auflage, 2006, S. 21, Rn. 17;*Meyer-Goßner*, Strafprozessordnung, 50. Auflage, § 152,S. 627, Rn. 2; KK-*Schoreit*, Strafprozessordnung, 5. Auflage, S. 869, § 152, Rn. 13; BVerfGE 20, 222; BVerfGE, NStZ 1982, 430. *Weichbrodt* ist der Meinung, dass durch den Wandel der Straftheorien das Legalitätsprinzip in eine Legitimationskrise geraten ist, da es sich bei der Konkretisierung des Gleichheitsgebotes durch den Anklagezwang um kein absolutes Gerechtigkeitspostulat handelt, weil zahlreiche Rechtsordnungen sich für das Opportunitätsprinzip entschieden haben, *Weichbrodt*, Das Konsensprinzip, S. 147.

316 KK-*Schoreit*, Strafprozessordnung, 5. Auflage, S. 869, § 152, Rn. 13; *Kühne*, Strafprozessrecht, 7. Auflage, S. 185, Rn. 305.

staatsprinzips dar und räumt ihm Verfassungsrang ein.[317] Zusätzlich befördere das Legalitätsprinzip auch das strafprozessuale Ziel der Herstellung von Rechtsfrieden, verhelfe dem Rechtsgüterschutz – der zentralen Funktion des materiellen Strafrechts – zur Durchsetzung,[318] sei somit eine Voraussetzung für die verfassungsrechtlich gebotene Gewährleistung einer funktionierende Strafrechtspflege[319] und erhält dadurch seine Legitimation. Das Legalitätsprinzip wird in diesem Sinne als notwendiges Korrelat zum Anklagemonopol der Staatsanwaltschaft bezeichnet.[320] Ohne Legalitätsprinzip lässt sich das Klagemonopol nicht rechtfertigen, weil sonst ein Rechtsverfolgungsvakuum entstehen könnte, welches die Opfer dazu veranlassen könnte, ihr Genugtuungsverlangen selbst zu befriedigen.[321] Das Legalitätsprinzip ist nicht nur im Ermittlungsverfahren, sondern auch nach der Erhebung der Klage im Zwischen- und Hauptverfahren zu beachten.[322] Im weiteren Sinn sind deshalb „Richter gleichermaßen dem Legalitätsprinzip unterworfen."[323]

bb. Die Vereinbarkeit der Absprache mit dem Legalitätsprinzip

Es gibt Meinungsverschiedenheiten über die Vereinbarkeit der Absprache mit dem Legalitätsprinzip.
Im Schrifttum wird teilweise die Unvereinbarkeit der Absprache mit dem Legalitätsgrundsatz als offensichtlich angesehen und deshalb betont, dass der Vergleich auf Konsens beruhe und damit nicht das Gesetz seine eigentliche Basis sei.[324] „Nicht die Verbote und Gebote des materiellen Strafrechts, sondern die Chancen, den „Partner" zu einem Vergleich zu bringen, steuern das Verfahren und seinen

---

317 BVerfGE 46, 214, 222: Der Rechtsstaat kann sich nur verwirklichen, wenn sichergestellt ist, dass Straftäter im Rahmen der geltenden Gesetze verfolgt, abgeurteilt und einer gerechten Bestrafung zugeführt werden.

318 *Rieß,* NStZ 1981, 5.

319 LR-*Beulke*, 25. Auflage, Berlin 2004, S. 385, § 152, Rn. 12; *Koblenz,*ZRP 1982, 169: Das Prinzip der Rechtstaatlichkeit gebietet es, dass ein Straftäter im Falle des gesetzlich umschriebenen Tatverdachts verfolgt, angeklagt und bestraft wird. Der Staat kann auf seinen Strafanspruch nicht nach seinem Belieben verzichten. Die Sicherheit der Bürger, deren Vertrauen in die staatliche Institutionen sowie der Anspruch auf Gleichbehandlung erfordern, dass der Staatsanwalt das Legalitätsprinzip genau beachtet. Entsprechend der Entscheidung des BVerfG, BVerfGE 51, 324 (343/344), sind die verfassungsrechtlichen Anknüpfungspunkte für das Legalitätsprinzip im Interesse der Allgemeinheit an der Gewährleistung einer funktionstüchtigen Strafrechtspflege, ohne die die Gerechtigkeit nicht durchgesetzt werden kann. (Den Satz verstehe ich nicht) Die verfassungsrechtliche Pflicht des Staates, eine funktionstüchtige Rechtspflege zu gewährleisten umfasst auch die Pflicht, die Einleitung und Durchführung des Strafverfahrens sicherzustellen.

320 *Beulke*, Strafprozessrecht, 9. Auflage, 2006, S. 21, § 152 II, Rn. 17; *Meyer-Goßner*, Strafprozessordnung, 50. Auflage, S. 627, § 152, Rn. 2.

321 *Eser,* ZStW 1992, 364.

322 *Kühne,* Strafprozessrecht, 7. Auflage S. 185, Ran. 305.

323 *Kühne,* 7 Auflage Strafprozessrecht, S. 185, Ran. 305. *Satzger*, Gutachten, Deutschen Juristentag 2004, C 19.

324 *Dencker,* in Dencker/Hamm, der Vergleich im Prozess, S. 52.

Ausgang."[325] Die Verletzung des Legalitätsprinzip durch die Absprache liege sogar dann vor, wenn sich Staatsanwaltschaft und das erkennende Gericht in gesetzlichen Rahmen halten, weil die Zugeständnisse seitens der Staatsanwaltschaft und des Gerichts in gesetzlich nicht vorgesehener Weise durch die „Gegenleistung" des Angeklagten motiviert und bedingt seien.[326]
Einige Autoren gehen davon aus, dass die gesetzlich vorgesehenen Durchbrechungen des Legalitätsgrundsatzes den Verfahrensbeteiligten keine „weitergehenden Handlungsspielräume eröffnen." Danach wird die Verfolgungspflicht der Verfolgungsorgane aufgrund eines Gesetzes in das pflichtgemäße Ermessen der Verfolgungsbehörde gestellt.[327] Dem Staat ist es von Verfassungswegen untersagt, außer in „fest umgrenzten Ausnahmen" auf die Verwirklichung seines Strafanspruches zu verzichten. Dieser Grundsatz gilt nicht nur bei einem vollständigen Verzicht sondern auch bei einem Teilverzicht, was bei Absprachen als Folge der Prozessstoffbeschränkung nahe liegen könnte.[328]
Weiter wird es als „Manipulation am Legalitätsprinzip" gesehen, wenn etwa für ein Geständnis eine andere Tat oder einzelne Teilakte anderer Taten unter dem Mantel der §§ 154 ff. StPO ausgeschieden werden. Das verstoße gegen das Legalitätsprinzip, weil das Ergebnis vom Geschick eines gut taktierenden Verteidigers abhänge.[329] Der Verstoß gegen den Legalitätsgrundsatz wird auch darin gesehen, dass die Absprache den staatlichen Strafanspruch zur Disposition stelle, was mit dem aus dem Legalitätsprinzip folgenden grundsätzlichen Strafverfolgungszwang im Widerspruch stehe.[330]
Ein Verstoß wird ferner angenommen, wenn im Rahmen einer Absprache von Verbrechen zu Vergehen hergeabstuft wird.[331]

Eine verbreitete Ansicht im Schrifttum sieht bei Absprachen keinen Widerspruch zum Legalitätsprinzip.[332] Begründet wird dies damit, dass es beim „Legalitätsprinzip nicht um die ausnahmslose Durchsetzung der Prozessrechtsnormen, sondern derjenigen des materiellen Rechts gehe."[333]
Soweit Absprachen in der gerichtlichen Praxis zu einer unterschiedlichen Anwendung der §§ 153, 153 a und 154 ff. StPO führen, findet zwar eine Einschränkung des Legalitätsprinzips statt, eine über die Regelung der §§ 153 ff. StPO hin-

325 *Hassemer*, JuS 1989, 892.
326 *Ranft*, Strafprozessrecht, 2005, S. 414.
327 LR-*Beulke*, 25. Auflage, Berlin 2004, S. 384, § 152, Rn. 8.
328 BVerfGE 46, 223; *Siolek*, DRiZ 1993, 422 ff.
329 *Siolek*, DRiZ 1993, 422 ff.
330 *Kremer*, Absprachen, S. 106.
331 *Weigend*, JZ 1990, 777; *Dash*, NStZ 1988, 155; *Kintzi*, JR 1990, 315; *Küpper/Bode*, Jura 1999, 351.
332 *Iokimidis*, *Die* Rechtsnatur der Absprache, S. 56.
333 *Schünemann*, Gutachten, B, 90.

ausgehende und damit verfassungswidrige Verletzung dieses Prinzips kann darin aber nicht gesehen werden.[334]

Soweit die Absprache eine Strafmilderung zum Gegenstand hat, wird eine Verletzung des Legalitätsgrundsatzes regelmäßig nicht in Betracht kommen, solange die Absprachen den Boden einer schuldangemessenen Sanktion nicht verletzt.[335]

Ausgehend davon, dass der Anklagezwang selbst durch gesetzliche Vorschriften (§§ 153 ff. StPO) durchbrochen wird, wird im Schrifttum die Frage aufgeworfen, warum es den Verfahrensbeteiligten verwehrt sein sollte, im Rahmen dieser Vorschriften Absprachen zu treffen, wenn auf diese Weise eine Beschleunigung oder Vereinfachung des Strafverfahrens und damit eine Entlastung der Justiz auch im Interesse der Allgemeinheit erreicht wird und zudem dem Angeklagten zugutekommt.[336]

b. Die Instruktionsmaxime

aa. Bedeutung und Inhalt

Das Strafverfahren ist geprägt von dem Ziel, in dem zu untersuchenden Einzelfall die materielle Wahrheit zu finden.[337] Diesem Leitbild dient die Instruktionsmaxime, welche auch als Untersuchungs-, Ermittlungs- oder Inquisitionsgrundsatz bezeichnet wird.[338] Dieser Grundsatzverpflichtet die Strafverfolgungsorgane, den Sachverhalt von Amts wegen durch eigene Ermittlungstätigkeit aufzuklären, ohne hierbei durch das Prozessverhalten oder den Sachverhaltsvortrag der anderen Prozessbeteiligten oder die von diesen benannten Beweismittel gebunden zu sein. Damit unterscheidet sich das Strafverfahren grundlegend vom Zivilverfahren, in dem die Verhandlungs- und Dispositionsmaxime herrschen und das Gericht nur über den von den Parteien unterbreiteten Sachverhalt entscheidet.[339] Während dem Zivilurteil die formelle Wahrheit zugrunde liegt, ist Gegenstand des Strafurteils die materielle Wahrheit.[340] Für die Verfahrensbeteiligten begründet die Amtsaufklärungspflicht gleichzeitig einen unverzichtbaren Anspruch da-

334 *Tschewinka*, Absprachen im Strafprozess, S. 128.

335 KMR, 2009, S.4, §152, Rn. 8, Bearbeiter *Plöd*; *Huttenlocher*, Dealen wird Gesetz, S. 33.

336 *Gerlach*, Absprachen im Strafverfahren, S. 56; *Schäffer*, DRiZ 1989, 296; *Janke*, Verständigung und Absprachen, S. 94 ff.; *Iokimis*, Die Rechtsnatur der Absprache, S. 50; *Tscherwinka*, Absprachen im Strafprozess, S.128; *Ioakimidis*, die Rechtsnatur der Absprache, S. 56.

337 *Kühne*, Strafprozessrecht, 7. Auflage, S. 182, Rn. 299; KK-StPO-*Pfeiffer/Hannich*, 6. Auflage, München 2008,Einleitung 7, 8, Rn. 7; LW, 25. Auflage, 1999, Berlin, Bearbeiter *Rieß*, Einl. Abschn. H, Rn. 32.

338 LW, 25. Auflage, Berlin 1999, Bearbeiter *Rieß*, Einl. Abschn. H, Rn. 32.: Die Bezeichnung Inquisitionsmaxime besagt das gleiche, sollte aber wegen des historisch besetzten Begriffs des "Inquisitionsprozesses" vermieden werden.

339 Vgl. *Kühne*, Strafprozessrecht, 7. Auflage, S. 182, Rn. 299.

340 LW, 25. Auflage, 1999, Berlin, Bearbeiter *Rieß*, Einl. Abschn. H, Rn. 32.

rauf, dass die Beweisaufnahme auf alle Tatsachen und alle tauglichen und erlaubten Beweismittel erstreckt wird, die für die Entscheidung von Bedeutung sind.[341] Die Instruktionsmaxime beherrscht das gesamte Strafverfahren, also das Hauptverfahren genauso wie das staatsanwaltschaftliche Ermittlungsverfahren.[342] Sie dient zur Erforschung der materiellen Wahrheit, dem zentralen Gedanken des Strafprozesses.[343] Denn nur auf der Grundlage der materiellen Wahrheit ist es möglich, die Entscheidung über Schuld oder Nichtschuld zu treffen.[344] Entsprechend der §§ 160, 163 StPO haben Staatsanwaltschaft und Polizei nicht nur die belastenden, sondern ebenso die entlastenden Umstände zu erforschen. Für das gerichtliche Verfahren ergibt sich der Untersuchungsgrundsatz aus den §§ 155, 244, 264 StPO. Dieser Grundsatz verpflichtet das Gericht, den Sachverhalt selbst zu ermitteln, ohne dabei an die Anträge und Erklärungen der übrigen Verfahrensbeteiligten gebunden zu sein.[345] Das Bundesverfassungsgericht hat wiederholt ein unabweisbares Bedürfnis an einer wirksamen Strafverfolgung anerkannt und dabei das öffentliche Interesse an einer möglichst vollständigen Wahrheitsermittlung betont.[346] Bei dem Prinzip der materiellen Wahrheit handelt es sich einerseits um eine Ausprägung des Rechtsstaatsprinzips, andererseits dient die richterliche Aufklärungspflicht auch dem Schutz des Angeklagten vor einer ungerechtfertigten Verurteilung.[347]

Aus dem Amtsaufklärungsgrundsatz folgt, dass ein Geständnis keine eine weitere Beweisaufnahme ausschließende Wirkung haben kann. Anders als im angloamerikanischen Prozess oder im Zivilprozess ist das Gericht nicht an ein Geständnis des Angeklagten gebunden, sondern muss dessen Übereinstimmung mit dem wirklichen Sachverhalt von sich aus überprüfen.[348]

---

341 BGHSt 1, 94, 96; 32, 115, 124; KK-StPO-*Pfeiffer/Hannich*, 6. Auflage, München 2008, Einleitung 7, 8, Rn. 7; *Kremer*, Absprachen zwischen Gericht und Verfahrensbeteiligten, S. 111.

342 BVerfG, NJW 1987, 2663: „Dem Ziel, die materielle Wahrheit zu erforschen, um auf dieser Grundlage die Entscheidung über Schuld oder Nichtschuld und die daraus zu ziehenden rechtlichen Folgerungen zu treffen, sind Gericht und StA gleichermaßen verpflichtet"; *Kühne*, Strafprozessrecht, 7. Auflage, S. 182, Rn. 299; LW, 25. Auflage, Berlin 1999, Bearbeiter *Rieß*, Einl. Abschn. H, Rn. 33.

343 Vgl. *Huttenlocher*, Dealen wird Gesetz, S. 70.

344 LR-*Schäfer*, 24. Auflage, Berlin/New York 1988, Einl. Kap. 13, S. 316, Rn. 44 ff.;Nach Auffassung des BVerfG lässt sich ohne die Erforschung des wahren Sachverhalts das materielle Schuldprinzip nicht verwirklichen, BVerfGE 57, 250 (275).

345 LW, 25. Auflage, Berlin 1999, Bearbeiter *Rieß*, Einl. Abschn. H, Rn. 33; *Kühne*, Strafprozessrecht, 7. Auflage, S. 182, Rn. 299; KK-StPO-*Pfeiffer/Hannich*, 6. Auflage, München 2008, Einleitung 7,8, Rn. 7.

346 Vgl. BVerfGE 33, 367 (383).

347 *Siolek*, Verständigung, S. 114 f.; *Janke*, Verständigung und Absprachen im Strafverfahren, S. 101.

348 *Kühne*, Strafprozessrecht, 7. Auflage, S. 182, Rn. 300; LW, 25. Auflage, Berlin 1999, Bearbeiter *Rieß*, Einl. Abschn. H, Rn. 34.

Allerdings gibt es keine Aufklärung um jeden Preis.[349] In den Beweisverboten findet die Aufklärungspflicht ihre Schranke.[350] Die Beweisverbote sind also die rechtstaatliche Begrenzung der Aufklärungspflicht für Polizei, Staatsanwaltschaft und Gerichte.[351] Darüber hinaus können Einschränkungen aus Gründen der Verfahrensökonomie und Prozessbeschleunigung hergeleitet werden, wie dies vor allem im Zusammenhang mit den §§ 154, 154 a StPO der Fall ist.[352]

bb. Vereinbarkeit der Instruktionsmaxime mit der Absprachepraxis

Im Schrifttum wird der richterliche Untersuchungsgrundsatz als „größte Hürde"[353] und als „stärkste Bastion"[354] gegen die derzeitige Absprachepraxis gesehen. Die häufigste Form der Absprache beinhaltet das Geständnis des Angeklagten und im Gegenzug die Zusage einer Strafobergrenze. Sie bezweckt eine Beschränkung der Beweisaufnahme und gerät damit in Widerspruch zu dem absoluten Aufklärungsgrundsatz."[355] Viele Autoren sehen die Instruktionsmaxime durch solche Absprachen verletzt oder gefährdet:[356] Sie eröffneten nämlich den Verfahrensbeteiligten eine mit dem Untersuchungsgrundsatz nicht vereinbare Verfügungsmöglichkeit über den Verfahrensgegenstand.[357] Die Aufklärung des wirklichen Tatgeschehens werde durch das Einverständnis der Beteiligten über ein gewünschtes Verfahrensergebnis ersetzt. [358] Wer dem Angeklagten das Recht einräume, auf die Einhaltung der Amtsaufklärungspflicht zu verzichten, zerstöre „die Fundamente des liberal-rechtsstaatlichen Verfahrens."[359] Verneint wird dagegen ein Verstoß gegen den Amtsermittlungsgrundsatz bei Absprachen, die nach Schuldspruchreife, also etwa über die Strafzumessung getroffen werden.[360]

---

349 *Jahn,* JuS 2005, 1057; Die Rechtsprechung hat oft wiederholt, dass „es kein Grundsatz der Strafprozessordnung ist, dass die Wahrheit um jeden Preis erforscht werden müsste.", BGHSt 14, 358 (365).

350 LR-*Gollwitzer*, 1987, Berlin/ New York, § 244, Rn. 43.

351 *Kühne,* Strafprozessrecht, 7. Auflage, S. 182, Rn. 299.

352 Vgl. *Weichbrodt,* Das Konsensprinzips, 150.

353 *Weichbrodt,* Das Konsensprinzip, S. 149. Eine andere Meinung vertritt *Janke*, S.109. Die materielle Wahrheit sei nicht das einzige Ziel des Strafverfahrens, es müsse und könne nicht alles bis ins Detail aufgeklärt werden und die Wahrheitsfindung solle nicht „um jeden Preis" erfolgen; der Rechtsgedanke der §§ 154 I, 154 a I StPO sei auch auf den Umfang der Sachaufklärung übertragbar.

354 *Schünemann*, Gutachten B, 90, S. 80.

355 *Rönnau,* Absprache, S. 145.

356 *Saliger,* JuS 2006, 8, 12; *König,* StraFo 2006, 170; *Fahl*, ZStW 2005, 605; *Theile,* StraFo 2005, 409; *Eser,* ZStW 1992, 361, 373.

357 *Jahn*, ZStW 2006, 437.

358 *Hassemer,* StV 2006, 327.

359 Strafrechtsausschuss DAV, StraFo 2006, 89, 91; *Jahn,* ZStW 2006, 437.

360 *Schünemann*, Gutachten, B, 90, S. 80. D.h., dass sich das Gericht zum Zeitpunkt der Verständigung seine Überzeugung von der Schuld des Angeklagten bereits unter Ausschöpfung der Beweismittel gebildet hat. Wenn auch zu diesem Zeitpunkt noch nicht alle, letztlich zur Ermittlung des Strafmaßes erforderlichen Umstände geklärt sein müssen, so stehen die Umstände für die Schuld fest. Nach *Kremer* handelt es sich dabei um untypische

Dencker sieht in der Verletzung der Instruktionsmaxime den Kern der typischen „Vergleiche“: „Einerseits geht es gerade um das Ersparen von Beweisführungsaufwand, anderseits ermöglicht oft gerade der Verzicht auf das helle Ausleuchten aller Details die Gewährung eines spürbaren Rabattes ohne allzu schlechtes Gewissen.“[361]

In der Literatur[362] und Rechtsprechung[363] besteht Einigkeit darüber, dass die umfassende Sachverhaltserforschung dem Gericht als eigene Pflicht obliegt. Auf ihre Erfüllung können die Verfahrensbeteiligten zwar durch Anregungen hinwirken, aber nicht darüber disponieren.[364] Der Angeklagte kann die Aufklärungspflicht selbst durch ein Geständnis oder eine geständnisgleiche Einlassung in der Regel nicht beschränken.[365] Das gilt insbesondere, wenn das Geständnis im Zusammenhang mit einer Absprache abgelegt wird. Gerade bei solchen Geständnissen besteht die Gefahr, dass der Sachverhalt nicht ausreichend aufgeklärt wird, so dass ein solches Geständnis für sich genommen die weitere Wahrheitsermittlung nicht überflüssig macht. [366]

Im Schrifttum wird über das Problem des Beweiswertes und des Wahrheitsgehaltes der im Rahmen einer Absprache erlangten Geständnisse diskutiert. Dabei wird zwischen zwei Arten von Geständnissen unterschieden: zwischen dem sog. schlanken und dem qualifizierten Geständnis.[367] Unter einem schlanken Geständnis versteht das Schrifttum ein Geständnis, bei dem die Aussage des Angeklagten von seinem Verteidiger formuliert und der Inhalt dieses Schriftstücks vom Angeklagten bestätigt wird.[368]

Das Gegenstück zum schlanken Geständnis bildet das qualifizierte Geständnis. Bei diesem schildert der Angeklagte den Tathergang so vollständig, anschaulich

---

Absprachen, da sie im Ergebnis zu keiner Verfahrensverkürzung führen, *Kremer*, Absprachen, S. 112.

361 *Dencker/Hamm*, Der Vergleich, S. 53.

362 *Weber*, GA 1975, 289, 293; *Maul*, Festgabe für Peters, 1984, S. 47, 48; LW, 26. Auflage, Berlin 2006, Bearbeiter ***Becker***, § 244, Rn. 50;KK-StPO-*Fischer*, 6. Auflage, München, 2008, § 244, 32, 33, Rn. 32 ff.; *Meyer-Goßner*, StPO, 49. Auflage, München 2006, § 244, Rn. 11 ff.

363 BGHSt 34, 209, 210.

364 Vgl. *Jahn*, ZStW 2006, 442.

365 BGH, StraFo 2006, 113; BGH, NJW 1967, 299.

366 *Weichbrodt*, Das Konsensprinzip, S. 150; *Siolek*, DRiZ 1989, 321 (327); *Bode*, DRiZ 1988, 281, 285; *Hassemer*, JuS 1989, 890, 892. Nach *Hassemer* verletzen oder gefährden Absprachen den Untersuchungsgrundsatz wegen der Erleichterung für die Justizorgane, mit der Abkürzung komplizierter Verfahren durch eine Reduktion des gesetzlich vorgeschriebenen Aufklärungsaufwands: „Zeitersparnis gegen Schonung ist das Synallagma“. Einige Autoren sind der Meinung, dieser Zustand der Absprachen stehe in krassem Widerspruch zum Gang der Hauptverhandlung nach der StPO, vor allem mangels Amtsermittlungs- und Aufklärungspflicht, und sei verfassungswidrig: *Pfeiffer*, StPO, 5. Auflage, 2005, S. 8, Einleitung, Rn. 16c.

367 „Qualifizierte Geständnis“ ist eine Formulierung von *Schünemann*, Gutachten B, 90, S 82.. Von einem „schlank“ formulierten Geständnis spricht *Dahs*, NStZ 1988, S. 153.

368 *Dahs*, NStZ 1988, S. 155.

und kontrollierbar, dass es aus sich selbst heraus Gewissheit zu erzeugen vermag.[369]
Allgemein ist anerkannt, dass das Geständnis in jedem Einzelfall auf seinen Beweiswert hin kritisch überprüft werden muss und nur dann eine weitere Beweisaufnahme entbehrlich macht, wenn an seinem Wahrheitsgehalt keine Zweifel bestehen.[370] Diese Prüfungspflicht besteht unabhängig davon, ob es sich um ein schlankes oder ein qualifiziertes Geständnis handelt. Es liegt auf der Hand, dass der Umfang dieser Verpflichtung wächst, je „schlanker" ein Geständnis ausfällt, da insbesondere in solchen Fällen die Gefahr einer Verletzung des Untersuchungsgrundsatzes bei Vernachlässigung weiterer Sachverhaltsaufklärung droht.[371] Viele Autoren bejahen deshalb einen Verstoß gegen den Amtsermittlungsgrundsatz, wenn das Gericht sich ungeprüft zu eigen macht, was der Angeklagte durch ein „schlankes" Geständnis an Tatsachen anbietet.[372] In der Regel gibt ein solches Geständnis den Tathergang nicht erschöpfend wieder; es soll für die richterliche Überzeugung von der Schuld des Angeklagten keine ausreichende Basis bieten.[373] Die Gegenposition wird heute nur von einer Mindermeinung[374] vertreten mit der Begründung, für Absprachen würden keine Sonderrechte oder Sonderpflichten im Hinblick auf den Grundsatz der materiellen Wahrheit und der Aufklärungspflicht gelten. Es bleibe auch bei einem „schlanken" Geständnis der freien Beweiswürdigung des Richters überlassen, ob er ein absprachebedingtes Geständnis für umfassend und glaubwürdig halte.[375] Alle Autoren halten aber den Aufklärungsgrundsatz für verletzt, wenn sich das Gericht mit dem Geständnis begnügt, obwohl Anhaltspunkte dafür vorliegen, dass es falsch ist.[376]
Bei einem „qualifizierten" Geständnis wird überwiegend kein Verstoß gegen den Amtsermittlungsgrundsatz gesehen.[377] Die richterliche Aufklärungspflicht kann durch ein qualifiziertes Geständnis des Angeklagten erfüllt werden, wenn es sämtliche entscheidungserheblichen Tatsachen anschaulich, erschöpfend, überprüfbar und glaubhaft darlegt.[378]
Auch die Rechtsprechung hat für den Umfang der Verwendung von Geständnissen eine Reihe Forderungen formuliert. Danach muss das bei einer Urteilsabsprache abgelegte Geständnis auf seine Zuverlässigkeit überprüft werden; das Gericht

369 *Schünemann,* Gutachten, B, 90, 82.
370 LW, 26. Auflage, Berlin 2006, Bearbeiter *Becker,* § 244 Rn. 9. KK-StPO-*Fischer*, 6. Auflage, München 2008, § 244 Rn. 1 ff.
371 Vgl. *Huttenlocher,* Dealen wird Gesetz, S. 72; BGHSt 50, 40 (49); BGH, StraFo 2006, 113.
372 *Kremer,* Absprache, S. 117; *Braun,* Die Absprache, S. 53; *Kintzi,* JR 1990, 309 (315). *Küpper/Bode*, JR 1999, 351 (360); *Schünemann,* Gutachten, B, 90, 83.
373 *Schünemann,* Gutachten B, 90, 24.
374 *Weichbrodt,* Das Konsensprinzip, S. 152 f.; *Widmaier,* Referat auf dem 58. DJT 1990, L 33 ff.; *Schmidt-Hieber,* Verständigung, Rn. 178.
375 *Tscherwinka,* Absprachen, S. 164.
376 *Schmidt-Hieber*, FS für Wassermann, S. 1004; vgl. auch *Janke,* Verständigung, S. 106.
377 *Gallandi,* NStZ 1987, 420; *Schmidt-Hieber*, FS Wasserman, S. 995 (1003).
378 *Schünemann*, Gutachten, B, 90, 83.

muss von seiner Richtigkeit überzeugt sein. Dazu muss das selbstbelastende, keinen Zweifeln unterliegende Geständnis wenigstens so konkret sein, dass geprüft werden kann, ob es derart im Einklang mit der Aktenlage steht, dass sich hiernach keine weitergehende Sachaufklärung aufdrängt. Ein bloßes inhaltsleeres Formalgeständnis reicht nicht aus.[379] Auch nach der Grundsatzentscheidung des 4. Senats des BGH muss das Geständnis auf seine Glaubwürdigkeit überprüft werden, sich aufdrängende Beweiserhebungen dürfen nicht unterbleiben.[380] Weitere Sachverhaltsaufklärung ist nötig, wenn nach dem Akteninhalt oder dem Inhalt der Hauptverhandlung Zweifel an der Richtigkeit des Geständnisses bestehen.[381]

c. Öffentlichkeitsgrundsatz

aa. Bedeutung und Inhalt

Ob eine außerhalb der Hauptverhandlung getroffene Absprache den Grundsatz der Öffentlichkeit verletzt, wird unterschiedlich beurteilt.[382]

Nach § 169 Abs. 1 Gerichtsverfassungsgesetz (GVG) sind Verhandlungen vor den erkennenden Gerichten öffentlich. Dieser Grundsatz ist auch in Art. 6 Abs. 1 EMRK verankert.[383] Er stellt zwar keinen Verfassungsrechtsgrundsatz dar,[384] gilt aber als klassische Prozessmaxime eines Rechtstaates.[385] Er soll gewährleisten, dass sich die Rechtsprechung grundsätzlich nicht hinter verschlossenen Türen abspielt, sondern sich „coram publico“ vollzieht.[386] Die Öffentlichkeit der Hauptverhandlung will das Informationsinteresse der Allgemeinheit[387] und die Kontrolle der Justiz gewährleisten und somit das Vertrauen in die Rechtsprechung der Gerichte fördern.[388] Sie gewährleistet die Transparenz des Verfahrens durch die mögliche Teilnahme Jedermanns an der Hauptverhandlung als Zuhörer.[389] „Urteile, die im Namen des Volkes ergehen, sollten auch vor den Augen und Ohren des Volkes erarbeitet werden.“[390]Durch die Kontrollfunktion der Öffentlichkeit wird

---

379 BGHSt 50, 40 (49); BGH 5 StR 427/05, Beschluss vom 13. Dezember 2005 = BGH, StraFo 2006, 13.

380 BGHSt 43, 195, 204, bestätigt durch BGHSt 48, 161, 167.

381 *Rieß*, FS für Rebmann, S. 395 ff.

382 *Wolflast*, NStZ 1990, 409, 414; *Siolek*, Verständigung, S. 154.

383 Nach Art. 6 Abs. 1 EMRK gehört es zu den Rechten des Angeklagten, dass seine Sache öffentlich verhandelt wird

384 BVerfGE 4, 74 (94); 15, 303 (307).

385 z. B. *Roxin*, Strafverfahrensrecht, 26. Auflage, § 47, Rn. 1; BGHSt 22, 297 (301); 9, 280 (281); *Pfeiffer/Fischer* StPO, Kommentar 1995, Rn.13.

386 BGHSt 9, 280 (281).

387 Das Informationsinteresse der Allgemeinheit wird heute vor allem durch die Massemedien, insbesondere durch die Presse wahrgenommen. LW, 25. Auflage, Berlin 1999, Bearbeiter *Wickern*, vor § 169 GVG, Rn 3; *Meyer-Goßner*, Strafprozessordnung, 52. Auflage, § 169 GVG, Rn 1.

388 BGHSt 43, 195, 205.

389 BGHSt 28, 341(343 ff.); LW, 25. Auflage, Berlin 1999, Bearbeiter *Wickern*, § 169 GVG, Rn. 9.

390 *Kühne*, Strafprozessrecht, Rn. 695.

der Angeklagte vor willkürlicher Rechtsbeeinträchtigung seitens der Staatsmacht geschützt.[391] Der Öffentlichkeit der Hauptverhandlung kommt aber noch eine zweite Aufgabe zu, die sich an der Funktion der staatlichen Strafe orientiert: Sie dient nicht nur den schützenswerten Belangen des Angeklagten, sondern auch denen des Verletzten und der Allgemeinheit.[392] Gerade im Hinblick auf den generalpräventiven Zweck der Strafe ist die Öffentlichkeit erforderlich;[393] die mit dem Verfahren verbundene Bestätigung der Rechtsordnung und ihre Durchsetzung sollen warnen und abschrecken.[394] Die Öffentlichkeit des Strafverfahrens birgt jedoch auch Gefahren:[395] Sie steht nicht nur einem etwaigen Interesse des Staates an heimlicher Aburteilung missliebiger Personen entgegen, sondern beeinträchtigt auch das Interesse des Angeklagten und anderer Verfahrensbeteiligter an dem Schutz ihrer Privatsphäre. Deshalb gilt der Öffentlichkeitsgrundsatz nicht uneingeschränkt.[396] So wird beispielsweise die Öffentlichkeit bei Gefährdung der schützenswerten Intimsphäre von Zeugen oder wegen Gefährdung der Staatsicherheit ausgeschlossen, vgl. §§ 169 Satz 2, 170 a ff. GVG; 48, 109 JGG, Art. 6 Abs. 1 EMRK. Der Öffentlichkeitsgrundsatz ist prozessual abgesichert: Seine Verletzung stellt gemäß § 338 Nr. 6 StPO einen absoluten Revisionsgrund dar.

bb. Vereinbarkeit der Absprache mit dem Grundsatz der Öffentlichkeit

Dass verbindliche Urteilsabsprachen, die außerhalb der Hauptverhandlung getroffen werden, gegen den Grundsatz der Öffentlichkeit des Verfahrens verstoßen, wird im Schrifttum überwiegend anerkannt. Auch die Rechtsprechung vertritt diesen Standpunkt. Die Gegenmeinung beruft sich darauf, dass man den Grundsatz der Öffentlichkeit rein formal verstehen müsse.[397] Er enthalte lediglich das Verbot, während der Hauptverhandlung vor dem erkennenden Gericht der Öffentlichkeit den Zutritt zur Verhandlung zu verwehren. Was außerhalb der Hauptverhandlung geschehe, sei aber gerade nicht öffentlich.[398] Mit dieser formalen Argumentation könnte man die Vereinbarkeit hinreichend begründen.[399]

---

391 *Vgl. Moldenhauer*, Eine Verfahrensordnung, S. 66.

392 *Kargl/Sinner*, Jura 1998, 231, 232.

393 Die Wahrnehmbarkeit von Sanktionen durch Dritte, *Müller*, JZ 1977, 381, 384. Den Bürgern soll demonstriert werden, dass begangenes Unrecht von staatlicher Seite aus in den Grenzen des hierfür vorgesehenen Verfahrens verfolgt und geahndet wird.

394 *Kühne*, Strafprozessrecht, 7. Auflage, § 41, Rn. 696.

395 *Weigend*, ZStW 2001, 297.

396 *Eser*, ZStW 1992, 361, 375 ff.

397 *Cramer*, FS für Rebmann, 1989, S. 145, 149.

398 Nach § 169 GVG ist nur die Hauptverhandlung und nicht das Ermittlungs- oder Zwischenverfahren öffentlich; vgl. *Roxin*, Strafverfahrensrecht, § 45 A.:Das Öffentlichkeitsprinzip gilt nur für die Hauptverhandlung, nicht aber außerhalb der „eigentlichen Sitzung", etwa in Verhandlungspausen. Damit scheinen auf den ersten Blick keine Bedenken im Hinblick auf der Verletzung des Öffentlichkeitsgrundsatzes zu bestehen, wenn Vereinbarungen außerhalb der Hauptverhandlung getroffen werden; *Janke*, Verständigung und Absprachen, S. 113. Alles was außerhalb der Hauptverhandlung geschieht, sei

Problematisch sind die Fälle, in denen die Absprachen außerhalb der Hauptverhandlung stattgefunden haben und ihre Ergebnisse später in der Hauptverhandlung bekannt gegeben werden. Viele Autoren sind der Meinung, dass auch ein solches Verfahren gegen den Grundsatz der Öffentlichkeit verstößt.[400] Sie begründen ihre Ansicht damit, dass bei den außerhalb der Hauptverhandlung geführten Absprachenverhandlungen Sinn und Zweck des Öffentlichkeitsgrundsatzes umgangen würden; bei solchen Verhandlungen sei keine Kontrolle durch die Öffentlichkeit gewährleistet. Die Verhandlungen über die Absprache seien nämlich für das spätere Urteil mindestens ebenso wichtig wie deren Ergebnisse.[401] Denn es mache einen Unterschied für die Beurteilung einer Absprache, ob sich der Angeklagte dem Gewicht der Belastungsmomente nicht habe entziehen können oder aber ob sein Verteidiger vom Gericht „über den Tisch gezogen" worden sei.[402] Dieses könne nur durch Beobachtung der Absprachekommunikation und nicht durch bloße Information über das Ergebnis zuverlässig beurteilt werden. Die Öffentlichkeit müsse die gleiche Informationsbasis wie das Gericht haben.[403] Betrachte man als „Verhandlung vor dem erkennenden Gericht" all das, was tatsächlich Entscheidungsgrundlage werden soll und letztendlich wird, dann verletzten Geheimabsprachen das Öffentlichkeitsgebot.[404] Die Gegenmeinung ist der Ansicht, ein Verstoß gegen den Öffentlichkeitsgrundsatz könne dadurch vermieden werden, dass die Ergebnisse der Absprachеverhandlungen, die außerhalb der Hauptverhandlung stattgefunden haben, anschließend in der Hauptverhandlung bekannt gegeben werden.[405]

Nach der Rechtsprechung wird dem Grundsatz der Öffentlichkeit Genüge geleistet, wenn die eigentliche Absprache in der Hauptverhandlung getroffen wird und die außerhalb der Hauptverhandlung geführten Vorerörterungen durch Mitteilungen des Gerichts in der Hauptverhandlung transparent gemacht werden.[406]

---

wesensmäßig nicht öffentlich. Die Regelung des § 169 GVG bezieht sich nicht auf Sitzungspausen und ähnliche Unterbrechungen der Hauptverhandlung. Deshalb sei es gestattet, Absprachen ohne Öffentlichkeitsbeteiligung zu treffen, *Wolfslast,* NStZ, 1990, S. 415.

399 Vgl. *Huttenlocher,* Dealen wird Gesetz, S. 28; auch *Weichbrodt,* Konsensprinzip, S. 149.

400 *Schünemann,* Gutachten zum 58. Deutschen Juristentag, B. 90, S. 88; *Denker/Hamm,* Der Vergleich im Strafprozess, S. 52; *Schmidt-Hieber,* NStZ 1988, 302, 303; *Kintzi,* JR 1990, 309 (315); *Gerlach,* Absprache im Strafverfahren, S. 87: Absprachen im Strafverfahren verstoßen nur dann nicht gegen den Grundsatz der Öffentlichkeit, wenn sie innerhalb der Hauptverhandlung getroffen werden.

401 *Schünemann,* Gutachten B, 90, S. 89.

402 *Schünemann,* Gutachten B, 90, S. 89.

403 *Schünemann,* Gutachten B, 90, S. 89.

404 *Nestler-Tremel,* KritJ 1989, 448, 451; *Baumann,* NStZ 1987, 157, 158.

405 *Hanack,* StV 1987, 500 (503); *Janke,* Verständigung und Absprachen, S. 119 ff; *Tschewinka,* Absprachen im Strafprozess, 154 ff.; *Wolfslast,* NStZ 1990, 409 (414).

406 BGHSt 43, 195, 205; 50, 40; vgl. *Huttenlocher,* Dealen wird Gesetz, S. 29.

d. Der Unmittelbarkeitsgrundsatz

aa. Bedeutung und Inhalt

Der Grundsatz der Unmittelbarkeit ergibt sich insbesondere aus dem Regelungsgehalt der
§§ 226, 250, 261 StPO und gilt als Richtschnur für die Hauptverhandlung.[407] Er beinhaltet zwei Komponenten: „Einerseits darf das Gericht sein Urteil nur auf seine eigene, sinnliche Wahrnehmung des gesamten Prozessgeschehens"[408] stützen (formelle Unmittelbarkeit).;[409] Darüber hinaus muss das erkennende Gericht die für die Urteilsfindung erforderlichen Beweise selbst erheben, es darf die Beweisaufnahme nicht „anderen Personen überlassen."[410] Dementsprechend sind nur die an die Beweisaufnahme beteiligten Richter zur Urteilsfindung berufen, ein Wechsel auf der Richterbank ist während einer Hauptverhandlung nicht zulässig.[411] Ferner gehört dazu, dass das Gericht die Tatsachen möglichst „aus der Quelle schöpfen" muss, es muss die Erkenntnis „aus erster Hand"[412] suchen (materielle Unmittelbarkeit);[413] Beweissurrogate sollen möglichst nicht genutzt werden.[414] Dieser materielle Unmittelbarkeitsgrundsatz hat in den §§ 250 bis 256

407 *Roxin,* Strafverfahrensrecht, § 15 B, 25. Auflage; LW, 25. Auflage, Berlin 1999, Bearbeiter *Rieß,*Einl. Abschn. H Rn. 50. Das BVerfG hat seine frühere Feststellung, dass es sich beim Unmittelbarkeitsgrundsatz nicht um ein Grundrecht handele (BVerfGE 1, S. 418 (429), Beschluss vom 18.09.1952) später revidiert. Das aus Art. 1 (1) GG folgende Gebot, die Menschenwürde zu schützen und zu achten, verbiete es, den Beschuldigten zum bloßen Objekt des Verfahrens zu machen, ihm müsse ein Mindestbestand von prozessualen Rechten garantiert werden (BVerfGE 26, 251, 273; 57, 250, 273). Im Schrifttum wird betont, es sei gerechtfertigt, diesen Grundsatz zu den wichtigsten Konstitutionsprinzipen zu zählen, weil er für alle Verfahrensabschnitte gelte, in denen über den Schuldvorwurf und die strafrechtlichen Sanktion entschieden werde. In Art. 6 EMRK ist dieser Grundsatz als Menschenrecht anerkannt (LR-StPO-*Rieß,* Einleitung Abschn. H, Rn. 50).

408 *Geppert,* Der Grundsatz der Unmittelbarkeit, S. 122.

409 Die formelle Unmittelbarkeit beinhaltet zwei Merkmale: a) Eigene sinnliche Wahrnehmung durch den Richter: er muss Angeklagte und Zeugen mit eigenen Augen und Ohren sehen und hören; b) Der erkennende Richter darf während einer Hauptverhandlung nicht ausgewechselt werden;*Geppert,* Der Grundsatz der Unmittelbarkeit, S. 124.

410 *Roxin,* Strafverfahrensrecht, 25. Auflage, § 44, S. 37: Ausnahme ist die kommissarische Beweisaufnahme nach §§ 223-225; *Geppert,* Der Grundsatz der Unmittelbarkeit, 1979, S. 124.

411 LW, 25. Auflage, Berlin 1999, Bearbeiter *Rieß,* Einleitung, Abschn. H, Rn. 60.

412 *Geppert,* Der Grundsatz der Unmittelbarkeit, S. 128.

413 Der „materiellen Unmittelbarkeit liegt die Forderung nach dem bestmöglichen Beweis zugrunde", *Geppert,* Der Grundsatz der Unmittelbarkeit, S. 130.

414 *Roxin,* Strafverfahrensrecht, 25. Auflage, § 44, S. 370; *Geppert,* Der Grundsatz der Unmittelbarkeit, S. 124, 129: Die Idee der „materiellen" Unmittelbarkeit enthält das generelle Gebot, unter mehreren Beweismitteln in Bezug auf ein und dasselbe Beweisthema dasjenige Beweismittel zu wählen, das dem zu erforschenden Sachverhalt am nächsten steht.

StPO seinen gesetzlichen Niederschlag gefunden.[415] Nach diesem Grundsatz darf der Prozessstoff, der nicht Gegenstand der Hauptverhandlung war, bei der Urteilsfindung nicht verwertet werden.[416] Der Richter muss sich seine Überzeugung von der Schuld des Angeklagten allein auf Grund der Hauptverhandlung bilden;[417] nur die aus dem Inbegriff der Verhandlung geschöpfte Überzeugung darf dem Urteil zugrunde gelegt werden (§ 261 StPO). Der Unmittelbarkeitsgrundsatz untersagt es dem Gericht daher, bei einer Urteilsfindung etwa auf die Ermittlungsakten zurückzugreifen oder Lücken bei der Beweiserhebung mit außerhalb der Hauptverhandlung erhobenen Beweisen zu schließen.[418] Allerdings lässt die Strafprozessordung in Ausnahmefällen den Rückgriff auf mittelbare Beweise zu, wenn zum Beispiel die Erhebung des ursprünglichen Beweismittels nicht mehr oder nur mit unverhältnismäßigen Schwierigkeiten möglich ist.[419]

bb. Vereinbarkeit der Absprache mit dem Grundsatz der Unmittelbarkeit

Dass außerhalb der Hauptverhandlung getroffene Absprachen, bei denen das Gericht dem Angeklagten ein bestimmtes Verfahrensergebnis zusagt, gegen den Grundsatz der Unmittelbarkeit verstoßen, ist nicht streitig.[420] Das Gericht kann sich während einer Hauptverhandlung nicht selbst binden; es muss seine Entscheidungsfreiheit bis zum Ende der mündlichen Verhandlung behalten.[421] Das folge schon aus dem Wortlaut des § 261 StPO, nach der der Richter seine Überzeugung und seine Urteilsgrundlage aus dem Inbegriff der Hauptverhandlung schöpfen soll. In diesem Sinn stellt auch Bundesgerichtshof klar,[422] der Tatrichter verstoße gegen §§ 260 Abs. 1, 261 StPO, wenn er eine verbindliche Zusage zur Höhe der zu verhängenden Strafe mache, denn das Gericht habe über die Strafe aus dem Inbegriff der Verhandlung in der Urteilsberatung zu entscheiden."[423]
Umstritten ist die Frage, ob Vereinbarungen über den Umfang der Beweisaufnahme oder über andere prozessuale Fragen, die außerhalb der Hauptverhandlung getroffen werden, zulässig sind. Im Schrifttum wird die Ansicht vertreten, dass der Unmittelbarkeitsgrundsatz in Verbindung mit dem Öffentlichkeitsgrundsatz

415 LW, 25. Auflage, Berlin 1999, Bearbeiter *Rieß,*Einleitung, Abschn. H, Rn. 62: Die Vorschriften beruhen nach allgemeiner Auffassung auf der Vorstellung des Gesetzgebers, dass die Verwendung des unmittelbaren Beweismittels den Vorrang haben soll.

416 *Pfeiffer,* Grundzüge des Strafverfahrensrechts,Rn. 9.

417 LR-StPO-*Gollwitzer*, Berlin/New York 1987, § 261, Rn. 3.

418 *Pfeiffer,*Grundzüge des Strafverfahrensrechts, Rn. 9; vgl. LW, 25. Auflage, Berlin 19999, Bearbeiter *Rieß*, Einl. Abschn. H, Rn. 60.

419 *Pfeiffer,* Grundzüge des Strafverfahrensrechts, Rn. 9: Das Gesetz lässt Ausnahmen von dem Grundsatz des § 250 StPO zu. So erlaubt es § 251 StPO, die Vernehmung eines Zeugen durch Verlesung der Niederschrift über seine Vernehmung zu ersetzen.

420 Vgl. *Janke,* Verständigung und Absprachen im Strafverfahren, S. 124; *Seier,* JZ 1988, 683; *Schmidt-Hieber,* NStZ 1988, 303.

421 *Niemöller,* StV 1990, 37.

422 BGHSt 43, 195 (207).

423 BGHSt 43, 195 (207).

eine gesetzliche Sperre für solche Vereinbarungen bilde.[424] Wenn über Gegenstand, Art und Umfang der Beweisaufnahme außerhalb der Hauptverhandlung Vereinbarungen getroffen werden, finde eine unzulässige Beschränkung der Beweisaufnahme statt.[425] Die so abgesprochenen Beweismittel seien unter Umständen unvollständig; es bestehe somit die Gefahr, dass das Ergebnis der Beweisaufnahme verfälscht werde.[426] Daher schöpfe das Gericht seine Überzeugung bei einer Hauptverhandlung, in der die Beweisaufnahme nach einem vorher abgesprochenen Plan verlaufe, nur formal aus dem Inbegriff der Verhandlung.[427]
Die Gegenmeinung stellt darauf ab, dass das Gericht auch in diesen Fällen seine Überzeugungsbildung und dementsprechend das Urteil nicht auf die getroffenen Vereinbarungen stütze, sondern die Ergebnisse der Beweisaufnahme unter Einschluss des Prozessverhaltens des Angeklagten seiner Entscheidung zugrunde lege.[428] Die Vernehmung des Angeklagten und die Beweisaufnahme fänden in jedem Fall in der Hauptverhandlung statt; beispielsweise sei das „dort abgelegte (glaubhafte) Geständnis des Angeklagten (…) der unmittelbarste Beweis“[429], den das erkennende Gericht würdigen könne.[430] Somit werde die richterliche Überzeugung aus dem Inbegriff der Hauptverhandlung geschöpft. Solange es sich bei den außerhalb der Verhandlung geführten Verständigungsgesprächen um eine Art Meinungsbildung über die gegenseitige Sicht der Sach- und Rechtslage handele,[431] seien solche Gespräche im Hinblick auf den Unmittelbarkeitsgrundsatz unbedenklich.[432] „Die Initiierung eines Geständnisses muss immer in der Hauptverhandlung erfolgen, da die Umstände des Zustandekommens für die Schuld –und Straffrage von Bedeutung sind.“[433]
Die Rechtsprechung hat eine Verletzung des Unmittelbarkeitsgrundsatzes durch außerhalb der Hauptverhandlung geführte Vorgespräche verneint mit dem Hinweis darauf, dass es „einem Richter nicht verwehrt ist, zwecks Förderung des Verfahrens mit Prozessbeteiligten auch außerhalb der Hauptverhandlung Fühlung aufzunehmen und sie zu einer bestimmten Prozesshandlung anzuregen.“[434]Eine Kontaktaufnahme vor oder außerhalb der Hauptverhandlung sei unbedenklich,

---

424 *Baumann*, NStZ, 1987, 158.

425 *Baumann*, NStZ 1987, 158; *Hassemer*, JuS 1989, 892.

426 *Rönnnau*, Die Absprachen, S. 156.

427 *Wolfslast*, NStZ 1990, 415.

428 *Gerlach*, Absprachen, S. 82; *Cremer*, FS für Rebmann, S. 149; *Siolek*, DRiZ 1989, 328; *Siolek*, Verständigung, S. 162; *Huttenlocher*, Dealen wird Gesetz, S. 31.

429 *Siolek*, DRiZ 1989, 328.

430 *Gerlach*, Absprachen, S. 82; *Cremer*, FS für Rebmann, S. 149; *Siolek*, DRiZ 1989, 328 ff.; *Weigend* ist der Meinung, dass solange der „deal“ zwischen den Verfahrensbeteiligten „die wahre Basis“ für den Urteilsspruchs darstelle und die Hauptverhandlung nur als „endlicher Rechtstag“ dem äußeren Vollzug der Absprache diene, könne schwerlich behauptet werden, der Unmittelbarkeitsgrundsatz sei nicht verletzt, *Weigend*, JZ 1990, 777.

431 *Wolfslast*, NStZ, 1990, 415.

432 *Wolfslast*, NStZ, 1990, 415.

433 *Schünemann*, Gutachten, 58. Juristentag, B, 90, S. 87.

434 BGH, StV 1984, 449, 450.

wenn sie beispielsweise dazu diene, die Bereitschaft zu Gesprächen oder die Verhandlungspositionen abzuklären.[435]

e. Mündlichkeitsgrundsatz

Die Mündlichkeit ist ein weiterer Grundsatz der Hauptverhandlung.[436] Sie ist zwar in der Strafprozessordnung nicht ausdrücklich geregelt,[437] ergibt sich aber aus den §§ 250, 261, 264 StPO und 169 GVG.[438] Das Mündlichkeitsprinzip verlangt, dass der der Urteilsfindung dienende Verhandlungsstoff mündlich vorgetragen und erörtert wird; nur der mündlich vorgetragene und erörterte Prozessstoff darf dem Urteil zugrunde gelegt werden.[439] Soweit das Urteil nur auf Grund einer Hauptverhandlung ergehen darf, dürfen andere Erkenntnisse, die außerhalb der Hauptverhandlung gewonnen und nicht mündlich erörtert worden sind, bei der Schuld- und Straffrage nicht verwertet werden; sie sind nicht aus dem Inbegriff der Hauptverhandlung gewonnen.[440]

Der Mündlichkeitsgrundsatz steht mit dem Öffentlichkeits- und Unmittelbarkeitsgrundsatz in engem funktionalem Zusammenhang. Denn der Unmittelbarkeitsgrundsatz kann nur eingehalten werden, wenn alle für die Urteilsfindung wesentlichen Prozessvorgänge in einer mündlichen Hauptverhandlung stattfinden.[441] Gleiches gilt für die Erfüllung des Öffentlichkeitsgrundsatzes.[442]

Aufgrund des engen Zusammenhanges kann bei einem Verstoß gegen das Unmittelbarkeits- und Öffentlichkeitsprinzip auch das Mündlichkeitsprinzip verletzt sein.[443] Zur Vermeidung von Wiederholungen wird deshalb an dieser Stelle auf die Ausführungen zu diesen beiden Prozessmaximen verwiesen.

4. Die Vereinbarkeit mit verfassungsrechtlichen Grundsätzen.

a. Grundsatz des fairen Verfahrens (fair-trail-Grundsatz)

aa. Bedeutung und Inhalt

Der Grundsatz des fairen Verfahrens ist eine Konsequenz aus den grundlegenden Wertentscheidungen des Rechts- und Sozialstaates.[444] Er ist eng mit den Grundrechten und Grundfreiheiten des Menschen, insbesondere mit dem durch ein

---

435 BGHSt, 43, 195, 206.

436 KK-StPO-*Pfeiffer/Hannich*, 6. Auflage, München 2008, Einleitung, Rn. 8.; LW, 25. Auflage, Berlin 1999, Bearbeiter *Rieß*,Einleitung, Abschn. H, Rn. 50.

437 KK-StPO-*Pfeiffer/Hannich*, 6. Auflage, München 2008, Einleitung Rdnr.8.

438 KK-StPO-*Pfeiffer/Hannich*, 6. Auflage, München, 2008, Einleitung, Rn. 8;LW, 25. Auflage, Berlin 1999, Bearbeiter *Rieß*, Einleitung, Abschn. H, Rn. 55.

439 KK-StPO- *Pfeiffer/ Hannich*, 6. Auflage, München 2008, Einleitung, Rn. 8;LW, 25. Auflage, 1999, Berlin, Bearbeiter *Rieß*, Einleitung, Abschn. H, Rn. 55; *Roxin*, Strafverfahrensrecht, 25. Auflage, S. 370.

440 LW, 25. Auflage, Berlin 1999, Bearbeiter *Rieß*, Einleitung, Abschn. H, Rn. 57.

441 KK-StPO- *Pfeiffer/ Hannich*, 6. Auflage, München 2008, Einleitung, Rn. 8.

442 KK-StPO- *Pfeiffer/ Hannich*, 6. Auflage, München 2008, Einleitung, Rn.8

443 *Küper/Bode*, Jura 1999, 361.; vgl. *Rönnau*, Absprachen, S. 170.

444 *Roxin*, Strafverfahrensrecht, 25. Auflage, S. 76, Rn 9.

Strafverfahren bedrohten Recht auf Freiheit der Person verknüpft und leitet sich aus den Art. 1, 2, 20, 28, 101, 103 GG ab. Ausdrücklich ist er in Art. 6 Abs.1 EMRK normiert.[445] Nach dieser Vorschrift hat jedermann den Anspruch, dass seine Sache in billiger Weise öffentlich und innerhalb einer angemessenen Frist gehört wird und zwar von einem unabhängigen und unparteiischen, auf dem Gesetz beruhenden Gericht.[446] Nach h. M. garantiert Art. 6 MRK in umfassender Weise den anglo-amerikanischen Rechtsgrundsatz des „fair trial", der dem Beschuldigten die Chance sichern soll, sich gegenüber der ihm hinsichtlich der zur Verfügung stehenden Mittel überlegenen Anklagebehörde bestmöglich zu verteidigen.[447] Das Bundesverfassungsgericht zählt den Grundsatz des fairen Strafverfahrens in ständiger Rechtsprechung zu den wesentlichen Grundsätzen eines rechtsstaatlichen Verfahrens und räumt ihm den Rang eines Verfassungsprinzips ein.[448]

Der Grundsatz des fairen Strafverfahrens darf allerdings nicht an die Stelle von Vorschriften der Strafprozessordnung oder von sich aus dieser ergebenden Verfahrensgrundsätzen gesetzt werden.[449] Der Grundsatz kommt also erst zum Einsatz, wenn spezielle Vorschriften der Strafprozessordnung den Sachverhalt nicht erfassen.[450] Daher entfaltet er seine unmittelbare Wirkung umso stärker, je weniger *normativ vorstrukturiert* ein Verfahrensabschnitt ist.[451] Damit ist dieses Prinzip für die Absprache besonders relevant.[452] Ausgehend davon, dass dieser Grundsatz als allgemeiner, übergeordneter Verfahrensgrundsatz verstanden wird,[453] können Verstöße gegen Normen der Strafprozessordnung gleichzeitig ein Verstoß gegen den Grundsatz des fairen Verfahrens darstellen.[454]

Für die Strafgerichte ist das Gebot des fairen Strafverfahrens in erster Linie Auslegungsrichtschnur.[455] Es enthält keine in allen Einzelheiten bestimmten Ge- und Verbote; die Konkretisierung dieses Gebots richtet sich nach den sachlichen Gegebenheiten. Dabei ist im Hinblick auf seine Weite und Unbestimmtheit mit Be-

---

445 *Beulke,*Strafprozessrecht, 10. Auflage, S. 29, Rn. 28; *Roxin,* Strafverfahrensrecht, 25. Auflage, S. 76, Rn. 9. KK-StPO- *Pfeiffer/ Hannich*, 6. Auflage, München 2008, Einleitung, Rn. 28;*Meyer-Goßner*, Strafprozessordnung, 50. Auflage, Einleitung, S. 4, Rn. 19.

446 Vgl. Art. 6 MRK.

447 *Roxin*, Strafverfahrensrecht, 25. Auflage, § 11, S. 76.

448 BVerfGE 26, 66 (71); 38, 105 (111); 39, 238 (243); 40, 95 (99); 41, 246 (249); 46, 202 (210); 57, 250 (274); StV 2000, 233; NJW 2001, 2245.Die Rechtsprechung des EGMR hat den Grundsatz des fairen Verfahrenszu einem mächtigen und allgegenwärtigen Prinzip des Verfahrensrechts ausgestaltet. Er zählt dieses Prinzip zum ordre public der Mitgliedstaaten des Europarates und weist ihm damit einen fundamentalen Wert zu.

449 *Meyer-Goßner*, Strafprozessordnung, 50. Auflage, Einleitung, S. 4, Rn. 19.

450 *Iokidmidis*, Die Rechtsnatur, S. 96; BVerfGE 46, 202, 210; 63, 45, 60.

451 *Rieß*, FS für Rebmann, S. 395 f.

452 *Weichbrodt,* Das Konsensprinzip, S. 166.

453 *Meyer-Goßner*, Einleitung, 50. Auflage, S. 4, Rn. 19; *Roxin,* Strafverfahrensrecht, 25. Auflage, § 11, Rn. 9f.

454 *Moldenhauer,* Eine Verfahrensordnung für Absprachen, S. 53.

455 KK-StPO- *Pfeiffer/Hannich*, 6. Auflage, München 2008, Einleitung, Rn. 28.

hutsamkeit vorzugehen.[456] Der genaue Inhalt des Grundsatzes des fairen Strafverfahrenslässt sich somit wegen seines offenen Charakters kaum abschließend bestimmen.[457] Beispielsweise gehört das Prinzip der Waffengleichheit – es besagt, dass den Verfahrensbeteiligten keine unterschiedlichen Rechtspositionen ohne sachlichen Grund eingeräumt werden dürfen - [458] ebenso dazu, wie die gerichtlichen Fürsorge- und Hinweispflichten[459] gegenüber dem Angeklagten: Sie sollen den Betroffenen vor Überraschungsentscheidungen schützen und Willensmängel sowie Verteidigungsbehinderungen vermeiden.[460]
Die Rechtsfolgen eines Verstoßes gegen das Gebot des fairen Strafverfahrens-werden kontrovers diskutiert.[461] Nach der überwiegenden Meinung im Schrifttum und der Rechtsprechung führt die Verletzung des Gebots nicht zu einem Verfahrenshindernis.[462] Vielmehr müssen Verstöße gegen Grundsätze eines fairen Verfahrens bei der Strafzumessung strafmildernd berücksichtigt werden.[463]

bb. Absprache und fair-trial-Grundsatz

Der fair-trial-Grundsatz ist auch bei den Verhandlungen über eine Urteilsabsprache zu beachten. Mögliche Verstöße gegen diesen Grundsatz hat die Rechtsprechung zuerst im Zusammenhang mit den sog. gescheiterten Absprachen erörtert.
Bislang hat der BGH[464] über den Grundsatz des fairen Verfahrens im Zusammenhang mit der Absprache im Strafprozess vor allem unter dem Gesichtspunkt des Vertrauensschutzes diskutiert. Er hat festgelegt, dass das Gebot des fairen Verfahrens zumindest dann verletzt werde, wenn das Gericht Vertrauen dahingehend geweckt hatte, dass es nicht von der Strafmaßprognose der Staatsanwaltschaft abweichen wolle, es aber im Ergebnis seine Zusicherung nicht einhält. Denn aus dem Gebot des fairen Verfahrens ergebe sich die verfahrensrechtliche Pflicht zur Erteilung des Hinweises, dass die Verurteilung zu einer höheren als der in Aussicht gestellten in Betracht komme.[465]

---

456 BVerfGE 70, 308.
457 LW, 25. Auflage, Berlin 1999, Bearbeiter *Rieß,*Einleitung, Abschn. H, Rn. 105.
458 *Kohlmann*, FS für Peters, 1974, S. 311, 314.
459 LW, 25. Auflage, Berlin 1999, Bearbeiter ***Rieß***, Einleitung, Abschn.H, Rn. 106.
460 *Siolek*, Verständigung in der Hauptverhandlung, S. 138 f.
461 *Roxin*, Strafverfahrensrecht, 25. Auflage, S. 77, Rn. 14.
462 M-G, Einleitung, Rn 19, 148.
463 BGH 42, 191 (193).
464 BGHSt 36, 210, 216, mit Anm. von *Hassemer*, JuS 1989, 890 ff; *Schünemann*, JZ 1989, 984 ff.; BGHSt 37, 10, 14. Der 3. Strafsenat hat das Verhalten der Staatsanwaltschaft, die trotz der Zusage, ein anderes Verfahren gegen Rücknahme des Rechtsmittels durch den Angeklagten einzustellen, eine weitere Anklage gegen den Angeklagten erhoben hatte, als Verstoß gegen den Grundsatz des fairen Verfahrens gewertet, gleichzeitig aber festgestellt, die Verletzung des fair-trial-Grundsatzes begründe zwar kein Verfahrenshindernis (hier: Strafklageverbrauch), sei aber ein wesentlicher Strafmilderungsgrund.
465 BGHSt 36, 210, 216. Ausführlich im Kapitel Absprachen in der höchstrichterlichen Rechtsprechung bis zur Grundsatzentscheidung des 4. Strafsenats (BGHSt 43, 195).

Wenn danach in öffentlicher Verhandlung unter Einbeziehung aller Beteiligten eine Verständigung zustande gekommen ist, soll das Gericht daran gebunden sein. Denn aus dem Grundsatz des fairen Verfahrens folge, dass sich das Gericht nicht mit seinen eigenen, früheren Erklärungen in Widerspruch setzen dürfe. Ergebe sich im weiteren Verlauf einer Hauptverhandlung, dass das Gericht von falschen rechtlichen oder tatsächlichen Vorrausetzungen ausgegangen sei, verlange der Grundsatz des fairen Verfahrens eine Belehrung des Angeklagten darüber, dass und warum das Gericht seine Zusage nicht einhalten könne.[466]
Der Grundsatz des fairen Verfahrens wird auch dann als gefährdet angesehen, wenn Gericht oder Staatsanwaltschaft eine Zusage machen, die nicht in ihren Kompetenzbereich fallen und deshalb von vorneherein nicht eingehalten werden können.[467] Das gilt auch, wenn bei Absprachen zwischen Gericht, Verteidiger und Staatsanwalt der Angeklagte oder Nebenkläger übergangen wird.[468] Auch wenn die bloße Verständigungsbereitschaft des Angeklagten als Geständnis gewertet wird, kann der fair-trail-Grundsatz verletzt sein.[469]
Offen geblieben ist bisher die Frage, ob der Grundsatz des fairen Verfahrens tangiert wird, wenn das Gericht ein Geständnis des Angeklagten zu Beweiszwecken verwerten will, welches dieser auf Grund einer Absprache abgelegt hat, das Gericht aber berechtigterweise von seiner Zusage zuungunsten des Angeklagten abweichen musste. [470]
Im Schrifttum wird darüber hinaus die Ansicht vertreten, jede Urteilsabsprache verletze den Grundsatz des fairen Verfahrens, weil sie für das Gericht rechtlich nicht bindend sei, der Angeklagte mit seinem Geständnis aber eine „Vorleistung" erbringen müsse.[471] Die in der Praxis beobachtete „faktische Verlässlichkeit der Verständigungsergebnisse" sei kein Ersatz für die fehlende rechtliche Bindung.[472]

b. Der Gleichheitsgrundsatz

aa. Bedeutung und Inhalt

Der allgemeine Gleichheitssatz des Art. 3 Abs. 1 GG gilt als allgemeines rechtsstaatliches Prinzip und bildet einen in allen Bereichen geltenden Verfassungsgrundsatz.[473] Art. 3 GG will in erster Linie eine ungerechtfertigte Verschiedenbe-

---

466 BGHSt 43, 195 (210); BGHGSSt 50, 40 (50).

467 *Kremer,* Absprachen, S. 150.

468 *Kremer,* Absprachen, S. 150; *Braun,* Absprache, S. 74; vgl. *Huttenlocher,* Dealen wird Gesetz, S. 68.

469 Kremer, Absprachen, S. 150.

470 BGHGSSt 50, 40 (51); vgl. *Huttenlocher,* Dealen wird Gesetz, S. 69.

471 *Kremer*, Absprachen zwischen Gericht und Verfahrensbeteiligten, S. 149; vgl. *Iokimidis,* Rechtsnatur, S. 98.

472 *Schüneman,* Gutachten, B, 90, S. 116.

473 Schmidt-Bleibtreu/Klein/*Kannegießer*, GG - Kommentar zum Grundgesetz, 10. Auflage, Art. 3; Rn. 7; *Jarass/Pieroth,* GG, 9. Auflage, Art. 3, Rn. 1.Da Menschenwürde und Freiheit jedem Menschen zukommen, die Menschen insoweit gleich sind, ist das Prinzip der Gleichbehandlung aller ein tragendes Konstitutionsprinzip (BVerfGE 5, 205).

handlung von Personen verhindern.[474] Eine unterschiedliche rechtliche Behandlung ist nur bei solchen tatsächlichen Verschiedenheiten zugelassen, die aus Erwägungen der Gerechtigkeit und Zweckmäßigkeit auch für das Recht ein legitimes Differenzierungskriterium darstellen.[475]

Art. 1 Abs. 3 GG bindet die Rechtsprechung an die Grundrechte als unmittelbar geltendes Recht. Deshalb gebietet der Gleichheitssatz die Rechtsanwendungsgleichheit als eine Grundforderung des Rechtsstaats.[476] Nach dem allgemeinen Gleichbehandlungsgrundsatz ist demnach auch der Rechtsprechung eine Ungleichbehandlung ohne sachlichen Grund verboten.[477] Jeder wird in gleicher Weise durch die Normierungen des Rechts berechtigt und verpflichtet. Es ist den Gerichten verwehrt, bestehendes Recht zu Gunsten oder zu Lasten einzelner Personen nicht anzuwenden.[478]

bb. Vereinbarkeit der Absprache mit dem Gleichheitsgrundsatz

Im Schrifttum wird zum Teil die Ansicht vertreten, Urteilsabsprachen verletzten den Gleichbehandlungsgrundsatz, wobei unterschiedliche Gründe angeführt werden.[479]

Nach einer Ansicht ergibt sich die Ungleichbehandlung schon daraus, dass die Absprachepraxis von den einzelnen Gerichten unterschiedlich gehandhabt werde (sog. systemimmanente Ungleichbehandlung). So gäbe es regionale Ungleichbehandlungen: Während das Gericht am Ort X um Urteilsabsprachen bemüht sei, lehne das Gericht des Ortes Y solche Absprachen prinzipiell ab. Aber auch gerichtsinterne Ungleichbehandlungen seien nicht auszuschließen, etwa wenn innerhalb eines Gerichts die verschiedenen Strafkammern eine unterschiedliche Auffassung über die Zulässigkeit von Urteilsabsprachen verträten. Denkbar seien sogar kammerinterne Ungleichbehandlungen, wenn z. B. dieselbe Kammer in einem Verfahren zu einer Absprache neige, in einem anderen, vergleichbaren Fall eine solche aber ablehne, oder gar innerhalb desselben Verfahrens mit einem Angeklagten eine Verständigung anstrebe, gegenüber dem absprachebereiten Mitangeklagten eine solche aber ohne sachlichen Grund ablehne.[480]

---

474 BVerfGE 55, 88, 89; 90. 56.

475 *Hömig,* Grundgesetz, 8. Auflage, S. 65; *Seifert/Hömig,* Grundgesetz, 7. Auflage, Art. 3, Rn. 2.

476 *Siolek,* DRiZ 1989, 328; BVerfGE 66, 331, 335.

477 *Jarass/Pieroth,* GG, 9. Auflage,Art. 3, Rn. 4.:Der sachliche Schutz- bzw. Anwendungsbereich des Art. 3 Abs.1 setzt eine Ungleichbehandlung voraus.

478 BVerfGE 4, 155: Der Gesetzgeber ist an den allgemeinen Gleichheitssatz in dem Sinne gebunden, dass er weder wesentlich Gleiches willkürlich ungleich, noch wesentlich Ungleiches willkürlich gleich behandeln darf. BVerfGE 27, 364, 371: Nur eine willkürliche Gleich- oder Ungleichbehandlung in der angegriffenen Regelung ist unvereinbar mit Art. 3 Abs. 1 GG; BVerfGE 66, 331, 335.

479 *Dencker/Hamm,* Der Vergleich, S. 63 f.; *Küpper/Bode,* Jura 1999, 357; *Braun,* Die Absprache, S. 186. *Rönnau,* die Absprachen, S. 206. *Kremer,* Absprachen, S. 151.

480 Vgl. *Ioakimidis,* Rechtsnatur, S. 54; *Huttenlocher,* Dealen wird Gesetz, S. 39.

Eine andere mögliche Quelle für Ungleichbehandlungen wird darin gesehen, dass bei bestimmten Delikten insbesondere bei Wirtschafts-, Steuer- oder Umweltstraftaten,[481] die nicht selten von sog. „Wohlstandskriminellen" (die Täter sind oftmals mächtige und vermögende Personen[482]) begangen werden,[483] vermehrt „gedealt" wird,[484] wobei dann diese Angeklagten von der Absprachepraxis beim Strafmaß profitierten,[485] während die Gerichte in vielen anderen Strafverfahren keine Verständigung in Erwägung zöhen und die Angeklagten im Ergebnis mit härteren Strafe belegt würden (sog. Täter- oder deliktspezifische Ungleichbehandlung).[486]

Ein weiterer Verstoß gegen den Gleichheitsgrundsatz durch Absprache wird darin gesehen, dass das Strafzumessungsrecht zu wenige Hinweise darüber enthalte, wie hoch die Honorierung bei der Absprache ausfallen müsse und dürfe.[487] Härtere Strafen für diejenigen, die eine Verständigung ablehnen, sind kaum mit sachlichen Gründen zu rechtfertigen[488] und schon die Frage, ob dem Angeklagten überhaupt die Möglichkeit einer Absprache eröffnet wurde, hänge in der Praxis z. B. von der Überlastung der Justiz und damit von Faktoren ab, die nichts mit der (möglichen) Tat und Schuld des Angeklagten zu tun haben.[489]

Nach der Gegenmeinung gefährden oder verletzen Absprachen den Gleichheitsgrundsatz nicht.[490] Der sachliche Schutz- und Anwendungsbereich des Art. 3 Abs. 1 GG verbietet nur eine unsachliche Ungleichbehandlung.[491]Eine Ungleichbehandlung bedeutet also nur dann eine Verletzung des Gleichheitsgrundsatzes, wenn sie willkürlich, d. h. ohne sachlichen Grund erfolgt ist.[492] Dagegen ist der Gleichheitssatz nicht verletzt, wenn ein vernünftiger, sich aus der Natur der Sache ergebender oder sonst ein sachlich einleuchtender Grund für die unterschiedliche

---

481 Vgl. *Huttenlocher,* Dealen wird Gesetz, S. 39.

482 *Schmidt-Hieber*, DRiZ 1990, 324; *Olters,* DRiZ 1988, 52.

483 *Olters,* DRiZ, 1988, 52.

484 *Lüdemann/Bussmann*, KrimJ 1989, 64.

485 *Siolek,* DRiZ 1989, 328 f.; *Küpper/Bode*, Jura 1999, 357.

486 *Schmidt-Hieber*, DRiZ 1990, 324; *Kremer,* Absprachen, S. 153; *Braun,* Absprache, S. 186.: Es kann von einer Gleichbehandlung keine Rede sein, wenn ein Angeklagter in einem umfangreichen Verfahren eher mit einer Absprache rechnen kann als ein „Kleinkrimineller", wenn derjenige, der in Wirtschafts-, Steuer-, BTM- oder Umweltsachen angeklagt ist, mit prozentual höherer Wahrscheinlichkeit mit einer Absprache rechnen kann und wenn von den Absprachen in der Regel nur die profitieren, die juristische Höchst- und Dauerleistungen auch bezahlen können.

487 *Siolek*, DRiZ 1989, 328 f.; *Tröndle/Fischer*, 2007, § 46, Rn. 113; *Baumann,* NStZ 1987, S. 159; *Seier,* JZ 1988, 683; *Kremer,* Absprachen, S. 153: Der Verstoß gegen den Gleichheitsgrundsatz liegt darin, dass der Täter, der eine informelle Verständigung ablehnt, im Falle der Überführung eine härtere Strafe erhält, als der absprachebereite Angeklagte.

488 *Weichbrodt,* Das Konsensprinzip, S. 164.

489 *Tröndle/Fischer*, 2007, § 46, Rn. 113;*Altenhain/Hagemeier/Haimerl/Stammen*, Die Praxis der Absprachen, S. 23.

490 *Janke,* Verständigung, S. 144 f.

491 *Jarass/Pieroth*, GG, 9. Auflage, Art. 3, Rn. 4.

492 *Ioakimidis*, Rechtsnatur, S. 56; BVerfGE 100, 138 (174); 90, 145 (196); 75, 108 (157).

Behandlung gegeben ist.[493] Die Verletzung des Art. 3 Abs. 1 GG liegt nicht schon dann vor, wenn eine bestimmte gesetzliche Bestimmung durch verschiedene Gerichte unterschiedlich ausgelegt wird[494] oder wenn sich eine unterschiedliche Strafpraxis entwickelt.[495] Selbst bei tatsächlich und rechtlich gleichen Sachverhalten und Umständen dürften sich Gerichtsurteile unterscheiden.[496] Zudem habe der Richter nach Art. 97 Abs. 1 GG unabhängig und gemäß § 261 StPO nach seiner freien Überzeugung über den Schuldspruch zu entscheiden; der Bereich der Strafzumessung unterliege darüber hinaus subjektiven Wertungen, so dass in der Regel mehrere Entscheidungen möglich seien.[497] Jeder individuelle Fall erfordere eine individuelle Strafe.[498] Die getroffene Entscheidung müsse aber mit oder ohne Absprache nach den Umständen des Falles vertretbar sein und im Rahmen der Schuldangemessenheit liegen.[499]
Viele Autoren sind der Meinung, dass keine willkürliche Ungleichbehandlung vorliegt, wenn eine frühzeitige Verständigung über ein Geständnis am Ende zu einer milderen Strafe führt, als ein spätes, unter dem Druck der Beweise abgelegtes Geständnis. Zur Begründung führen sie an, dass gerade ein solches Geständnis zur Aufklärung des Sachverhaltes beitragen könne und deshalb unter den Gesichtspunkten des „Zeugenverzichts", der Verfahrensbeschleunigung und der Wahrheitsermittlung strafmildernd zu berücksichtigen sei.[500] Inzwischen hat der Bundesgerichtshof in seiner Grundsatzentscheidung klargestellt, dass auch das im Rahmen einer Absprache abgelegte Geständnis strafmildernd berücksichtigt werden darf. Fehlerhaft sei es allerdings, wenn die zugesagte und gewährte Strafe die Bedeutung des Geständnisses als Strafmilderungsgrund überbewerte und zu einer nicht mehr schuldangemessenen Strafe führe. Beachte der Tatrichter diese Regel, sei eine Verletzung des Gleichbehandlungsgrundsatzes nicht zu befürchten.[501] Diese Meinung hat der Große Strafsenat gebilligt und entschieden: „Die Differenz zwischen absprachegemäßer und der bei einem ‚streitigen Verfahren' zu erwartenden Sanktion darf nicht so groß sein (‚Sanktionsschere'), dass sie

---

493 BVerfGE 1, 52; 71, 271.

494 BVerfGE, 19, 38 (47): Der Gleichheitssatz verlangt nicht, dass eine einmal höchstrichterlich entschiedene Rechtsfrage niemals mehr anders entschieden werden darf. Damit würde jede Rechtsentwicklung und Rechtsfortbildung behindert werden.

495 BVerfGE 1, 332, 345 f. BVerfGE.

496 *Schäfer*, Praxis der Strafzumessung, Rn. 477 ff.; *Gerlach*, Absprachen, S. 93; *Ioakimidis,* Die Rechtsnatur, S. 55.

497 *Ioakimidis,* Die Rechtsnatur, S. 56; *Gerlach,* Absprachen, S. 94; *Siolek*, DRiZ 1989, 321, 329.

498 *Huttenlocher,* Dealen wird Gesetz, S. 38 f.; *Schäffer*, Praxis der Strafzumessung, S. 177: Die Strafe muss dem Beschuldigten seines vorwerfbaren Tatbeitrags und strafzumessungserheblichen Umstände „aus der Sache" selbst gefunden werden. Sie ist Einzelfallentscheidung. Eine Gleichbehandlung nach dem äußeren Tatbild wäre ganz falsch.

499 BVerfG, NStZ 1987, 419; vgl. *Ioakimidis,* Die Rechtsnatur, S. 55.

500 *Ioakimidis,Die* Rechtsnatur, S. 56; *Gerlach,* Absprachen, S. 94; *Tscherwinka,* Absprachen, S. 97 f.; *Schmidt-Hieber,* Verständigung, S. 78 ff.

501 BGHSt 43, 195 (210).

strafzumessungsrechtlich unvertretbar und mit einer angemessenen Strafmilderung wegen eines Geständnisses nicht mehr erklärbar ist."[502]

Ein Sonderfall betrifft Strafverfahren, die ohne Verteidiger stattfinden. Hier kann es zu Ungleichbehandlungen kommen, wenn es das Gericht versäumt, den rechtsunkundigen Angeklagten durch Hinweise und Belehrungen über die Möglichkeiten, Folgen und Risiken einer Verständigung im Strafverfahren aufzuklären.[503] Dazu gehört auch der Hinweis auf die strafmildernde Wirkung eines Geständnisses. Inzwischen hat der BGH klargestellt, dass eine Verständigung unter Mitwirkung aller Verfahrensbeteiligten stattfinden muss.[504] Damit ist der anwaltlich nicht vertretene Angeklagte in die Verhandlungen über eine Absprache einzubeziehen.

c. Die Unschuldsvermutung und der Grundsatz „in dubio pro reo"

aa. Bedeutung und Inhalt

Die Unschuldsvermutung ist – vom „Kernbestand" des „in dubio pro reo"-Grundsatzes abgesehen - bis heute in ihren Einzelheiten umstritten.[505] Sie ist weder im Grundgesetz noch in der Strafprozessordnung ausdrücklich normiert, entspricht aber allgemeiner, rechtsstaatlicher Überzeugung, ergibt sich aus dem Rechtsstaatprinzip und ist Art. 6 Abs. 2 MRK niedergelegt. Dadurch ist sie in der Bundesrepublik Deutschland positives Recht[506] im Rang eines einfachen Gesetzes.[507]

Nach Art. 6 Abs. 2 MRK wird die Unschuld des wegen einer strafbaren Handlung Angeklagten bis zur gesetzlichen Feststellung seiner Schuld vermutet.[508] Die Unschuldsvermutung gebietet es nicht nur den Strafverfolgungsorganen, sondern allen öffentlichen Stellen, eine Person so lange als unschuldig zu behandeln, bis ihr seine Schuld in einem gesetzlich geregelten, förmlichen Verfahren nachgewiesen ist.[509] Maßnahmen, die den vollen Nachweis der Schuld erfordern, dürfen nicht getroffen werden, bevor dieser Beweis nicht erbracht ist.[510] Die Unschuldsvermutung berührt dagegen nicht die Zulässigkeit von Strafverfolgungsmaßnahmen[511] auf Grund eines bestimmten Verdachts,[512] wie z. B. den Erlass eines

---

502 BGHGSSt 50 (50).

503 Vgl. *Gerlach,* Absprachen, S. 93; *Ioakimidis,* Rechtsnatur, S. 56. *Janke,* Verständigung, S. 145-146.

504 BGHSt 43, 195.

505 *Roxin,* Strafverfahren, 25 .Auflage, S. 75, § 11, Rn. 4. mit weiteren Nachweisen.

506 BVerfGE, 19, 342 (347).

507 BVerGE 19, 342 (347); vgl. *Leibholz/Rinck,* GG, Art. 20, Rn. 1321 ff.

508 BGH, NJW, 1975, 1829 (1831); vgl. *Kremer,* Absprachen, S. 140.

509 *Lemke,* HK, Einl. Rn. 25. Meyer- Goßner,Strafprozessordnung, 51 Auflage, Anhang 4 MRK, Art 6, S. 1869, Rn. 12.

510 BGH, NJW,1975, 1829, (1831). *Meyer- Goßner,* Strafprozessordnung, 51 Auflage, MRK, Anhang 4, MRK, S. 1869, Rn.12. *Lemke,* HK, Einl. Rn. 25.

511 *Lemke,* HK, Einl. Rn. 25.

512 Z.B. die Vorläufige Festnahme oder Untersuchungshaft.

Haftbefehls oder die Erhebung der Anklage. Denn diese Maßnahmen bezwecken gerade die Klärung des Tatvorwurfs.[513]
Die Unschuldsvermutung hat mit dem Grundsatz „Im Zweifel für den Angeklagten“ Berührungspunkte. Dieser Grundsatz wird aus der Unschuldsvermutung abgeleitet.[514] Es gibt aber wesentliche Unterschiede: Der Grundsatz "in dubio pro reo“ setzt einen bei freier Beweiswürdigung teilweise unaufgeklärten Sachverhalt voraus und weist dann den Richter an, die unaufgeklärten Tatteile zugunsten des Angeklagten zu werten.[515]

bb. Die Vereinbarkeit der Absprache mit der Unschuldsvermutung

Ein grundsätzliches Problem für die Vereinbarkeit der Absprache mit der Unschuldsvermutung sieht das Schrifttum darin, dass die Absprache stets eine Bestrafung, aber nie einen Freispruch zum Gegenstand habe.[516] Damit werde der Grundsatz der Unschuldsvermutung im „Vergleichsprozess“ in eine Schuldvermutung umgekehrt.[517] „Der Deal im Strafprozess lebt von einer Schuldvermutung“.[518] Um eine effektive Verfahrensverkürzung zu erzielen, werde auf den nach der Unschuldsvermutung geforderten Nachweis der Schuld des Angeklagten verzichtet.[519] Aus dem Zweck der Absprache, nämlich die Hauptverhandlung abzukürzen, ergebe sich ein Verstoß gegen die Unschuldsvermutung, weil dieses Ziel mit mangelnder Sachaufklärung erreicht werde, indem man sich mit einem Geständnis zufrieden gebe. Damit werde dem Zweifelssatz der Boden entzogen, da diese Beweisregel erst nach Vorliegen des Endergebnisses der Beweisaufnahme zum Zuge kommen könne.[520] Den Absprachen über die Strafhöhe liege notwendigerweise die Hypothese zugrunde, der Beschuldigte habe die ihm vorgeworfene Tat wirklich begangen.[521] Eser geht davon aus, die Absprache verstoße gegen die Unschuldsvermutung, wenn das Gericht trotz fehlender Entscheidungsreife schon aufgrund des - möglicherweise falschen - Geständnisses ein Urteil erlasse.[522] Denn aufgrund der Absprache in der Hauptverhandlung werde keine ausreichende Sachaufklärung betrieben.[523] Nach einer anderen Ansicht soll die Teilnahme des Gerichts an einem Verständigungsgespräch, das auf ein „unqualifiziertes“ Geständnis abzielt, die Unschuldsvermutung verletzen, weil damit die Absprache den Verdacht begründen könnte, das Gericht strebe eine bloße Verdachtsstrafe an. Derselbe Vorwurf soll ein Gericht treffen, das den Anstoß zu ei-

513 *Meyer-Goßner*, Strafprozessordnung, 51 Auflage, Anhang 4 MRKS. 1869, Rn. 12.
514 Vergl. *Roxin*, Strafverfahrensrecht, § 11, II.
515 Karlsruher Kommentar zur Strafprozessordnung, 6. Auflage, München, 2008, Bearbeiter Pfeiffer/ Hannich, S.31, Rn. 32a.
516 Vergl. *Huttenlocher*, Dealen wird Gesetz, S. 36.
517 *Dencker/Hamm, der Vergleich*, S.53.
518 *Hassemer*, JuS 1989, 890 ff.
519 *Kremer*, Absprachen, S. 142.
520 *Rönnnau*, Die Absprachen, S117. Vergl. *Braun*. Absprache, S. 60.
521 *Weigend*, JZ, 1990, 777.
522 *Eser*, ZStW 1992, 361, 373.
523 *Siolek*, Verständigung, S. 122.

nem qualifizierten Geständnis gibt. Denn die „Initiative zielt nicht auf eine objektive Verdachtsklärung ab, die nach beiden Seiten hin ausfallen kann, sondern auf den direktesten Weg zur Verurteilung.“[524] Das Gericht bringe bei einer solchen Absprache zum Ausdruck, dass es den Angeklagten für schuldig halte. „Der Richter macht sich nicht im Rahmen der sich entwickelnden Beweissituation ein Bild von der Schuld des Angeklagten, sondern setzt die Schuld als Ausgangspunkt für die Absprache voraus.“[525] Nach der anderen Ansicht wird die Unschuldsvermutung durch eine Absprache verletzt, wenn die Strafverfolgungsorgane ohne Rücksicht auf den Stand der Ermittlungen den Beschuldigten von vornherein zu einer Absprache drängen, die ein Schuldeingeständnis beinhaltet.
Nach der Gegenansicht bleibt die Unschuldsvermutung von der Absprachepraxis unberührt, solange nur unverbindliche Prognosen im Raum stehen. [526] Zwar sei die Annahme der Schuld „Geschäftsgrundlage“ der Absprache, aber das entspreche nur einer Verdachtsannahme, die auch der Anklageerhebung, dem Eröffnungsbeschluss oder dem Erlass eines Strafbefehls zu Grunde liege.[527] Denn es könne von Staatsanwälten und Richtern, die im Ermittlungs- und Gerichtsverfahren durch die Anklageerhebung, die Anordnung der Untersuchungshaft oder die Eröffnung des Hauptverfahrens mehrfach gezeigt hätten, sie hegten einen Anfangsverdacht, nicht ernsthaft abverlangt werden, den Angeklagten nun plötzlich wieder für gänzlich unschuldig zu halten. Auch andere Zwangsmaßnahmen, wie beispielsweise die Anordnung von körperlichen Untersuchungen oder Fahndungsmaßnahmen seien zulässig, obwohl die Schuld des Beschuldigten noch nicht feststehe.[528]
Durch eine Absprache, bei der die Verfahrensbeteiligten beabsichtigten, das Strafverfahren möglichst zügig, einfach und zur allseitigen Zufriedenheit zu beenden und bei der es der Angeklagte in der Hand habe, sich auf die Absprache einzulassen und er weder vom Gericht oder der Staatsanwaltschaft dazu gezwungen wurde, werde der Grundsatz der Unschuldsvermutung nicht verletzt.[529]“

d. Der Grundsatz der Aussagefreiheit (Nemo-tenetur-Prinzip)

aa. Gesetzlichen Grundlagen und Inhalt

Das deutsche Strafprozessrecht geht von dem Grundsatz der Aussagefreiheit für den Beschuldigten aus (Nemo-tenetur-Prinzip). Danach ist kein Beschuldigter verpflichtet, sich selbst zu bezichtigen oder zu belasten, gegen sich auszusagen oder überhaupt eine Aussage zu machen.[530] Dieser Grundsatz ist ein Grundprinzip

524 *Schünemann*, Gutachten B.90, S. 96.
525 Braun, Absprache, S. 60, 62.
526 KMR, Eschelbach, Vor §213, Rn 117.
527 KMR, Eschelbach, Vor §213, Rn 117.
528 *Rönnau*, Absprache, S. 173. Vergl. *Huttelocher*, Dealen wird Gesetz, S. 36.
529 *Gerlach*, Absprachen, S.65.
530 *Ranft*, Strafprozessrecht, 3 Auflage, Rn. 338ff. Dieses Recht, welches auch im Art. 14 III g des Internationalen Pakts über bürgerliche und politische Rechte (IPBPR) niedergelegt ist, unterstützt die Subjektstellung des Beschuldigten und ist Ausdruck der Anerken-

eines rechtsstaatlichen Strafverfahrens[531] und gehört folglich zu den elementaren Grundsätzen des Strafprozesses.[532] Er folgt aus Art. 2 i.V.m. Art. 1 Abs. 1 GG,[533]entspricht der Achtung der Menschenwürde,[534] schützt das Persönlichkeitsrecht des Beschuldigten und ist notwendiger Bestandteil eines fairen Verfahrens.[535] Die Selbstbelastungsfreiheit wird in Art.14 des Internationalen Paktes über bürgerliche und politische Rechte vom 19. Dezember 1966 (BGBI. 1973 II S. 1533) gewährleistet.

Entsprechend dieses Grundsatzes muss niemand bei seiner eigenen Strafverfolgung mitwirken (nemo tenetur se ipsum accusare). Er verbietet es, den Angeklagten zum Beweismittel gegen sich selbst zu machen[536] und verhindert, dass der Beschuldigte zum bloßen Objekt des Verfahrens wird.[537] In der Strafprozessordnung wird die Aussagefreiheit des Beschuldigten durch die Belehrungspflichten der §§ 136, 163 a Abs. 3, 243 Abs. 4 sichergestellt.[538]

In systematischem Zusammenhang mit dem Nemo-tenetur-Prinzip steht § 136 a StPO (verbotene Vernehmungsmethoden). Diese Vorschrift ist Ausdruck einer rechtsstaatlichen Grundhaltung der Strafprozessordnung, die es nicht zulässt, mit dem Beschuldigten in menschenunwürdiger Weise zu verfahren.[539] Sie schützt die Willensentschließungs-und -betätigungsfreiheit des Beschuldigten, der nicht zum reinen Objekt eines staatlichen Strafverfahrens herabgewürdigt, sondern als Beteiligter geschützt werden soll.[540] § 136 a StPO wird zum Teil - jedenfalls für Absprachen im Strafverfahren - als konkretisierende Sondervorschrift zum Nemo-tenetur-Prinzip gesehen,[541] zum Teil aber nur als zusätzliche Sicherung der Aussagefreiheit.[542] Im Einklang mit dem Nemo-tenetur-Prinzip verbietet die Garantie

---

nung des Vorrangs seines Persönlichkeitsrechts vor dem Strafverfolgungsinteresse. Kühne, Strafprozessrecht, 7 Auflage, S. 65.

531 BGHSt 14, 358, 364.

531 *Meyer-Goßner*, Strafprozessordnung, 52 Auflage,Einleitung, Rand. 80, S. 19: Kein Objekt des Verfahrens ist der Beschuldigte.

532 BVerfGE 56, 43. BGHSt 14, 358, 364.

533 *Meyer-Goßner*, Strafprozessordnung, 52 Auflage, Einleitung, Rand. 80, S. 19. BGH St 5, S. 332 -333.: Der Beschuldigte ist Beteiligter, nicht Gegenstand des Verfahrens und ist somit Ausprägung des Art.1 I GG.

534 BVerfGE 38, 105, 113.

535 BGHSt 25, 325, 330. BGHSt 38, 220. Vergl. Karlsruher Kommentar zur Strafprozessordnung, 6. Auflage, München, 2008, Bearbeiter *Pfeiffer/ Hannich*, Einleitung,S. 63, Rn 89.

536 Karlsruher Kommentar zur Strafprozessordnung, 6. Auflage, München, 2008, Bearbeiter *Pfeiffer/ Hannich*, Einleitung, S. 63, Rn 89.

537 BVerfGE 46, 37 (43).

538 Auch die Auskunftsverweigerungsrechte für Zeugen (§ 55 StPO) sind Ausfluss dieses Grundsatzes.

539 BGHSt 14, 358, (364).

540 *Meyer-Goßner*, Strafprozessordnung, 52 Auflage, § 136a, Rn. 1 ff, S. 572.

541 *Schünemann*, Gutachten, B,90,S. 99. Vergl.. *Huttenlocher*, Dealen wird Gesetz, S. 56, Rn. 102

542 *Rönnau*, Die Absprachen im Strafprozess, S. 182.

des § 136a StPO bestimmte Vernehmungsmethoden und stellt dadurch sicher, dass die Wahrheit nicht um jeden Preis, sondern nur in einem rechtsstaatlich geordneten Verfahren erforscht werden darf.[543] Wegen dieses engen Zusammenhangs werden das Nemo-tenetur-Prinzip und die Schutzvorschrift des § 136 a StPO im Folgenden gemeinsam untersucht.

bb. Absprache und Aussagefreiheit

Nach einer im Schrifttum vertretenen Ansicht verstößt die derzeitige Absprachepraxis gegen das Nemo-tenetur-Prinzip.[544] Danach beruht die Prozessordnungswidrigkeit entweder auf einem Verstoß gegen den Grundsatz der Selbstbelastungsfreiheit (nemo tenetur se ipsum prodere) oder auf einer Kollision mit § 136 a StPO.[545] Nach Dencker/Hamm wird das Nemo-tenetur-Prinzip durch Urteilsabsprachen verletzt: Nach der derzeitigen Praxis zeichneten sich solche Absprachen durch ein gegenseitiges Nachgeben aus. Gegen einen Verteidigungsverzicht gewähre das Gericht einen Sanktionsnachlass. Damit bestehe latent die Gefahr, dass während der Vergleichsverhandlungen neben dem Versprechen eines Sanktionsvorteils auch gleichzeitig - als Kehrseite der Medaille - mit einer Strafverschärfung nach dem Motto „Wer nicht kooperiert, wird härter bestraft“ gedroht werde.[546] Die gleiche Ansicht vertritt Nestler-Tremel.[547] Nach seiner Ansicht lebt das „Vergleichsstrafrecht von der Selbstbelastung des Angeklagten als Gegenleistung für das Entgegenkommen des Gerichts.“[548] Hassemer meint, im Prozess des Gebens und Nehmens als dem Herzstück der strafprozessualen Absprache sei ein Beschuldigter kein Verhandlungsgegner, der nichts zu bieten habe als die Behauptung seiner Unschuld. Denn nicht Freispruch sondern Schonung sei das gewünschte Verhandlungsergebnis und dafür müsse der Beschuldigte ein Stück Selbstanklage beibringen.[549]

Ausgehend davon, dass der Angeklagte in einem Abspracheverfahren - anders als im „klassischen“ Strafprozess[550] - einem erheblichen Druck[551] ausgesetzt ist, wird

---

543 BVerfGE, NStZ 1984, 82: BGHSt 14, 358(365). BGHSt 31, 304,(309).

544 Karlsruher Kommentar zur Strafprozessordnung, 4. Auflage, München, 1999, Bearbeiter *Pfeiffer*, Einl. Rn. 29 d.

545 *Schünemann*, Gutachten, B, 90,S. 99.

546 *Denker/Hamm*, der Vergleich, S. 54.

547 *Nestler-Tremel*, KJ 1989, 453

548 *Nestler-Tremel*, KJ 1989, 453.

549 *Hassemer*, JuS 1989, 892.

550 *Braun*, Absprachen, S. 68. *Siolek*, Verständigung, S. 177. *Siolek* ist der Meinung, dass der deutsche Strafprozess von einem Machtgefälle gekennzeichnet wird, das den Angeklagten aufgrund des staatlichen Übergewichts in Situationen bringen kann, durch die er sich in die Enge getrieben fühlt. Ähnliche oder sogar noch gesteigerte Zwänge könnte die Verständigung bewirken.

551 Das Entstehen einer Drucksituation sei schon allein darin begründet, dass dem Angeklagten eine Wahlmöglichkeit eingeräumt werde. Bereits durch das Innaussichtstellen einer Absprache erhöhe sich der psychologische Druck auf den Angeklagten. *Iokimidis*, Die Rechtsnatur der Absprache, S. 76.

im Schrifttum ein Verstoß gegen § 136 a StPO als naheliegend angesehen.[552] Falls der Angeklagte die Vorteile einer Verständigung nutzen wolle, müsse er in einem sehr frühen Verfahrensstadium die Tat gestehen. Hierdurch stehe der Angeklagte vor der psychisch belastenden Situation, entweder durch die Strafprozessordnung garantierte Rechte als Gegenleistung für den Sanktionsnachlass aufzugeben oder das Risiko einer härteren Strafe bei einer umfänglichen Hauptverhandlung in Kauf zu nehmen.[553] Sogar in Fällen, in denen der Angeklagte die Absprache selbst angeregt habe, sei von einem psychologischen Druck auszugehen, weil er angesichts der geringen Freispruchsquote von nur 3 % den Eindruck haben müsse, sich einer Verurteilung nicht entziehen zu können.[554] Insbesondere wenn das Gericht die Initiative zur Absprache ergreife, dürfte der psychische Druck auf den Angeklagten den Grenzbereich zur unzulässigen Einwirkung auf die Willens- und Entschließungsfreiheit erreichen.[555] Die besondere Belastung des Angeklagten rühre daher, dass er eine Vorleistung in Form eines Geständnisses erbringen müsse, das später nicht mehr aus der Welt zu schaffen sei.[556]
Viele Autoren halten es jedoch für zweifelhaft, ob der Angeklagte im Rahmen von Absprachen zu einer Selbstbezichtigung *gezwungen* werde.[557] Das ist aber nach der Rechtsprechung des Bundesverfassungsgerichts Voraussetzung für einen

---

Absprache erhöhe sich der psychologische Druck auf den Angeklagten. *Iokimidis,* Die Rechtsnatur der Absprache, S. 76.

552 *Braun,* Absprachen, S. 68. Gerlach, Absprachen, S. 76.

553 *Huttenlocher,* Dealen wird Gesetz, S. 57.: Eine ganz besondere Drucksituation für den Angeklagten stellt die so genannte Sanktionsschere durch das Gericht dar. *Siolek,* DRiZ 1989, 327. Denker/Hamm Der Vergleich, S. 54. Vergl. Kremer, Absprachen, s. 130. Vergl. *Iokimidis,* Die Rechtsnatur der Absprache, S. 76. *Nestler-Tremel,* KJ 1989. 453:So riskiere der eine Verständigung ablehnende Angeklagte wegen seines fehlenden Kooperationswillens den „Strafschärfungsgrund der mangelnden Absprachebereitschaft". *Koch,* ZRP 1990, S. 250. -Er wird sich überlegen, ob ihm das durch eine Ablehnung des Angebotes zu einer umfangreichen Beweisaufnahme gezwungene Gericht noch unbefangen gegenüberstehen wird. *Weichbrodt,* Konsensprinzip, S. 159.: Verwiesen wird auf den Fall, in dem zwei Jahre Bewährungsstrafe in Aussicht gestellt und 7 Jahre nach gescheiterter Absprache verhängt wurden, BGH StV 2000, 556 ff. Prozessbericht von *Weider,* StV 2002, 397. *Weßlau,* ZStW, 2004, 66: Man muss nicht unbedingt an Extremfälle denken wie Sanktionsdifferenzen zwischen zwei Jahren Freiheitsstrafe mit Bewährung im Falle eines Geständnisses und sieben Jahren bei Verweigerung des Deals, auch sonst wirft die Belohnung des kooperationsbereiten Angeklagten Gerechtigkeitsprobleme auf.

554 Vergl. *Schünemann,* Symposium Triberg, S. 28. *Kremer,* Absprachen, S. 130. *Ioakimidis* ist anderer Meinung: Die geringe Freispruchsquote als Argument anzuführen, ist jedenfalls nicht geeignet, generell eine belastende Situation für den Angeklagten zu begründen. Denn auch streitig beendete Strafverfahren enden in den seltensten Fällen mit einem Freispruch. Trotzdem wird nicht grundsätzlich bei jedem Strafverfahren eine Verletzung des § 136a StPO in Betracht gezogen_ *Ioakimidis,* Die Rechtsnatur der Absprache, S. 77.

555 *Siolek,* DRiZ 1989, 327. *Kremer,* Absprachen, s. 131.

556 *Kremer,* Absprachen, s. 131. *Ioakimidis,* Rechtsnatur der Absprache, S. 76.

557 *Janke,* Verständigung, S. 158. *Gerlach,* Absprachen S. 68: Dem ist zuzugeben dass sich der Angeklagte bei der Abgabe eines Geständnisses selbst belastet.

Verstoß gegen das Nemo-tenetur-Prinzip.[558] Die Frage, welcher Art dieser Zwang sein müsste, lässt das Gericht indessen offen. Hierzu wird im Schrifttum auf § 136 a StPO verwiesen.[559] Danach kommt es darauf an, ob der Angeklagte noch frei über Inhalt und Umfang seiner Aussage entscheiden kann.[560] Bei Absprachen ist die verlockende Aussicht, sich durch ein Geständnis Vorteile bei der Strafzumessung verschaffen zu können, und die damit verbundenen psychischen Folgen zu berücksichtigen. Fraglich ist allerdings, ob der Angeklagte seinen Entscheidungsspielraum dadurch als so eingeschränkt empfindet, dass ihm etwas anderes als ein Geständnis nicht möglich erscheint.[561] Hierzu wird vertreten, dass jedenfalls dann, wenn der Angeklagte nach einem entsprechenden Hinweis des Gerichts einer Verständigung – etwa unter Aufgabe seiner ursprünglichen Verteidigungsstrategie - zustimme, man nicht von einem „Zwang" zur Selbstbezichtigung sprechen könne.[562]

Andere Autoren vertreten die Ansicht, Absprachen verletzten das Nemo-tenetur-Prinzip schon deshalb nicht, weil es im geltenden Recht keine Möglichkeit gebe, den Angeklagten zu einer Absprache zu zwingen. Der Betroffene habe immer die Möglichkeit, die angebotene Verständigung abzulehnen und auf eine *normale* Hauptverhandlung zu bestehen.[563] Wiederum andere schließen einen Verstoß gegen das Nemo-tenetur-Prinzip grundsätzlich aus, weil es im Abspracheverfahren nicht um *Schuld* oder *Unschuld* desAngeklagten, *auch nicht um die* Art sondern und um den Umfang der Strafe gehe. Ein schuldiger Angeklagter gerate aber bei der Abwägung, ob er die angebotene Strafmilderung gegen ein Geständnis annehme, kaum in eine unausweichliche Zwangslage.[564]

Nach anderer Ansicht kann wegen der besonderen Situation des Angeklagten bei Absprachen ein genereller Verstoß gegen § 136a StPO nicht angenommen werden. Zwar müsse der Angeklagte die Entscheidung treffen, ob er die Möglichkeit eines Freispruchs von vornherein ausschließen wolle, in dem er ein Geständnis ablege, dafür aber im Gegenzug ein zügiges Verfahren und eine geringere Strafe erhalte. Diese Entscheidung treffe er aber ganz allein. Wegen der Möglichkeit

558 BVerfGE 56, 37, 49. Wistra 1988, 302. *Siolek*, DRiZ 1989, 327. Vergl. *Janke,* Verständigung, S. 158. *Gerlach*, Absprachen, S. 68.

559 *Janke*, Verständigung, S. 159. *Gerlach,* Absprachen, S. 69.

560 *Meyer-Goßner*, Strafprozessordnung, 52 Auflage, § 136a, Rn. 5. S. 602.Karlsruher Kommentar zur Strafprozessordnung, 6. Auflage, München, 2008, Bearbeiter *Boujong*,§ 136a, Rn. 8 S. 797.

561 *Siolek*, DRiZ 1989, 327. Vergl. Gerlach, Absprachen, S. 69. *Janke,* Verständigung, S. 159.: Eine solche weitreichende Beeinträchtigung wird nur bei den Fällen gesehen, wenn sich der Richter bei einem Scheitern der Absprachebemühungen nicht rechtmäßig verhalten und Überlegungen in seine Strafzumessungserwägungen einfließen lassen würde, die er nicht einbringen darf.

562 *Janke,* Verständigung, S. 159.

563 *Braun,* die Absprachen, S. 68.

564 *Gerlach*, Absprachen, S. 68.: Somit kann also nicht von einem Zwang zur Selbstbezichtigung gesprochen werden, da der Beschuldigte es frei entscheiden kann, ob er ein Geständnis ablegen will oder nicht.

zwischen zwei Alternativen zu wählen, gerate er nicht zwangsläufig in eine psychische Zwangslage. Falls er mit der Entscheidung überfordert sei, könne er sich mit einem Verteidiger beraten und ggf. das Angebot zur Absprache ablehnen. Im Normalfall dürfte sich seine Ausgangslage dadurch nicht verschlechtern. Auch ohne Verständigungsversuch stehe der Angeklagte immer vor der Frage, ob er ein Geständnis wegen dessen strafmildernder Wirkung von sich aus ablegen solle.[565] Für die vorliegende Arbeit ist es wichtig zu untersuchen, welche Alternativen des § 136a StPO durch eine Absprache berührt sein könnten. Auf den ersten Blick kommen die Merkmale Täuschung, Drohung sowie Versprechen eines gesetzlich nicht vorgesehenen Vorteils in Betracht.

cc. Versprechen eines gesetzlich nicht vorgesehenen Vorteils (§ 136 a Abs. 1 StPO)

Von den nach § 136 a StPO vorgesehenen verbotenen Vernehmungsmethoden dürfte das Versprechen eines gesetzlich nicht vorgesehenen Vorteils am ehesten mit der Absprachepraxis kollidieren.[566]
Nach dieser Vorschrift ist das Versprechen[567] eines gesetzlich nicht vorgesehenen Vorteils verboten. Ein Versprechen erfordert nach h. M. die Abgabe einer bindenden Zusage, auf deren Einhaltung der Versprechensempfänger vertrauen darf.[568] Nach anderer Ansicht ist darunter auch das ernsthafte Inaussichtstellen eines Vorteils zu verstehen, das geeignet ist, die Willensfreiheit des Angeklagten zu beeinflussen.[569]

---

565 *Iokimidis,* Die Rechtsnatur der Absprache S. 77-78.

566 *Gerlach,* Absprachen, S. 74.

567 Im Gegensatz zur Täuschung, die ein bewusstes Verhalten erfordert, ist für das Versprechen ein objektiver Verstoß ausreichend, d. h. ein zielgerichtetes Verhalten ist hier nicht erforderlich. *Schmehl/Vollmer,* Die Assessorklausur,S. 24. Braun, Absprachen S. 71.

568 BGHSt 14, 191=JR 1961, 70 . *Meyer-Goßner,* Strafprozessordnung, 52 Auflage, *§ 136a StPO* Rn. 23. Nicht ausreichend ist das bloße Inaussichtstellen. Janke, Verständigung, S. 171. Ausschlaggebend ist, wie das „Inaussichtstellen" eines justiziellen Verhaltens vom Empfängerhorizont des Angeklagten her zu verstehen ist. Handelt es sich aus der Sicht des Angeklagten nicht um eine bindende Zusage, so kann auch kein Eingriff in die freie Willensbetätigung des Angeklagten unter Verstoß gegen § 136a StPO angenommen werden. SK StPO, Bearbeiter *Rogall,* §136a, Rn. 65: Maßgeblich ist, ob die abgegebene Erklärung aus der Sicht des Vernommenen als verbindlich verstanden werden konnte und nicht, ob sie tatsächlich bindend war oder in der Absicht der Bindung gegeben wurde.

569 LR, Die Strafprozessordnung, 26 Auflage Bearbeiter *Gleß,* §136a, Rn. 58: Auf die Willensfreiheit des Vernommenen kann durch das Inaussichtstellen unberechtigter Vorteile unlauteren Einfluss genommen werden. *Rönnau,* Die Absprache, S. 194.: *Rönnau* stellt im Ergebnis darauf ab, dass jede Zusage im Hinblick auf die besondere Situation des Angeklagten in einem Abspracheverfahren wie ein bindendes Versprechen wirke. Gleiche Meinung hat auch Schünemann. Gutachten B, 90, S.100. Wenn ein Richter einen rechtswidrigen Vorteil nur als Gegenstand seiner Absicht in Aussicht stellt, übt er „besonders perfiden Druck" auf die Aussagefreiheit des Angeklagten aus, weil dieser die „einmalige" Gelegenheit" des staatlichen Angebots zu nutzen gezwungen sei. *Kremer,* Absprachen, S. 138. Für die Angeklagten ist die Intensität des Bindungswillens des Versprechenden oft

Umstritten ist im Schrifttum auch, was unter einem „gesetzlich nicht vorgesehenen Vorteil“ zu verstehen ist. Vorteil ist danach die Herbeiführung eines Zustandes, der vom Empfänger des Versprechens als günstig empfunden wird und der geeignet ist, die Aussagefreiheit eines Beschuldigten zu beeinflussen.[570]
Eine weit verbreitete Meinung hält jedes Versprechen eines Vorteils für unzulässig, das als Gegenleistung für eine Aussage oder einen bestimmten Inhalt einer Aussage fungiert.[571]Nach der Gegenmeinung ist ein Vorteil nur dann ungesetzlich, der entweder überhaupt nicht oder im konkreten Fall rechtlich nicht gewährt werden darf.[572] Dies kann darauf beruhen, dass der Versprechende für die Gewährung des Vorteils nicht zuständig ist, dass die Vorteilsgewährung selbst sachlich unstatthaft ist oder im Zeitpunkt des Versprechens von Voraussetzungen abhängt, die sich noch nicht absehen lassen.[573] Wenn gesetzlich vorgesehene Vorteile angekündigt werden oder der Vorteil gewährt werden darf, sei ein Verstoß gegen § 136a StPO ausgeschlossen.[574] Es sei grundsätzlich nicht unzulässig, diesen Vorteil in Aussicht zu stellen, selbst wenn dadurch die Willensfreiheit des Vernommenen beeinflusst wird.[575]
Für die letzte Auffassung spricht die Tatsache, dass das Gesetz Normen kennt, die den Täter privilegieren, wenn er sein Wissen offenbart.[576]

---

nicht erkennbar. Wie die bindende Zusage sind aber auch bloße Inaussichtstellen ungerechtfertigter Vorteile, geeignet, die Willensfreiheit des Angeklagten zu beeinflussen und ihn in eine Zwangslage zu versetzen. *Jahn,* JuS, 2005, 1062. Jahn ist der Meinung, dass ein Versprechen eine Erklärung ist, die von dem zu als bindende Zusage oder jedenfalls als das ernsthafte Inaussichtstellen eines Vorteils aufgefasst werden kann, auf dessen Gewährung der Vernehmende sich Einfluss anmaßt.

570 LR, Die Strafprozessordnung, 26 Auflage Bearbeiter *Gleß,* §136a, Rn 59. Beschl. V. 20 8. 1984-6 Ws 266/84, StV 1984, 456 ff.Mitgeteilt von RA *Rüdiger Deckers.* Karlsruher Kommentar zur Strafprozessordnung, 6. Auflage, München, 2008, Bearbeiter *Diemer* § 136a, Rn 32.

571 Vergl. LW, 25 Auflage, 1999, Berlin, Bearbeiter *Hanack,* §136a, Rn 52. BVerfG, NJW 1984, 428.

572 Karlsruher Kommentar zur Strafprozessordnung, 6. Auflage, München, 2008, Bearbeiter *Diemer,* § 136a, Rn. 33.

573 SK StPO, Bearbeiter *Rogall,* §136a, Rn. 67.

574 KMR, Bearbeiter *Lesch,* §136a, Rn. 38.

575 LR, Die Strafprozessordnung, 26 Auflage Bearbeiter *Gleß*§ 136a, Rn. 60: Denn das Versprechen eines erlaubten Vorteils enthält keine unlautere Beeinflussung, also nichts, was das Gesetz sinnvollerweise verbieten könnte.

576 LR, Die Strafprozessordnung, 26 Auflage Bearbeiter *Gleß* § 136a, Rn. 61: Hierbei handelt es sich um gesetzlich vorgesehene „Vorteile“, die in Aussicht gestellt werden dürfen, wenn ihre Voraussetzungen vorliegen. KMR, Bearbeiter *Lesch,*§136a, Rn. 38.: Die Zusage der Vergünstigungen nach § 31 BtMG oder nach §§ 1ff KronzG, aber auch §§ 87 Abs.3, 98 Abs. 2, 99 Abs. 3, 129 Abs. 6 Nr.2, 129a, Abs.5, 158 StGB. Das gilt für die Belehrung über mögliche Strafmilderung, auch über strafmildernde Folgen eines Geständnisses. BGHSt 43 195, 204; Karlsruher Kommentar zur Strafprozessordnung, 6. Auflage, München, 2008, Bearbeiter *Diemer,* §136a, Rn 33. Die Haftentlassung bei Ablegung eines Geständnisses darf zugesagt werden, wenn die Haft nur wegen Verdunkelungsgefahr begründet ist. Unter bestimmten Voraussetzungen ist sogar ein Absehen von Strafe zuläs-

dd. Absprachepraxis und Versprechen eines gesetzlich nicht vorgesehenen Vorteils

Bei der Prüfung, ob Urteilsabsprachen gegen § 136 a Abs. 1 S. 3, 2. Alt. StPO verstoßen, stellt die Literatur auf die Unverbindlichkeit der Absprache ab. Da nach herrschender Meinung ein Verstoß gegen § 136 a StPO immer ein bindendes Versprechen voraussetzt, strafprozessuale Absprachen aber grundsätzlich keine bindende Wirkung zukomme,[577] sei ein Verstoß gegen § 136 a StPO nicht gegeben. Nach etwas anderer Ansicht haben Zusagen des Gerichts bei Absprachen lediglich den Charakter einer Prognoseerklärung über das Verfahrensergebnis und könnten aus diesem Grund keine Bindungswirkung entfalten.[578] Andere Autoren weisen darauf hin, dass Versprechen von bloßen Warnungen, Belehrungen oder Hinweisen abzugrenzen seien, die das Gericht im Hinblick auf seine prozessuale Fürsorgepflicht abgeben müsse.[579] Nach h. M. gelten deshalb Hinweise des erkennenden Gerichts auf die strafmildernden Folgen eines Geständnisses als zulässig.[580] Diese fungieren in der Praxis heute oft als Hinweise auf die vermutliche konkrete Reaktion des Gerichts auf ein Geständnis.[581] Auch der Bundesgerichtshof hat zunächst dieselbe Rechtsauffassung vertreten.[582] Selbst das Bundesverfassungsgericht hat in seiner Entscheidung zu den verfassungsrechtlichen Grenzen einer Verständigung im Strafverfahren festgehalten, dass § 136 a StPO einen konkreten Hinweis auf das Geständnis als Strafmilderungsgrund nicht verbiete.[583]

---

sig, wobei gemäß § 153b und § 154 auch eine Einstellung des Verfahrens erfolgen kann. *Schünemann*, Gutachten, B, 90,S. 105. Gerade diese gesetzlichen Institute, wie die im Bereich des Opportunitätsprinzips eingefügten Vorschriften §§ 153e Abs. 1.S 2, 154c StPO oder die „Kronzeugenregelungen" in §§ 31, 37 BtmG bzw. § 1 ff . KronzG bei Betäubungsmitteldelikten bzw. terroristischen Straftaten, setzen eine staatliche Zusage voraus und bringen damit zum Ausdruck, dass es dem Richter im Strafverfahren nicht verwehrt sein soll, den Angeklagten für dessen „entgegenkommendes" Verhalten zu belohnen.

577 *Hanack,* StV 1987, 503.: Das Gericht kann und darf keine verpflichtende Zusage machen, sondern nur etwas „ in Aussicht stellen". Schmidt-Hieber, Verständigung, Rn 237.: Eine Bindungswirkung existiert also prozessrechtlich nicht. Kremer, Absprache, S. 138.: Die Unverbindlichkeit versperrt die Anwendung des § 136a StPO, der im Hinblick auf die herrschende Meinung nur ein bindendes Versprechen eines gesetzlich nicht vorgesehenen Vorteils erfasst.

578 *Bode,* DRiZ 1988, 284.

579 *Janke,* Verständigung, S. 160, 168, 194-195.: Hinweis, dass die strafmildernde Wirkung eines Geständnisses durch das Gericht zulässig ist, nicht jedoch ein bindendes Versprechen. Rogall, SK- StPO, §136a Rn. 62. *Meyer-Goßner*, Strafprozessordnung, 52 Auflage,Einleitung, Rn. 156.

580 Karlsruher Kommentar zur Strafprozessordnung, 6. Auflage, München, 2008, Bearbeiter *Diemer* , §136a, Rn. 33. LR, Die Strafprozessordnung, 26 Auflage Bearbeiter Gleß §136a, Rn. 61ff. SK StPO, Bearbeiter *Rogall,* §136a, Rn.69.

581 LR, Die Strafprozessordnung, 26 Auflage Bearbeiter *Gleß,* §136a, Rn. 61ff.

582 BGH Urteil vom 08.03. 1990. NJW 1990. 1921, 1922. BGH Urteil vom 30. 10. 1991. BGH St 38, 102, 104.

583 BVerfG Beschluss vom 27. 01. 1987, Wistra 1987, 134.

Im Schrifttum wird hier der kritische Punkt in der Entwicklung der Absprache gesehen. Es bestehe nämlich die Gefahr, dass die Hinweise doch eine verschleierte Zusicherung enthielten oder jedenfalls von Angeklagten dahingehend verstanden würden. Dementsprechend könnten sie sich bei ihm als unzulässiger Geständniszwang auswirken.[584]
Zu demselben Ergebnis kommen Autoren, die auf den Empfängerhorizont abstellen. Aus der Sicht des Angeklagten komme den strafprozessualen Absprachen - selbst bei dem Hinweis auf ihre Unverbindlichkeit[585]- eine faktische Bindungswirkung zu.[586] Deshalb könne die Zusage des Gerichts, ein Geständnis mit einer milderen Strafe zu honorieren, die Freiheit der Willensentschließung und der Willensbetätigung beeinträchtigen.[587] Schließlich wird in der Literatur darauf verwiesen, dass bereits das Inaussichtstellen eines Vorteils beeinträchtigend wirken könne, so dass es auf eine formale Bindungswirkung nicht ankomme.[588]
Nach der jüngeren Rechtsprechung zur Urteilsabsprache kann die Unverbindlichkeit des gerichtlichen Hinweises kein Argument mehr gegen die Annahme eines Versprechens im Sinne von § 136 a StPO darstellen.[589] Der Bundesgerichtshof geht in seiner Grundsatzentscheidung über die Absprache nunmehr von einer tatsächlichen Bindung des Gerichts an die zustandegekommene Verständigung aus. Nur wenn neue, schwerwiegende Umstände dem Ergebnis der Absprache zuwiderliefen, entfalle die Bindungswirkung.[590] In einer späteren Entscheidung spricht der Bundesgerichtshof ausdrücklich von der „Bindung des Gerichts an eine Strafobergrenze“ und von „der Verbindlichkeit der in der Hauptverhandlung getroffenen Absprache.“[591] Abschließend hat auch der Große Strafsenat die Bindung des Tatrichters an sein Strafmaßangebot festgestellt.[592]

---

584 LW, 25 Auflage, 1999, Berlin, Bearbeiter *Hanack,* 136a, Rn. 49, 55.: Sie sind fragwürdig, wenn es sich um Hinweise des erkennenden Gerichts selbst handelt, insbesondere wenn sie in drängender Form erfolgen und darum beim Angeklagten den Eindruck hervorrufen, das Gericht sei, etwa zur Verfahrensbeschleunigung, an einer Änderung seines Prozessverhaltens interessiert, werde so die Änderung (Geständnis) im Zweifel strafmildernd berücksichtigen. Vergl. LR, Die Strafprozessordnung, 26 Auflage Bearbeiter *Gleß*, § 136a, Rn 57.

585 Selbst für den Fall, dass ein Hinweis auf die Unverbindlichkeit der Absprache erfolgt, wird beim Angeklagten der Anschein der Verbindlichkeit erweckt; *Kremer*, Absprache, S. 180, 181.

586 *Nestler-Tremel*, DRiZ 1988, 288 (290). *Siolek,* Verständigung, S, 189, 190; Trotz eines Modells unverbindlicher Verständigungen, geht die Praxis von faktischen Bindungen aus und darüber hinaus lässt sich auch eine rechtliche Bindung begründen. Der Angeklagte darf eine Zusage des Gerichts auch wie ein bindendes Versprechen verstehen. *Dencker/Hamm*, Vergleich S. 34. *Kremer*, Absprache, S. 138.

587 *Kremer*, Absprache, S. 139.

588 *Schünemann*, Gutachten, B,90, S. 99. LR, Die Strafprozessordnung, 26 Auflage Bearbeiter Gleß, §136a, Rn. 58.

589 Vgl. *Hauer*, Geständnis und Absprachen, S. 320.

590 BGH St 43, 195, 210.

591 BGH Urteil vom 19. 10. 1999, BGH St 45, 227, 228.

592 BGH St 50, 40, 50.

Damit beschränken sich die Probleme der Vereinbarkeit der derzeitigen Absprachepraxis mit § 136 a StPO auf die Frage, ob die vom Tatrichter für ein Geständnis zugesagte Strafmilderung als ein gesetzlich vorgesehener Vorteil angesehen werden kann oder ob das Gesetz einen solchen Vorteil nicht zulässt. Im Schrifttum wird hierzu die Meinung vertreten, für die Antwort komme es darauf an, ob der Tatrichter das Geständnis zugunsten des Angeklagten in seine Erwägungen zur Strafzumessung einbeziehen dürfe oder nicht.[593] Dazu ist zu bemerken: Grundlagen der Strafzumessung sind nach § 46 StGB die Schuld des Täters, die Auswirkungen der Strafe für sein künftiges Leben in der Gesellschaft sowie die für und gegen ihn sprechenden Umstände gem. § 46 Ab. 2 StGB. Obwohl das Geständnis im Gesetz nicht ausdrücklich genannt wird, erscheint es gerechtfertigt, dem Angeklagten dafür, dass er durch sein Geständnis beispielsweise dem Opfer eine beschwerliche Aussage erspart und zur Aufklärung der Tat und zur Wiederherstellung des Rechtfriedens beiträgt, eine Strafmilderung zukommen zu lassen.[594] Allerdings soll nach h. M. ein Geständnis grundsätzlich nur dann strafmildernd berücksichtigt werden können, wenn der Angeklagte damit Reue und Einsicht in seine Tat zum Ausdruck bringt.[595] Deshalb hat der Bundesgerichtshof in früherer Zeit mehrfach entschieden, es liege kein Rechtsfehler vor, wenn der Tatrichter ein Geständnis nicht strafmildernd berücksichtige, das keine Reue und Einsicht erkennen lasse.[596] Diese Rechtsprechung hat der 4. Strafsenat mit seiner Entscheidung zur Urteilsabsprache und in späteren Entscheidungen aber modifiziert. Danach soll der Tatrichter auch ein prozesstaktisch motiviertes Geständnis im Rahmen einer Urteilsabsprache strafmildernd berücksichtigen dürfen, wenn es zur Sachaufklärung und Verfahrensabkürzung beigetragen hat.[597] Nach dieser Entscheidung verspricht ein Tatrichter keinen ungesetzlichen Vorteil, wenn er dem Angeklagten für den Fall eines Geständnisses eine Strafmilderung in Aussicht stellt.[598] Allerdings dürfe umgekehrt der Tatrichter bei dem Bemühen um das Zustandekommen einer Absprache die freie Willensentschließung des Angeklagten nicht einschränken, indem er ihn durch Drohung mit einer höheren Strafe zu einem Geständnis dränge.[599]

Das Schrifttum ist der Rechtsprechung des Bundesgerichtshofs überwiegend gefolgt. Es hält Absprachen grundsätzlich für sinnvoll und erlaubt, wenn sie den Beschuldigten zu einem Verhalten motivieren, das zulässigerweise zu seinen Gunsten berücksichtig werden dürfte, und zwar selbst dann, wenn es dabei zwi-

---

593 *Huttenlocher,* Dealen wird Gesetz, S.59. Über die Zulässigkeit eines Strafnachlasses wegen eines Geständnisses – *Hammerstein,* StV 2007, 48ff.

594 *Tscherwinka,* Absprache, S. 161f. *Huttenlocher,* Dealen wird Gesetz, S.59.

595 vgl. *Braun* Absprachen S. 72. *Bruns,* das Recht der Strafzumessung, S. 233ff.

596 BGH Urteil vom 18.03. 1981, StV 1981, 235. BGH Urteil vom 14.11 1989, NStZ 1990, 221.

597 BGH St 43, 195, S. 209.

598 BGH St 43, 195, S. 204.

599 BGH St 43, 195, S. 204.

schen den Prozessbeteiligten zu einer verbindlichen oder unverbindlichen Vereinbarung über verzichtbare Rechtspositionen komme.[600]
Kein Streit besteht darüber, dass Absprachen mit § 136 a StGB kollidieren, wenn eine Gegenleistung für ein bestimmtes Verhalten in Aussicht gestellt wird, die von dem Versprechenden nicht erbracht werden kann.[601] So beispielsweise wenn der Staatsanwalt eine milde Strafe oder die Außervollzugsetzung der Strafe verspricht.[602] Dasselbe ist der Fall, wenn das Gericht für den Fall eines Geständnisses ein bestimmtes Strafmaß zusagt.[603]
In der gerichtlichen Absprachepraxis spielt § 136 a StPO keine Rolle. Denn soweit ersichtlich, findet sich in der höchstrichterlichen Rechtsprechung keine Entscheidung, die ein tatrichterliches Urteil auf Grund der Zusage einer Strafmilderung für ein Geständnis wegen Verstoßes gegen § 136 a StPO aufgehoben hätte.[604]

ee. Vereinbarkeit der Absprache mit § 136 a Abs. 1 Satz 3 StPO (Drohung mit einer verfahrensrechtlich unzulässigen Maßnahme)

§ 136 a I S. 3 StPO verbietet die Drohung mit strafverfahrensrechtlich unzulässigen Maßnahmen. Die Drohung mit einer verfahrensrechtlich unzulässigen Maßnahme wird übereinstimmend definiert als das Inaussichtstellen eines Nachteils, auf dessen Eintritt der Vernehmende Einfluss zu haben behauptet; ob er zur Durchführung der angedrohten Maßnahme tatsächlich fähig und willens ist, spielt keine Rolle.[605] Erfasst werden auch konkludente Drohungen sowie solche Drohungen, die sich gegen eine dem Täter nahestehende Person richten, z. B. gegen

600 LW, 25 Auflage, 1999, Berlin, Bearbeiter *Hanack,*§136a, Rn. 55. Vergl. LR, Die Strafprozessordnung, 26 Auflage Bearbeiter *Gleß*, § 136a, Rn 57.
Gerlach, Absprachen, S. 80.: Absprachen sind mit § 136a vereinbar, wenn die Strafverfolgungsorgane bei ihren Zusagen an den Angeklagten darauf achten, dass einerseits die durch Gesetzverteilten Kompetenzen eingehalten und die durch das materielle Recht vorgegebenen Grenzen beachtet werden und anderseits die Form in der dies geschieht dem Beschuldigten nicht den Eindruck unzulässiger Beeinflussung vermitteln. *Ioakimidies,* die Rechtsnatur, S. 90.: Allein das Angebot einer Absprache durch das Gericht und das Inaussichtstellen einer damit verbundenen Strafmilderung verstößt in der Regel noch nicht gegen § 136a. Entscheidend ist, dass die angekündigte Prozesshandlung eine vom Gesetz vorgesehene Reaktion auf die Aussage des Angeklagten ist.

601 Karlsruher Kommentar zur Strafprozessordnung, 6. Auflage, München, 2008, Bearbeiter *Diemer*, § 136a Rn 33.

602 *Schünemann*, Gutachten B,90, S. 100 ff.

603 *Schmidt-Hieber*, FS für Wassermann, 1985,S. 995, 1002. *Siolek,* DRiZ 1989, 321, 326. *Seier* JZ 1988, 683, 687f.

604 *Hauer,* Geständnis und Absprachen, S. 263.

605 Karlsruher Kommentar zur Strafprozessordnung, 6. Auflage, München, 2008, Bearbeiter *Diemer* §136a, Rn. 30. LW, 25 Auflage, 1999, Berlin, Bearbeiter *Hanack,*§136a, Rn. 48. Vergl. LR, Die Strafprozessordnung, 26 Auflage Bearbeiter *Gleß*, § 136a, Rn 56. *Meyer-Goßner*, Strafprozessordnung, 52 Auflage § 136a, Rn 21.SK StPO, Bearbeiter *Rogall,* §136a, Rn. 61.

die unbeteiligte Ehefrau.[606] Unzulässig ist die angedrohte Maßnahme, wenn sie kompetenzwidrig oder materiell-rechtlich nicht zu vertreten ist.[607]
Die Drohung mit einer *zulässigen* Maßnahme ist an sich nicht verboten. So ist z. B. die Androhung der vorläufigen Festnahme, wenn deren Voraussetzungen vorliegen, oder die Androhung eines Strafverfahrens nach § 164 StGB, um die zu vernehmende Person zur Wahrheit anzuhalten, für zulässig erachtet worden. Mit zulässigen Maßnahmen darf gedroht werden, sofern der Vernehmende zum Ausdruck bringt, er werde seine Entschließungen allein von den sachlichen Notwendigkeiten abhängig machen.[608] Abzugrenzen von den Drohungen sind Warnungen, Belehrungen, Hinweise oder auch Vorhaltungen. Sie unterscheiden sich von den Drohungen dadurch, dass der Vernehmende nicht behauptet, die nachteiligen Folgen würden im konkreten Fall eintreten oder aber zum Ausdruck bringt, er habe auf die nachteiligen Folgen keinen Einfluss und werde auch keinen Einfluss darauf nehmen.[609] Auf der anderen Seite können Drohungen durchaus in die Gestalt von Warnungen oder belehrenden Hinweise gekleidet sein oder mit ihnen einhergehen.[610]
Bei Urteilsabsprachen kann es nach einer Ansicht im Schrifttum in Grenzfällen zu Verstößen gegen § 136 a StPO kommen. Fragwürdig ist es beispielsweise, wenn durch Hinweise des erkennenden Gerichts bei dem Angeklagten der Eindruck geweckt wird, das Gericht sei – etwa im Interesse einer Verfahrensbeschleunigung - an einem Geständnis interessiert und werde dies strafmildernd berücksichtigen.[611] Derartige Hinweise enthalten dann unter Umständen die konkludente Androhung, der Angeklagte werde eine unangemessene harte Strafe erhalten, wenn er kein Geständnis ablegt. Bei solchen Hinweisen handele es sich nicht immer nur um eine zulässige „Belehrung über die übliche Strafzumessungspraxis", sondern im Einzelfall um einen unzulässigen Geständnisdruck.[612]

---

606 LR, Die Strafprozessordnung, 26 Auflage Bearbeiter *Gleß*, § 136a, Rn 58. SK StPO, Bearbeiter *Rogall,* §136a, Rn. 61.

607 *Seier*, JZ 1988, 683.

608 Karlsruher Kommentar zur Strafprozessordnung, 6. Auflage, München, 2008, Bearbeiter *Diemer* §136a, Rn. 30. LR, Die Strafprozessordnung, 26 Auflage Bearbeiter *Gleß*, § 136a, Rn 56. *Meyer-Goßner*, Strafprozessordnung, 52 Auflage § 136a, Rn 21.SK StPO, Bearbeiter *Rogall,* §136a, Rn. 63.

609 Karlsruher Kommentar zur Strafprozessordnung, 6. Auflage, München, 2008, Bearbeiter *Diemer* §136a, Rn. 31. *Meyer-Goßner*, Strafprozessordnung, 52 Auflage § 136a, Rn 21.SK StPO, Bearbeiter *Rogall*, §136a, Rn. 62. : Bei der Warnung behauptet der Vernehmende nicht, dass er auf den Eintritt nachteiliger Folgen Einfluss haben oder Einfluss nehmen werde. Sie unterliegt daher nicht dem Verbot der Drohung. Dasselbe gilt für Belehrungen und Hinweise. Sie dienen dazu, dem Beschuldigten eine verständige Wahrnehmung seiner Rechte zu ermöglichen, und kommen schon von daher nicht als Mittel zur Beeinträchtigung der Entschließungsfreiheit in Betracht. BGHSt 14, 189(191).

610 SK StPO, Bearbeiter *Rogall*, §136a, Rn. 62.

611 LR, Die Strafprozessordnung, 26 Auflage Bearbeiter *Gleß*, § 136a, Rn 57. *Kremer*, Absprachen, S. 134.

612 LR, Die Strafprozessordnung, 26 Auflage Bearbeiter *Gleß*, § 136a, Rn 57.

Nach einer besonders kritischen Ansicht im Schrifttum wird als entscheidendes Element jeder Absprache nicht die Gewährung einer Vergünstigung, sondern die implizit damit verbundene Androhung eines Nachteils gesehen:[613] Werde dem Angeklagten für den Fall, dass er sich kooperativ zeige, ein Strafnachlass zugesagt, so liege der Gegenschluss auf der Hand: Verweigere er die Absprache, müsse er damit rechnen, dass das Gericht eine entsprechend höhere Strafe verhänge;[614] jedes Inaussichtstellen eines "Rabatts" beinhaltet danach implizit die Drohung mit einer strengeren Strafe für den Fall der Konfrontation.[615] Nach dieser Ansicht findet eine begriffliche Verschleierung statt, wenn behauptet wird, dem Beschuldigten, der nicht kooperiert, drohe keine Verschlechterung, sondern es gehe für ihn nur um den Verlust einer Vergünstigung gegenüber der „Normalstrafe." In Wirklichkeit gäbe es nämlich keine „Normalstrafe", die als Berechnungsgrundlage dienen könnte. Es existiere lediglich die in Aussicht gestellte Strafe X für kooperierende Beschuldigte und die Strafe X plus N, die der Beschuldigte im konfrontativen Verfahren zu erwarten habe. Diese Strafmaßdifferenz sei der unverzichtbare Grundstein des Absprachensystems.[616] Auf Grund dieses Befundes müssten die in der Praxis festzustellenden Strafmaßdifferenzen als unzulässige Zwangssituation gewertet werden;[617] der Angeklagte werde vor die Entscheidung gestellt, der Verständigung zuzustimmen oder Nachteile in Kauf zu nehmen.[618] Damit werde gegen den nemo-tenetur-Grundsatz und seine gesetzliche Ausformung in § 136 a StPO in der Variante der unzulässigen Drohung verstoßen.[619]
Die Gegenansicht geht von der im Strafzumessungsrecht herrschenden Spielraumtheorie aus.[620] Danach gibt es keine Normalstrafe. Folglich sei die Unterscheidung zwischen einer "Normalstrafe" und einer darüber hinaus gehenden Strafe eher theoretischer Natur. Ohnehin sei es in der Praxis nicht nachweisbar, dass ein Gericht eigentlich die Strafe X als schuldangemessenes Strafmaß angenommen, dem Angeklagten aber im Falle einer mangelnden Kooperation mit der Strafe X plus N gedroht habe.
Nach einer Mindermeinung kommt es für die Beurteilung der Frage, ob eine Zusage im Rahmen einer Absprache als Drohung im Sinne von § 136 a StPO ange-

613 *Weigend,* JZ 1990, 774(778) Fn. 57. Denker/Hamm, der Vergleich, S. 54.: Verhandlungen mit dem Beschuldigten leben von dem Versprechen (Synalagma, Rabatt): „Sanktionsnachlass gegen Verteidigungsverzicht. Da Grundkonstellation der Absprache gegenseitiges Nachgeben ist, ist das Versprechen eines Sanktionsvorteils stets zumindest latent vorhanden. Damit ist gleichzeitig als Kehrseite der Medaille auch stets der Druck, die Drohung vorhanden: Wer nicht kooperativ verhandelt, wird –im Falle Verurteilung- härter bestraft. *Siolek,* DRiZ 1989, 321, 327.

614 *Weigend,* JZ 1990, 774(778). *Kremer,* Absprachen, S. 135.

615 Vergl. *Weichbrodt,* Das Konsensprinzip, S. 162.

616 *Weigend,* JZ 1990, 774(778) Fn 57.

617 Vergl. *Weichbrodt,* Das Konsensprinzip, S. 160.

618 *Kremer,* Absprachen, S. 136

619 *Weichbrodt,* das Konsensprinzip, S. 160.

620 Vergl. *Weigend,* JZ 1990, 774(778) Fn 57.

sehen werden muss, auf den Empfängerhorizont an.[621] Maßgeblich sei, wie der Angeklagte als Erklärungsempfänger die Äußerungen des Gerichts auffassen durfte.[622] Nach dieser Ansicht sind Fälle denkbar, in denen die angedrohte Maßnahme in der konkreten Situation zwar rechtmäßig ist, aber durch die Gesamtsituation beim Angeklagten der Eindruck der Unzulässigkeit vermittelt wird. Habe er das Verhalten der Justizorgane so verstehen müssen, dass die angekündigte Maßnahme nicht auf ordnungsgemäßem Wege zustande kommt, dass ihr etwa willkürliche Erwägungen zugrunde lägen, sei die Willensbetätigung des Angeklagten nicht mehr frei.[623] Darüber hinaus ist zu bedenken, dass zwar auch ein taktisch motiviertes Geständnis des Angeklagten einen Strafrabatt möglich mache, es aber keinen Anspruch auf Strafmilderung begründet. „Die Höhe der Strafe bleibt abhängig vom guten Willen des Gerichts, so dass es die Abspracheverhandlungen nutzen kann, um den Angeklagten in ein Machtspiel zu verwickeln, bei dem er in letzter Konsequenz in die Knie gehen muss."[624] Gerade weil das Gericht die Kompetenz habe, über Strafe und Strafmaß zu entscheiden, sei allein die Andeutung seiner Bereitschaft zu einem „do ut des" geeignet, die Entschließungsfreiheit des Beschuldigten in seinem Verteidigungsverhalten zu beeinflussen. Deshalb lasse sich eine Unterscheidung zwischen der Ankündigung eines Strafmilderungsangebots als rechtlichem Vorteil und einer Androhung einer unzulässigen Maßnahme nicht treffen.[625] Gerade wenn das Angebot vom Gericht kommt, müsse der Angeklagte den Eindruck gewinnen, dass er die Gunst des Gerichts verspielen und sich dies für ihn ungünstig auswirken werde, wenn er das Angebot ablehnt.[626]

Nach der Gegenmeinung liegt in Fällen, in denen die Maßnahme rechtmäßig und zulässig ist, der Angeklagte jedoch den Eindruck der Unzulässigkeit hat, keine Drohung im Sinne des § 136 a StPO vor. Der Eindruck des Angeklagten sei zu unbestimmt und kaum überprüfbar; es bestehe die Gefahr, dass Verteidiger häufig mit dem Empfinden ihres Mandanten ein Verwertungsverbot begründen könnten.[627]

Andere Autoren sind der Meinung, es handle sich lediglich um eine nicht beweisbare Vermutung, dass sich hinter jedem Angebot einer Strafmilderung auch die Drohung mit einer unzulässigen Strafschärfung verberge. Eine solche Vermutung könne deshalb nicht zu der Annahme führen, jede Urteilsabsprache verstoße gegen §136a StPO. Ein Angeklagter, der das Angebot zu einer mildere Strafe nicht nutzt, nimmt zwangsläufig damit in Kauf, dass er dann Nachteile erleidet.[628]

621 *Hamm*, ZRP, 1990, 337, 339. *Seier*, JZ 1988, 683, 688.
622 *Seier*, JZ 1988, 683, 688.
623 *Seier* ,JZ 1988, 683, 688.
624 *Weßlau*, ZStW 2004, 167.
625 Vergl. *Hauer*, Geständnis und Absprache, S. 326, 331. *Hamm*, ZRP 1990, 337, 339.
626 Vergl. *Hauer*, Geständnis und Absprache, S. 333.
627 *Ioakimidis*, Die Rechtsnatur, S. 81.
628 *Ioakimidis*, Die Rechtsnatur, S. 81: Wer die Möglichkeit, besser gestellt zu werden, nicht nutzt, muss in Kauf nehmen, im Verhältnis zur Besserstellung schlechter gestellt zu sein.

EineDrohung kann deshalb nicht allein in dem Angebot einer Absprache und damit verbundenen Strafmilderung für kooperatives Verhalten gesehen werden.[629] Nur wenn das Gericht dem Angeklagten, der eine Urteilsabsprache ablehnt, offen erklärt, dann werde die Strafe deutlich höher ausfallen als bei einer Verständigung, liegt nach einhelliger Ansicht eine verbotene Drohung vor.[630]
Die Rechtsprechung hat einen Verstoß gegen § 136 a StPO in Erwägung gezogen, wenn die vom Tatrichter dem Angeklagten aufgezeigten Strafgrenzen unangemessen weit auseinanderfallen, so „dass die Willensfreiheit des Angeklagten ungebührlich beeinträchtigt werden könnte."[631]

ff. Vereinbarkeit der Absprache mit § 136 a StPO (Verbot der Täuschung des Beschuldigten)

Nach § 136 a Abs. 1 Satz 1 StPO dürfen die Freiheit der Willensentschließung und der Willensbetätigung des Beschuldigten nicht durch Täuschung beeinträchtigt werden.
Der Begriff der Täuschung ist in seiner Bedeutung und Trageweite umstritten.[632] Nach h. M. setzt die Täuschung eine *bewusste* Irreführung des Vernommenen voraus;[633] kriminalistische List gilt allgemein als zulässig. Verboten ist danach jede Art der Lüge, jedes bewusste Vorspiegeln oder Entstellen von Tatsachen; auch vorsätzliche falsche Angaben über Rechtsfragen seitens des Vernehmenden fallen unter das Verbot.[634] Durch die Täuschung kann die Willensfreiheit des Beschuldigten insofern beeinträchtig werden, als er sich auf Grund falscher Vorstellungen zur Aussage entschließt.[635]
Die Frage, inwieweit Absprachen gegen das Täuschungsverbot verstoßen können, wird im Schrifttum unterschiedlich erörtert:

---

629 *Ioakimidis*, Die Rechtsnatur, S. 81-82.

630 *Herrmann*, JuS 1999, 67. LR, Die Strafprozessordnung, 26 Auflage Bearbeiter *Gleß*, § 136a, Rn 57. Zu der Frage ausführlich Altenhain/Haimerl, GA 2005, 281 ff. *Huttenlocher*, Dealen wird Gesetz, S. 65.

631 BGH 5 StR 579/03, StV, 470, 471

632 Vergl. *Schünemann*, Gutachten B,90, S. 99 ff. SK StPO, Bearbeiter *Rogall*, § 136a Rn 47.

633 SK StPO, Bearbeiter *Rogall*, §136a, Rn. 47.KMR, Bearbeiter *Lesch*, § 136a, Rn 28.*Meyer-Goßner*, Strafprozessordnung, 51 Auflage, § 136a, Rn 13. Karlsruher Kommentar zur Strafprozessordnung, 6. Auflage, München, 2008, Bearbeiter *Boujong*, Rn. 23. LR-Hanack, Rn 35.

634 *Meyer-Goßner*, Strafprozessordnung, 51 Auflage, § 136a, Rn 15. *Roxin*, Strafverfahrensrecht 25 Auflage, §25 Rn. 22. Karlsruher Kommentar zur Strafprozessordnung, 6. Auflage, München, 2008, Bearbeiter *Boujong*, §136 a, Rn.19. Das Täuschungsverbot bezieht sich nicht nur auf Tatsachen, sondern auch auf Rechtsfragen.

635 Karlsruher Kommentar zur Strafprozessordnung, 6. Auflage, München, 2008, Bearbeiter *Boujong*, §136a, Rn.19.

Für viele Autoren spielt die verbotene Täuschung in der gerichtlichen Absprachenpraxis nur eine untergeordnete[636] Rolle. Das beruht einerseits darauf, dass ein befriedigendes Absprachеverfahren ein beiderseitiges Vertrauen voraussetzt, dieses aber durch Unwahrheiten und Tricks von Seiten des Gerichts nicht entstehen könnte.[637] Darüber hinaus wäre das Ziel der Absprache - nämlich eine Verfahrensverkürzung - nicht zu erreichen.[638] Der Fall, dass das Gericht dem Angeklagten etwa für die Abgabe eines Geständnisses eine Strafmilderung zusagt, obwohl es von vornherein nicht die Absicht hat, diese zu gewähren,[639] dürfte deshalb in der Praxis nicht vorkommen - abgesehen davon, dass in einem solchen Fall eine verbotene Täuschung nach § 136 a StPO ohnehin auf der Hand liegen würde.[640] Andere Autoren weisen darauf hin, dass ein bewusstes und absichtliches Entstellen der Wahrheit allenfalls im Ausnahmefall nachgewiesen werden könne; im Übrigen dürfte auch nach ihrer Ansicht ein derartiges Verhalten in deutschen Justizkreisen nicht allzu häufig anzutreffen sein.[641]

Einige Autoren befürchten, dass der Beschuldigte gerade durch den Hinweis auf die Möglichkeit einer Strafmilderung über seine wirkliche Situation im Verfahren getäuscht werden könnte. Das sei zum Beispiel der Fall, wenn ihm vorgespiegelt werde, die Beweise für seine Schuld seien erdrückend.[642] Wegen dieser Täuschungsmöglichkeit sei es auch bedenklich, wenn Polizei oder Staatsanwaltschaft den Beschuldigten im Zuge einer Vernehmung auf die strafmildernde Wirkung eines Geständnisses hinwiesen.[643] Im Übrigen könne die Täuschung auch darin liegen, dass die dem Angeklagten in Aussicht gestellte Strafe genau so hoch ausfällt, als wenn keine Verständigung stattgefunden hat oder wenn das Gericht die Höhe der ohne Geständnis zu erwartenden Strafe übertrieben hat. Denn mangels einer klar bestimmbaren, „richtigen" Strafe für den jeweiligen Fall lässt sich die Behauptung des Gerichts, es werde bei einem Geständnis eine mildere Strafe verhängen, nicht überprüfen.[644]

---

636 Vergl. *Schmidt-Hieber*, Verständigung" Ran. 244. Rönnau , S. 197. *Gerlach*, Absprachen, S. 71, 198. *Iokimidis*, Rechtsnatur, S. 79.

637 *Ioakimidis*, Die Rechtsnatur, S. 80.: Wenn sich in Verteidigerkreisen erst einmal herumgesprochen hat, dass ein bestimmtes Gericht oder ein bestimmter Staatsanwalt getäuscht haben, würden Verteidiger künftig mit diesem Gericht oder diesem Staatsanwalt kaum Vereinbarungen treffen.

638 *Kremer*, Absprachen, S. 133.

639 *Ioakimidis*, Die Rechtsnatur, S. 79.

640 *Braun*, die Absprache, S.69. Ein solches Verhalten wäre im Übrigen für die Richter ein grobes Dienstvergehen

641 *Schmidt-Hieber*, Verständigung, Rn 244. *Cramer*, FS für Rebmann, S. 157. *Seier*, JZ 1988, 688.

642 *Hauer*, Geständnis, S. 335.

643 Vergl. *Hauer*, Geständnis, S. 335; a.A. BGHSt 1, 387, 388: Nach Ansicht des Bundesgerichtshofs verstößt ein solcher Hinweis nicht gegen §136 StPO.

644 Vergl. *Hauer*, Geständnis, S. 335-337.

e. Richtervorbehalt

Art. 92 GG konkretisiert das Gewaltenteilungsprinzip, indem er die Aufgabe der Rechtsprechung ausschließlich den Gerichten zuweist. Zur Rechtsprechung gehören von Verfassungs wegen alle Aufgaben, die das Grundgesetz den Richtern bzw. Gerichten überträgt.[645] Das Bundesverfassungsgericht hat auf der Grundlage dieser Vorschrift den Grundsatz des Richtervorbehalts entwickelt.[646] Er besagt, dass die Entscheidung über die Verhängung einer Kriminalstrafe Rechtsprechung im Sinne von Art. 92 GG und damit allein dem Richter anvertraut ist.[647]

Im Schrifttum wird die Ansicht vertreten, Urteilsabsprachen könnten den Richtervorbehalt tangieren.[648] Da sie in der Praxis das Einverständnis aller Verfahrensbeteiligten voraussetzten, beruhe das Verfahrensergebnis dann nicht mehr allein auf der freien richterlichen Entscheidung; wegen der Bindung des Richters an das Verhandlungsergebnis sei seine Unabhängigkeit beeinträchtigt.[649]Absprachen machten die Strafzumessung - eine ureigene richterliche Tätigkeit – somit in gewissem Umfang zur gemeinsamen Sache von Gericht und Verfahrensbeteiligten.[650]

Gegner dieser Ansicht bestreiten, dass die Absprachepraxis gegen den Richtervorbehalt verstößt. Auch bei einer Absprache entscheide der Richter allein und aufgrund seiner freien innerlichen Überzeugung; die nach einer Absprache verhängte Strafe bleibe ein Akt alleiniger richterlicher Rechtsfindung.[651] Darüber hinaus stehe es jedem Richter frei, eine Urteilsabsprache abzulehnen.[652] Solange der Richter die Spruchhoheit behalte, sei auch bei einer Absprache ein Verstoß gegen Art. 92 GG nicht zu besorgen.[653] Die Vertreter dieser Auffassung weisen auch auf Parallelen zum Zivilverfahren hin. Dort gäbe es eine weit größere konsensorientierte Entscheidungsfindung, ohne dass darin eine Verletzung des Richtervorbehalts gesehen werde.[654] Selbst wenn man von einer faktischen Bindung des Gerichts an die Absprache und deren Fortwirkung auf die Urteilfindung ausgehe, bleibe der Richtervorbehalt gewahrt. Die Alleinentscheidungsmacht liege

---

645 Jarass/Pieroth, GG, Kommentar, 9 Auflage, S. 894.

646 Vergl. BVerfGE 22, 49, 77f, 80f.

647 Vergl. *Denker/ Hamm*, der Vergleich, S. 52. *Janke,* Verständigung, S. 128. Vergl. BVerfGE 22, 49.

648 Vergl. Moldenhauer, Eine Verfahrensordnung, S. 56. Karlsruher Kommentar zur Strafprozessordnung, 4. Auflage, München, 1999, Bearbeiter *Pfeiffer*, Einl. Rn 29c.

649 *Siolek,* DRiZ 1989, 326. *Denker/Hamm*, Der Vergleich, S. 52:Sie vertreten die Ansicht, dass Staatsanwalt und Verteidiger bei den Verhandlungen über die Absprache ein Vetorecht haben und deshalb über das Ergebnis mitentscheiden.

650 *Ignor*, FS für Strauda, S. 332.

651 *Gerlach,* Absprachen, S. 95,96.*Tscherwinka,* Absprachen, S. 121,122. *Janke,* Verständigung, S. 128. *Braun* Absprache, S. 46.

652 *Huttenlocher*, Dealen wird Gesetz, S. 42.

653 *Jahn*, ZStW 2006, 438, Fn. 47.

654 Vgl. *Tcherwinka*, Absprachen, S. 121. *Huttenlocher*, Dealen wird Gesetz, S. 42.

auch in solchen Fällen nach wie vor beim Richter,[655] er müsse das Urteil begründen können und seine Überzeugung darlegen.[656]
Ferner wird darauf verwiesen, dass weder dem Staatsanwalt noch dem Verteidiger ein förmliches Vetorecht zustehe. Sei zum Beispiel die Staatsanwaltschaft mit der vom Gericht vorgeschlagenen Strafobergrenze nicht einverstanden, könne gleichwohl eine Absprache mit dem Angeklagten zustande kommen. Dem Staatsanwalt bleibe dann die Möglichkeit, seine abweichende Auffassung von der angemessenen Strafe im Rechtsmittelverfahren durchzusetzen.[657] Entsprechend hat der Bundesgerichtshof in seiner grundsätzlichen Entscheidung über Absprachen zwar die Einbeziehung aller Verfahrensbeteiligten in die Absprachverhandlungen gefordert,[658] der Staatsanwaltschaft aber keine über den status quo der Strafprozessordnung hinausgehenden Rechte eingeräumt.[659]

f. Ergebnis

Die bisherigen Ausführungen zeigen Meinungsverschiedenheiten über die Vereinbarkeit der Absprache mit dem geltenden Strafrecht. Wie schon dargestellt, weisen Praktiker zur Legitimation der Absprachepraxen darauf hin, dass auch andere Bereiche der StPO konsensuale Elemente enthielten. Von Seiten der Wissenschaft werden trotzdem Einwände geltend gemacht, welche die Vereinbarkeit der Absprachen mit nahezu allen Fundamentalprinzipien des deutschen Strafverfahrens betreffen. Einigkeit besteht lediglich darüber, dass Absprachen Ausdruck einer neuen Konsensorientierung im Strafprozess sind.[660] Diese verträgt sich jedoch mit der Verpflichtung auf die materielle Wahrheit schlecht, denn jede gemeinsame Suche nach einem einvernehmlichen Ergebnis ist maßgeblich von den zugrunde liegenden Interessen geprägt, die sich nicht notwendig auf die Rekonstruktion eines tatsächlichen Geschehens beziehen, sich nicht an der materiellen Wahrheit orientieren müssen. Die Konsensorientierung ist somit nicht immer und nicht notwendig auf die Erzielung materieller Wahrheit gerichtet. Sie beinhaltet stattdessen die Befugnis der Parteien, über den Verfahrensgegenstand zu verfügen, um einen Interessenausgleich und mit diesem Rechtsfrieden zu schaffen.[661]
Bis zu diesem Punkt lässt sich festhalten, dass die Absprachen gegen die Instruktionsmaxime verstoßen.
Hinzu kommt, dass wenn für das Geständnis des Angeklagten ein hoher Strafrabatt in Aussicht gestellt wird, die Gefahr der Verletzung elementarer Grundsätze des Strafverfahrens, wie insbesondere das nemo-tenetur-Prinzip, besteht. Die Unabhängigkeit des Gerichts kann nicht mehr voll gewährleistet werden, besonders dann nicht, wenn das Gericht selbst im Rahmen von Absprachen aktiv wird. Ist

655 Vergl. *Janke,* Verständigung, S. 129. *Rönnau,* die Absprachen, S. 205.
656 Tscherwinka, Absprachen, S. 121.
657 *Meyer-Goßner*, StraFo 2003, 401 ff.
658 BGHSt 43, 195, 206.
659 Vergl. *Schünemann,* ZRP 2006, 64.
660 *Weßlau,* das Konsesprinzip, S.85, Fn.307.
661 Vergl. *Weichbrodt,* das Konsensprinzip, S. 187.

das Gericht selbst Initiator der Absprache, ist die Unschuldsvermutung regelmäßig verletzt. Schließlich werden auch der Gleichheitsgrundsatz und der Anspruch auf rechtliches Gehör nicht gewahrt können.
Hinzu kommt, dass der deutsche Strafprozess zum inquisitorischen, kontinentaleuropäischen System gehört. Inquisitorisch meint, dass nicht die Parteien Verantwortung für die Aufklärung des Sachverhaltes tragen, vielmehr wird die zentrale und entscheidende Rolle des Richters in der Hauptverhandlung deutlich. [662] Das inquisitorische Verfahrenssystem ist in starkem Maße absprachefeindlich.

5. Die Zulässigkeit der Absprache

Die langjährige Entwicklung der Absprachepraxis in der deutschen Rechtswirklichkeit und die fast zehnjährigen Rechtsprechung über dieses Phänomen haben klargestellt, dass sich neben der Strafprozessordnung de facto ein informelles Verfahren etabliert hat.[663] Dieses Verfahren ist „zum Lebensnerv der deutschen Strafjustiz geworden"[664] Wie dargelegt, gibt es seit Anfang der 1980er Jahre heftigen Streit in der Literatur über die Vereinbarkeit von Absprachen mit dem geltenden Recht und entsprechend über die rechtliche Zulässigkeit, über die Ausgestaltung des Absprachеverfahrens in der Praxis sowie über die Erforderlichkeit einer gesetzlichen Regelung dieser Praxis. Während die Befürworter der Absprache - mit wenigen Ausnahmen Praktiker - die Absprachen für zulässig halten,[665] kritisieren die Gegner diese Praxis, da sie elementare Prinzipien der StPO verletze[666]. Die höchstrichterliche Rechtsprechung befasst sich seit Ende der achtziger Jahre mit Rechtsfragen, die sich aus dem Scheitern von Absprachen ergaben, im Schrifttum häufig „kranke"[667],oder „pathologische"[668] Absprachen genannt. Der Bundesgerichtshof befasste sich mit verschiedenen von den Revisionsführern jeweils vorgebrachten Einwendungen gegen die Gültigkeit einer konkreten Absprache, z. B wegen der Besorgnis der richterlichen Befangenheit,[669] ließ aber in einer Reihe von Entscheidungen die generelle Frage nach der Zulässigkeit von Abspra-

662 *Trüg,* Lösungskonvergenzen, S. 27.
663 *Satzger,* JA 2005, 686.
664 *Bieneck,* Wistra 2004, 470, 471.
665 *Böttcher/Dash/Widmmaier,* NStZ 1993, 375ff. *Kintzi,* DRitZ 1992, 245. *Schmidt-Hieber,* Verständigung im Strafverfahren . *Widmaier,* StV 1986, 357 ff. *Gerlach,* Absprache S. 209
666 *Schünemann,* StV 1993, 657; *Rönnau,*, Die Absprache im Strafprozess, 1990, ders. Wistra 1998, 49. *Weigend,* JZ 1990, 774. Derrs. NStZ 1999, 57, *Hanack,* StV 1987, 500 ff. *Hassemer,* JuS 1989, 890 ff.
667 *Weigend,* 50 Jahre Bundesgerichtshof 2000, S.1017.
668 *Moldenhauer,* Eine Verfahrensordnung für Absprachen im Strafverfahren durch den Bundesgerichtshof? 2003 S.37.
669 Ausführlich zur Entwicklung der Rechtsprechung des Bundesgerichtshofs, *Weigend,* in 50 Jahre Bundesgerichtshof 2000, s.1011;

chen offen.[670] Am 28. August 1997 hat der 4. Senat des Bundesgerichtshofs dann schließlich als erster Senat eine Grundsatzentscheidung über rechtliche Grenze von Urteilsabsprachen getroffen.[671] Das Gericht entschied, dass Absprachen im Strafverfahren, „nicht generell unzulässig sind"[672] und legte Mindeststandards fest, welche Absprachen erfüllen müssen, wenn sie mit dem Rechtsstaatsprinzip, der Idee der Gerechtigkeit und den Prozessprinzipien vereinbar sein sollen. Entscheidungsgrundlage für den 4. Senat war die Rechtsprechung des Bundesverfassungsgerichts, wonach ein „aus dem Rechtsstaatsprinzip (Art. 20 Abs. 3 GG) i.V. m. Art. 2 Abs. 1 GG abgeleitetes allgemeines Recht des Angeklagten auf ein faires, rechtstaatliches Verfahren"[673] existiert. Auf der Basis dieses Grundsatzes hat der 4. Senat folgende Regeln festgelegt:
alle Verfahrensbeteiligten müssen einbezogen werden;
die Absprache muss offengelegt und protokolliert werden;
Sagt das Gericht eine Strafobergrenze verbindlich zu, darf es von dieser nur abweichen, wenn sich neue schwerwiegende Umstände zu Lasten des Angeklagten ergeben haben. Diese Abweichung muss in der Hauptverhandlung angekündigt werden;
der Angeklagte darf nicht durch die Androhung einer höheren Strafe oder durch Versprechung eines gesetzlich nicht vorgesehenen Vorteils zu einem Geständnis gedrängt werden;
Das Gericht muss das Geständnis auf seine Glaubwürdigkeit prüfen;
die Strafe darf „den Boden schuldangemessenen Strafens" nicht verlassen;
eine Absprache über den Schuldspruch ist ebenso wie über den Rechtsmittelverzicht ausgeschlossen;[674]
Der Große Senat für Strafsachen hat mit seiner Entscheidung vom 03.03.2005 im Ergebnis die vom 4. Strafsenat aufgezeigten Grenzen der Absprache bestätigt und präzisiert,[675] indem er wesentliche rechtliche Voraussetzungen und Begrenzungen festlegte.[676] Ähnlich wie der 4. Senat entschied der Große Senat, dass „das deut-

---

670 StV 1984, 449, 1988, 417, 36 210, BGHSt 36, 210; 3 37 ,10 u. 99. S. auch *Hermann* JuS 1999 S. 1163; *Rönnau*, Wistra 1998, S 49. *Weigend*, 50 Jahre Bundesgerichtshof 2000, S.1017;

671 BGHSt 43, 195. *Weigend*, 50 Jahre Bundesgerichtshof 2000, S1017. *Moldenhauer* Eine Verfahrensordnung für Absprachen im Strafverfahren durch den Bundesgerchtshof? 2003 S.37.

672 BGHSt 43,195.

673 BGHSt 43, 203.

674 BGHSt 43,195.

675 BGHGSST1/4 O3. O3. 2005.

676 *Weigend*, JZ 1990 , 774 ff.; ders. NStZ 1999, 57 ff.; *Siolek* ,Verständigung in der Hauptverhandlung 1993, *Duttge*, ZStW 2003 115. *Denker /Hamm*, der Vergleich im Strafprozess 1986. *Schünemann*, Gutachten,B, 90. *Schmidt-Hieber*, Verständigung im Strafverfahren; *Tschewinka*, Absprachen im Strafprozess 1995. *Gerlach*, Absprachen im Strafverfahren. *Braun*, Die Absprachen im deutsche Strafverfahren; *Beulke/Satzger*, JuS 1997, 1072ff.

sche Strafverfahrensrecht grundsätzlich vergleichsfeindlich ausgestaltet ist“[677] und „die Verständigung über das Ergebnis einer Hauptverhandlung als Erledigungsart und verbindliche Zusage über das Verfahrensergebnis nicht“ kenne. Dennoch hält der Große Senat in seiner Entscheidung die Absprache für „grundsätzlich zulässig und vereinbar mit der geltenden Strafprozessordnung“.[678] Die Richter sttelen in ihrem Beschluss eine Reihe Fragen, wie z. B. danach, wen die Zusage bindet (nur das Tatgericht oder auch das Rechtsmittelgericht?) und verweisen darauf, dass die Beantwortung dieser Fragen sich als schwierig erweist, weil „die Strafprozessordnung kein konsensuales Urteilsverfahren kennt und ihr deshalb für die Ausgestaltung eines solchen Verfahrens auch keine Maßstäbe entnommen werden können.“ Deshalb gerate die Einführung eines Verständigungsverfahrens in das streng formalisiert ausgestaltete Strafverfahren durch die Rechtssprechung nahe an die Grenzen, die das Grundgesetz mit der Verteilung der Aufgaben auf Gesetzgebung und Rechtsprechung bei der richterlichen Rechtsfortbildung setze. Diese Grenzen seien jedoch nicht überschritten.[679] Der Große Senat hat darauf hingewiesen, dass die wesentlichen Voraussetzungen und Begrenzungen von Urteilsabsprachen gesetzlich zu regeln seien.[680]
Der Schwerpunkt der Diskussion liegt inzwischen nicht mehr bei der Frage nach der Zulässigkeit oder Vereinbarkeit der Absprache mit dem geltenden Recht. Ins Zentrum ist stattdessen die Ausgestaltung der gesetzlichen Regelung der Absprache gerückt, welche nun die rechtliche Legitimation dieses Verfahrens darstellt. Nach welcher Maxime soll die Legitimation der Urteilsabsprache gestaltet werden?[681] Der Hinweis des Großen Senats, dass die Strafprozessordnung kein konsensuales Urteilsverfahren kenne, hat die Diskussion darüber entfacht, ob die Praxis der Absprache ohne konsensuales Prinzip auskommen kann.[682]
Nach der Entscheidung des Großen Senats waren Vorschläge für eine gesetzliche Regelung der Absprache von der Bundesrechtsanwaltskammer (BRAK), den Generalstaatsanwältinnen und Generalstaatsanwälten, vom Bundesministerium der Justiz und des Justizministeriums des Landes Niedersachsen im November 2005 vorgelegt worden. In diesen Vorschlägen finden sich unterschiedliche Stellungnahmen zur Legitimationsgrundlage der Absprache. Die Bundesrechtsanwaltskammer sieht in ihrem Entwurf die Absprache als sinnvolle Verfahrenselement an. Sie sieht die rechtliche Legitimation dieses Instituts nicht nur in ihrer Entlastungswirkung, sondern auch im Konsensprinzip, das die Möglichkeit schaffe, „das Spannungsverhältnis zwischen der Urteilsabsprache zu tragenden Prinzipien

677 BGHSt 43 ,195, 203. BGHGSST1/4 O3.O3. 2005.
678 BGHGSST1/4 O3.O3. 2005.
679 BGHGSST1/4 O3.O3. 2005.
680 BGHGSST1/4 O3.O3. 2005. *Weßlau*, StraFo 2007, 1. *Meyer –Goßner*, StV 2006, 485.
681 *Weßlau*, StraFo 2007, S.1. *Schünemann/Hauer*, AnwBI 2006, 439. Jahn, ZStW 118 (2006), 429.
682 *Satzger*, JA 2005, 686.

des Strafverfahrens zu regeln". [683]Als Grund für die Anerkennung des Konsensprinzips wird das Ziel des Strafverfahrens, Rechtsfrieden zu schaffen, angeführt: „Konsens schafft Frieden".[684] Für den Konsens als Maxime im Absprecheverfahren sprechen sich in ihrem Vorschlag auch die Generalstaatsanwälte und Staatsanwältinnen aus.[685]

Der Referentenentwurf des BMJ zur Legitimität der Absprachepraxis ist zurückhaltend und lehnt das Konsensprinzip ab. Der Grund ist in der Entscheidung des Bundesverfassungsgericht vom 27. Januar 1987 zu sehen, in der das Gericht klarstellt, dass das zentrale Anliegen des Strafprozesses die Ermittlung des wahren Sachverhalts sei, ohne die das materielle Schuldprinzip nicht verwirklicht werden könne. Der Entwurf verweist darauf, dass „ein Strafverfahren sichergestellt werden [...] muss, dass dem fundamentalen und auch verfassungsrechtlich verankerten Grundsatz der Wahrheitsermittlung und der Findung einer gerechten Strafe verpflichtet ist."[686]

Der Strafrechtausschuss des DAV hat die Ablehnung des Konsensprinzips durch die Verfasser des Referentenentwurfs begrüßt und ist der Auffassung, Ziel einer gesetzlichen Regelung solle und könne nur sein, der Praxis ein Verfahren zur Vorab-Verständigung auf ein gerechtes und allseits akzeptables Urteil bereitzustellen, ohne die geltenden Prinzipien des Strafverfahrens zu beschädigen. Er schlägt dem Gesetzgeber vor, ein „formalisiertes Rechtsgespräch" einzuführen.[687]

6. Diskussionen im Schrifttum, ob Absprachen einen legitimierenden Grundsatz benötigen

Die Frage, obdie Absprache ohne Unterordnung unter ein legitimierendes Prinzip auskommen kann oder ob sie dem Konsensprinzip zuzuordnen ist, hat eine kontroverse Diskussion ausgelöst.

Dass das Konsensprinzip mit wesentlichen Grundsätzen des Strafverfahrens nicht vereinbar ist, ist offenkundig.[688]

Einige Kritiker des Konsensprinzips als „legitimatorische Grundlage" der Absprache sehen im Konsensprinzip durchaus ein Legitimationsprinzip, allerdings nicht für die Absprecheverfahren.[689] Als Legitimationsprinzip trage das Konsensprinzip nur in Fällen, in denen der Konsens, „nicht notwendigerweise verbunden mit einer Mitwirkung an der Sachverhaltsaufklärung oder auch nur inhaltlichen

---

683 BRAK Vorschlag einer gesetzlichen Regelung der Urteilsabsprache im Strafverfahren S.3 2005 Nr25/2005

684 BRAK Vorschlag einer gesetzlichen Regelung der Urteilsabsprache im Strafverfahren S.3 2005 Nr25/2005

685 Eckpunkte GStAe, Text abzurufen ber www. Thueringen.de/olg/bodyinfothek40.html

686 Referentenentwurf eines Gesetzes zur Regelung der Verständigung im Strafverfahren (BMJ) Stand 18.05 2006 www.bmj.bund.de/media/archive/ 1234pdf (RE).

687 Stellungnahme des DAV www.anwaltverein.de N46/2006.

688 *Meyer-Goßner*, StV 2006, 486. *Satzger* StraFO 2006, 48.

689 *Weßlau* Das Konsensprinzip im Strafverfahren - Leitidee für eine Gesamtreform 2002 S41. *Landau/Bünger*, ZRP 2005, 268 ff. *Landau,* ZRP 2004, 146 ff.

Zustimmung zu den fraglichen Tatvorwürfen“ ist.[690] Das Konsensprinzip sei ein Prinzip des Beweisrechts[691] und daher nicht als Legitimationsgrundsatz für eine Absprache geeignet.

Mehrere Gründe sprechen gegen die Subsumtion der Absprache unter das Konsensprinzip: Ein wichtiger Grund liegt in den Aufgaben und Zielen des Strafverfahrens. „Aufgabe des Strafverfahrens ist und bleibt, einen entstandenen Tatverdacht aufzuklären und gegebenenfalls die sich aus den tatrichterlichen Feststellungen ergebenden Rechtsfolgen festzusetzen; Schuld- und Strafausspruch obliegen daher als solche nicht dem Konsens der Verfahrensbeteiligten.[692] Denn im Grundsatz verbietet das deutsche Strafverfahrensrecht eine freie Verfügung des Gerichts und der Prozessbeteiligten über den staatlichen Strafanspruch.[693] „Von der Geltung eines Konsensprinzips kann nicht die Rede sein, so lange es bei der Ausrichtung der Verhandlung auf eine richterlicher Entscheidung bleibt und der Richter die alleinige Verantwortung für die Richtigkeit dieser Entscheidung tragen muss. Wo der Konsens im Sinne einer Übereinstimmung der Prozessbeteiligten keine Bedeutung für den Verfahrensabschluss hat, mag auch eine solche Übereinstimmung erzielt worden sein, bleibt die Pflicht des Richters, das Urteil oder die Entscheidung selbst verantworten zu müssen, unberührt.“[694]

III. Absprachen im Spiegel der höchstrichterlichen Rechtsprechung

1. Absprachepoblematik in den Entscheidungen des Bundesverfassungsgerichts

Das Bundesverfassungsgericht hat sich bisher zweimal mit der Verfassungsmäßigkeit von Absprachen zwischen Strafgericht und Verfahrensbeteiligten befasst. In beiden Fällen hat es die Verfassungsbeschwerden nicht zur Entscheidung angenommen, weil die Verfahren keine verfassungsrechtlichen Fehler erkennen ließen. In der Begründung der Beschlüsse spricht das Gericht einzelne Probleme der Absprache aus verfassungsrechtlicher Sicht an, ohne auf die streitigen strafverfahrensrechtlichen Fragen näher einzugehen.Im ersten Fall ging es um eine Absprache außerhalb der Hauptverhandlung.[695]Der Beschwerdeführer hatte verfassungsrechtliche Bedenken hinsichtlich einer außerhalb der Hauptverhandlung getroffenen Absprache zwischen Gericht, Staatsanwaltschaft und Verteidigung geltend gemacht. Dabei hatte er selber die Verständigung unmittelbar vor Abschluss der langandauernden Beweisaufnahme über seinen Verteidiger angeregt, während das Gericht in keiner Weise in dieser Hinsicht aktiv geworden war. Gegen-

690 Z. B. die Zustimmung des Beschuldigten zu einer Erledigung gem. § 153 a StPO als Legitimationsbedingung aufzufassen sein, um das Verfahren zu beenden.

691 *Weßlau,* StraFO 2007, 3-4 .

692 *Landau,* ZRP 2004, 146 (148);

693 BGH, NJW 2005, 1440 (1444). *Landau /Bünger*, ZRP 2005, 270.

694 *Weßlau,* Das Konsensprinzip im Strafverfahren - Leitidee für eine Gesamtreform, 2002, S. 33.

695 BVerfG, NStZ 1987, 419.

stand der Absprache war eine Strafmilderung im Falle einer geständigen Einlassung des Beschwerdeführers sowie das Absehen von der Verfolgung hinsichtlich weiterer Straftaten.[696]
Prüfungsmaßstab für die Verfassungsmäßigkeit von Verständigungen im Strafprozess ist für das BVerfG das Recht des Angeklagten auf ein faires, rechtsstaatliches Verfahren. Das ergebe sich aus dem Grundsatz der Rechtsstaatlichkeit, dessen wesentlicher Bestandteil die Idee der Gerechtigkeit sei, woran sich jedwede Rechtspflege messen lassen müsse. Die verfassungsrechtliche Pflicht des Staates, eine funktionstüchtige Strafrechtspflege zu gewährleisten, umfasse die Pflicht, die Durchführung eingeleiteter Strafverfahren sicherzustellen. Darauf könne und dürfe er nicht nach seinem Belieben allgemein oder im Einzelfall verzichten. Der Rechtsstaat könne sich nur verwirklichen, wenn sichergestellt sei, dass Straftäter im Rahmen der geltenden Gesetze verfolgt, abgeurteilt und einer gerechten Bestrafung zugeführt würden. Das Gericht betont, dass sich die Ermittlung des wahren Sachverhalts, ohne die das materielle Schuldprinzip nicht verwirklicht werden könne, als zentrales Anliegen des Strafprozesses erweise. Dem Ziel, die materielle Wahrheit zu erforschen, um auf dieser Grundlage die Entscheidung über Schuld und Nichtschuld zu treffen und die daraus folgenden rechtlichen Konsequenzen zu ziehen, seien Gericht und Staatsanwaltschaft gleichermaßen verpflichtet. Zwar würden es die genannten Grundsätze nicht verbieten, außerhalb der Hauptverhandlung eine Verständigung zwischen Gericht und Verfahrensbeteiligten über Stand und Aussichten des Verfahrens herbeizuführen, der schon das Strafverfahrensrecht Grenzen setzt.Die Grundsätzeschlössen es aber aus, die Ausübung der richterlichen Aufklärungspflicht, die rechtliche Subsumtion und die Grundsätze der Strafbemessung in einer Hauptverhandlung, die letztlich mit einem Urteil zur Schuldfrage abschließen soll, ins Belieben oder zur freien Disposition der Verfahrensbeteiligten und des Gerichts zu stellen. Dem Gericht und der Staatsanwaltschaft sei es deshalb untersagt, sich auf einen „Vergleich“ im Gewande des Urteils, auf einen „Handel mit der Gerechtigkeit" einzulassen. Auch dürfe die im Rahmen einer Absprache in Betracht kommende geständnisbedingte Strafmilderung „den Boden des schuldangemessenen Strafens“ nicht verlassen. Zu einem Geständnis dürfe der Angeklagte wegen § 136 a StPO – Schutz der Freiheit der Willensentschließung und Willensbetätigung des Angeklagten - nicht gedrängt werden. Lediglich auf eine zwischenzeitlich erreichte Beweislage oder die strafmildernde Wirkung eines Geständnisses dürfe hingewiesen werde.[697] Gegen diese Grundsätze hatte das Tatgericht nach Ansicht des Verfassungsgerichts nicht verstoßen.
Inder Literatur wird betont, das BVerfG habe mit diesem Beschluss zu erkennen gegeben, dass inhaltsbezogene Verständigungen im Strafverfahren nicht grundsätzlich und generellunzulässig seien.[698]Die vom BVerfG entwickelten Kriterien

---

696 NStZ 1987, 419.
697 NStZ 1987, 419.
698 NStZ 1987, 419. Mit Anm. *Gallandi* ,= NStZ 1987, 420. *Siolek*, FS Rieß, 564.*Bode*, DRiZ 1998, 281 (283). *Böttcher*, *Dahs/Widmaier*, NStZ 1993, 375, 376.

seien abstrakt und flexibel genug, den Bedürfnissen der Praxis auch bei der zu erwartenden Weiterentwicklung des Instituts der Verfahrensabsprache Rechnung zu tragen.[699]

Die Entscheidung des BVerfG ist in der Literatur aber auch auf Kritik gestoßen. Ihr wird vorgeworfen, dass sie keine Grundsatzentscheidung sei, sondern nur richtlinienartige Hinweise enthalte[700] und viele Probleme der Absprache nicht anspreche.[701] Die richtlinienartigen Hinweise[702] zu den Grenzen der Zulässigkeit strafprozessualer Absprachen seien so allgemein gehalten, dass der Beschluss sowohl von den Befürwortern als auch von Kritikern der Absprachepraxis jeweils für die eigene Position reklamiert werden könnten.[703]

In der zweiten einschlägigen Entscheidung des BVerfG ging es um eine fehlgeschlagene Verständigung in einem Strafprozess.Der Beschwerdeführer war vom Amtsgericht zu einer Freiheitsstrafe von drei Jahren verurteilt worden. In der Berufungsinstanz strebte er eine Bewährungsstrafe an. Dafür war er bereit, ein Geständnis abzulegen. Sein Verteidiger wandte sich deshalb außerhalb der Hauptverhandlung an die Berufsrichter. Nach seiner Vorstellung sollte das Gericht auf eine Freiheitsstrafe von zwei Jahren mit Bewährung erkennen. Die erstrebte Strafmaßzusage erfolgte nicht. Die behauptete Zusicherung einer Strafobergrenze durch das Gericht war nicht protokolliert worden. Das OLG verwarf die Revision des Beschwerdeführers.[704]

Mit seiner Verfassungsbeschwerde rügte der Beschwerdeführer die Verletzung seines Anspruches auf ein rechtstaatliches Verfahren sowie auf rechtliches Gehör. Er meinte, das Berufungsgericht habe seinen Vorschlag für eine Einigung stillschweigend angenommen. Wenn es davon habe abweichen wollen, wäre es zu einem klarstellenden Hinweis verpflichtet gewesen.

Trotz der Nichtannahme der Verfassungsbeschwerde hat das Verfassungsgericht auch in diesem Fall Ausführungen zur Absprache gemacht. Es stellt fest, dass der Tatrichter an eine von ihm zugesagte Strafobergrenze gebunden sei; allerdings setze eine solche Bindung voraus, dass die Zusage protokolliert worden ist; ohne Protokollierung könne der Angeklagte die Zusicherung einer Strafobergrenze im Revisionsverfahren nicht erfolgreich gelten machen. Der Angeklagte habe hier durch Anrufung des Gerichts gem. §§ 332, 238 Abs. 2 StPO die Möglichkeit, die Protokollierung der Zusicherung einer Strafobergrenze herbeizuführen, bevor er ein Geständnis ablege. Das habe er versäumt. Darum habe er einen ihm möglichen Rechtsbehelf nicht ausgenutzt.[705]

---

699 *Dahs,* NStZ 1988, 158.

700 *Gallandi,*= NStZ 1987, 420. *Nestler-Tremel,* StV 1989, 109. *Schünemann,* StV, 1993, 660.

701 *Rönnau,* Die Absprachen im Strafprozess, 1990. S.72. *Wolfslast,* NStZ, 1990, 411.

702 *Gallandi* , NStZ 1987, 420.

703 *Schünemann,* JZ 1989, 986. *Wolfslast,* NStZ 1990, 411.

704 StV 2000, 3.

705 StV 2000, 3.

2. Absprachen in der höchstrichterlichen Rechtsprechung bis zur Grundsatzentscheidung des 4. Strafsenats und des Großen Senats

a.Die erste Entscheidungen des BGH zu Absprachefällen

Obwohl das deutsche Strafverfahrensrecht grundsätzlich absprachefeindlich ausgestaltet ist,[706] hat sich in der gerichtlichen Praxis ein Absprachenverfahren als eine zweite informelle Verfahrensart etabliert.[707] Es ist deshalb nur folgerichtig, dass das Schwergewicht der wissenschaftlichen Diskussionen bis zur Grundsatzentscheidung des 4. Strafsenats des Bundesgerichtshofs auf der Frage nach der Vereinbarkeit der Absprachen mit dem geltenden Recht lag. Dass sich der Bundesgerichthof erst sehr spät mit dieser grundsätzlichen Problematik auseinandergesetzt hat, erklärt sich daraus, dass Urteile, denen eine Absprache zugrunde liegt, nur selten mit der Revision angefochten werden.[708] Allerdings hat der BGH zu einzelnen Rechtsfragen, die sich aus gescheiterten Absprachen ergaben - im Schrifttum als „kranke“[709] oder „pathologische“[710] Absprachenbezeichnet – Stellung genommen[711] ohne auf die grundsätzliche Frage nach der Vereinbarkeit der Absprache mit der Strafprozessordnung einzugehen.
Zunächst ging es um folgende Fragen: Begründen Verständigungsgespräche des Gerichts mit den Verfahrensbeteiligten innerhalb oder außerhalb der Hauptverhandlung eine Befangenheit der beteiligten Richter?[712] Wie ist der Bruch einer gerichtlichen Zusage zu bewerten?[713]

b. Einzelfallentscheidungen:

1. Bei der ersten Entscheidung des 2. Strafsenats zu der Frage, ob Verhandlungen zwischen den Verfahrensbeteiligten außerhalb der Hauptverhandlung zu einer Befangenheit der beteiligten Richter führen:
Sachverhalt:
Zwei Richter einer Strafkammer hatten dem Vertreter der Staatsanwaltschaft außerhalb der Hauptverhandlung nahegelegt, einen Beweisantrag zurückzunehmen, mit dem er einem vom Angeklagten gestellten Beweisantrag entgegentreten woll-

706 *Kuckein/Pfister*, 50 Jahre Bundesgerichtshof, 2000, S. 644. *Seier*, JZ 1988, 684.

707 *Weigend*, NStZ 1999, 53,57. *Weßlau*, Das Konsensprinzip im Strafverfahren –Leitidee für eine Gesamtreform , 2002 S.6. *Schünemann*, Festschrift für Andreas Heldrich , S. 1177, 1178; *Satzger*, StraFo, 2006, 48. *Schmitt*, GA 2001, 411, 425. *Terhorst*, GA 2002, 600, 602. *Schünemann/Hauer*, AnwBl. 2006, 443. *Siolek*, FS für Peter Rieß, 2002,S. 563.

708 Fischer, NStZ, 2007, 434. *Kuckein/Pfister*, 50 Jahre Bundesgerichtshof, 2000, S. 642. *Meyer-Goßner*, StraFo, 2001, 73. *Weichbrodt*, Das Konsensprinzip strafprozessualer Absprachen, 2005, S. 174.*Fischer*, NStZ, 2007, 434.

709 *Weigend*, 50 Jahre Bundesgerichtshof, 2000, S.1017;

710 *Moldenhauer*, Eine Verfahrensordnung für Absprachen im Strafverfahren durch den Bundesgerichtshof?, 2003, S.37.

711 *Niemöller*, StV 1990, 34. *Siolek*, FS für Peter Rieß, 2002, S. 564.

712 BGHSt 14, 189, 191, (4 Senat). BGH, Beschluss vom 4.5. 1977=NStZ, 1991, 348,(3 Senat) . BGH, StV 1984, 318, (2Senat). BGH NStZ 1985, 36 (2Senat). BGHSt 36, 210,(2Senat).

713 BGH, StV 1984,449. BGH Stv 1989. 336. BGH, NJW 1990, 1921.

te. Die Richter teilten dem Staatsanwalt mit, das Gericht werde den Beweisantrag des Angeklagten ablehnen. Außerdem offenbarten sie ihm das vom Gericht in Erwägung gezogene Strafmaß.[714] *Auf Grund dieses Sachverhalts lehnte der Angeklagte das Gericht wegen Besorgnis der Befangenheit ab. Sein entsprechender Antrag hatte keinen Erfolg.* Auf die Revision des Angeklagten hin stellte der 2. Strafsenat 1984 fest, ein Richter könne zwecks Förderung des Verfahrens mit Prozessbeteiligten auch außerhalb der Hauptverhandlung Fühlung aufnehmen und eine bestimmte Prozesshandlung anregen, wenn dies sachlich gerechtfertigt sei. Trotzdem hielt der BGH die Rüge der Verletzung des § 338 Abs. 1 Nr. 3 StPO für begründet, weil die erkennenden Richter hier in unzulässiger Weise dem Staatsanwalt Zusagen bezüglich der Strafbemessung gemacht hätten.[715]

2. Vier Jahre später führte der 3. Strafsenat unter Hinweis auf das Urteil des 2. Strafsenats aus, es sei einem Richter nicht verwehrt, zwecks Förderung des Verfahrens mit den Verfahrensbeteiligten auch außerhalb der Hauptverhandlung Kontakt aufzunehmen. Ein solches Verhalten begründet nach Ansicht des Strafsenats noch keine Befangenheit des erkennenden Gerichts, es sei denn, dass zusätzliche Anhaltspunkte den Verdacht der Parteilichkeit des Richters begründen.[716]

3. 1989 musste sich der 2. Strafsenat mit der Frage einer nicht eingehaltenen Zusage befassen.

Sachverhalt:

Der Vorsitzende Richter hatte die Hauptverhandlung unterbrochen, um den Verteidigern Gelegenheit zur Prüfung zu geben, ob sie Beweisanträge stellen wollen. In der Pause hielten die Verteidiger Rücksprache mit dem Sitzungsvertreter der Staatsanwaltschaft, der ihnen erklärte, er beabsichtige gegen die Angeklagten S und R jeweils Freiheitsstrafen von drei Jahren und sechs Monaten sowie gegen die Angeklagte M eine Freiheitsstrafe von vier Jahren zu beantragen. Der Vorsitzende sicherte der Verteidigung zu, das Gericht werde dem Strafantrag der Staatsanwaltschaft folgen. Daraufhin verzichteten die Verteidiger auf Beweisanträge. Im Urteil hielt sich das Gericht jedoch nicht an die Zusage, sondern verhängte höhere Freiheitsstrafen als von der Staatsanwaltschaft gefordert.[717]

Nach Ansicht des 2. Strafsenats war die Zusicherung des Vorsitzenden nicht zu beanstanden; die Verteidigung habe auch auf diese vertrauen dürfen. Damit habe das Gericht für den Angeklagten einen Vertrauenstatbestand geschaffen. Falls das Gericht von seiner Zusage später abweichen wolle, gebiete es das Gebot des fairen Verfahrens (Art. 6 Abs. 1 MRK), den Verteidiger auf diese Absicht hinzuweisen, um dem Angeklagten damit die Möglichkeit zu geben, auf die geänderte Einstellung des Gerichts zu reagieren.[718]

714 BGH, StV ,1984, 449(450)=BGH Urteil vom 5.9. 1984-2StR 347/84=NStZ 1985, 37.

715 BGH, StV 1984, 449(450)=BGH Urteil vom 5.9. 1984-2StR 347/84=NStZ, 1985,37.

716 BGH Urteil 11. 5. 1988-3 StR 566/87=StV 1988, 417.

717 BGHSt. 36, 210.

718 BGHSt. 36, 210.

4. In der Entscheidung des zweiten Strafsenats vom 8.3.1990 ging es um die Verbindlichkeit einer informellen Zusage.[719] Das Tatgericht soll bei dem Angeklagten die Vorstellung geweckt haben, bei einem umfassenden Geständnis werde es lediglich eine Bewährungsstrafe verhängen und ihn dadurch veranlasst haben, ihm gar nicht zurechenbare Tatteile einzuräumen.

Sachverhalt:

Nach Anklageerhebung fand auf Anregung des Verteidigers ein informelles Gespräch zwischen ihm, dem Vorsitzenden, dem Berichterstatter und dem Staatsanwalt statt. DerStaatsanwaltblieb in diesem Gespräch bei seiner bereits früher geäußerten Strafmaßvorstellung von drei Jahren und sechs Monaten Freiheitsstrafe. Die beiden Richter äußerten sich zu der vom Angeklagten angestrebten Bewährungsstrafe nur indirekt, indem sie zum Ausdruck brachten, eine solche Straferwartung hinge an einem „seidenen Faden". Zu Beginn der Hauptverhandlung erklärte der Angeklagte, der Anklagevorwurf treffe bezüglich bestimmter Tatvorwürfe zu. Daraufhin wandte sich der Vorsitzende an den Angeklagten mit der Aufforderung, auf eine solche Einschränkung zu verzichten, und an die Verteidiger mit der Bemerkung „So wird das nichts". Er unterbrach die Verhandlung mit der Empfehlung an den Angeklagten, sich noch einmal mit seinem Verteidiger zu beraten.[720]Daraufhin verzichtete der Angeklagte auf seine Einschränkung und gab die angeklagte Tat im vollen Umfang zu. Das Gericht verhängte gleichwohl keine Bewährungsstrafe sondern eine Freiheitstrafe von zwei Jahren und sechs Monaten.

Der 2. Strafsenat hat die Revision des Angeklagten verworfen, weil sich weder aus den Äußerungen noch aus den Verhaltensweisen der Richter die Zusage herleiten lasse, das Gericht werde eine Bewährungsstrafe verhängen.[721] Zur allgemeinen Frage der Rechtmäßigkeit von Urteilsabsprachen hat der 2. Strafsenat nicht Stellung genommen

5. Die Frage, inwieweit Absprachen überhaupt zulässig sind, blieb auch in der ersten einschlägigen Entscheidung des 3. Strafsenats aus dem Jahre 1990 unbeantwortet.[722]

Sachverhalt:

Nachdem der sachbearbeitende Staatsanwalt die Zusage gegeben hatte, die Staatsanwaltschaft werde den in einem anderen Verfahren erhobenen Vorwurf der Steuerhinterziehung nicht weiterverfolgen, falls der Beschuldigte sein Rechtsmittel gegen den Strafbefehl zurücknehme, nahm der Angeklagte den Einspruch zurück. Der damalige Sachbearbeiter der Staatsanwaltschaft hielt sich an die Zusage, sein Nachfolger nicht. Dieser erhob wegen Steuerhinterziehung Anklage. Der Angeklagte wurde verurteilt. Bei der Strafzumessung wertete der Tatrichter die nicht eingehaltene Zusage der Staatsanwaltschaft erheblich strafmil-

---

719 BGH , NJW 1990, 1921.

720 BGH, NJW 1990, 1921.

721 BGH, NJW, 1990, 1921. *Zschockelt,* NStZ 1991, 309.

722 BGHSt. 37, 10.

dernd. Eine gegen die Strafmilderung gerichtete Revision der Staatsanwaltschaft blieb erfolglos.
Der 3. Strafsenat hat das Verhalten der Staatsanwaltschaft als Verstoß gegen den Grundsatz des fairen Verfahrens gewertet, gleichzeitig aber festgestellt, die Verletzung des fair-trial-Prinzips begründe zwar kein Verfahrenshindernis (hier: Strafklageverbrauch), sei aber ein wesentlicher Strafmilderungsgrund.[723] Der 3. Strafsenat gibt damit zu erkennen, dass solche Zusagen der Staatsanwaltschaft rechtlich unbedenklich sind, anderenfalls hätte eine solche Zusage des Staatsanwalts keinen Vertrauensschutz für den Angeklagten begründen können.
6. Auch in der folgenden Entscheidung hat der 3. Strafsenat die grundsätzliche Frage der Zulässigkeit der Absprache offen gelassen.[724]

Sachverhalt:
Die Berufsrichter der Strafkammer hatten „Verständigungsgespräche" mit den Verteidigern von zwei der drei Angeklagten außerhalb der Hauptverhandlung über die Frage geführt, welche Strafen gegen die Mitangeklagten im Falle eines Geständnisses höchstens verhängt werden würden, ohne den dritten (nicht geständigen) Angeklagten und seinen Verteidiger zu informieren. Auch in der Hauptverhandlung reagierten der Vorsitzende und der Berichterstatter ausweichend auf konkrete Nachfragen des an dem Verständigungsgespräch nicht beteiligten Verteidigers.[725]
Der 3. Strafsenat hat festgestellt, das Ablehnungsgesuch gegen die Richter sei wegen fehlender Einbeziehung aller Angeklagten in die informellen Gespräche und wegen des mangelhaften Informationsverhaltens begründet.[726]Bei fehlender Unterrichtung eines nicht anwesenden Angeklagten bestehe die Möglichkeit, dass die Richter durch die Bindung an etwaige Absprachen die Freiheit der Verhandlungsführung sowie ihrer Urteilsfindung verlieren könnten.[727]
In dieser Entscheidung gibt der 3. Strafsenat in einem obiter dictum zu erkennen, dass Absprachen über die zügige Erledigung eines gegen mehrere Angeklagten geführten Verfahrens auch dann nicht ausgeschlossen seien, wenn einer von mehreren Mitangeklagten sich weigere, an der Verständigung teilzunehmen. Allerdings gibt der 3. Strafsenat keine allgemeinen Hinweise, unter welchen Voraussetzungen solche Absprachen überhaupt zulässig sind.[728]

---

723 BGHSt. 37, 10, (13). *Moldenhauer*, Eine Verfahrensordnung für Absprachen im Strafverfahren durch den Bundesgerichtshof? 2003, S.42. *Weigend,* 50 Jahre Bundesgerichtshof, 2000, S. 1026. *Zschockelt,* NStZ 1991, 307.
724 BGHSt. 37, 99.
725 BGHSt. 37, 99.
726 BGHSt. 37, 105.
727 BGHSt. 37, 104.
728 BGHSt. 37, 103. *Weigend,* 50 Jahre Bundesgerichtshof, 2000, S. 1026.

6. Im Jahre 1991 hatte sich der 3. Strafsenat des Bundesgerichtshofs mit der Revision einer Staatsanwaltschaft zu befassen, der folgender Sachverhalt zugrunde lag:[729]
In einer umfangreichen Wirtschaftsstrafsache rechnete man mit einer Verhandlungsdauer von mehreren Monaten. Vor Beginn der Hauptverhandlung führte der Vorsitzende getrennte Gespräche zunächst mit der Verteidigung und anschließend mit der Staatsanwaltschaft über die Möglichkeiten einer einvernehmlichen Abkürzung des Verfahrens. Dabei ging es auch um die Frage der zu erwartenden Strafe im Falle eines Geständnisses durch den Angeklagten. Nach der Beratung mit dem Beisitzer stellte der Vorsitzende dem Verteidiger für diesen Fall und nach vorläufiger Bewertung der Sache eine Freiheitsstrafe von vier Jahren in Aussicht. Der Sachbearbeiter der Staatsanwaltschaft erwiderte auf die Anfrage des Vorsitzenden, er erwarte bei einem Geständnis eine Freiheitsstrafe von mindestens fünf Jahren. Nach Beginn der Hauptverhandlung lehnte der Staatsanwalt die Berufsrichter wegen Besorgnis der Befangenheit ab. Die Ablehnungsgesuche wurden als unbegründet zurückgewiesen. Der Angeklagte legte am ersten Verhandlungstag ein umfassendes Geständnis ab, was der Strafkammer als Entscheidungsgrundlage genügt hätte. Die Staatsanwaltschaft bestand aber auf eine Beweisaufnahme gemäß § 245 StPO. Nach drei Monaten Verhandlungsdauer wurde der Angeklagte zu einer Freiheitsstrafe von vier Jahren und zwei Monaten verurteilt.
Der 3. Strafsenat hob das Urteil auf, weil die Ablehnungsgesuche gegen die Richter zu Unrecht abgelehnt worden seien. Zur Begründung hat er ausgeführt: Wenn der Vorsitzende einer Strafkammer im Einvernehmen mit dem Beisitzer vor der Hauptverhandlung ohne Anwesenheit der anderen Verfahrensbeteiligten dem Verteidiger konkret - wenn auch nach außen hin unverbindlich – erklärt, welche Strafe der Angeklagten bei einem Geständnis zu erwarten habe, könne bei den abwesenden Verfahrensbeteiligten durchaus der Eindruck entstehen, die Richter seien in ihrer Entscheidung nicht mehr frei.[730]
Wichtig für das Thema der vorliegenden Arbeit ist das, was der Senat in einem ausführlichen obiter dictum zur Absprachepraxis äußert. Er ist der Meinung, die vom Gericht in einem Urteil zu verkündende Strafe dürfe nicht ohne die vom Gesetz gewährten Garantien der Anwesenheit und Mitwirkung aller Verfahrensbeteiligten, der Unmittelbarkeit und Mündlichkeit der Hauptverhandlung sowie nicht unter Umgehung des Öffentlichkeitsgrundsatzes gefunden werden. Wenn einzelne oder alle Mitglieder des Gerichts - vor allem über den Kopf eines Verfahrensbeteiligten hinweg - vertrauliche Absprachen für ein abgekürztes Verfahren träfen oder konkret Zugeständnisse anböten, erweckten sie den Eindruck, dass ihnen an einer gerechten Feststellung aller für die Schuld und Strafe bedeutsamen Umstände nichts gelegen sei.[731] Der Senat weist ausdrücklich darauf hin, dass es

729 BGHSt. 37, 298.
730 BGHSt. 37, 298.
731 BGHSt. 37, 304.

bei Absprachen über das Prozessergebnis kein rechtsstaatliches Verfahren gebe. „Vielmehr sei es dem Gericht untersagt, sich auf einen Vergleich im Gewande des Urteils, also quasi auf einen Handeln mit der Gerechtigkeit, einzulassen.“[732] Nach dieser Entscheidung wurden zumindest Absprachen außerhalb der Hauptverhandlung nur noch in seltenen Fällen für möglich gehalten.[733]

7. Einige Monate nach der Entscheidung des 3. Strafsenats[734] erging eine Entscheidung des 2. Strafsenats.[735] Er ignorierte die vom 3. Strafsenat in seinem obiter dictum geäußerte Meinung über die Absprache und erkennt Absprachen tendenziell an.[736]

Sachverhalt:Auf die Frage des Verteidigers nach dem zu erwartenden Strafmaß im Fall eines Geständnisses des Angeklagten führte die Kammer unter Einschluss der Schöffen eine Zwischenberatung durch und teilte dem Verteidiger nach der Beratung einen bestimmten Strafrahmen mit. Die Staatsanwaltschaft, die von diesem Vorgang erst bei der Urteilsverkündung erfuhr, rügte mit der Revision eine Verletzung der §§ 33, 261 StPO

Der 2. Strafsenat hob das Urteil auf. Allerdings hat er den Rechtsfehler nicht in der außerhalb der Hauptverhandlung und ohne vorherige Unterrichtung der Staatsanwaltschaft geführten Zwischenberatung über die Frage, wie hoch die Strafe im Falle eines Geständnisses ausfallen würden, gesehen, sondern in der unterbliebenen Mitteilung des Ergebnisses der Beratung an die Staatsanwaltschaft.[737]

Der Senat betont, dass zwar weder diese Mitteilung, noch ein daraufhin vom Angeklagten abgelegtes Geständnis eine Bindung des Gerichts in dem Sinne bewirke, dass das endgültige Urteil dem in Aussicht gestellten Ergebnis entsprechen müsse. Eine Absprache könne unter Umständen zweckmäßig oder gar notwendig sein.[738]

8. Im Jahre 1995 erklärte der 3. Strafsenat einen Rechtsmittelverzicht des Angeklagten für unwirksam, weil diesem eine vom Vorsitzenden unzuständigerweise gegebene und alsbald nach der Urteilsverkündung nicht eingehaltene Zusage zugrunde lag.[739]

Sachverhalt:

Das Gericht hatte dem Angeklagten Strafmilderung und einen weiteren Verbleib in der Vollzugsanstalt am Wohnort seiner Freundin als "Gegenleistung" für ein Geständnis und den Verzicht auf Rechtsmittel in Aussicht gestellt. Wegen des wei-

---

732 BGHSt. 37, 305.

733 *Eser,* ZStW 104, 1992. 361 (374). *Weigend,* 50 Jahre Bundesgerichtshof, 2000, S. 1028.

734 BGHSt. 37, 298

735 BGHSt 38, 102.

736 *Weigend,* 50 Jahre Bundesgerichtshof , 2000, S. 1018. *Moldenhauer,* Eine Verfahrensordnung für Absprachen im Strafverfahren durch den Bundesgerichtshof, S. 45.*Herrmann,* JuS 1999, 1162(1163);

737 BGHSt 38, 102.

738 BGHSt 38, 102.(103).

739 BGH Beschluss vom 26.04.1995, StV 1995, 395=NStZ 1995, 556 =NJW 1995, 2568.

teren Aufenthalts in der Haftanstalt hatte der Vorsitzende vorher mit dem Leiter der Vollzugsanstalt gesprochen und mit diesem vereinbart, dass der Angeklagte wenigstens in den nächsten zwei Monate in der jetzigen Vollzugsanstalt verbleiben werde. Der Angeklagte legte ein Geständnis ab und erklärte, auf Rechtsmittel zu verzichten. Tatsächlich wurde der Angeklagte nach der Urteilsverkündung alsbald in eine andere Anstalt verlegt.[740]

Der Strafsenat hat dem Angeklagten Wiedereinsetzung in den vorigen Stand wegen Versäumung der Frist zur Einlegung der Revision gewährt, weil der Rechtsmittelverzicht des Angeklagten wegen unzulässiger Willensbeeinflussung unwirksam gewesen sei. Er sei nämlich auch mit der Erklärung des Gerichts über den weiteren Verbleib in der Untersuchungshaftanstalt verbunden gewesen. Zum Strafvollzug dürfe aber das Tatgericht oder dessen Vorsitzender selbst nach Rücksprache mit dem Leiter der Justizvollzugsanstalt mangels sachlicher Kompetenz keine Erklärungen abgeben oder Empfehlungen aussprechen. Wegen Überschreitung seiner Zuständigkeit habe das Gericht in unzulässiger Weise auf die Freiheit der Willensentschließung und Willensbetätigung des Angeklagten eingewirkt.[741] Auf die Frage, ob ein Rechtmittelverzicht überhaupt Gegenstand einer Absprache sein kann, geht der Senat nicht ein.

9. Im Jahre 1996 entschied der 5. Strafsenat über die Rechtmäßigkeit von Gesprächen des Gerichts mit Verfahrensbeteiligten außerhalb der Hauptverhandlung.[742]

Sachverhalt:

Mit der Revision beanstandet die Staatsanwaltschaft, der Vorsitzende des Gerichts habe ohne ihr Wissen und ohne ihre Beteiligung mit den Verteidigern außerhalb der Hauptverhandlung eine Absprache zum Strafmaß getroffen. Für den Fall, dass die Angeklagten Geständnisse ablegten, seien den Verteidigern vom Vorsitzenden die schließlich verhängten Strafen in Aussicht gestellt worden. Der Senat hat die Revision der Staatsanwaltschaft, mit der die Verletzung des §§ 33, 261 StPO gerügt wird, verworfen.

Zur Begründung hat der Strafsenat ausgeführt, der Grundsatz des rechtlichen Gehörs gebiete es nicht, dass das Gericht Gespräche zur Förderung des Verfahrens immer nur in Gegenwart aller Verfahrensbeteiligter führt.[743] Gegen Rechtsgespräche auch außerhalb der Hauptverhandlung sei generell nichts einzuwenden;[744] sie sind nach Auffassung des Strafsenats sogar wünschenswert.[745] Nur wenn etwa durch die Mitteilung des Ergebnisses einer Zwischenberatung ein besonderer Vertrauenstatbestand geschaffen werde, müsse das Gericht alle Prozessbeteiligten zu der mit einem Verfahrensbeteiligten getroffenen Absprache oder Verständi-

740 BGH a.a.O.
741 BGH a.a.O.
742 BGHSt 42, 47
743 BGHSt a.a.O., 49
744 BGHSt a.a.O., 47
745 BGHSt a.a.O.

gung hören.[746] Im konkreten Fall hätten die Gespräche des Gerichtsvorsitzenden mit den Verteidigern aber keinen mitteilungsbedürftigen Vertrauenstatbestand geschaffen; es habe sich nur um eine Wissensäußerung gehandelt.[747] Diese Entscheidung des 5. Strafsenats ist auf Kritik gestoßen.[748]

10. In dem gleichen Jahr hat sich der 5. Strafsenat mit dem Fall der gescheiterten Absprache befasst.[749]

Sachverhalt:Der Vorsitzende Richter regte in einer Sitzungspause Gespräche zwischen den Verteidigern, den Angeklagten und dem Vertreter der Staatsanwaltschaft über eine Absprache an. Es ging um die Frage, unter welchen Voraussetzungen die Angeklagten ein Geständnis ablegen würden. Das Ergebnis dieses Gesprächs war aus Sicht des Gerichts und der Verteidiger, dass die Angeklagten im Falle eines Geständnisses mit einer Freiheitsstrafe von acht Jahren rechnen könnten und andere gegen sie geführte sonstige Ermittlungsverfahren nach § 154 StPO eingestellt würden. Nach Ablegung der Geständnisse stellte sich allerdings heraus, dass die Staatsanwaltschaft ihre Erklärung nur auf die Straftaten bezogen wissen wollte, die den Gegenstand des vorliegenden Verfahrens bildeten. Ein Absehen von Strafverfolgung wegen anderer Straftaten kam aus Sicht der Staatsanwaltschaft nicht in Betracht. Nachdem dieser Dissens offenbar geworden war, erließ die Strafkammer den Beschluss, die Geständnisse nicht zu verwerten; den Antrag der Verteidigung, das Verfahren wegen eines Verfahrenshindernissen einzustellen, lehnte die Kammer ab.[750]

Der 5. Strafsenat geht davon aus, dass die Absprache wegen versteckten Dissenses gescheitert ist. Daraus folge aber kein Prozesshindernis.[751] Zwar sei das von den Verfahrensbeteiligten für die angestrebte Verständigung gewählte Verfahren wegen seiner offensichtlichen Anfälligkeit für Missverständnisse nicht unbedenklich.[752] Die Nichtverwertung der Geständnisse entspreche aber den Grundsätzen eines fairen Verfahrens. Ein Rechtsfehler zum Nachteil der Angeklagten liege darin nicht. Gleichwohl hat der Strafsenat das Urteil aufgehoben, weil das Gericht die Geständnisse der Angeklagten bei der Strafzumessung nicht berücksichtigt habe. Denn trotz des Verwertungsverbotes zum Nachteil der Angeklagten sei es zulässig, die Geständnisse bei der Strafzumessung zu Gunsten der Angeklagten zu berücksichtigen.[753]

11.Im Jahr 1997 entschied der 2. Strafsenat über die Wirksamkeit eines Rechtsmittelverzichts bei einer unwirksamen Urteilsabsprache.[754]

Sachverhalt:

---

746 BGHSt a.a.O., 49
747 BGHSt a.a.O.
748 *Fahl*, JA 1997, 272. *Kintzi,* JR 1997, 78. *Zschockelt,* NStZ 1996, 449.
749 BGHSt 42, 191
750 BGHSt 42, 191.
751 BGHSt 42, 191, (193).
752 BGHSt 42, 191, (193).
753 BGHSt 42, 191, (194).
754 BGH Beschluss vom 20. 06. 1997 – 2StR =NStZ 1997, 611 =NJW 1997, 2691.

Gegenstand der außerhalb der Hauptverhandlung getroffenen Absprache war die Abkürzung des Verfahrens durch eine einverständliche Erledigung in der Weise, dass eine Gesamtfreiheitsstrafe von nicht mehr als vier Jahren verhängt und unter dieser Voraussetzung auf Rechtsmittel verzichtet werde.[755]
Nach Ansicht des 2. Strafsenats ist die vorliegende Absprache unzulässig, weil sie gegen eine Reihe tragender Grundsätze des Strafverfahrens, namentlich das Gebot umfassender Wahrheitserforschung, das Prinzip der freien Überzeugungsbildung des Gerichts, die Garantie richterlicher Unabhängigkeit, das Erfordernisses schuldangemessenen Strafens, die Öffentlichkeit der Verhandlung und die Gewährleistung eines insgesamt rechtstaatlichen, fairen Verfahrens verstößt. Diese Verstöße berühren nach Ansicht des Senats die Wirksamkeit des absprachegemäß erklärten Rechtsmittelverzichts nicht. Nur wenn diejenigen Gründe, die allgemein oder im Einzelfall der Zulässigkeit einer solchen Absprache entgegenstehen, zugleich auch zur rechtlichen Missbilligung des abgesprochenen Rechtsmittelverzichts führen würden, wäre der Rechtsmittelverzicht unwirksam. Solche Gründe sieht der Senat nicht[756].

3. Zusammenfassung und Bewertung

Zusammenfassend lässt sich festhalten, dass die einzelnen Senate in ihren obiter dicta unterschiedliche Ansichten gegenüber der Absprachepraxis vertreten. Dennoch hat der BGH in allen oben genannten wie auch in weiteren Entscheidungen die mit der Absprache verbunden waren nie zu der Frage Stellung genommen, ob Absprachen grundsätzlich zulässig sind.
Berücksichtigt man jedoch, dass der BGH nie festgestellt hat, dass Absprachen generell unwirksam seien, kann geschlussfolgert werden, dass die Rechtsprechung Absprachen grundsätzlich anerkennt.[757]
Weil es keine normative Basis für die Abspracheregelung im Verfahrensrecht gab, versuchte der BGH bis zu seiner Grundsatzentscheidung (BGHSt 43, 195) Einzelfragen zur Abspracheproblematik mit Hilfe elementarer Grundsätze des Strafverfahrensrechts zu lösen.[758] Diese über Jahre entwickelten Entscheidungen bilden die Grundsätze für Absprachen.[759] Der BGH musste sich bis zum Sommer 1997 nicht zur Vereinbarkeit der Absprachen mit der Strafprozessordnung äußern, da die angefochtenen Urteile aus anderen Gründen aufgehoben wurden.[760]
Durch diese Einzelentscheidungen hat die Rechtsprechung im Laufe der Zeit die Grenzen zulässiger Absprachen aufgezeigt und entsprechende Leitlinien entwi-

---

755 BGH NStZ 1997, 612.

756 BGH NStZ 1997, 612.

757 *Kuckein/Pfister*, 50 Jahre Bundesgerichtshof, 2000, S.649. *Meier- Goßner*, StraFO 2001, 73.

758 *Weigend*, 50 Jahre Bundesgerichtshof, 2000, S. 1016.

759 *Moldenhauer*, Eine Verfahrensordnung für Absprachen im Strafverfahren durch den Bundesgerichtshof?, 2004, S. 40.

760 *Kuckein/Pfister*, 50 Jahre Bundesgerichtshof, 2000, S. 648. *Siolek*, FS für Peter Riess, 2002, S. 564.

ckelt.[761] Neben der schon angesprochenen Frage der Befangenheit des an einer fehlerhaften Absprache beteiligten Richters[762] ging es auch um die Notwendigkeit einer Offenlegung der Absprachen in der Hauptverhandlung,[763] die Verwertbarkeit von Geständnissen bei unzulässiger Vereinbarungen[764] oder fehlgeschlagenen Absprachen,[765] sowie um die Frage des Rechtsmittelverzichts.[766]

4. Das Grundsatzurteil des 4. Strafsenats des BGH (BGHSt 43,195)

Wie die Übersicht über die Rechtsprechung der Strafsenate des Bundesgerichtshofs bis 1997 zeigt, hatten die Richter keinen Anlass gesehen, sich grundsätzlich und umfassend mit der zunehmenden Absprachepraxis bei den Tatgerichten auseinanderzusetzen. Allerdings haben die Senate im Rahmen ihrer Entscheidungen auf einzelne verfahrensrechtliche Probleme und Grenzen von gerichtlichen Absprachen hingewiesen. Dabei stellte sich heraus, dass die jeweiligen Ansichten nicht einheitlich waren. Das war offenbar der Grund für den 4. Strafsenat, sich grundsätzlich zur gerichtlichen Absprache zu äußern, obwohl der zur Entscheidung stehende Sachverhalt selbst keinen Anlass für eine solche umfassende Stellungnahme bot.

Sachverhalt:

Das Landgericht hatte die beiden Angeklagten wegen schwerer räuberischer Erpressung in zwei Fällen zu einer Gesamtfreiheitsstrafe von 12 Jahren verurteilt. In den Strafzumessungsgründen hat das Tatgericht folgende Feststellung getroffen: „Sowohl die Einzelstrafen als auch die Gesamtstrafen sind in dieser Höhe in öffentlicher Verhandlung mit den Angeklagten, den Verteidigern und der Staatsanwaltschaft bei gleichzeitiger vorläufiger Einstellung weiterer Anklagepunkte im Sinne einer verfahrensbeendenden Absprache abgestimmt worden." Weil sich später Streit ergab, inwieweit andere Verfahren eingestellt werden sollten, legte einer der Angeklagte gegen das Urteil eine auf den Strafausspruch beschränkte Revision ein. Das Rechtsmittel wurde damit begründet, dass entgegen § 46 Abs. 1 S. 1 StGB die Grundlage für die Strafzumessung die Absprache und nicht die Schuld der Täter gewesen sei.[767]

Der 4. Strafsenat hat das Urteil mit der Begründung aufgehoben, die Urteilsgründe ließen besorgen, dass die Strafkammer bereits vor der Urteilsberatung eine konkrete Strafe zugesagt habe. Durch eine solche Zusage fehle es aber an einer

761 *Siolek*, FS für Peter Riess, 2002, S. 564. *Beulke/Satzger*, JuS 1997, 1073. Kuckein/Pfister, 50 Jahre Bundesgerichtshof, 2000, S. 649.

762 BGHSt 37, S. 99; 37, S. 298; 42, S. 191.

763 BGHSt 38, S. 102= NStZ 1992, 139.

764 BGHSt 38, S. 102; 42, S.191, 93.

765 BGH, StV 1996, 521.

766 BGH, NStZ 1997, 612.

767 BGH 43, 195.

selbständigen richterlichen Entscheidung zur Strafzumessung; das sei rechtsfehlerhaft.[768]

Darüber hinaus nutzte der Strafsenat die Gelegenheit, um sich grundsätzlich zur Frage der Zulässigkeit von gerichtlichen Absprachen zu äußern.[769] Er verweist auf die kritische Literatur zur Absprachepraxis und stimmt deren Haupteinwand zu, ein Urteil dürfe nach den Grundprinzipien des deutschen Strafverfahrensrechts nicht zur Disposition der Parteien gestellt werden.[770] Ebenso stimmt er der Argumentation zu, dass das deutsche Strafverfahrensrecht grundsätzlich vergleichsfeindlich ausgestaltet sei und dass es eine freie Verfügung des Gerichts und der Prozessbeteiligten über den staatlichen Strafanspruch, über die Einhaltung der Verfahrensgrundsätze, die rechtliche Subsumtion und die Grundsätze der Strafbemessung verbiete.[771] Auf der anderen Seite analysiert er die Argumente der Befürworter der Absprachepraxis und verweist darauf, dass sich die Rechtsprechung den Bedenken der Literatur gegen gerichtliche Absprachen nicht angeschlossen habe.[772] Den Gegnern der Absprachepraxis hält der Senat vor, sie berücksichtigten nicht ausreichend, dass die Strafprozessordnung Verständigungen zwischen Gericht und Verfahrensbeteiligten über die Frage der Strafzumessung für den Fall eines Geständnisses nicht generell untersage.[773] Mit Vorschriften wie etwa dem § 153 a zeige die Strafprozessordnung, dass Einigungen über das Verfahrensergebnis dem deutschen Strafprozess nicht fremd seien.[774] Aus der Strafprozessordnung könne daher nicht geschlossen werde, dass Absprachen über das Verfahrensergebnis gänzlich unzulässig seien.[775]

---

768 BGH, 43,195, 211.

769 *Meyer-Goßner*, StraFo 2001,73-74. Diese Entscheidung hat der 4.Strafsenat unter dem Vorsitzenden Meyer-Goßner getroffen. Meyer Goßner schreibt, dass bei diesem Fall sich die grundsätzliche Frage stelle, wie mit Absprachen zu Verfahren sei; also ob Absprachen grundsätzlich unzulässig oder als unzulässig bewertet werden könnten oder zwischen beiden Positionen Zwischenwege zu finden seien. Jedenfalls habe der BGH Verständigungen nicht untersagen können, weil ansonsten „die ganze Abspracheproblematik in die Heimlichkeit hinab gedrückt worden" wäre. *Meyer-Goßner*, StraFo 2001, 4.

770 BGH, 43, 195,S. 196.

771 BGH, 43, 195,S. 203.

772 BGH, 43, 195,S. 198-202.

773 BGH, 43, 195,S. 202. Nach der Meinung Schünemann habe der Ausdruck des 4 Strafsenats, dass Verständigungen „ nicht generell untersagt", keinen größeren Erkenntniswert als etwa die Bemerkung, Geschlechtsverkehr sei nicht generell strafbar, in einer Diskussion über die Grenzen der Vergewaltigung.*Schünemann*, FS für Peter Rieß, 2002, S. 537.

774 BGH, 43, 195,S. 203. Der Hinweis des Senats, dass gerade §153a StPO zeige, dass prozesserledigende Verständigungen dem deutschen Strafverfahrensrecht „nicht völlig fremd" sind, ist auf große Kritik gestoßen. Mit der Begründung dass „es bei §153a StPO nicht um eine Verurteilung sondern um eine Einstellung des Verfahrens" gehe. Die Bestimmung geht von einer zunächst einseitigen Entscheidung des Staatsanwalts oder des Gerichts aus, der der Beschuldigte erst nachträglich durch Erfüllung der Auflagen und Weisungen zustimmt…und steht auf einem anderen Blatt. " *Herrmann,* JuS 1999, 1164. *Schünemann,* FS für Peter Rieß, 2002 S. 537. *Weigend,* NStZ 1999, 58.

775 BGH, 43, 195, S. 203

Grundsätzlich seien deshalb Absprachen möglich, die die Abgabe eines Geständnisses durch den Angeklagten gegen Zusage einer Strafmilderung durch das Gericht zum Inhalt haben; sie verstießen nicht von vornherein gegen verfassungs- und verfahrensrechtliche Prinzipien. Eine Verständigung sei also jeweils in ihrer konkreten Ausgestaltung an den unverzichtbaren Prinzipien des Verfahrensrechts und des materiellen Strafrechts zu messen.[776] Der Prüfungsmaßstab ist für den 4. Strafsenat dabei das aus dem Rechtsstaatsprinzip (Art. 20 Abs. 3 GG i. V. m. Art. 2 Abs. 1 GG) abgeleitete Recht des Angeklagten auf ein „faires, rechtsstaatliches Verfahren mit den Ausprägungen, die dieses Prinzip in den Verfahrensgrundsätzen des Strafprozessrechts gefunden hat."[777]
Hiervon ausgehend hat der Senat folgende Kriterien aufgestellt, die die Tatgerichte bei einer Urteilsabsprache beachten müssten:
a) Das Recht des Angeklagten auf ein faires, rechtsstaatliches Verfahren schließt eine Absprache über den Schuldspruch von vornherein aus; eine solche Verständigung ist unzulässig. Grundlage des Schuldspruchs darf nur der nach Überzeugung des Gerichts tatsächlich gegebene Sachverhalt sein; dessen strafrechtliche Bewertung und Einordnung ist einer Vereinbarung nicht zugänglich. Auch im Falle einer Absprache bleibt das Gericht zur Wahrheitserforschung verpflichtet. Deshalb muss das Gericht die Glaubwürdigkeit des Geständnisses überprüfen und sich hierzu aufdrängende Beweiserhebungen durchführen.
b) Selbstverständlich muss bei dem Bemühen der Beteiligten um das Zustandekommen einer Absprache die freie Willensentschließung des Angeklagten gewahrt bleiben; er darf insbesondere nicht durch Drohung mit einer höheren Strafe oder durch Versprechen eines gesetzlich nicht vorgesehenen Vorteils zu einem Geständnis gedrängt werden. § 136 a StPO, der die Freiheit der Willensentschließung und der Willensbetätigung schützt, ist daher bei den Verständigungsgesprächen genauso zu beachten wie der Grundsatz, dass niemand verpflichtet ist, sich selbst zu belasten (nemo tenetur se ipsum accusare).
c) Die Vereinbarung eines Rechtsmittelverzichts des Angeklagten vor der Urteilsverkündung ist unzulässig. Dies gilt insbesondere dann, wenn sich das Gericht für das in Aussichtstellen einer milderen Strafe durch den Angeklagten versprechen lässt, dass dieser auf Rechtsmittel verzichten werde.
d) Eine Verständigung darf nur nach Beratung des gesamten Spruchkörpers und unter Mitwirkung aller Verfahrensbeteiligten in öffentlicher Hauptverhandlung stattfinden, ihr Ergebnis ist ins Protokoll aufzunehmen. Diese Forderung schließt allerdings Vorgespräche außerhalb der Hauptverhandlung nicht aus. Das Ergebnis dieser Gespräche muss aber in der Hauptverhandlung offengelegt werden.
e) Das Gericht darf mit der Absprache nicht gegen §§ 260, 261 StPO verstoßen, indem es eine verbindliche Zusage zur Höhe der zu verhängenden Strafe macht; denn das Gericht hat aus dem Inbegriff der Verhandlung in der Urteilsberatung über die Strafe zu entscheiden. Die richterliche Entscheidungsfindung darf nicht

776 BGH, 43, 195, S. 203.
777 BGH, 43, 195, S. 203- 204.

durch Festlegung auf eine konkrete Strafe vorweggenommen werden. Die Bindung des Gerichts an ein bestimmtes Verfahrensergebnis vor Abschluss der Hauptverhandlung ist ausgeschlossen.
f) Das Gericht darf für den Fall eines Geständnisses durch den Angeklagten eine Strafobergrenze angeben, die es nicht überschreiten wird. Dabei darf jedoch der Boden schuldangemessenen Strafens nicht verlassen werden.
g) Das Gericht darf von einer Absprache abrücken, wenn sich im weiteren Verlauf der Hauptverhandlung neue schwerwiegende Umstände zu Lasten des Angeklagten ergeben. Eine beabsichtigte Abweichung muss in der Hauptverhandlung mitgeteilt werden.
h) Der Strafausspruch darf den Boden schuldangemessenen Strafens nicht verlassen. Das Geständnis des Angeklagten darf auch dann strafmildernd berücksichtigt werden, wenn anzunehmen ist, dass es nicht aus Reue, sondern aus taktischen Gründen abgegeben wurde.[778]
Nach Meinung vieler Strafrechtswissenschaftler hat der 4. Strafsenat mit diesem Urteil einen rechtlichen Rahmen und Orientierungspunkte für Absprachen gesetzt, das "letzte Wort“ sei aber noch nicht gesprochen.[779]Das Urteil könne nicht in allen Bereichen die Grenze der Verbotszone markieren und alle Zweifelsfragen lösen.[780] Viele vom Senat aufgestellte Regeln werden im Schrifttum in Zweifel gezogen.[781] Im Übrigen würden die vom Senat aufgestellten Regeln die Frage nach der Legitimität von Absprachen nicht beantworten, sondern setzten diese

778 BGH St 43, 195 (203-211).

779 *Herrmann*, JuS 1999, 1166. *Weigend*, 50 Jahre Bundesgerichshof, 2000, S. 1022. *Kuckein/ Pfister*, 50 Jahre Bundesgerichshof, S. 650. *Rönnau*, Wistra, 1998, 49. *Krause*, AnwBl 2000, 38.

780 *Kintzi*, JR 1998, 250.

781 Es gibt zahlreiche Bedenken gegen die Leitlinien der 4. Strafsenats, einige Bedenken seien hier erwähnt: *Weigend*, NStZ, 1999, 59. *Weigend* findet : dass „ein Angebot des Gerichts , dem bisher leugnenden oder schweigenden Angeklagten für den Fall eines Geständnisses eine mildere Strafe aufzuerlegen, die von §136 a StPO geschützte Freiheit der Willensentschließung des Angeklagten respektierte lasst sich bezweifeln“.*Meyer Goßner* hält auch für bedenklich: bei Geständnis- Bewährung, ohne Geständnis-keine Bewährung“-*Meyer Goßner* , StraFo, 2001, 75. Weigend findet zum „Gebot der Wahrheitsfindung“ bedenklich „ dass sich die gerichtliche Aufklärungspflicht zur Glaubwürdigkeit des Geständnisses nur auf die sich hierzu aufdrängenden Beweiserhebungen“ erstrecke-*Weigend*, NStZ 1999, 66. *Herrmann* hat Bedenken zu den Leitlinien des Senats zur Wahrheitserforschung bei Absprachen, weil der 4. Strafsenat zur entscheidenden Frage „wann sich eine Beweisaufnahme aufdrängt nicht Stellung nimmt“. *Herrmann*, JuS 1999, 1164. In der Literatur hört man auch Stimmen, dass die Entscheidung des 4. Strafsenats „gescheitert sei und wie bei der Quadratur des Kreises notwendig scheitern musste. *Schünemann*, FS für Rieß, 2002 S. 546. In der Literatur hört man auch dass die Leitlinien des BGH überwiegend auf fehlerhaften Annahmen über die Rechtswirklichkeit der Absprachen basieren und sie praktisch untauglich seien, für die ihnen zugedachte Funktion einer Grenzziehung der Verständigungspraxis und des Erhaltens prozessualer Maximen. *Schmitt*, GA. 2001, 425.

Frage als gelöst voraus.[782] Die Entscheidung ist von Tatrichtern und Staatsanwälten, aber auch von Verteidigern kritisiert worden.[783] Hinsichtlich der Einzelheiten dieser Kritik wird auf die Fußnote verwiesen.[784]

5. Die "Leitlinien" des 4. Senats in derRechtswirklichkeit

Bei einem Teil des Schrifttums ist der Eindruck entstanden, im strafgerichtlichen Alltag würden die vom Bundesgerichtshof (BGHSt 43,195) aufgestellten Regeln nicht beachtet, die Vorgaben hätten sich nicht vollständig durchgesetzt.[785] Daraus wird u. a. gefolgert, sie stellten keine verlässliche Grundlage für Absprachen dar.[786] Dem Bundesgerichtshof wird vorgeworfen, er entferne sich mit dieser Rechtsprechung – ohne zwingende Rechtsgründe - zu sehr von der Wirklichkeit und den Bedürfnissen der Praxis.[787]

Meyer-Goßner berichtet diesbezüglich von einem Symposium mit Richtern, Staatsanwälten und Anwälten, wo davon die Rede gewesen sei, dass die Praxis häufig noch wie vor der Entscheidung des 4. Senats verfahre, weil heimliche Absprachen mit der Vereinbarung einer bestimmten Strafe sowie die Zusicherung eines gegenseitigen Rechtsmittelverzichts wegen der auf der Hand liegenden Vorteile für die Beteiligten zu verlockend seien.[788] Auch Siolek (VRiOLG) leitet aus

---

782 *Weßlau,* das Konsensprinzip im Strafverfahren 2002, S. 10. *Weßlau:* „ Mit diesen Postulaten werden in Wirklichkeit nicht „Regeln" gesetzt, um die Grenze zwischen zulässigen und unzulässigen Absprachen zu markieren, denn diese Postulate haben keinen regulierenden, sondern ausschließlich einen apologetischen Charakter."

783 *Weider*, StraFo, 2003, 407

784 Dazu: *Herrmann,* JuS 1999, 1166. *Weigend,* 50 Jahre Bundesgerichtshof, 2000, S. 1022. *uckein/ Pfister*, 50 Jahre Bundesgerichtshof, S. 650. *Rönnau,* Wistra 1998, 49. *Krause,* AnwBl 2000, 38. *Kintzi,* JR 1998, 250. *Weigend,* NStZ, 1999, 66. *Schünemann,* FS für Peter Rieß, S.525. *Siolek,* FS für Peter Rieß, S. 564. *Weider,* FS für Klaus Lüderssen, S. 773. *Moldenhaur*, Eine Verfahrensordnung für Absprachen im Strafverfahren durch den Bundesgerichtshof? S.129. *Weichbrodt,* Das Konsensprinzip strafprozessualer Absprachen, 2006, S. 173. *Hauer,* Geständnis und Absprache 2007, S. 65-71. *Schmitt* , GA 2001, 425. *Schmitt* ist der Meinung dass die sog. Leitlinien des BGH basieren überwiegend auf fehlerhaften Annahmen die Rechtswirklichkeit der Absprachen und sie sind praktisch untauglich, die ihnen zugedachte Funktion einer Grenzziehrung der Verständigungspraxis und des Erhalts prozessualer Maximen zu erfüllen.

785 *Siolek,* FS Rieß 2002, S. 567. *Hamm,* FS für Dahs 2005, S.271. *Weider,* StV 2001, 595; *Schmitt,* GA 2001, 425. *Schmitt* ist der Meinung, die "Leitlinien" des BGH basierten überwiegend auf fehlerhaften Annahmen über die Rechtswirklichkeit der Absprachen und seien praktisch untauglich, die ihnen zugedachte Funktion einer Grenzziehung der Verständigungspraxis und des Erhaltens prozessualer Maximen zu erfüllen.

786 *Siolek* , FS Rieß 2002, S. 567

787 *Schmitt,* GA 2001, S. 425; *Wagner,* FS für Gössel, S. 585. *Fischer* NStZ, 2007, 435. *Fischer* befürchtet, die Mindestanforderungen des BGH würden von der Praxis alsbald unterlaufen und durch verbreitete Nichtbeachtung lächerlich gemacht werden. Anderer Ansicht: *Pfister,* DRiZ 2004, 180. *Meyer-Goßner*, Empirische und dogmatische Fundamente des kriminalpolitischen Impetus, Symposium für Schünemann, 2005, S.236.

788 *Meyer-Goßner*, Empirische und dogmatische Fundamente kriminalpolitischer Impetus, Symposium für Schünemann, 2005, S.236.

Gesprächen mit Richterkollegen die Vermutung ab, dass Gespräche ohne den Angeklagten außerhalb der Hauptverhandlung, das Aushandeln einer bestimmten Strafe, die Vereinbarung eines Rechtsmittelsverzichts bei absprachegemäßem Urteil oder das Unterlassen der Protokollierung einer getroffenen Vereinbarung nach wie vor in der Praxis vorkommen. Er fordert deshalb eine gesetzliche Regelung der Absprache, weil der Respekt der Instanzgerichte gegenüber dem Gesetzgeber größer sei als gegenüber Richtlinien einer obergerichtlichen Rechtsprechung.[789]
Eine empirische Studie über die Praxis der Absprachen in den Wirtschaftskammern in Nordrhein-Westfalen, in deren Rahmen in der Zeit von Mai bis Oktober 2005 142 Juristen mit einem Tätigkeitsschwerpunkt im Wirtschaftsstrafrecht zu ihren Erfahrungen mit Urteilsabsprachen interviewt wurden, hat dagegen gezeigt, dass die Praktiker den Leitlinien eher folgen.[790] In einer anderen Untersuchung wurden 56 Richter in Wirtschaftskammern, 143 Staatsanwälte und 153 Verteidiger dazu befragt, ob und in welchem Umfang die Leitlinien des BGH beachtet werden: 63 % der Befragten antworteten im Sinne einer Befolgung der Leitlinien.[791]

789 *Weider,* StV, 2001, S. 595. *Weider,* FS für Lüderssen, 2002, S. 773. *Siolek* stellt auf Grund der mit Kollegen und Verteidigern geführten Gespräche fest, dass bei den Urteilsvereinbarungen zwar von Obergrenzen gesprochen werde - entsprechend der BGH-Rechtsprechung - jeder Verfahrensbeteiligte wisse aber, dass damit das endgültige Ergebnis genannt wird. Deswegen sieht *Siolek* den praktischen Unterschied zwischen zwei Fällen wenn das Gericht eine Strafe nennt und diese verhängt und wenn nur eine Obergrenze vereinbart und ausgeurteilt wird, nur in dem Theoretischen Spielraum eine geringere Strafe zu beschließen. unverständlich *Siolek* , FS Rieß 2002, S. 569. Für *Siolek* war nur ein einziger Fall bekannt geworden, wo das Gericht von der bindenden Obergrenze abgewichen hat. *Deckers,* AnwBl 2002, 41.

790 *Altenhein/Hagemeier, Haimerl, Stammen,* Die Praxis der Absprachen in Wirtschaftstrafverfahren, S.295.

791 *Altenhein/Hagemeier, Haimerl, Stammen,* Die Praxis der Absprachen in Wirtschaftstrafverfahren, S.290.

6. Absprachen in der höchstrichterlichen Rechtsprechung nach der Grundsatzentscheidung des 4. Strafsenats

Mit der Entscheidung des 4. Strafsenats (BGHSt 43,195) hatte die Diskussion um die Zulässigkeit von Absprachen in der Hauptverhandlung für die Praxis ein - zumindest vorläufiges - Ende gefunden.[792] Darüber hinaus ist das Urteil, das als Grundsatzurteil eingestuft wird,[793] bei den übrigen Strafsenaten weitgehend auf Anerkennung gestoßen.[794]

In den folgenden Entscheidungen hat der 4. Senat auf die Einhaltung der in seiner Grundsatzentscheidung aufgestellten Regeln und deren Durchsetzung in der Praxis geachtet.

Sachverhalt:

Die Strafkammer hatte den Angeklagten wegen sexuellen Missbrauchs von Kindern in fünfzehn Fällen zu einer Freiheitsstrafe von 3 Jahren und 6 Monaten verurteilt. Gegen dieses Urteil hatte der Angeklagte Revision eingelegt mit der Begründung, das Gericht habe seine Zusage hinsichtlich der Strafzumessung nicht eingehalten: Die Vorsitzende habe nämlich am ersten Verhandlungstag nach Abstimmung mit den Mitgliedern der Strafkammer den Verfahrensbeteiligten bekannt gegeben, im Falles eines Geständnisses werde eine mögliche Freiheitsstrafe die Dauer von zwei Jahre nicht übersteigen und zur Bewährung ausgesetzt.[795]

Der Senat hat die Revision verworfen, weil die Bedingungen für eine mögliche Absprache nicht eingehalten worden seien. Deshalb sei das Gericht an die behauptete Zusage nicht gebunden.

Im Übrigen äußerte der Senat Zweifel an der Zulässigkeit der Revisionsrüge, weil die behauptete Absprache – entgegen den Anforderungen in BGHSt 43, 195 - nicht im Protokoll über die Hauptverhandlung festgehalten worden sei.[796]

Der 2. Strafsenat konkretisiert die vom 4. Strafsenat geforderte Protokollierungspflicht, indem er konstatierte, dass eine Absprache, die nicht ins Protokoll aufgenommen worden sei, als nicht zustande gekommen gelte.[797]

Dem schloss sich der 3. Strafsenat an: „Ein Vertrauensschutz für den Angeklagten ergibt sich nur aus einer in der öffentlichen Hauptverhandlung protokollierten Zusage einer Strafobergrenze."[798]

---

792 *Kuckein/Pfister,* 50 Jahre Bundesgerichtshof, 2000, S. 651.

793 *Terhorst* , GA 2002, S. 602. *Weigend,* 50 Jahre Bundesgerichtshof, 2000, S.1022. *Satzger,* JA 1998, 99, *Kucken/ Pfiste* , 50 Jahre Bundesgerichtshof, S.650. *Siolek,* FS für Peter Rieß, 2002, S. 566.

794 *Böttcher,* FS für Meyer-Goßner, 2001, S. 57. *Pfister,*DRiZ 2004, 180.

795 BGHSt 4.Urt. v.12.3.1998, StV 1999, 408.

796 BGHSt 4.Urt. v .12.3.1998, StV 1999, 408.

797 BGH, Urteil v. 23.3. 2001-2 StR 369/00, StV 2001, 554-555.

798 BGHStR 3. Urteil v. 5.8. 2003-3StR 231/03. Kommentar dazu :*Weider,* StraFo 2003, 411.

Auch der 1. Strafsenat stimmte den vom 4. Strafsenat für Absprachen aufgestellten Grundsätzen zu. Dementsprechend hält er es für unbedenklich, wenn das Tatgericht dem Angeklagten für den Fall eines Geständnisses eine Strafmilderung in Aussicht stellt; die feste Zusage einer bestimmten Strafe sei dagegen rechtsfehlerhaft. Ausdrücklich unterstützt er auch die Forderung des 4. Strafsenats, der Tatrichter müsse die Glaubwürdigkeit eines Geständnisses in der Hauptverhandlung selbstständig überprüfen.[799] In einer anderen Entscheidung erweiterte der 1. Strafsenat die vom 4. Strafsenat aufgestellte Regel über die Hinweispflicht des Gerichts beim Abweichen von seiner Strafmaßzusage[800] und dehnte diese Pflicht auf weitere Fälle aus, in denen die Absprache fehlgeschlagen war.[801]
Auch zur Unwirksamkeit eines im Voraus vereinbarten Rechtsmittelverzichts bleibt der 4. Strafsenat bei dem von ihm aufgestellten Grundsatz.[802] Allerdings sind mehrere Strafsenate dem 4. Strafsenat bei dieser Meinung nicht gefolgt.[803]
Der 2. Strafsenat hatte bereits in seinem Beschluss vom 20.06.1997 und damit vor der Grundsatzentscheidung des 4. Senats festgestellt, dass die Unzulässigkeit einer Absprache nicht die Wirksamkeit eines absprachegemäß erklärten Rechtsmittelverzichts berühre.[804] Etwas anderes gelte nur dann, wenn die Gründe, die der Zulässigkeit der Absprache entgegenstehen, zugleich zur rechtlichen Missbilligung des abgesprochenen Rechtsmittelverzichts führen würden.[805]In der folgenden Entscheidung bekräftigt der 2. Senat seine Auffassung: Auch wenn der Rechtsmittelverzicht Teil einer das Verfahren beendenden Absprache gewesen sei, werde die Wirksamkeit des Rechtsmittelverzichts selbst dann nicht berührt, wenn die Absprache im Übrigen keinen Bestand habe.[806] Mit dieser Entscheidung weicht der 2. Strafsenat von der Ansicht des 4. Senats ab und begründet dies damit, dass dem Angeklagten die Freiheit erhalten bleiben müsse, einen Rechtsmittelverzicht auch dann erklären zu können, wenn der Verzicht zur Einlösung einer unzulässigen Absprache erfolge. Wie der Verzicht zustande gekommen sei, sei unerheblich; entscheidend sei, dass keine unzulässige Beeinflussung der freien Willensbildung vorliegt.[807]

799 BGH, Beschl. V. 4. 8. 1998-1StR79/ 98, StV 1999, 407.
800 BGH, Beschl.v. 26.9. 2001-1StR 147/01, StV 2002, 219.
801 BGH, Beschl.v. 26.9. 2001-1StR 147/01, StV 2002, 219. Im konkreten Fall war die Absprache gescheitert, weil die Angeklagte keinen Rechtsmittelverzicht erklären wollte.: Kommentar dazu: *Weider,* StV 2002, 174
802 BGH, NStZ 2000, 96= BGHSt 45, S. 227. Zustimmend *Rönnau,* Wistra 1998, 49, 50. *Weigend,* NStZ 1999, 57, 60. *Satzger,* JuS 2000, 1157, 1160 . Ablehnend *Schmitt,* GA 2001, 411, 424.
803 *Weider,* StraFo 2003, 407.
804 BGH NJW 97, 2691.
805 BGH NJW 97, 2692.
806 BGH, Beschl. V. 11.6. 2001-2 StR 223/01, StV 2001, 557.
807 BGH, Beschl. V. 11.6. 2001-2 StR 223/01, StV 2001, 557.

Der 1. Strafsenat hat sich der vom 2. Strafsenat entwickelten Rechtsprechung zum Verhältnis von Absprache und Rechtsmittelverzicht angeschlossen:[808] Eine Verletzung der für die Führung der Verhandlungsgespräche aufgestellten Vorgaben könne nur dann zur Unwirksamkeit eines abgesprochenen und erklärten Rechtsmittelverzichts führen, wenn der Verfahrensmangel auf einer unzulässigen Willensbeeinflussung bei Abgabe der Verzichtserklärung beruhe.[809]
Auch der 5. Strafsenat hat sich im Ergebnis der Rechtsprechung des 2. Senats angeschlossen. Danach ist der Rechtsmittelverzicht nicht schon deshalb unwirksam, weil er Gegenstand einer Absprache gewesen ist. Selbst eine unzulässige Absprache führe nicht automatisch zu einer Unwirksamkeit des Rechtsmittelverzichts. Denn dessen Beurteilung unterliege anderen Maßstäben.[810] Zwar könne auch eine unzulässige Absprache Ursache seiner Unwirksamkeit sein. Doch dies gelte nur dann, wenn diejenigen Gründe, die – allgemein oder im Einzelfall - der Zulässigkeit einer solchen Absprache entgegenstünden, zugleich auch zur rechtlichen Missbilligung des abgesprochenen Rechtsmittelverzichts führen würden.[811]
Die Auswertung dieser Entscheidungen ergibt, dass 1., 2. und 5. Strafsenat in der Frage des abgesprochenen Rechtsmittelverzichts einen einheitlichen Rechtsstandpunkt vertreten.
Im Jahre 2003 lagen dem 3. Strafsenat zwei Revisionsverfahren vor, in denen jeweils über die Wirksamkeit des Rechtsmittelverzichts zu entscheiden war. Der Senat hielt in beiden Fällen den Rechtsmittelverzicht für unwirksam und unterzog auf die Revision der Angeklagten hin die Urteile einer Rechtsprüfung.
Im ersten Fall ging es um einen Rechtsmittelverzicht des Angeklagten, der Gegenstand einer vorausgegangenen Urteilsabsprache war. Einen solchen Rechtmittelverzicht hielt der 3. Strafsenat für unwirksam. Er sah sich aber durch die gegenteilige Rechtsprechung des 1., 2. und 5. Strafsenats daran gehindert, entsprechend seiner Auffassung zu entscheiden und hat deshalb bei den anderen Strafsenaten gemäß § 132 Abs. 3 Satz 1 GVG angefragt, ob sie an ihrer Rechtsprechung festhalten. In der zweiten Sache, die der 3. Strafsenat zu entscheiden hatte, war der Rechtsmittelverzicht selbst zwar nicht Inhalt der Urteilsabsprache. Das Gericht brachte dabei aber zum Ausdruck, dass ein Rechtsmittelverzicht wünschenswert sei. Auf Nachfrage des Gerichts nach Urteilsverkündung erklärten Angeklagter und Verteidiger den Rechtsmittelverzicht. Weil zu dieser Rechtsfrage noch keine Entscheidung des Bundesgerichthofs vorlag, hat der 3. Senat die anderen Senate um Stellungnahme gebeten.[812]

808 BGH Beschl. V. 8. 3 2000-1 STR 607/99 , NStZ 2000, 387.
809 BGH Beschl. V. 8. 3 2000-1 STR 607/99 , NStZ 2000, 387
810 BGHSt 45, 51,53.
811 BGHSt 45, 51,53. Zwar hat der 5. Senat die Auffassung des 2. Senats über die Wirksamkeit des Rechtsmittelverzichts bestätigt, aber der Entscheidung BGHSt 45, 51 liegt kein vergleichbarer Sachverhalt zu Grunde. Es ging um die Gewährung von Haftverschonung gegen Rechtsmittelverzicht. Der Angeklagte hat Rechtsmittelverzicht erklärt nach der Verkündung des Urteils als Leistung für eine Haftverschonung.
812 NJW 2003, 3426.

Der 1. Strafsenat[813] und der 2. Strafsenat[814] führten anlässlich der beiden Anfragen des 3. Senats aus, dass sie an ihrer entgegenstehenden Rechtsprechung zur Wirksamkeit einesvereinbarten Rechtsmittelverzichts festhielten und auch einen Rechtsmittelverzicht als wirksam ansähen, auf den das Gericht hingewirkt hatte.
Der 5. Strafsenat[815] und der 4. Strafsenat[816] teilten mit, dass sie der Auffassung des 3. Strafsenats zustimmten; ihre eigene Rechtsprechung stehe der beabsichtigten Entscheidung des anfragenden Senats nicht entgegen, wobei der 5. Senat zusätzlich erklärte, er habe seine bisherige, entgegenstehende Rechtsprechung aufgegeben.
Der 3. Strafsenat hat wegen der beabsichtigten Abweichung von den Entscheidungen des 1. und 2. Strafsenats sowie wegen der grundsätzlichen Bedeutung der Rechtsfrage die Sache mit Beschluss vom 15.06.2004 dem Großen Senat für Strafsachen zur Entscheidung folgender Fragen vorgelegt:[817]
1. Ist es zulässig, im Rahmen einer Urteilsabsprache zu vereinbaren, dass auf ein Rechtsmittel verzichtet wird?
2. Ist es zulässig, dass das Gericht im Rahmen einer Urteilsabsprache darauf hinwirkt, dass ein Rechtsmittelverzicht erklärt wird, indem es diesen ausdrücklich anspricht oder befürwortet?
3. Ist die Erklärung des Angeklagten, auf Rechtsmittel zu verzichten, wirksam, wenn ihr eine Urteilsabsprache vorausgegangen ist, in der unzulässigerweise ein Rechtsmittelverzicht versprochen wurde oder bei der das Gericht, ohne sich ihn im Rahmen der Absprache unzulässigerweise versprechen zu lassen, lediglich auf diesen hingewirkt hat?[818]
Obwohl die vom 3. Strafsenat gestellten Fragen unmittelbar nur den Rechtsmittelverzicht betrafen, hat der Große Senat in seiner Entscheidung zur Zulässigkeit der Urteilsabsprache mit der Begründung, die gestellten Fragen ließen sich nur sinnvoll beantworten, wenn Urteilsabsprachen nicht von vornherein unzulässig seien, ausführlich Stellung genommen.[819]

7. Entscheidung des großen Senats

Der Große Senat hat die Vereinbarkeit von Absprachen mit dem geltenden Recht und ihre Zulässigkeit prinzipiell bejaht,[820] gleichzeitig aber daran erinnert, dass das bundesdeutsche Strafverfahrensrechts vergleichsfeindlich ausgestaltet sei und

813 Beschl. v. 26 11. 2003-1 Ars 27/03=StV 2004, 115.
814 Beschl. v. 28 1. 2004-2 Ars 330/03=StV 2004, 196.
815 Beschl. v. 29. 10. 2003-5 Ars 61/03=NJW 2004, 1335.
816 Beschl. v. 25. 11. 2003-4 Ars 32/03.
817 NJW 2004, 2536.
818 NJW 2004, 2536.
819 BGH(GrS) Beschluss vom 03.03. 2005, BGH St 50, 40, 46.
820 BGH(GrS) Beschluss vom 03.03. 2005, BGH St 50, 40, 48

die deutsche Strafprozessordnung keine Regelungen über die Urteilsabsprache enthalte.[821]

Der Große Senat hat sich den Vorgaben der Grundsatzentscheidung des 4. Strafsenats (BGHSt 43, 195) angeschlossen: Der Strafsenat habe mit der Anerkennung eines sich in der Praxis entwickelten Absprachevefahrens die Grenzen zulässiger Rechtsfortbildung nicht überschritten. Die Richter sahen aber Anlass, die der Absprachepraxis durch die Verfassung und die Strafprozessordnung gesetzten und bereits in der Grundsatzentscheidung des 4. Senats festgestellten Grenzen hervorzuheben und zu präzisieren.[822]

So sehen auch sie die verfassungsrechtlichen Grenzen einer Urteilsabsprache im Grundsatz des fairen Verfahrens und dem Schuldprinzip. Hierzu hat der Große Senat ausgeführt, dass der Angeklagte einen Anspruch auf ein faires, rechtsstaatliches Verfahren habe. Die Handhabung der richterlichen Aufklärungspflicht, die rechtliche Subsumtion und die Grundsätze der Strafzumessung dürften nicht im Belieben oder zur freien Disposition der Verfahrensbeteiligten und des Gerichts stehen. Deshalb sei es dem Gericht und der Staatsanwaltschaft untersagt, sich auf einen Vergleich im Gewande des Urteils, auf einen „Handel mit der Gerechtigkeit" einzulassen. Der Beschuldigte dürfe nicht zum bloßen Objekt des Verfahrens werden. Er müsse nicht nur theoretisch, sondern auch praktisch die Möglichkeit erhalten, zur Wahrung seiner Rechte aktiv auf den Gang und das Ergebnis des Verfahrens Einfluss zu nehmen. Ziel des rechtsstaatlich geordneten Strafverfahrens bleibe die Ermittlung des wahren Sachverhalts als Grundlage eines gerechten Urteils. Deshalb sei das Gericht dem Gebot bestmöglicher Sachaufklärung verpflichtet. Dabei sei die Feststellung des Ergebnisses der Beweisaufnahme grundsätzlich der Urteilsberatung vorbehalten, denn die für das Urteil maßgeblichen Feststellungen müsse der Tatrichter aus dem Inbegriff der Hauptverhandlung gewinnen. Die Strafe müsse schuldangemessen sei. Der Grundsatz der Schuldangemessenheit habe Verfassungsrang, die Strafe dürfe sich nicht – auch nicht nach unten – von einem gerechten Schuldausgleich lösen.[823]

Mit Blick auf diese verfassungsrechtlichen Vorgaben ergeben sich für den Großen Senat folgende Mindestbedingungen für eine zulässige Urteilsabsprache:

1. Das Gericht darf nicht vorschnell auf eine Urteilsabsprache ausweichen, ohne zuvor die Anklage in tatsächlicher und rechtlicher Hinsicht anhand der Akten überprüft zu haben; [824]

821 BGH(GrS) Beschluss vom 03.03. 2005, BGH St 50, 40, (51) mehr darüber: *Jahn,* ZStW 2006, 429.

822 BGH(GrS) Beschluss vom 03.03. 2005, BGH St 50, 40, 48, 50

823 BGH(GrS) Beschluss vom 03.03. 2005, BGH St 50, 40, S. 48-49.

824 BGH(GrS) Beschluss vom 03.03. 2005, BGH St 50, 40, S. 49. *Schünemann* kritisiert und ist der Meinung, dass die Ergänzung des Großen Senats , dass eine Absprache eine pflichtgemäße Prüfung der Anklage der Aktenlage voraussetzt, für die Wahrheitsfindung im Hauptverfahren keine zusätzliche Sicherung bringe, weil dies bereits die Pflicht des Gerichts vor Erlass eines Eröffnungsbeschlusses sei. *Schünemann/Hauer*, AnwBl 2006, 441.derselbe Meinung, *Rieß,* JR 2005, 436.

2. Bei einer Urteilsabsprache muss das Geständnis auf seine Zulässigkeit überprüft werden; das Gericht muss von seiner Richtigkeit überzeugt sein.
3. Der Schuldspruch kann nicht Gegenstand einer Urteilsabsprache sein.
4. Die Differenz zwischen der absprachegemäßen und der bei einem „streitigen Verfahren" zu erwartenden Sanktion darf nicht so groß (Sanktionsschere) sein, dass sie strafzumessungsrechtlich unvertretbar und mit einer angemessenen Strafmilderung wegen eines Geständnisses nicht mehr erklärbar ist.
5. Das Gericht darf - über den vom 4. Strafsenat festgelegten Grundsatz (BGHSt 43, 195 - Leitsatz 2) hinaus - nicht nur wegen neuer Erkenntnisse von seiner Zusage abweichen, sondern - nach entsprechendem Hinweis - auch dann, wenn schon bei der Urteilsabsprache vorhandene erhebliche tatsächliche oder rechtliche Umstände übersehen worden sind.

Seine Entscheidung sieht der Große Senat nicht als „einen Akt dogmatischer Fortentwicklung" des geltenden Prozessrechts, sondern als Beitrag zur Aufgabe der Gerichte, Rechtsfortbildung zu betreiben.[825]

Der Senat wirft im Zusammenhang mit der Absprachepraxis jedoch eine Reihe ungeklärter Fragen auf, deren Beantwortung er für schwierig hält, weil die Strafprozessordnung kein konsensuales Urteilsverfahren kenne und ihr für die Ausgestaltung eines solchen Verfahrens auch keine Maßstäbe entnommen werden könnten. Deshalb stoße die Einführung eines Verständigungsverfahrens durch die Rechtsprechung an die Grenze, die das Grundgesetz mit der Verteilung der Aufgaben auf Gesetzgebung und Rechtsprechung der richterlichen Rechtsfortbildung setze. Diese Grenze sei indes noch nicht überschritten.[826] Denn alle Gesetze stünden in einem Umfeld sozialer Verhältnisse und gesellschaftspolitischer Anschauungen, mit deren Wandel sich auch der Norminhalt ändern könne. Änderten sich Bedürfnisse des Rechtsverkehrs, so folge daraus die Zulässigkeit einer richterlichen Anpassung des Rechts an diese Bedürfnisse. Ohne Zulassung von Urteilsabsprachen durch richterliche Rechtsfortbildung könnten nach Ansicht des Großen Senats die Organe der Strafrechtsjustiz mit Blick auf die knappen Ressourcen der öffentlichen Hand und die Funktionstüchtigkeit der Strafjustiz nicht gewährleisten.[827] Der Grundsatz der Beschleunigung und der Prozessökonomie sowie die Belange des Opferschutzes wären ohne Urteilsabsprachen nicht einzuhalten.[828]

---

825 *Duttge/Schoop*, StV 2005, 423. *Rieß*, JR 2005, 436.

826 BGH 50,40, (52).

827 BGH 50,40, (54). Fischer kritisiert und ist der Meinung, dass es dramatischer kaum ginge, dass der Oberste Gerichtshof zu solchen Legitimationsgründen greift. Die Organe der Strafrechtsjustiz könnten unter den gegebenen Bedingungen den grundlegenden Anforderungen rechtsstaatlicher Strafverfolgung ohne Zulassung von Urteilsabsprachen durch richterliche Rechtsfortbildung nicht mehr gerecht werden. *Fischer*, NStZ 2007, 33.

828 BGH 50,40, (54, 55).

Die Versuche der Rechtssprechung, die inzwischen in großem Umfang allgemein gewordene Praxis der Urteilsabsprachen „im Wege systemimmanenter Korrekturen von Fehlentwicklungen zu strukturieren und unter Schaffung neuer, nicht kodifizierter Instrumentarien ohne Bruch in das gegenwärtige System einzupassen“, sind nach Meinung des Senats allerdings nur unvollkommen gelungen. Darüber hinaus gerate die Rechtsprechung stets von neuem an die Grenzen zulässiger Rechtsfortbildung. Deswegen appelliert der Große Senat an den Gesetzgeber, die Zulässigkeit und die wesentlichen rechtlichen Voraussetzungen und Begrenzungen von Urteilsabsprachen gesetzlich zu regeln. Es sei, so betont er, „primär Aufgabe des Gesetzgebers, die grundsätzliche Fragen der Gestaltung des Strafverfahrens und damit auch die Rechtsregeln, denen die Urteilsabsprache unterworfen sein soll, zu normieren.“ Dabei komme ihm von Verfassungswegen ein beachtlicher Spielraum zu. [829]

Bei der eigentlichen Vorlegungsfrage - Zulässigkeit des vereinbarten Rechtsmittelverzichts - präzisiert der Große Senat die bisher nicht einheitliche Rechtsprechung der Strafsenate. Falls sich das Tatgericht im Rahmen einer Urteilsabsprache an der Vereinbarung eines Rechtsmittelverzichts beteilige oder gar die Rechtsmittelberechtigten hierzu dränge, lasse es erkennen, dass sein Urteil keiner Kontrolle durch das Rechtsmittelgericht unterzogen werden soll. Eine solche Verfahrensweise verletze nicht nur die Autorität des Gerichts, sondern lasse befürchten, dass es das Gericht in der Erwartung, seine Entscheidung werde nicht mehr überprüft, an der für die Urteilsfindung notwendigen Sorgfalt bei der ordnungsgemäßen Ermittlung des Sachverhalts und der Bestimmung der schuldangemessenen Strafe fehlen lassen werde.[830] Der große Senat betont deshalb, dass es unzulässig sei, wenn das Gericht mit den Verfahrensbeteiligten vor der Urteilsverkündung einen Rechtsmittelverzicht vereinbare. Darüber hinaus sei jedwedes Mitwirken des Gerichts an einem Rechtsmittelverzicht unzulässig. Als Voraussetzung für einen wirksamen Rechtsmittelverzicht bei einer Urteilsabsprache fordert der Senat eine qualifizierte Belehrung des Angeklagten. Dies bedeutet, dass der Angeklagte vom Gericht belehrt werden müsse, dass er ungeachtet der Urteilsabsprache und der Empfehlungen der übrigen Verfahrensbeteiligten - auch seines Verteidigers - in seiner Entscheidung frei sei, ob er ein Rechtsmittel einlegen will oder nicht. Fehle eine solche Belehrung, sei der Rechtsmittelverzicht unwirksam.[831]

In der Literatur wird das Bestreben des Großen Senats gebilligt, die gesetzlich nicht geregelte Absprachepraxis wenigstens in geordneten Bahnen zu lenken.[832] Man hört aber auch Stimmen die bemängeln, die Entscheidung habe nicht viel

829 BGH 50,40, (65).
830 BGH 50,40, 56.
831 BGH St 50, 40, 57- 63.
832 *Seher,* JZ 2005, 634.

Neues gebracht und die Akzente nicht wesentlich anders gesetzt als die bisherige Rechtsprechung.[833]

833 Rieß, JR 2005, 436. *Satzger,* JA 2005, 684, 686. *Seher,* JZ 2005, 634. *Duttge/Schoop*, StV 2005, 423. Rieß, JR 2005, S. 436. *Schünemann/Hauer*, AnwBl, 2006, 439 ff. *Widmeier,* NJW 2005, 1985, 1986.

IV. Notwendigkeit einer gesetzlichen Regelung und an sie zu stellende Anforderungen

1. Die Forderung nach einer gesetzlichen Regelung

Seit 25 Jahren wird eine wissenschaftliche Diskussion über verfahrensbeendende Urteilabsprachen im deutschen Strafprozess geführt. Gegner wie Befürworter der Absprache sind sich darin einig, dass es bei der Absprachepraxis nicht um irgendeine Facette des Strafverfahrens geht, sondern um nicht weniger als die Entstehung eines neuen strafprozessualen Paradigmas, eines im Kern neuen Verfahrenstyps.[834]

Die Wissenschaft steht verfahrensbeendenden Absprachen überwiegend kritisch gegenüber. Sie sieht darin einen Bruch mit wesentlichen Grundsätzen des auf Wahrheitsermittlung und materielle Gerechtigkeit abzielenden deutschen Strafverfahrens.[835] Nur eine Mindermeinung[836] hält die Absprachepraxis mit den tragenden Maximen des geltenden Prozessrechtes, wie etwa dem Amtsermittlungsgrundsatz, für vereinbar.

Trotz der Bedenken in der Wissenschaft gehören Absprachen über das Verfahrensergebnis zur täglichen Praxis der Strafgerichte.[837] Angesichts der grundsätzlichen Differenzen über die Vereinbarkeit von verfahrensbeendenden Absprachen mit dem geltenden Prozessrecht erscheint es nur folgerichtig, auch die Fragen der Notwendigkeit und Möglichkeit einer gesetzlichen Regelungen dieses praeter legem etablierten Verfahrens in die Diskussion einzubeziehen.

2. Untersuchung der Gesetzesvorschläge; die Haltung der Wissenschaft zur Frage der gesetzlichen Regelung

a. Die erste Phase (1982-2000)

Die Forderung nach einer gesetzlichen Regelung der verfahrensbeendenden Absprachen wurde bereits Ende der achtziger Jahre des letzten Jahrhunderts zur Diskussion gestellt. Wie schon bei der Ausgangsdiskussion standen sich auch bei dieser Frage die Ansichten unvereinbar gegenüber: Während eine Mindermeinung sogar ein gesetzliches Verbot der Absprache forderte,[838] hielten sich die Be-

834 *Weigend,* NStZ 1999, 57. *Weßlau,* Das Konsensprinzip im Strafverfahren –Leitidee für eine Gesamtreform, 2002, S.6. *Schünemann,* Festschrift Für Andreas Heldrich S. 1177, 1178. *Satzger*, StraFo 2006, 48

835 *Weigend,* NStZ 1999, 57. *Lien*, GA 2006, 129. *Weaßlau,* Das Konsensprinzip im Strafverfahren –Leitidee für eine Gesamtreform 2002 S.6.

836 *Widmaier*, Referat auf dem 58.DJT 1990, S.L 33 ff, 37. *Weichbrodt,* Das Konsensprinzip strafprozessualer Absprachen, 2006, S. 152 f. *Jahn* ZStW 118, (2006), 439, 441ff. *Schmidt –Hieber*, Verständigung im Strafverfahren, 1986, 178. *Tscherwinka*, Absprachen im Strafprozess, 1995 S. 164

837 *Schünemann/Hauer,* AnwBI 2006, 439. *Weigend*, NStZ 1999, 57. 63. *Weßlau,* Das Konsensprinzip im Strafverfahren, 2002, S. 7.

838 Vergl. Schünemann, Gutachten B, 90, S. 176 ff.

fürworter der Notwendigkeit einer gesetzlichen Regelung mit den Vertretern, die eine solche Regelung für entbehrlich hielten, die Waage.[839]Andere meinten, eine Klarstellung durch die höchstrichterliche Rechtsprechung sei ausreichend.[840]
Die ersten Überlegungen darüber, welche Veränderungen in der Strafprozessordnung notwendig seien, um für Urteilsabsprachen eine gesetzliche Grundlage zu schaffen, wurden
im Jahre 1986 auf einem Symposium des Justizministeriums Baden-Württemberg angestellt.[841]
Es gab auch den Versuch von der Seite der Praktiker, der Absprache de lege lata Raum dadurch zu verschaffen, indem in jedem Stadium des Verfahrens und in verschiedenen Verfahrensformen ein rechtlicher Rahmen für Verständigung vorgesehen werden sollte.[842]
Demgegenüber verneinte das Gutachten der großen Strafrechtskommission des Deutschen Richterbundes 1990 einen gesetzgeberischen Regelungsbedarf: Es müsse der „Verantwortung und dem Selbstverständnis des einzelnen Entscheidungsträger - orientiert an Rang und Funktion der Strafjustiz – überlassen bleiben, ob er eine Verständigung anstrebe oder nicht“.[843] Eingehend hat sich der 58. Deutsche Juristentag (1990) mit der Problematik der Absprache befasst. Er lehnte die Forderung des Gutachters Schünemann[844] nach einem gesetzlichen Verbot der Absprache mit großer Mehrheit ab und beschloss stattdessen eine Empfehlung an den Gesetzgeber, durch verdeutlichende Regelungen Auswüchse einzudämmen und Unsicherheiten zu beseitigen, in welche die Absprachepraxis geraten sei.[845]
In diesem Zeitraum wurden verschiedene Vorschläge und Gesetzesentwürfe für die gesetzliche Regelung der Absprachepraxis zur Diskussion vorgelegt. Die Praktiker, namentlich die Generalstaatsanwälte, erarbeiteten auf Grund der Entscheidungen des BGH[846] Hinweise an die Staatsanwälte für die Regelung der

---

839 *Widmaier,* StV 1986, 357; *Hanack,* StV 1987, 500, 504; *Dash,* NStZ 1988, 153, 155; *Krüger*, DRiZ 1989, 150, 152.

840 *Hassemer*, JUS 1989, 890(895). *Zuck,* MDR 1990, 18-19.

841 Absprachen im Strafprozess- ein Handel mit Gerechtigkeit?: Bericht über d. Symposium 20. U.21 1986 in Triberg 1987, S .225: „Diskussionsentwürfe für eine mögliche gesetzliche Regelung der Absprachen im Strafverfahren, erstellt auf der Basis der Triberger Diskussion am 20.11 1986. *Schünemann,* Festschrift für Peter Rieß, 2002, S. 527 ff.

842 *Schmidt- Hieber,* Verständigung im Strafprozess, 1986. *Schünemann,* Festschrift für Peter Rieß 2002; *Lie Lien,* GA 2006, 129. Später Schmidt-Hieber ändert seine Meinung und hält „die Ungleiche und willkürliche Praktizierung der Urteilsabsprachen unerträglich“. *Schmidt-Hieber* findet die Zeit für ein Einschreiten des Gesetzgebers reif zu sein und gesetzliche Regelung erforderlich. Er macht seinen eigenen Vorschlag über die gesetzliche Regelung der Absprache und schlägt vor die „Rechtsgespräche“ in die Strafprozessordnung aufzunehmen. NJW 1990, 1887.

843 Zu den sog. Münsteraner Thesen des Deutschen Richterbundes *Kintzi,* JR 1990, 309, 311. Gutachten der Großen Strafrechtskommission S.31ff, 96 ff.; *Jahn,* JA 2006, 681

844 *Schünemann*, Gutachten B, für den 58. DJT 1990, B 176.

845 Beschlüsse der Abteilung Strafrecht des 58 DJT , Bd. II , 1990, S. L213.

846 BGH vom 30.10. 1991-2StR200/91, StV 1992, 50.

Absprache in der Praxis.[847] Für die Rechtsanwälte legte der Strafrechtsausschuss der Bundesrechtsanwaltskammer (BRK) Thesenüber die Verständigung vor.[848] Es gab Vorschläge in der StPO einen Abschnitt über „die Rechtsgespräche"[849] oder den „Strafbescheid"[850] einzuführen, welche sich stark an die vorhandene Regelung des Strafbefehlsverfahrens anlehnen („modifizierte"[851] Strafbefehlsverfahren). Einige Autoren fanden gesetzliche Regelung der Absprache nur bei be-

847 GenStA/JuMi Hessen StV 1992, 347 ff. Der Generalstaatsanwalt verarbeitete im Einvernehmen mit dem Hessischen Ministerium der Justiz Richtlinien für Absprache; Arbeitsgruppe GenStA e StV 1993, 280, Auf der Arbeitstagung des Generalbundesanwalts und der Generalstaatsanwälte in Karlsruhe am 24/25.11 wurden die Hinweise an die Staatsanwälte für die Verständigung in Strafverfahren erarbeitet und verabschiedet.Siolek Verständigung in der Hauptverhandlung 1993 S. 276.

848 Der Bundesrechtsanwaltskammer, Bd.8, Thesen 38 bis 44 des Strafrechtsausschusses, Hrsg. Bundesrechtsanwaltskammer, 1992. auch *Bötcher/Dash/Widmaier*, NStZ 93, 375 (376).

849 *Baumann,* NStZ 1987, 161; *Baumann* ist der Meinung das die Regelung des Parteiprozesses in §§ 278 I 1und II , 139 I ZPO auch auf einen nicht Parteiprozess Übertragbar sind und schlägt vor in §265 StPO einen neuen Absatz einzufügen, entsprechend dem die Rechtsgespräch über den „ Sach – und Streitstand" (§ 278 I 1und II ZPO), über die „tatsächliche und rechtliche Seite" (§ 139 I ZPO) einzuführen. Nach diesem Vorschlag das Rechtsgespräch erfolgt in der Hauptverhandlung. Die StPO – Kommission des Deutschen Richterbundes im Jahre 1987 hat auch vorgeschlagen eine Regelung über die Möglichkeit eines Rechtsgesprächs im Sinne §139 ZPO in die StPO aufzunehmen, DRiZ 1987, 244. Sitzung der StPO Kommission. *Bode*, DRiZ 1988 286. *Zschockelt*, NStZ 1996, 449. *Zschockel* schlägt vor Rechtsgespräche einzuführen mit der Regelung dass, das „Gericht darf sich in der Hauptverhandlung zu Stand und Aussichten des Verfahrens äußern. Die Erklärung ist zu protokollieren."

850 *Bode,* DRiZ 1988, 286. *Bode* schlägt vor in Anlehnung an Strafbefehl (§407StPO), Vorbescheid (3 84 VGO) oder Gerichtsbescheid (Art. 2 §1 Gesetz zur Entlastung der Gerichte in der Verwaltungs-und Finanzgerichtsbarkeit) „ Strafbescheid" einzuführen, die im summarischen Verfahren ergehet und anfechtbar ist. „Im Vorverfahren könnte die Staatsanwaltschaft das Verfahren-(soweit es nicht nach § 170 Abs. 2 StPO einstellt)- dadurch abschließen, dass sie auf Grundlage einer Verständigung bei Gericht beantragt wegen jeweils genau zu bezeichnender Taten Rechtsfolge festzusetzen, sowie das Verfahren einzustellen nach §§153, 153a, 154, 154a StPO. Das Gericht würde den Anträgen in einem „Strafbescheid entsprechen oder analog §408a StPO den Gesamtenstoff zur Hauptverhandlung bringen. *Siolek*, Verständigung in der Hauptverhandlung 1983 S 257. Für „Strafbescheidlösung" *Schünemann*, GutachtenB, 90, S.162. *Siolek* hat sein Eigenes Gesetzesentwurf „zur Änderung der Strafprozessordnung des Strafgesetzbuches und zur Entlastung der Strafgerichtsbarkeit vorgelegt. *Siolek* schlägt vor für alle Verfahrensstadien Rechtsgespräche, für vereinfachte Verfahrenserledigungen ohne Hauptverhandlung ein Strafbescheid einführen. *Siolek* , Verständigung in der Hauptverhandlung, 1993 S.279-297.

851 *Jahn/Müllere,* JA 2006, 682.

stimmten Taten notwendig und schlugen entsprechende Gesetzesentwürfe für die Einführung der Absprache vor.[852]
Es gab Konzepte, die sich an ausländische Verfahrensordnungen anlehnten, wie z. B. der Vorschlag einer „probeweisen“[853] Legalisierung der Absprache nach dem anglo-amerikanischen Vorbild, nämlich guilty plea mit gesetzlich festgelegtem Strafnachlass.[854] Neben diesen genannten Vorschlägen gab es in der Literatur noch vielfältige weitere Ansätze.[855]

b. Die zweite Phase (2001-2004)

2001 verfestigte sich beim Gesetzgeber der Eindruck, dass sich im gerichtlichen Alltag eine Absprachepraxis neben der Strafprozessordnung entwickelt hatte.[856] Daraus leitete er die Notwendigkeit ab, wenigstens die rechtsstaatlichen Grenzen für das schon in der Verfahrenswirklichkeit praktizierte Absprächeverfahren ge-

---

852 *Kremer* schließt Absprache bei Verbrechen aus und schlägt vor Gesetzliche Regelung in §243 a) StPO nur bei Vergehen. *Kremer* Absprachen zwischen Gericht und Verfahrensbeteiligten im Strafprozess 1994, S. 353-354.

853 *Meyer Goßner*, NStZ 1992, 167.

854 *Meyer Goßner*, NStZ 1992, 167.: Meyer Goßner im Jahre 1992 stellt zur Diskussion ein Modell der probeweisen Einführung eines „nicht – Streitigen“ Verfahrens. Entsprechen dieses Modells Nach der Zulassung der Anklage dem Angeklagten wird Freigestellt in der bestimmte Frist zu erklären, ob er Anklagevorwurf anerkennt. In der Fall Anerkennung entfällt die Beweisaufnahme. Als „Honorierung“ wird kraft gesetzes Strafrahmen halbiert. Obwohl Meyer Goßner seinen Vorschlag im Jahre 1992 als „ungewöhnlich“ bezeichnet, nach 15 Jahre kommt er wieder zu diesem Vorschlag zurück und findet das in den 15 Jahrwas damals ungewöhnlich erschien könnte heute „auf breite Zustimmung“ stoßen. Er hat diesen Vorschlag erneuert. entsprechend dem dem Angeklagten wird nach Zulassung der Anklage freigestellt ob er den Anklagevorwurf anerkenne. Bejahenden Falls entfällt die Beweisaufnahme. Als „Honorierung „wird kraft Gesetzes der anzuwendende Strafrahmen halbiert. Die Strafmilderung gewährt das Gesetz, nicht das Gericht. Meyer- Goßner, NStZ 2007, 433-432. *Wagner/Rönnau*, GA 1990, 387: *Wagner/Rönau* haben für die Regelung der Absprachepraxis einen Gesetzesentwurf über „eines Gesetzes zur Änderung der Strafprozessordnung, des Strafgesetzbuches, des Gerichtsverfassungsgesetzes, und der Bundesrechtsanwaltsgebührenordnung verfasst, der in den wesentlichen Zügen dem „plea bargaining“ des amerikanischen Strafverfahrens entspricht. Das Zentralnorm dieses Gesetzesvorschlages war Einführung des neuen § 245a StPO, entsprechend dem die Hauptverhandlung könne durch ein Geständnis des Angeklagten abgekürzt werden, durch einen Verzicht weitere Aufklärung des Sachverhalts. Als „Honorierung“ wird kraft Gesetzes Freiheitstrafe von nicht mehr zwei Jahre zu Bewährung ausgesetzt. Sonstige Strafen sind um ein Viertel zu mildern. Später nach der Grundsatzentscheidung des BGH St 43, 195 legt Wagner einen neuen Gesetzesvorschlag über „Einvernehmliches Verfahren vor, dementsprechend trennt er strikt einvernehmliches Verfahren von Normalverfahren und einvernehmliches Verfahren hält zulässig nur bei den Fällen wenn keine Höhere Freiheitsstrafe von zwei Jahren zu erwarten ist. *Wagner*, Festschrift für Gössel, 2002 S.602.

855 Vgl. die Nachweise bei *Braun*, Absprache im deutschen Strafverfahren, 1997, S.248.

856 *Meurer,* NJW 2000, 2944.

setzlich festzulegen, um „Missbrauch und Wildwuchs zu verhindern“ und unerwünschte Absprachepraktiken zu unterbinden.[857]
Im April 2001 legte die Bundesregierung in einem Diskussionspapier die Eckpunkte zu einer rechtsstaatlichen Einschränkung der Verständigung und ihrer gesetzlichen Regelung fest: „Eine gesetzliche Normierung der Verständigung im Strafverfahren trägt der Entwicklung in der Praxis Rechnung. Sie soll in Übereinstimmung mit der Rechtsprechung des Bundesgerichtshofes und des Bundesverfassungsgerichts die dabei zu beachtenden rechtstaatlichen Anforderungen an verfahrensbeendende Absprachen gewährleisten und insbesondere auch sicherstellen, dass der Boden für eine schuldangemessene Strafe nicht verlassen wird“.[858]
Aufgrund dieses Diskussionspapieres veröffentlichte das Bundesjustizministerium im Februar 2004 einen Diskussionsentwurf für eine Reform des Strafverfahrens, in dem eine konkrete gesetzliche Regelung der Absprache vorgesehen war.[859] Nach dem Entwurf sollte ein neuer § 257 b in die Strafprozessordnung eingefügt werden:

§ 257 b-E:

(1) In geeigneten Fällen kann das Gericht in der Hauptverhandlung den Stand des Verfahrens mit den Beteiligten erörtern,

(2) Diese Erörterung kann sich auf die vorläufige Beurteilung des Verfahrensergebnisses erstrecken. Das Gericht kann dabei mit Einverständnis des Angeklagten unter freier Würdigung aller Umstände des Falles sowie der allgemeinen Strafzumessungserwägungen eine Strafobergrenze angeben, die unter dem Vorbehalt einer Bewertungsänderung im weiteren Verlauf der Hauptverhandlung steht. Der Angeklagte ist auf eine Veränderung der Bewertung hinzuweisen. Ein Rechtsmittelverzicht des Angeklagten darf nicht Gegenstand einer Verständigung sein.

Dieser Vorschlag stieß nicht nur bei den Gegnern einer Verständigung im Strafverfahren sondern auch bei den Befürwortern auf Kritik. So wurde bemängelt, die vorgeschlagene Vorschrift regele die grundsätzlichen Probleme der Urteilsabsprachen nicht, sie übernehme lediglich die durch die Rechtsprechung aufgestellten Leitlinien,[860] sie bleibe sogar noch hinter den vom 4. Strafsenat festgelegten Grundsätzen zurück.[861] Die in Absatz 1 vorgesehene Erörterungsmöglichkeit sei eine Selbstverständlichkeit; sie sei auch nach den geltenden Verfahrensvorschrif-

857 Däubler-Gmelin, StV 2001, 362.

858 „Eckpunkte einer Reform des Strafverfahrens-Diskussionspapier der Regierungskoalition“ 6.4. 2001, StV 2001, 314.

859 StV 2004, 228.

860 *Schünemann* StraFo 2004, 295. *Widmaier,* NJW 2005, 1987. *Satzger,*StraFo 2006, 48. *Meyer-Goßner*, ZRP 2004, 191-190. *Weichbrodt,* Das Kosensprinzip strafprozessualer Absprachen 2006, S.390. *Huttenlocher,* Dealen wird Gesetz-die Urteilsabsprache im Strafprozess und ihre Kodifizierung, S.16.

861 *Schünemann,* StraFo 2004, 295.

ten zulässig.[862] Insbesondere aber wird beanstandet, dass die Begriffe "Absprache" oder "Verständigung" nicht behandelt werden. Damit werde der Entwurf seinem Anspruch nicht gerecht, die Verständigung im Strafverfahren unter Berücksichtigung der Entwicklung in der Praxis zu normieren. Die Begründung des Entwurfs, die Gespräche seien ja für Angeklagten, Verteidiger und Staatsanwalt rechtlich nicht bindend und auch das Gericht könne seine Bewertung ändern, vernachlässige die Interessen der Verfahrensbeteiligten. Denn nach den Erfahrungen mit der Absprachepraxis komme es einem Angeklagten in erster Linie auf die verbindliche Zusage einer Strafobergrenze an.[863] Der Ausschluss der rechtlichen Bindung führe zu einem „euphemistischen Selbstbetrug."[864]=

c. Dritte Phase (bis Mai 2009)

Nach der breiten Ablehnung des Diskussionsentwurfs der Bundesregierung wurden die gesetzgeberischen Bemühungen zunächst nicht fortgesetzt. Stattdessen sollte abgewartet werden, ob die Vorbehalte gegen die Rechtsprechung des Bundesgerichtshofes[865] nach der anstehenden Entscheidung des Großen Senats für Strafsachen ausgeräumt sind.[866]

Der Große Senat für Strafsachen bestätigte im Ergebnis die von dem 4. Strafsenat zusammengestellten Grundsätze,[867] verlangte aber zusätzlich, wesentliche Voraussetzungen und Begrenzungen von Urteilsabsprachen gesetzlich zu regeln.[868] Nach der Entscheidung des Großen Senats für Strafsachen legten die Bundesrechtsanwaltskammer (BRAK), die Generalstaatsanwältinnen und Generalstaatsanwälte, das Bundesjustizministerium und das Justizministerium des Landes Niedersachsen Vorschläge für eine gesetzliche der Regelung der Absprache vor.

d. Entwurf der BRAK

Der Vorschlag der Bundesrechtsanwaltskammer will für die Urteilsabsprachen keinen neuen, besonderen Verfahrenstyp schaffen - etwa wie das Strafbefehlsverfahren oder das beschleunigte Verfahren -, sondern die Regelungen in die vorhandenen Vorschriften integrieren.[869] Der Vorschlag schlägt das Konsensprinzip als Legitimationsgrundlage vor. Demgegenüber wird dem Beschleunigungsgrundsatz zwar eine hohe Bedeutung zugemessen, er wird jedoch nicht als Selbstzweck angesehen und fungiert deshalb auch nicht als alleinige Legitimati-

---

862 *Jahn,* NJ 2005, 109. *Landau,* ZRP 2004, 146. *Hamm/Deckers/Kempf* Stellungnahme des Deutschen Anwaltvereins durch den Strafrechtsausschuss Berlin, im September 2004 , Stellungnahme Nr. 43/2004.

863 *Böttcher/Widmaier,* JR 1991, 356. *Meyer- Goßner,* ZRP 2004, 190.

864 *Weichbrodt,* Das Kosensprinzip strafprozessualer Absprachen 2006, S.389. Weichbrodt: Gegen die Vorschrift §275b StPO –DE muss alle diese kritische Einwände gelten, die zur Grundsatzentscheidung des BGH von 1997 erhoben worden sind.

865 BGHSt 43,195, NJW 1998, 86.

866 *Meyer-Goßner,* ZRP 2004, 190.

867 BGHGSST1/4 O3.O3. 2005.

868 BGHGSST1/4 O3.O3 2005; *Weßlau,* StraFo 2007, 1. *Meyer-Goßner,* StV 2006, 485.

869 *Huttenlocher,* Dealen wird Gesetz, S. 167. *Meyer-Goßner,* StV 2006, 486.

onsgrundlage für die Legalisierung der Absprachepraxis. Ausgehend davon, dass zwischen der Absprache und den tragenden Prinzipien der Strafprozessordnung (z. B. Unmittelbarkeits-, Öffentlichkeits-, Amtsaufklärungsgrundsatz) deutliche Spannungen bestehen, ist nach Auffassung des Strafrechtsausschusses das Konsensprinzip geeignet, dieses Spannungsverhältnis zufriedenstellend aufzulösen. Nach diesem Konzept soll also ein konsensuales Verfahren eingeführt werden, es soll *„in einem gesetzlich eröffneten Rahmen die Rechtsgestaltung durch den übereinstimmenden Willen der daran Beteiligten erfolgen"* können.[870]
Im Einzelnen sieht der Entwurf vor, dass nach Erhebung der Anklage oder nach deren Zulassung - also im Zwischenverfahren und sogar noch nach Erlass des Eröffnungsbeschlusses, aber vor der Hauptverhandlung - das Gericht und die Verfahrensbeteiligten die Möglichkeit einer Urteilsabsprache erörtern. Der wesentliche Inhalt der Erörterung ist aktenkundig zu machen und darüber hinaus in der Hauptverhandlung durch das Gericht mitzuteilen und in das Hauptverhandlungsprotokoll aufzunehmen. Die Mitteilungs-, Offenlegungs-, Erörterungs- und Protokollierungspflichten orientieren sich an den Anforderungen der Grundsatzentscheidung des Bundesgerichtshofs aus dem Jahre 1997.[871] Nach dem Vorschlag geht muss die Initiative zur Urteilsabsprache von dem Angeklagten und der Staatsanwaltschaft gemeinsam ausgehen (übereinstimmender Antrag). Damit sollen die Rechte des Angeklagten geschützt, seine Stellung als Prozesssubjekt gewahrt und möglichen Drohungen mit der „Sanktionsschere" vorgebeugt werden.[872] Dagegen wird die gerichtliche Initiative bei Vorgesprächen für unbedenklich gehalten. Als Ergebnis kann das Gericht auf den übereinstimmenden Antrag eine Strafmilderung nach Maßgabe eines neuen § 46 b StGB zusagen. Dies gilt aber nur, sofern der Angeklagte eine vom Gericht konkret bezeichnete Bedingung erfüllt. VRiBGH Armin Nack forderte eine Ergänzunh der von der BRAK vorgeschlagenen Regelung. Es sei ungerecht, dass bei der Strafzumessung nur Geständnisse, denen eine entsprechende Absprache voranging, strafmildernd berücksichtigt werden. Man müsse auch den Täter begünstigen, der ohne Dealen ein Geständnis abgelegt hat. Er schlägt vor einen Entwurf des §46b StGB. [873] Diese neue materiell-rechtliche Vorschrift sieht eine obligatorische Strafmilderung für

870 BRAK-Entwurf 2005 S. 3 unter 3 und 4. *Landau/Bünger*, ZRP 2005, 270. *Huttenlocher*, Dealen wird Gesetz, S. 279. *Jahn*, JA 2006, 682. *Meyer-Goßner*, StV 2006, 486. *Meyer-Goßner*, NStZ 2007, 427.

871 BGH St 43, 195. Über die Bedenken der Einhaltung von Mitteilungs- und Protokollierungspflichten *Huttenlocher*, Dalen wird Gesetz, S. 177. *Weßlau*, StV 2006, 359.

872 BRAK-Entwurf 2005 S. 18 unter 3. Ob Antragserfordernis Schutzfunktion für den Angeklagten hat wird bezweifelt *Weßlau*, StV 2006, 359. *Huttenlocher*, Dalen wird Gesetz, S.185

873 VRiBGH *Armin Nack* ergänzt der Regelung der Strafmilderung bei Urteilsabsprache nach BRAK –Entwurf. *Nack* findet ungerecht dass bei Strafzumessung nur Deal-Geständige begünstigt wird und ist der Meinung dass man muss auch den Täter Begünstigen der auch ohne Dealen ein Geständnis eingelegt hat. Er schlägt vor einen Entwurf des §46b.

den Fall einer Urteilsabsprache vor.[874] Bei dem Gegenstand der Absprache beschränkt sich der Vorschlag – anders als die Rechtsprechung - nicht nur auf das Geständnis, sondern belohnt auch andere Zusagen des Angeklagten, wie Schadenswiedergutmachung, ein Täter-Opfer-Ausgleich oder ein sonstiges Verhalten, das der Verfahrensbeschleunigung dient mit der Möglichkeit einer Strafmilderung.[875] Erfüllt der Angeklagte die Bedingungen, ist das Gericht an seine Zusage gebunden. Die Bindungswirkung kann allerdings in fünf Fällen entfallen: Beim Widerspruch von Staatsanwaltschaft oder Angeklagten, wenn der Angeklagte die Bedingungen nicht erfüllt hat, wenn sich in weiterem Verfahren wesentliche straferschwerende Umstände ergeben , die dem Gericht im Zeitpunkt der Zusage unbekannt waren, oder wenn das Gericht Umstände übersehen hat, die zu einer Strafe führen müsste, welche die zugesagte Strafobergrenze übersteigen würde. Mit diesem Vorschlag geht die Bundesrechtsanwaltskammer über die Grenzen der bisherigen Rechtsprechung hinaus: Bisher konnte das Gericht dem Angeklagten eine Strafobergrenze verbindlich zusagen, nunmehr soll diese Strafobergrenze zwischen Gericht, Staatsanwaltschaft und Verteidigung gemeinsam ausgehandelt werden.[876] Bei Wegfall der Bindungswirkung soll der Status „quo ante“ wiederhergestellt werden, die Prozesshandlungen des Angeklagten, die er im Hinblick auf die Absprache getroffen hat, werden unwirksam, ein etwaiges Geständnis nicht verwertbar.[877]

Der BRAK-Entwurf sieht ferner vor, dass unabhängig davon, ob dem Urteil eine Absprache zu Grunde liegt, der vorzeitige Verzicht auf ein Rechtsmittel oder die Zurücknahme eines Rechtsmittels vor Ablauf der Einlegungsfrist unzulässig sein soll. Der Entwurf lehnt die vom Großen Senat vorgeschriebene qualifizierte Belehrung als unzureichend ab und ist der Meinung, dass solange der Rechtsmittelverzicht zulässig sei, die Gefahr bestehe, dass der Beschuldigte trotz formeller Belehrung informell zum Verzicht gedrängt werde.[878] Ausgenommen sollen nach

---

874 BRAK-Entwurf 2005 S.8 , S.11.

875 BRAK-Entwurf 2005 S.4 unter 5.Die obligatorische Strafmilderung nach §46 StGB hat ein heftige Kritik herbeigeführt. Es bestehen Bedenken darüber dass „ein rein auf das Verfahren bezogenes Verhalten mit der Strafzumessung in Verbindung gebracht wird“ und dass „ die Gerichte genügend Druck aufbauen können, um den Angeklagten dorthin zu bekommen, wo sie ihn haben wollen“. sieh: *Meyer-Goßner,* StV 2006, 487. *Weßlau,* StV 2006, 36. *Huttenlocher*, Dealen wird Gesetz S. 168.

876 *Meyer-Goßner,* NStZ, 2007, 427. 4 Strafsenat hatte bei der Urteilsabsprachen zwar „die Einbeziehung aller Verfahrensbeteiligten „ gefordert (BGH St 43, 206, NJW 1998, 86.), der Staatsanwaltschaft dabei aber keinerlei Vetoposition eingeräumt, was der BRAK E-tut, *Schünemann,* ZRP 2006, 64; *Schünemann* kritisiert und meint dass nach dem Entwurf wird die Stellung der Staatsanwaltschaft verstärkt und dem Gericht die Alleinige Herrschaft über die Rechtsanwendung in der Hauptverhandlung aus der Hand nimmt. S. 64. Verfassungsrechtliche und praktische Bedenken über diese Fragen hat *Meyer-Goßner,* NStZ 2007, 428. Der Strafrechtsauschuss des Deutschen Anwaltsvereins hat auch harsche Kritik an diese Frage an BRAK E- geäußert StraFO 2006, 89.

877 *Jahn* JA 2006 , 683. Meyer- Goßner, StV 2006, 489. *Landau/Bünger,* ZRP 2005, 272.

878 BRAK-Entwurf 2005 S. 28

Vorschlag des Großen Senats(BH 50, 40) nur Urteile des Strafrichters sein, die nicht auf einer Urteilsabsprache beruhen. Die Rücknahme im Verfahren vor dem Einzelrichter soll ihre Begründung im anerkennungswürdigen und im Hinblick auf die Strafhöhe auch vertretbaren Bedürfnis nach endgültiger Verfahrensbeendigung finden.
Es gab viele Diskussionen über den BRAK-Entwurf. Er wurde positiv wie negativ bewertet. Besonders scharfe Kritik wurde wegen der Einführung des Konsensprinzips geäußert.[879]

e. Eckpunktepapier der Generalstaatsanwältinnen und Generalstaatsanwälte

Im November 2005 haben die deutschen Generalstaatsanwälte und Generalstaatsanwältinnen (GStAe)Eckpunkte für eine gesetzliche Regelung des Absprачeverfahrens vorgelegt.[880] Sie zeigen eine auffällige Übereinstimmung mit den Vorschlägen der Bundesrechtsanwaltskammer. Ebenso wie diese sehen sie den legislatorischen Anlass für die Regelung des Absprácheverfahrens im Konsensprinzip: Dieses Prinzip rechtfertige „eine faktische Relativierung des Aufklärungsgrundsatzes nach einer Verständigung in den von der Verfassung vorgegebenen Grenzen und dem vom Gesetz zu konkretisierenden Umfang."[881] Danach kann ein Absprácheverfahren – ebenso wie im Entwurf der BRAK - nur durch einen übereinstimmenden Antrag von Staatsanwaltschaft und Angeklagten eingeleitet werden;[882] außerhalb der Hauptverhandlung halten dagegen Bundesrechtsanwaltskammer und GStAe eine Initiative des Gerichts, die zu einer Absprache führen kann, für unbedenklich. Ebenso wie die BRAK wollen die GStAe der Staatsanwaltschaft ein Widerspruchsrecht einräumen, das nach bisheriger Rechtsprechung nicht besteht: Widersprechen also Staatsanwalt oder Angeklagte oder geht das Gericht auf den Antrag nicht ein, ist die Absprache gescheitert. Ebenso wie im BRAK-E soll eine Berufung gegen Urteile, die aufgrund einer Absprache zustande gekommen sind, ausgeschlossen sein. Die Revision kann in diesen Fällen nur auf die Verletzung absprácherelevanter Vorschriften oder auf das Vorliegen absoluter Revisionsgründe gestützt werden.
Anders als der BRAK-Entwurf und die bisherige Rechtsprechung soll nach der Vorstellung der GStAe das Gericht als „Gegenleistung" für das Geständnis eine Strafober- und Strafuntergrenze zusagen.[883] Unterschiedlich bewerten sie auch die Verwertbarkeit eines solchen Geständnisses, wenn die Bindungswirkung der ge-

879 Strafrechtsausschuss des Deutschen Anwalt Verein (DAV) StraFO 2006 S.89. *Lien*, GA 2006,129. *Schünemann*, ZRP 2006 , 64. *Satzger*, StraFo 2006, 45.

880 Eckpunkte GStAe, Text abzurufen über thueringen.de/olg/bodyinfothek40.html

881 Generalstaatsanwälte , Begründung. *Jahn*, ZStW 118 (2006), 433. *Huttenlocher*, Dealen wird Gesetz, S. 471. *Jahn*, JA 2006, 684.

882 Eckpunkte GStAe.

883 Eckpunkte GStAe Punkt 4.

richtlichen Zusage nachträglich entfällt:[884] Sie soll sich dann nach den allgemeinen Grundsätzen des Strafprozessrechts richten.[885]
Die Eckpunkte der GStAe sehen im Ergebnis die Übernahme der vom Bundesgerichtshof entwickelten Grundsätze für die Absprache vor. So kommt als „Leistung" des Angeklagten nur ein Geständnis in Betracht.[886] Schuldspruch[887] und Rechtsmittelverzicht[888] dürfen nicht Gegenstand der Absprache sein.[889] Das Gericht ist an eine Zusage nicht mehr gebunden, wenn sich nachträglich erhebliche strafmildernde oder straferschwerende Umstände ergeben, die dem Gericht im Zeitpunkt seiner Zusage unbekannt waren.[890]
Zu vielen Einzelheiten der Eckpunkte der GStAe wurden Kritik und Bedenken geäußert;[891] besonders an der Einführung des Konsensprinzips;[892] ergänzend sei hier auf die Ausführungen zum BRAK-Entwurf verwiesen.[893]

f. Der Referentenentwurf des Bundesministeriums der Justiz vom Mai 2006

Nachdem das Bundesland Niedersachsen bereits am 07.04.2006 einen Gesetzesentwurf vorgelegt hatte, legte das Bundesjustizministerium (BMJ) im Mai 2006 einen eigenen Referentenentwurf eines Gesetzes zur Regelung der Verständigung im Strafverfahren vor. Beide Entwürfe enthalten Gemeinsamkeiten, unterscheiden sich aber auch in wichtigen Punkten.
Der Referentenentwurf des BMJ orientiert sich eng an der höchstrichterlichen Rechtsprechung zur Absprache.[894] Er setzt sich zum Ziel, die Verständigung so zu regeln, dass sie mit den tradierten Grundsätzen des deutschen Strafverfahrens, also mit den Grundsätzen des fairen Verfahrens, des rechtlichen Gehörs, dem Öffentlichkeits-, und Aufklärungsgrundsatz[895] und dem Prinzip des schuldangemessenen Strafens übereinstimmt. Wie auch andere Entwürfe findet der Entwurf des BMJ ein eigenständiges Abspracheverfahren nicht für wünschenswert und will die Urteilsabsprache in die bestehenden Abschnitte der Strafprozessordnung einordnen.[896]

---

884 Eckpunkte GStAe Punkt 9.
885 Eckpunkte GStAe Pumkt 9.
886 BGH St 43, 195(204); BGH GS HRRS 2005. Nr. 310 Rn. 41.
887 BVerfG NJW 1987, 2662.
888 BGH St 43, 195 (204).
889 Eckpunkte GStAe, 8, 10.
890 BGHSt 43, 195 (210).
891 *Jahn*, ZStW 118 (2006), 433; *Huttenlocher*, Dealen wird Gesetz, S 471. *Jahn*, JA 2006, 684.
892 Eckpunkte GStAe, Text abzurufen über thueringen.de/olg/bodyinfothek40.html.
893 Hinweis auf die Zitate beim BRAK-E
894 *Weßlau*, StraFo 2007, 1. *Gieg*, GA 2007, 471.
895 Kritik darüber das Aufklärungsgrundsatz in seiner bisherigen Auslegung durch die Rechtsprechung ungetastet bleibt, findet sich bei: *Weßlau*, StraFo 2007, 2. *Jahn*, ZStW 118 (2006), 435. *Huttenlocher*, Dealen wird Gesetz, S. 288. *Jahn/Müller*, JA 2006, 685.
896 BMJ – Referentenentwurf 2006, S. 12 f.

Hinsichtlich der Motive für das gesetzgeberische Tätigwerden hält sich der Referentenentwurf zurück. Er geht davon aus, dass „für die Verständigung im Strafverfahren keine neue - dem deutschen Strafprozess bislang unbekannte - Form einer konsensualen Verfahrenserledigung erstrebenswert sei, die die Rolle des Gerichts - insbesondere bei seiner Verpflichtung zur Ermittlung der materiellen Wahrheit - zurückdrängen würde".[897] Andererseits lässt er aber auch nicht eindeutig erkennen, ob er das Konsensprinzip vollständig ablehnt.[898] Denn nach der in ihm vertretenen Auffassung liegt der wichtigste Grund für eine gesetzliche Regelung der Absprachepraxis darin, dass „eine in die Grundsätze des Strafprozesses integrierte Verständigung als abgesichertes Handlungsmodell in Ansehung der Interessen der am Strafverfahren Beteiligten sachgerecht" sei.[899]
Der Referentenentwurf erfasst alle Vereinbarungen, die im Ermittlungsverfahren, im Zwischenverfahren, außerhalb der Hauptverhandlung sowie in der Hauptverhandlung ergehen.[900] Der Referentenentwurf geht über die Forderung des BGH hinaus, nach der das Gericht verpflichtet ist, den wesentlichen Inhalt und die Ergebnisse der Vorgespräche zwischen den Beteiligten vor oder außerhalb der Hauptverhandlung in der Hauptverhandlung offen zu legen[901] und sieht eine Protokollierungs- und Mitteilungspflicht ebenso wie bei einer in der Hauptverhandlung getroffenen Verständigung vor.[902] Der Referentenentwurf gewährleistet die „Autonomie des Gerichts für die Initiative zur Verständigung", lässt es aber zu, dass auch die anderen Beteiligten eine verfahrensbeendende Absprache anregen.[903] Das Gericht kann dann nach freiem Ermessen darüber entscheiden, ob es eine Verständigung initiiert oder sich auf ein Verständigungsangebot einlässt. Absprachegegenstand können nach dem Referentenentwurf die Rechtsfolgen, der Urteilsinhalt und die dazugehörigen Beschlüsse oder sonstige verfahrensbezogene Maßnahmen im zu Grunde liegenden Erkenntnisverfahren, sowie das Prozessverhalten der Verfahrensbeteiligten sein.[904] Hierzu gehören insbesondere der Verzicht auf Beweisanträge oder das Geständnis des Angeklagten.[905] Der Referenten-

897 BMJ – Referentenentwurf 2006, S.12.

898 *Weßlau*, StraFo 2007, 2. *Huttenlocher*, Daelen wird Gesetz, S. 328.

899 BMJ – Referentenentwurf 2006, S.12 Kritik darüber ob Interessenparadigma im Strafprozessfür Absprache einschlägige Berechtigung ist: *Weßlau,* StraFo 2007, 2.

900 BMJ – Referentenentwurf 2006, S.4, 5. Kritik über die Verständigungsgespräche vor und Außerhalb der Hauptverhandlung *Altenhein/Hagemeier/Haimerl*, NStZ 2007,74. *Huttenlocher*, Daelen wird Gesetz, S 332; *Bittmann*, DRiZ 2007, 26. Gieg, GA 2007, 472.

901 BGHSt43, 195, 205.

902 BMJ – Referentenentwurf 2006.

903 BMJ – Referentenentwurf 2006, S.22. Kritik über die Initiativerecht *Altenhein/ Hagemeier/Haimerl*, NStZ 2007,72. Huttenlocher, Daelen wird Gesetz, S.337. *Schünemann/Hauer,* AnwBl 2006, 443.

904 BMJ – Referentenentwurf 2006, S. 6.

905 Nahe über die Fragen der Leistung des Angeklagten, des Gericht der Staatsanwaltschaft oder Nebenkläger über unzulässige Leistungen *Huttenlocher, Daelen wird Gesetz,* S. 346-356, *Gieg,* GA 2007, 469. *Jahn /Müller* JA 2006, 685.

entwurf sieht weiter vor, dass das Gericht unter Berücksichtigung der allgemeinen Strafzumessungserwägungen und mit Zustimmung des Angeklagten nicht nur eine Strafober- sondern auch eine Strafuntergrenze angeben kann; eine Verständigung auf dieser Grundlage kommt allerdings nur zustande, wenn Angeklagter und Staatsanwaltschaft ihr nicht widersprechen.[906]
Nach dem Entwurf des BMJ ist das Gericht grundsätzlich an eine wirksam zustande gekommene Absprache gebunden. Es darf allerdings von seiner Zusage abweichen, „wenn sich seine Bewertung der Sach- oder Rechtslage im Verlauf der Hauptverhandlung ändert oder das weitere Prozessverhalten des Angeklagten nicht dem entspricht, was der Prognose des Gerichtes zu Grunde gelegt worden ist.“[907] Anders als nach der Auffassung der Rechtsprechung wird das Auftreten neuer und schwerwiegender Umstände nicht vorausgesetzt. Will das Gericht von seiner Zusage abweichen, ist es verpflichtet, die Verfahrensbeteiligten unverzüglich zu unterrichten. Nach dem Entwurf des BMJ steht das Abweichen von der Zusage der Verwertung der Aussage des Angeklagten nicht grundsätzlich entgegen; ein Verwertungsverbot soll nach der Entwurfsbegründung nur nach den allgemeinen Regeln in Betracht kommen.[908]
Im Einklang mit der bisherigen Rechtsprechung dürfen weder Schuldspruch, noch Rechtsmittelverzicht oder Maßregeln der Besserung und Sicherung Gegenstand der Absprache sein.[909]
Liegt dem Urteil eine Verständigung zu Grunde, ist ein Rechtsmittelverzicht des Angeklagten in Fällen der Absprache nur dann unwirksam, wenn keine qualifizierte Belehrung erfolgt ist.[910]
Der Entwurf des BMJ reduziert Revisionsrügen in diesen Fällen auf die Beanstandung einer Verletzung der bei der Absprache zu beachtenden Vorschriften sowie auf die absoluten Revisionsgründe des § 338 StPO.[911]
Dem Entwurf wird vorgeworfen, er zeichne nur den „traditionell-integrativen Weg“[912] der Rechtsprechung nach, ohne neue oder gar überraschende Akzente zu

906 BMJ – Referentenentwurf 2006 S.6. *Meyer-Goßner* nennt es einen deutlichen Systembruch, wenn sich das Gericht mit der Staatsanwaltschaft darüber einigt, welche Strafe gegen den Angeklagten mindestens zu verhängen sei. *Meyer-Goßner*, NStZ 2007, 427.

907 BMJ – Referentenentwurf, 2006, S. 6 (§257 c IV 1). *Meyer-Goßner* meint, dass „ sich der Angeklagte bei Zustimmung zu der Verständigung „ auf sehr dünnen Eis bewegt “

908 BMJ – Referentenentwurf, 2006, S. 6 (§257 c IV) Kritik über diese Fragen *Schünemann /Hauer*, AnwlBl 2006, 439 ff. *Huttenlocher*, Daelen wird Gesetz, S. 363. *Jahn/Müller*, JA 2006, 685. Meyer-Goßner, NStZ 2007, 428.

909 BMJ – Referentenentwurf 2006, S. 6. *Meyer-Goßner*, NStZ 2007, 428. *Huttenlocher*, Dealen wird Gesetz, S. 358. *Schünemann /Hauer*, AnwBl 2006, 443. *Gieg*, GA 2007, 480. *Jahn/Müller*, JA 2006, 685.

910 BMJ – Referentenentwurf 2006, S. 7-8

911 BMJ – Referentenentwurf 2006, S.8 Genau wegen der Reduzierung möglicher Revisionsrügen wird kritisiert, dass das Bekenntnis des Aufklärungsgrundsatzes im allgemeinen Teil der Begründung des Entwurfs in ein Spannungsfeld mit der revisionsrechtlichen Aufklärungsrüge gerät.

912 *Lien*, GA 2006, 129 ff.

setzen,[913] teilweise biete er noch weniger Ansatzpunkte als die bisherige Rechtsprechung des BGH.[914]

g. Der Gesetzesentwurf des Landes Niedersachsen zur Regelung von Absprachen im Strafverfahren

Die Niedersächsische Landesregierung hat am 07.04.2006 einen eigenen Entwurf zur Regelung von Absprachen im Strafverfahren im Bundesrat eingebracht.[915] Inhaltlich liegt der Entwurf auf der Linie des Eckpunktepapiers der Generalstaatsanwälte und des Referentenentwurfs des BMJ;[916] er orientiert sich folglich eng an den von der Rechtsprechung entwickelten Grundsätzen.[917] Wie die bereits erwähnten Gesetzesentwürfe versucht er, die Urteilsabsprache in die vorhandenen Regelungen der Strafprozessordnung zu integrieren. Die vorgeschlagenen Bestimmungen sollen ein faires, rechtstaatliches Verfahren gewährleisten, und das Gebot der Aufklärung des wahren Sachverhalts und das Schuldprinzip nicht vernachlässigen.[918] Über die gesetzgeberischen Motive für die Regelung der Absprache schweigt der Entwurf.

Nach dem Entwurf kann der Staatsanwalt mit Einreichung der Anklageschrift beantragen, eine Erörterung über eine mögliche Urteilsabsprache zu führen. Das Gericht stellt diesen Antrag zusammen mit der Anklageschrift dem Angeklagten zu und fordert ihn auf, dazu Stellung zu nehmen.[919] Die entpsrechenden Gespräche können sowohl innerhalb als auch außerhalb der Hauptverhandlung geführt werden.[920] Außerhalb der Hauptverhandlung steht die Initiative für Erörterungen dem Angeklagten, dem Verteidiger und der Staatsanwaltschaft zu; nach Zustellung der Anklageschrift kann aber auch der Vorsitzende des Gerichts entsprechende Erörterungen anregen.[921] Erörterungen außerhalb der Hauptverhandlung müssen in der Hauptverhandlung durch den Vorsitzenden Richter bekannt gegeben werden; ihr wesentlicher Inhalt und ihre Ergebnisse sind in das Hauptverhandlungsprotokoll aufzunehmen.[922] Gegenstand der Absprache können ausschließlich die im Urteil auszusprechenden Rechtsfolgen sein, wobei das Gericht eine nach den konkreten Umständen tat- und schuldangemessene Strafober- und Strafuntergrenze anzugeben hat.[923] Der Schuldspruch, ein Rechtsmittelverzicht oder Umstände, die das Vollstreckungsverfahren betreffen, dürfen nicht Gegenstand der Verständigung

913 *Gieg,* GA 2007, 470.
914 *Schünemann*/Hauer, AnwBl 2006, 443.
915 BR-Drs. 235/06.
916 *Huttenlocher*, Dealen wird Gesetz, S. 386. Wesentlich neues gegenüber dem Eckpunktprogramm der Generalstaatsanwälte und des BMJ-Referentenentwurfs kann der Entwurf des Landes Niedersachsen nicht bieten.
917 *Gieg,* GA 2007, 471.
918 BR-Drs. 235/06 S.5.
919 BR-Drs. 235/06, § 199, StPO –E Nds.
920 Br-Drs 235/06S7-8. § 212, 243 a StPO –E Nds.
921 Br-Drs 235/06S2 § 212.
922 StPO –E Nds § 243 IV.
923 Br-Drs 235/06, S.2.

sein.[924] Von Seiten des Angeklagten kann nur ein Geständnis Gegenstand der Urteilsabsprache sein. Der in Aussicht gestellte Strafrahmen ist für das erkennende Gericht bindend; ausnahmsweise entfällt die Bindungswirkung, wenn im weiteren Verfahren neue, wesentliche strafmildernde oder strafschärfende Umstände auftreten, die dem Gericht bei Festlegung des Strafrahmens unbekannt waren.[925]Der Entwurf enthält keine Reglung darüber, wie in einem solchen Fall das Geständnis des Anklagten zu behandeln ist. Die Rechtsmittel sind nach dem Entwurf eingeschränkt: Die Berufung gegen Urteile des Schöffengerichts ist unzulässig, die Revision kann nur auf Verfahrensfehler im Zusammenhang mit der Absprache und im Übrigen auf die absoluten Revisionsgründe des § 338 StPO gestützt werden.[926]

Dem niedersächsischen Entwurf wird vorgeworfen, auch er sei nur ein „integrativer Weg“[927]zur Übernahme der Rechtsprechung, ohne „neue Akzente“ zu setzen.[928]

Der Bundesrat hat mit Beschluss vom 15.12.2006 [929]dennoch den Entwurf als "Entwurf eines Gesetzes zur Regelung von Absprachen im Strafverfahren" im Wesentlichen übernommen und am 31. 01.2007 mit der Stellungnahme der Bundesregierung dem Bundestag zugeleitet.[930]

Am 21. 01.2009 hat das Bundeskabinett auf Vorschlag von Bundesjustizministerin Brigitte Zypries einen Gesetzentwurf beschlossen, mit dem die Voraussetzungen einer Verständigung im Strafverfahren geregelt wurden. Am 26. Januar desselben Jahres befasste sich der Deutsche Bundestag mit einem Gesetzentwurf der Fraktionen der Union und der SPD zur Verständigung im Strafverfahren, der inhaltlich dem vom Bundeskabinett am 21.01.2009 beschlossenen Gesetzentwurf entsprach.

Nach Stellungnahme des Bundesrates vom 06.03.2009, Gegenäußerungen der Bundesregierung vom 18.03.2009, Sachverständigenanhörungen am 25.03.2009, Beschlussempfehlung und Bericht des Rechtsausschusses zu den Gesetzesentwürfen der Bundesregierung (Drucksache 16/12310); der Fraktionen CDU/CSU, SPD (Drucksache 16/117336) und des Bundesrates (Drucksache 16/4197) vom 20.5. 2009, hat der Deutsche Bundestag am 28.05.2009 den Gesetzentwurf verabschie-

---

924 StPO –E Nds § 243a II.

925 Br-Drs 235/06, S2, § 243 a (5) StPO –E Nds.

926 Br-Drs 235/06, S3, § 333, 337 StPO –E Nds.

927 *Lien,* GA 2006, 129 ff.

928 *Gieg,* GA 2007, 470. Mehr Kritik über den StPO –E Nds *Meyer-Goßner*, NStZ 2007, 428. *Bittmann*, DRiZ 2007, 23-27. *Gieg,* GA 2007, 473-482. *Huttenlocher,* Dealen wird Gesetz, S. 383-421. *Heister-Neumann*, ZRP 2006, 139, findet, dass der Entwurf der Niedersachsen „gibt den Strafverfolgungsbehörden die Möglichkeiten, auf einem vereinfachten und beschleunigten, aber gleichwohl rechtsstaatlich einwandfreien Weg zu einem gerechten Urteil zu kommen“.

929 BR-Drs. 235/06.

930 BT-Drs./16 4197. Mehr darüber *Huttenlocher,* Dealen wird Gesetz, S. 422.

det, mit dem die Voraussetzungen einer Verständigung im Strafverfahren geregelt werden.[931]

V. Das „Gesetz zur Regelung der Verständigung im Strafverfahren" vom 3. August 2009

1. Einleitung

Nach Jahren der Diskussionen, nach den vielen unterschiedlichen Regelungsvorschlägen und nach dem Appell des Großen Senats für Strafsachen des BGH an den Gesetzgeber, Zulässigkeit, Voraussetzungen und Begrenzungen von Urteilsabsprachen gesetzlich zu regeln,[932] hat der Deutsche Bundestag am 28.05.2009 „das Gesetz zur Regelung der Verständigung im Strafverfahren" beschlossen. Mit dem Inkrafttreten des Gesetzes am 04.08.2009 (BGBl. I, 2353) ist ein seit mehr als einem Vierteljahrhundert geführter juristischer Streit auf eine neue Ebene gehoben worden.

Zahlreiche Vertreter von Wissenschaft und Praxis standen einer gesetzlichen Regelung bis zum Schluss ablehnend gegenüber. Die Wissenschaft fürchtete eine Aufweichung fundamentaler Grundsätze des Strafverfahrens, sie befürchtete die Auflösung der tradierten Grundlagen des Strafverfahrens in Beliebigkeit und Willkür.[933] Nach Inkrafttreten des Verständigungsgestzes wird in der Wissenschaft die Auffassung vertreten, dass damit die Konsensmaxime als weiterer Verfahrensgrundsatz des deutschen Strafprozesses anerkannt ist. Sie trete gleichberechtigt neben die Iquisitionsmaxime (Amtsermittlungsgrundsatz) auch wenn der Gesetzgeber bestrebt sei, diese Konsequenz und ihre möglichen Folgewirkungen nicht deutlich aufscheinen zu lassen.[934] Ein anderer Teil der Wissenschaft hält Urteilsabsprachen für grundsätzlich vereinbar mit tragenden Grundsätzen der StPO und betrachtet hingegen das Verständigungsgesetz als Anerkennung einer Verfahrenspraxis, die neben der demokratischen Legitimation auch der Zügelung durch den Gesetzgeber dringend bedurfte.[935]

Primäres Anliegen des Verständigungsgesetzes ist es, Absprachen im Strafprozess klare Vorgaben im Hinblick auf Verfahren, Inhalt und Folgen zu machen. Sie sollen im Einklang mit den hergebrachten Grundsätzen des deutschen Strafverfahrens stehen.[936] Auf diese Weise sollen Transparenz, Überprüfbarkeit und eine gleichmäßige Rechtsanwendung durch die Praxis sichergestellt werden.[937]

---

931 http://www.bmj.de/enid/

932 BGHSt 50,40(64)=NJW 2005, 1440.

933 Harms, in Festschrift für Nehm, 2006, S. 289(295). *Fischer,* StraFo 2009, 188. *Schünemann,* ZRP 2009, 104.*Schünemann* ist der Meinung, der Regierungsentwurf eines „ Gesetzes zur Regelung der Verständigung im Strafverfahren" würde die Zerstörung der rechtsstaatlich-liberalen Struktur des deutschen Strafverfahrens bedeuten.

934 *Jahn/Müller*, NJW 2009, 2625.

935 *Jahn/Müller*, JA 2006, 681(686f)

936 ReGE eines Gesetzes zur Regelung der Verständigung im Strafverfahren, v.18.3. 2009, BT-Dr 16/12 310,S.1.

937 *Zypries,* AnwBl 2006, 102 (104).

Nach der Einführung des Verständigungsgesetzes muss die Praxis erweisen, ob sich die mit dem Gesetz verbundenen Hoffnungen oder Befürchtungen bewahrheiten.
Die nachfolgende Darstellung soll die wesentlichen Neuregelungen wiedergeben und Differenzen zu der bisherigen Handhabung von Absprachen in Rechtsprechung und Praxis aufzeigen.

2. Erörterungen und Protokollierung

Vor Inkrafttreten des Gesetzes zur Regelung der Verständigung im Strafverfahren ist es in der Praxis für Staatsanwaltschaft und Gericht üblich gewesen, außerhalb der Hauptverhandlung mit den Verfahrensbeteiligten Kontakt aufzunehmen und den Stand des Verfahrens zu erörtern. Dies ist nun in § 160 b StPO n. F. für die Staatsanwaltschaft und in §§ 202a, 212 StPO n. F. für das Gericht geregelt. Mit diesen Vorschriften strebt der Gesetzgeber die Förderung frühzeitiger Verständigungen im Ermittlungs- und Zwischenverfahren sowie in der Hauptverhandlung an. Die Verfahrensbeteiligten können jederzeit den Stand des Verfahrens im persönlichen Gespräch oder z. B. auch fernmündlich erörtern, soweit dies geeignet erscheint, das Verfahren zu fördern. Dabei müssen nicht alle Verfahrensbeteiligten an dem jeweiligen Gespräch beteiligt sein. Um für das Verständigungsverfahren Transparenz und Überprüfbarkeit zu gewährleisten, verlangt das Gesetz eine Dokumentation der wesentlichen Ergebnisse der Erörterungen.[938] Während der Hauptverhandlung gewährt § 257 b StPO eine weitere Erörterungsmöglichkeit. Das Gericht kann – einschließlich der Schöffen - den Stand des Verfahrens mit den Verfahrensbeteiligten erörtern. Gemäß § 243 IV StPO hat der Vorsitzende in der Hauptverhandlung mitzuteilen, ob und gegebenenfalls mit welchem wesentlichen Inhalt - und nicht nur mit welchem Ergebnis - zwischen dem Gericht und den anderen Verfahrensbeteiligten Gespräche nach §§ 202a, 212 StPO über eine mögliche Verständigung stattgefunden haben. Diese Mitteilungspflicht besteht gem. § 243 IV 2 StPO im weiteren Verlauf der Hauptverhandlung hinsichtlich jeder Änderungen gegenüber bisherigen Mitteilungen fort. Damit soll jede Heimlichkeit über versuchte oder getroffene Verständigungen vermieden und die Öffentlichkeit umfassend informiert werden. Zur Sicherstellung der Kontrollierbarkeit durch Rechtsmittelgerichte und der Vermeidung unzulässiger Vereinbarungen sind nach § 273 I 2 StPO Ablauf und Inhalt einer Erörterung in das Protokoll aufzunehmen und gemäß § 273 I a StPO - genauso wie der Gang und die wesentlichen Ergebnisse der Hauptverhandlung – auch der wesentliche Ablauf und Inhalt sowie das Ergebnis einer Verständigung nach § 257 c StPO im Protokoll wiederzugeben.[939] Damit muss sich nicht nur aus den Urteilsgründen, sondern auch aus dem Hauptverhandlungsprotokoll ergeben, ob eine Verständigung nach

938 Vergl. RegE eines Gesetzes zur Regelung der Verständigung im Strafverfahren, v.18.3. 2009, BT-Dr 16/12 310, S.10.
939 *Meyer-Goßner*,Ergänzungsheft, Strafprozessordnung, Auflage 52, S. 15.

§ 257 c StPO stattgefunden hat. Mitteilungen und Belehrungen nach §§ 243 IV, 257 c IV, V StPO sind gleichfalls zu protokolieren.
Das Gesetz sieht auch vor, im Hauptverhandlungsprotokoll zu vermerken, wenn keine Verständigung nach § 257 c StPO stattgefunden hat. Diese Vorschrift soll dazu dienen, dem Rechtsmittelgericht die höchstmögliche Gewissheit darüber zu vermitteln, dass keine Verständigung unter Missachtung gesetzlicher Förmlichkeiten (§ 243 IV StPO) stattgefunden hat.[940]
Durch die Einführung dieser Vorschriften hat der Gesetzgeber klargestelt, dass eine außerhalb der Hauptverhandlung getroffene, heimliche Absprache unzulässig, rechtswidrig und unwirksam ist.[941]

3. Vereinbarung des Gerichts mit den Verfahrensbeteiligten

Die bisherige Rechtsprechung des BGH hat es erlaubt, dass das Gericht dem Angeklagten für den Fall eines von ihm abgelegten glaubhaften Geständnisses verbindlich zusagt, dass bei der Straffestsetzung eine bestimmte Strafobergrenze nicht überschritten werden wird. Hierzu war eine Zustimmung der Staatsanwaltschaft nicht erforderlich. Nach dem Gesetz zur Regelung der Verständigung tritt an die Stelle einer solchen gerichtlichen Zusage eine Vereinbarung des Gerichts mit den Verfahrensbeteiligten. Das Gericht kann sich mit den Verfahrensbeteiligten nach § 257 c I 1 StPO über Fortgang und auch über das Ergebnis des Verfahrens verständigen.
Eine solche Vereinbarung des Gerichts mit den Verfahrensbeteiligten wird im Schrifttum als grundlegende Änderung der StPO gesehen, weil diese mit dem Grundsatz der Aufklärungspflicht, die das Gericht zur Erforschung der Wahrheit verpflichtet, nur schwer vereinbar ist. Im Zentrum des Strafprozesses stehen die amtliche Wahrheitssuche und die Beweisaufnahme. Wenn die Verfahrensbeteiligten sich mit dem Gericht darüber verständigen, dass weitere Beweise nicht mehr erhoben werden sollen, obwohl der Sachverhalt noch nicht vollständig aufgeklärt ist, oder wenn der Angeklagte ein „schlankes" Geständnis ablegt, ohne auf Einzelheiten einzugehen, so wird der Grundsatz der Wahrheitserforschung vom Konsensprinzip abgelöst.[942] Der Gesetzgeber hat sich entschieden, § 244 II StPO (Erforschung der Wahrheit) unberührt zu lassen. Er konnte sich nicht entschließen, ausdrücklich ein konsensuales Verfahren einzuführen, in dem der Angeklagte auf ein Procedere nach §§ 244 ff. StPO verzichtet.[943] Nach neuer Regelung „ist

---

940 *Jahn/Müller*, NJW 2009, 2630. anders *Meyer-Goßner*, Er findet diese Regelung überflüssig, da sich aus dem Fehlen einer entspr. Protokollierung ja bereits ergibt, dass es keine Verständigung gegeben hat. Die Vorschrift ist zudem systemwidrig, weil das Hauptverhandlungsprotokoll dokumentieren soll, was geschehen, nicht aber das was nicht geschehen ist. Meyer-Goßner, Strafprozessordnung, Auflage 52, S 15.

941 Vergl. *Jahn/Müller*, NJW 2009, 2630. *Weider*, StV 2009, 601. *Meyer-Goßner*, Ergänzungsheft, Strafprozessordnung, Auflage 52, S. 15.

942 *Meyer-Goßner*, Ergänzungsheft, Strafprozessordnung, Auflage 52, S 7. Rn. 3.

943 *Meyer-Goßner*, Ergänzungsheft, Strafprozessordnung, Auflage 52, S 7.

eine Verfahrensart entstanden die vorgibt, den Regelungen der StPO gerecht zu werden, dies aber in Wahrheit nicht oder nur unvollkommen tut."[944]

4. Zulässiger Gegenstand einer Verständigung

§ 257 c StPO ist die zentrale Vorschrift für eine Verständigung im Strafverfahren. Diese Vorschrift normiert die Voraussetzungen und Grenzen der Urteilsabsprache im Strafprozess und regelt das zur Absprache führende Verfahren. § 257 c Abs. 2 S. 1 StPO regelt die zulässigen Absprachеinhalte. Gegenstand der Verständigung dürfen danach nur die Rechtsfolgen, die Inhalt des Urteils und der dazugehörigen Beschlüsse sein können, sonstige verfahrensbezogene Maßnahmen und das Prozessverhalten der Verfahrensbeteiligten sein.

a. Die Rechtsfolgen

Die Vereinbarung bezieht sich im Regelfall in erste Linie auf den Strafausspruch. Es kann aber auch die Verhängung einer Nebenstrafe - wie das Fahrverbot nach § 44 StGB - oder von Nebenfolgen - wie Einziehung und Verfall (§§ 73 ff. StGB) - Gegenstand der Vereinbarungen sein. Im Gegensatz zur bisherigen Rechtslage wird bei der Strafaussetzung zur Bewährung nicht nur die Vereinbarung bestimmter Auflagen, sondern die Frage der Strafaussetzung zur Bewährung selbst verhandelbar.

b. Sonstige verfahrensbezogene Maßnahmen

Gegenstand einer Verständigung können auch sonstige verfahrensbezogene Maßnahmen im zugrundeliegenden Erkenntnisverfahren sein. Darunter sind neben den Maßnahmen, die das Gericht im Urteil treffen kann auch noch verfahrensbezogene Maßnahmen wie z. B. Einstellungsentscheidungen und Beweiserhebungen zu verstehen. Es geht also darum, dass z.B. ein Absehen von der Strafverfolgung nach § 154 II StPO vereinbart wird oder das Gericht von bestimmten Beweiserhebungen absieht. Unproblematisch sind auch Vereinbarungen mit der StA, andere - bei diesem oder einen anderen Gericht anhängig gemachte - Straftaten von der Strafverfolgung auszunehmen. Zu Differenzieren ist beim Absehen von einer Beweiserhebung. Die Gesetzesbegründung erklärt dazu dass „der Verzicht auf weitere Beweisanträge sich nicht außerhalb dessen bewegen kann, was durch die Sachaufklärungspflicht des Gericht bestimmt ist."[945] Fraglich ist, wie der Verzicht auf eine notwendige Beweiserhebung mit § 244 II StPO vereinbar ist, weil die Einhaltung der Amtsaufklärungspflicht und das Absehen von Beweiserhebungen unvereinbar sind. [946]

944 *Meyer-Goßner*, Ergänzungsheft, Strafprozessordnung, Auflage 52, S 7, 8. *Weßlau*, FS für Müller, S. 779 ff.

945 RegE v. 18.03. 2009,BT-Drucks.16/12310,Begründung zu § 257 c Abs. 2 S. 1. S. 13.

946 *Meyer-Goßner*, Ergänzungsheft, Strafprozessordnung, Auflage 52, S. 10.

c. Das Prozessverhalten der Verfahrensbeteiligten

Auch das Prozessverhalten der Verfahrensbeteiligten kann Gegenstand einer Verständigung sein. Hier geht es im Wesentlichen um die Geltendmachung prozessualer Rechte der Verfahrensbeteiligten. Insbesondere ist damit der Verzicht von Angeklagten, StA oder auch Nebenklägern auf die Stellung von Beweisanträgen angesprochen. Es kann aber beispielsweise auch um den Verzicht auf einen Antrag auf Ablehnung des Gerichts wegen Befangenheit oder um die Zusage einer Schadenswiedergutmachung durch den Angeklagten gehen. Ferner sind auch der Verzicht der Staatsanwaltschaft auf eine geständige Einlassung des Angeklagten oder die Zusage zur Zustimmung zu einer Verfahrenseinstellung oder -Beschränkung nach §§ 154 Abs.2, 154 a Abs. 2 StPO durch die Staatsanwaltschaft zulässige Gegenstände einer Absprache. Alle diesbezüglichen Verhaltensweisen müssen jedoch einen Bezug zu dem gegenständlichen Strafverfahren haben. Hier setzen die Bedenken hinsichtlich des Verzichts auf notwendige Beweisanträge oder der Unterlassung einer (weiteren) Beweiserhebungen durch das Gericht an. Zwar sagt die Gesetzesbegründung, eine damit verbundene „unsachgemäße Verknüpfung angesonnenen oder in Aussicht gestellten Verhaltens ist unzulässig," dies „wiederspräche sowohl der Verfahrensfairness als auch dem grundlegenden Umstand, dass die Regelungen zur Verständigung einen Verfahrensweg vorgeben, aber sowohl prozessuale Grundsätze wie u.a. die Pflicht zur Sachaufklärung des Gerichts und die Verteidigungsrechte des Angeklagten als auch die Grundsätze der Strafzumessung unberührt lassen."[947] Dennoch bleibt festzustellen, dass der gesetzliche Wortlaut eine Absprache, welche auf die Unterlassung einer zur Sachverhaltsaufklärung notwendigen Beweisaufnahme und die Nichtbeantragung bestimmter Beweiserhebungen abzielt, nicht ausschließt. und so die Aufklärungspflicht des Gerichts eingeschränkt wird.[948]

d. Geständnis des Angeklagten

§ 257 c II S. 2 StPO legt fest, dass ein Geständnis Bestandteil jeder Verständigung sein soll. Da diese „Soll"-Regelung nicht bedeutet, dass jede Verständigung zwingend ein Geständnis voraussetzt, stellt sie eine Neuerung gegenüber der bisherigen Praxis dar, wonach nur für die Ablegung eines Geständnisses eine Strafobergrenze zugesagt wurde. Das Geständnis war also Ausgangspunkt jeder Absprache. Mit der Neuregelung hängt die Zusicherung eines bestimmten milderen Strafrahmens nicht mehr von der Ablegung eines Geständnisses ab.[949]

Der Gesetzgeber hat eine Verständigung auch dann ermöglicht, wenn der Angeklagte anstelle eines Geständnisses Zugeständnisse anderer Art macht, die eine schnelle Erledigung des Verfahrens ermöglichen oder den Interessen eines Verletzten der vorgeworfenen Straftat genügen. Solche Verhaltensweisen können z.B. in dem Verzicht auf die Befragung von Zeugen (insbesondere ihre Glaub-

---

947 RegE v. 18.03. 2009, BT-Drucks.16/12310, Begründung zu § 257 c Abs. 2 S. 1.

948 *Meyer-Goßner*, Ergänzungsheft ‚Strafprozessordnung, Auflage 52, S. 10.

949 *Meyer-Goßner*, Ergänzungsheft, Strafprozessordnung, Auflage 52, S. 7, 8.

würdigkeit betreffend), in der Zurücknahme von Beweisanträgen, in der Zustimmung zur Verlesung von Vernehmungsniederschriften (was insbesondere der Schonung von Verletzten dienen kann), sowie in der Erbringung von Wiedergutmachungsleistungen oder der Durchführung eines Täter-Opfer-Ausgleichs liegen.[950]

Nicht ausreichend ist „nolocontedere“[951] - ein prozessuales Anerkenntnis („stimmt, ich war es“), bloßes Nichtbestreiten („ich trete der Anklage nicht entgegen“) oder ein formale Unterwerfungserklärung des Angeklagten ohne inhaltliche Substanz („Ich räume die Anklage jetzt ein, gebe aber keine weitere Erklärungen ab“). Anders ist dies nur dann, wenn sich Gericht und Staatsanwaltschaft in Ansehung der Aktenlage und der bisherigen Beweisaufnahme ohne weiteres von der Richtigkeit einer geständigen Formalerklärung zu überzeugen vermögen. Diese Einschätzung muss für das Rechtsmittelgericht in den Grenzen der Willkürkontrolle nachvollziehbar sein.[952]

Bisher hat der Große Senat des BGH betont (BGHSt 50, 40,49), dass ein „Formalgeständnis“ nicht ausreichte, sondern das Geständnis qualifiziert sein musste. Die Neuregelung hat darauf verzichtet, Mindestanforderungen für die Qualität eines Geständnisses zu normieren. Demnach ist eine Strafmilderung - wie schon dargestellt - ohne jegliches Geständnis möglich. Genau dieser Punkt wird in der Literatur als Verletzung des § 244 II StPO gesehen.[953]

5. Unzulässiger Gegenstand einer Absprache

Auch wenn das Gesetz durch die Formulierung „nur“ klar macht, dass es sich bei § 257 c Abs. 2 S. 1 StPO um einen abschließenden Katalog der zulässigen Inhalte der Verständigung handelt, eine Verständigung über andere Gegenstände also ausgeschlossen ist, betont das Gesetz noch einmal in § 257 c Abs. 2 S.3 StPO ausdrücklich, dass insbesondere der Schuldspruch sowie die Maßregeln der Besserung und Sicherung nicht Gegenstand einer Verständigung sein dürfen. Damit hat der Gesetzgeber klargestellt, dass Vereinbarungen über den Schuldspruch, also über die Anwendung des materiellen Strafrechts (z.B. „Hinwegdefinition“ eines nach dem Stand der Beweisaufnahme verwirklichten Qualifikationstatbestandes), welches die Grundlage eines gerechten Urteils bildet, sowie über Maßregeln der Besserung und Sicherung wegen ihres präventiven Charakters unzuläs-

---

950 *Schlothauerr/Weider*, StV 2009, 603.

951 In etwa der Hälfte der Bundesstaaten in den USA kann der Angeklagte darauf verzichten, sich gegen die Anklage zu wehren, indem er seine Schuld weder zugibt noch bestreitet und damit die Strafsache *streitlos* stellt (plea of nolo contendere = "ich will nicht bestreiten"). Der Angeklagte bekennt also seine Schuld nicht durch eine positive Erklärung (Geständnis), sondern bezieht zur Schuldfrage keine Stellung. Er stellt somit die Berechtigung der Tatvorwürfe für das anhängige Strafverfahren nicht in Frage und akzeptiert die strafrechtliche Aburteilung.

952 Vergl. *Jahn/Müller*, NJW 2009, 2629. RegE eines Gesetzes zur Regelung der Verständigung im Strafverfahren v.18. 3.2009,BT-Dr -16/12 310, S. 14.

953 *Meyer-Goßner*, Ergänzungsheft, Strafprozessordnung, Auflage 52, S 11.

sig sind.[954] Mit dem Schuldspruch und einer Verurteilung verbundene, zwingend von Gesetzes wegen zu verhängende Nebenstrafen oder anzuordnende Nebenfolgen wie der Verlust der Amtsfähigkeit gemäß § 45 Abs. 1 StGB dürfen ebenfalls nicht zum Gegenstand einer Verständigung gemacht werden.[955]

6. Strafzumessung bei einer Verständigung

Die Vereinbarung einer bestimmten Strafe bleibt nach wie vor unzulässig.
Nach der Rechtsprechung des BGH war es den Gerichten lediglich gestattet, verbindlich eine Strafobergrenze festzulegen. So konnte das Gericht dem Angeklagten zusagen, was ihn
im Falle eines Geständnisses schlimmstenfalls erwartete. Ob die Staatsanwaltschaft mit der Obergrenze einverstanden war, spielte keine Rolle. Nach der Neuregelung kann das Gericht aber entsprechend § 257c III S. 2 StPO unter freier Würdigung aller Umstände des Falles sowie der allgemeinen Strafzumessungserwägungen nicht nur eine Strafobergrenze, sondern zugleich auch eine Strafuntergrenze festlegen und so einen verfahrensspezifischen Strafrahmen in Aussicht stellen. Dieser neue Strafrahmen ist verbindlich, wenn Angeklagter und Staatsanwaltschaft zustimmen. Dass im Gegensatz zur bisherigen Rechtsprechung die Festsetzung nicht nur einer Strafoberobergrenze sondern auch einer Strafuntergrenze verlangt wird, soll offensichtlich dem Wunsch der Staatsanwaltschaften entgegen kommen, gegen wesentlich unter der im Rahmen einer Absprache zugesicherten Strafobergrenze liegende Strafen „abgesichert" zu sein.[956] Damit wird eine von Seiten der Generalstaatsanwälte gestellte Forderung erfüllt.[957]
Während es bisher dem Gericht freistand, im Urteil die zugesagte Strafobergrenze zu vermindern, kann das Gericht dies nach der Neuregelung ohne Zustimmung der StA nicht mehr. In der Literatur werden wegen der Einführung einer Strafuntergrenze Bedenken geäußert. Die Staatsanwaltschaft könnte ihre Zustimmung zu der Absprache verweigern, wenn sie die vorgeschlagene Strafuntergrenze für zu niedrig hält. Gericht und Angeklagter können gezwungen sein, die Untergrenze anzuheben, um die Obergrenze verbindlich absprechen zu können. Die Staatsanwaltschaft erhält damit eine wesentlich verstärkte Stellung gegenüber dem Gericht und dem Angeklagten.[958]
Außerdem bestehen Bedenken, weil das neben der Festlegung einer Strafuntergrenze die Festsetzung einer Strafobergrenze bedeutungslos sein wird, denn die

---

954 *Meyer-Goßner*, Ergänzungsheft, Strafprozessordnung, Auflage 52, S 7, 10. *Schlothauer/Weider,* StV 2009, 602.

955 *Meyer-Goßner*, Ergänzungsheft, Strafprozessordnung, Auflage 52, S 7, 8 *Schlothauer/ Weider,* StV 2009, 602.

956 *Meyer-Goßner*, Ergänzungsheft, Strafprozessordnung, Auflage 52, S 7, 12

957 *Meyer-Goßner*, Ergänzungsheft, Strafprozessordnung, Auflage 52, S 7, 12. NJW-Sonderdruck der Deal im Strafverfahren, 2006, 9ff.

958 *Meyer-Goßner* Ergänzungsheft, Strafprozessordnung, Auflage 52, S 12. ZRP 2009, 108. *Weßlau* ist der Meinung, dass dem Gericht nicht verwehrt ist, „ die von ihm für richtig befundene Strafe" zu verhängen, aber nur um den Preis dass erstrebte Verständigung scheitert. *Weßlau,* Festschrift für Müller, 2009, S. 783, Fußn. 15.

Tatsache, dass das Gericht und die Staatsanwaltschaft die Untergrenze für ausreichend halten, macht den Sinn der Vereinbarung der Obergrenze unklar.[959]

7. Rechtsmittelverfahren

a. Ausschluss des Rechtsmittelverzichts im Verständigungsfall

Wie schon der Große Senat in seiner Grundsatzentscheidung[960] geht auch der Gesetzgeber von der Unwirksamkeit eines absprachebedingten Rechtsmittelverzichts aus. Aus diesem Grund ist der Angeklagte, wenn einem Urteil eine Verständigung nach § 257 c StPO vorausgegangen ist, gemäß § 35 a S. 3 StPO darüber zu belehren, dass er in jedem Fall frei ist, Rechtsmittel einzulegen.
Mit dem neu gefassten § 302 I 2 StPO versucht der Gesetzgeber, die Rechtsschutzmöglichkeit gegen Urteile, denen eine Verständigung zugrunde liegt, zu erweitern. Durch das Verbot eines Rechtsmittelverzichts wird der Angeklagte von dem Druck befreit, in der Hauptverhandlung übereilt oder aufgrund von entsprechenden Erwartungen oder Ratschlägen auf Rechtsmittel zu verzichten.[961]
Dieses Verbot einer Rechtsmittelverzichtserklärung im Anschluss an eine Verständigung geht damit über das hinaus, was der Große Senat des BGH mit dem Gebot einer „qualifizierten Belehrung“ nach einer Absprache verlangt hatte. Nach einer Verständigung ist der Rechtsmittelverzicht jetzt gänzlich ausgeschlossen. Das Urteil kann nur nach ungenutztem Ablauf der Rechtsmittelfristen rechtskräftig werden.[962]

b. Uneingeschränkte Überprüfbarkeit

Im Schrifttum wird einstimmig positiv hervorgehoben, dass die Einschränkungen im Rechtsmittelverfahren entfallen sind, obwohl es diesbezüglich zum Teil entgegengesetze Vorschläge gab (z. B. Gesetzesentwurf der BRAK[963] und Überlegungen in der Rechtsprechung, vgl. BGH GrS 50, 52). Weder Berufung noch Revision gegen ein Urteil, dem eine Verständigung vorausgegangen ist, werden ausgeschlossen oder beschränkt.[964]

8. Gang des Verständigungsverfahrens

a. Initiative der Verständigung

Die Initiative zu einer Verständigung geht regelmäßig vom Gericht aus, aber auch die Staatsanwaltschaft, der Verteidiger und der Angeklagte können die Verständigung anregen. Die Verständigungsgespräche können schon vor der Hauptverhandlung nach §§ 160 b, 202a, 212 StPO durchgeführt werden. Das Gericht gibt

959 *Meyer-Goßner*, Ergänzungsheft, Strafprozessordnung, Auflage 52, S. 12.
960 GHSt50, 40, S. 60.
961 *Schlothauer/ Weider*,StV 2009, 601.
962 *Meyer-Goßner*, Ergänzungsheft, Strafprozessordnung, Auflage 52, S. 7, 16.
963 *Meyer-Goßner* ZRP, 2009, 107.
964 *Meyer-Goßner*, Ergänzungsheft, Strafprozessordnung, Auflage 52, S. 7, 16. *Meyer-Goßner*, ZRP 2009, 107.

seine Einschätzung bekannt, die Verfahrensbeteiligten haben das Recht zur Stellungnahme. Nicht nur Angeklagter, Verteidiger und Staatsanwaltschaft sind befugt, Stellung zu nehmen, sondern auch Nebenkläger. Die Zustimmung des Nebenklägers zur Verständigung ist allerdings nicht erforderlich. Sein Widerspruch kann das Zustandekommen der Verständigung nicht verhindern, da es bei Verständigungen um Rechtsfolgen geht und der Nebenkläger deren Art und Höhe ohnehin nicht entscheidend beeinflussen kann. Er kann aber durch seine Stellungnahme auf die Meinungsbildung von Staatsanwalt oder Gericht einwirken.[965]

b. Verbindlichkeit der Verständigung

Wenn StA und Angeklagter dem Vorschlag des Gerichts zustimmen, kommt die Verständigung zustande (§ 257 c III 4 StPO). StA und Angeklagter sind dann an ihre Zustimmung zur Verständigung gebunden. Das gilt nur für das Tatgericht, bei dem die Verständigung erfolgte; Rechtsmittelgerichte und das Gericht, an das die Sache nach § 354 II StPO zurückverwiesen wurde, sind an die Verständigung nicht gebunden.

c. Abweichung von der Verständigung

Nach der Grundsatzentscheidung BGHSt 43,195 blieb das Gericht an die verbindliche Zusage der Strafobergrenze gebunden, falls sich in der Hauptverhandlung später nicht neue, ihm bisher unbekannte, schwerwiegende Umstände zu Lasten des Angeklagten ergeben hatten. Dies hatte der Große Senat des BGH (BGH50, 40,50) dahin erweitert, dass ein Abweichen von der zugesagten Strafobergrenze schon dann erlaubt wurde, wenn bereits zum Zeitpunkt der Absprache vorhandene, relevante tatsächliche oder rechtliche Aspekte übersehen wurden. Diese Formulierung ist im Gesetz in § 257 c IV, S. 1 StPO aufgenommen und dadurch verschärft worden, dass das Gericht sich bereits dann einseitig von der Absprache lösen kann, wenn das Gericht deswegen zu der Überzeugung gelangt, dass den vereinbarten Strafrahmen nicht mehr tat – oder schuldangemessen ist.
Zudem entfällt die Bindungswirkung der Vereinbarung auch dann, wenn das weitere Prozessverhalten des Angeklagten nach der Absprache nicht der Prognose des Gerichts entspricht (§ 257 c IV S. 2 StPO, z. B. wird das zugesagte Geständnis doch nicht abgegeben).
Eine schlichte Meinungsänderung („das Gericht hat es sich anders überlegt") vermag die Bindung an die Absprache jedoch nicht entfallen zu lassen. Notwendig sind für die Rechtsmittelinstanz nachprüfbare objektive Umstände.
Das Gericht muss seine Absicht, von der Verständigung abzuweichen, allen Verfahrensbeteiligten unverzüglich mitteilen, um diesen, vor allem dem Angeklagten, die Möglichkeit zu geben, das weitere Vorgehen auf die neue Situation einzurichten.
Der Angeklagte ist über die Voraussetzungen und Folgen einer Abweichung von dem in Aussicht gestellten Ergebnis zu belehren (§ 257 c V StPO). Diese Beleh-

965 *Meyer-Goßner*, Ergänzungsheft, Strafprozessordnung, Auflage 52, S. 7, 13.

rung erfolgt schon mit der Bekanntgabe des Inhalts einer vom Gericht ins Auge gefassten Verständigung. Der Angeklagte muss also schon vor seiner Entscheidung, ob er dem gerichtlichen Vorschlag zustimmt oder diesen zurückweist, über die Risiken einer Verständigung in Kenntnis gesetzt werden und nicht etwa erst dann, wenn eine Verständigung bereits erfolgt ist und sich das Gericht von ihr nach § 257 c V StPO wieder lösen will.
Bedenken bestehen gegenüber dem Fall der Abweichung wegen übersehener relevanter tatsächlicher oder rechtlicher Aspekte. In der Literatur wird befürchtet, dass diese Ausnahmeregelung es dem Gericht ermöglicht, relativ leicht die Bindung entfallen zu lassen. Diese erleichterte Lösungsmöglichkeit bildet für den Angeklagten, der ein Geständnis abgelegt hat, eine große Unsicherheit. Es ist daher zu befürchten, dass dies dazu führt, dass die Verfahrensbeteiligten mit dem Gericht doch lieber wieder eine heimliche Absprache über die zu verhängende Strafe mit einer Rechtsmittelverzichtvereinbarung treffen werden, statt sich nach den gesetzlichen Regelungen zu verständigen.[966]
Diese Gefahr wird auch bei dem Abweichungsgrund gesehen, der dem Gericht erlaubt, die Bindung entfallen zu lassen, „wenn das weitere Prozessverhalten des Angeklagten nicht dem Verhalten entspricht, das der Prognose des Gerichts zugrunde gelegt worden ist", weil damit das Gericht unmittelbaren Einfluss auf das Prozessverhalten des Angeklagten nehmen könne, in dem es ihm z. B. im Falle unerwünschten Prozessverhaltens mit der Lösung von der Verständigung drohen kann. Es bestehen insoweit sogar verfassungsrechtliche Bedenken, weil dem Gericht damit die Möglichkeit einer direkte Einflussnahme auf das Verteidigungsvehalten des Angeklagten eingeräumt wird.

d. Beweiskraft des Geständnisses und Durchführung des Prozessverhaltens der Beteiligten nach Abweichung von der Verständigung

Mit dem Wegfall der Bindung des Gerichts an die Verständigung ist das Verfahren kontradiktorisch und nach Maßgabe der gerichtlichen Aufklärungspflicht fortzusetzen.
Hat der Angeklagte bereits verfahrensbezogene Leistungen als Teil des von ihm erwarteten Prozessverhalten erbracht, muss er - soweit möglich - wieder so gestellt werden, als wäre die Verständigung nicht zustande gekommen. Hat er beispielweise auf Beweiserhebungen verzichtet, sind diese nach Maßgabe des Aufklärungsgrundsatzes nachzuholen. Hat er Beweisanträge zurückgenommen, kann er diese erneut stellen. Hat er auf die Befragung von Zeugen verzichtet, wird die Sachaufklärung und vor allem die Wahrung der Verteidigungsrechte des Angeklagten in der Regel die nochmalige Vernehmung der Zeugen gebieten.[967]
Für den Wegfall der Bindung des Gerichts an die Absprache - auch wenn der Angeklagte selbst dafür die Voraussetzungen geschaffen hat - sieht das Gesetz im §

966 *Meyer-Goßner*, Ergänzungsheft, Strafprozessordnung, Auflage 52, S. 7, 13. *Weßlau*, FS für Müller, 792.
967 RegE v. 18.03. 2009, BT- Drucks. 16/12310, Begr. zu § 257 c Abs. 4. Vergl. *Schlothauer/Weider*, StV 2009, 605.

257 c Abs. 4 S.3 StPO ein Beweisverwertungsverbot für das bereits abgelegte Geständnis des Angeklagten vor. Seine Begründung findet es im Gebot der Verfahrensfairness,[968] denn wenn die Bindung des Gerichts entfällt, darf der vom Angeklagten im Vertrauen auf den Bestand der Absprache vorgeleistete Beitrag nicht gegen ihn verwertet werden.[969] Will das Gericht also zu einer Verurteilung gelangen, darf es diese in keiner Weise auf das zuvor abgelegtes Geständnis des Angeklagten stützen. In der Literatur wir dies begrüßt. Ungeklärt ist bisher die Verwertbarkeit der auf Grund des Geständnisses erlangten weiteren Beweise. Ob auch diese unverwertbar werden, ist nicht klar, aber nach herrschender Theorie und Praxis gibt es im deutschen Rechtssystem bekanntlich keine Fernwirkung von Beweisverwertungsverboten.[970]

9. Kritik

Die gesetzliche Regelung der Verständigung konnte die bisherige Kritik an der Absprachenpraxis nicht verstummen lassen. Gegner der Urteilsabsprachen sind der Meinung, das „Gesetz zur Regelung der Verständigung" könne „die Zerstörung der rechtsstaatlich-liberalen Struktur des deutschen Strafverfahrens bringen und zugleich Deutschland international in die Provinzialität zurückwerfen".[971] Diese Kritik wird damit begründet, dass nach dem geltenden Strafverfahrensrecht „die Überzeugungsbildung allein auf Grund des Inbegriffs der mündlichen und die Beweise unmittelbar enthaltenden Hauptverhandlung vor den Ohren und Augen des erkennenden Gerichts (§ 261 StPO)und unter den kritischen Augen der Öffentlichkeit (§ 169 GVG) die entscheidende Struktur des von der StPO geprägten Strafverfahrens ausmacht, und nur unter diesen Voraussetzungen von der Ermittlung der materiellen Wahrheit durch Erfüllung der richterlichen Aufklärungspflicht (§ 244 II StPO) gesprochen werden darf".[972] Ziel der Absprache sei es aber, auf die weitere Aufklärung des Sachverhalts zu verzichten, um die Justiz bei komplexen und umfangreichen Verfahren zu entlasten. Mit der Absprache wird also die Amtsaufklärungspflicht abgemildert, um das Verfahren abkürzen zu können.

Das Regelungskonzept geht zwar davon aus, dass „für die Verständigung im Strafverfahren keine neue, dem deutschen Strafprozess bislang unbekannte Form einer konsensualen Verfahrenserledigung, die die Rolle des Gerichts insbesondere bei seiner Verpflichtung zur Ermittlung der materiellen Wahrheit zurückdrängen würde, wünschenswert ist. Es gelten weiterhin die Grundsätze des Strafverfahrens, namentlich, dass eine Verständigung unter Beachtung aller maßgeblichen Verfahrensregeln einschließlich der Überzeugung des Gerichts vom festgestellten Sachverhalt und der Glaubhaftigkeit eines Geständnisses stattfinden muss, die Grundsätze des fairen Verfahrens und des rechtlichen Gehörs, nicht zuletzt auch

---

968 *Jahn/Müller*, NJW 2009, 2629.

969 *Meyer-Goßner*, Ergänzungsheft, Strafprozessordnung, Auflage 52, S 7, 14.

970 *Jahn/Müller*, NJW 2009, 2629.

971 *Schüneman*, ZRP 2009,. 104.

972 *Schünemann*, ZRP 2009, 106.

die Transparenz der Hauptverhandlung und die Unterrichtung der Öffentlichkeit in der Hauptverhandlung, gewahrt sein müssen und dass insbesondere das Prinzip des schuldangemessenen Strafens nicht verlassen werden darf,.[973] Angesichts der richterlichen Befugnis, auf Grund des von ihm aus den Ermittlungsakten herausgelesenen Tatbildes dem Angeklagten gegen Geständnisablegung einen gemilderten Strafrahmen anzubieten, ist jedoch zu befürchten, dass es sich nur um ein scheinbares Festhalten an den Verfahrensgrundsätzen handelt.[974]

Insbesondere in der Kritik ist die Gesetzesformulierung in § 257 c I 2 StPO, wonach „die Pflicht des Gerichtes zur Aufklärung des Sachverhaltes (§ 244 Abs. 2 StPO) unberührt bleibt, wenn der Verfahrensweg einer Verständigung beschritten wird."[975] Das erscheine als bloße Farce,[976] weil die Absprache selbst den Verzicht auf die weitere Aufklärung des Sachverhalts bezwecke.[977] Wenn z. B. die Verfahrensbeteiligten sich mit dem Gericht einigen, dass weitere Beweise nicht mehr erhoben werden sollen, obwohl der Sachverhalt noch nicht vollständig aufgeklärt ist oder wenn der Angeklagte ein sog. schlankes Geständnis ablege, ohne auf (zuvor streitige) Einzelheiten einzugehen, so bleibe der Aufklärungsgrundsatz auf der Strecke.[978]

Lässt der Gesetzgeber die Aufklärungspflicht bei Verständigungen unberührt, erteilt er damit dem Konsensprinzip eine Absage. Er hat neben den bestehenden Vorschriften kein konsensuales Verfahren eingeführt, in dessen Rahmen der Angeklagte auf ein Verfahren nach §§ 244 ff. verzichtet.[979] Damit „klaffen Anspruch und (Regelungs-) Wirklichkeit weit auseinender", weil in der Wirklichkeit „die Bindung der Gerichte an die Amtsaufklärungsmaxime und an das sonstige Reglement des Beweisrechts unter der Verständigung abgeschafft ist, aber verbal an der Geltung dieser Grundsätze festgehalten wird."[980] Also ist mit der neuen Regelung eine Verfahrensart entstanden, „die vorgibt, den Regelungen der StPO gerecht zu werden, dies aber in Wahrheit gar nicht oder jedenfalls nur unvollkommen tut."[981]

Zum Teil wird das neue Gesetz als verfassungswidrig eingestuft, da der StA eine entscheidende Rolle für das Zustandekommen der Vereinbarung zukommt. Die Zustimmung der StA ist nach § 275 III S. 4 StPO Voraussetzung für die Wirksamkeit der Verständigung und damit auch für das darauf beruhende Urteil.[982] Also ist die Verständigung davon abhängig gemacht, dass Angeklagter und StA dem Vorschlag des Gerichts zustimmen, womit die StA eine derzeit nicht existie-

---

973 RegE v. 18.03. 2009, BT- Drucks. 16/12310, Begr. Lösung, ,S. 8.
974 *Schünemann,* ZRP 2009, 106.
975 RegE v. 18.03. 2009, BT- Drucks. 16/12310, Begr. Lösung, ,S. 13.
976 *Leipold,*NJW-Spezial, 2009, 521.
977 *Leipold,*NJW-Spezial, 2009, 521.
978 *Meyer-Goßner*, Ergänzungsheft, Strafprozessordnung, Auflage 52, S 7, 14.
979 *Meyer-Goßner*, Ergänzungsheft, Strafprozessordnung, Auflage 52, S. 7, 14.
980 *Weßlau,* FS Müller, S 789.
981 *Meyer-Goßner*, Ergänzungsheft, Strafprozessordnung, Auflage 52, S. 7, 8.
982 *Meyer-Goßner*, Ergänzungsheft, Strafprozessordnung, Auflage 52, S. 7, 8.

rende Vetoposition erhält und die Stellung des Angeklagten weiter geschwächt wird.[983] Das Erfordernis der staatsanwaltschaftlichen Zustimmung widerspreche den Vorgaben des Art. 92 GG, der die rechtsprechende Gewalt den Richtern anvertraut und Art. 97 GG, der die Unabhängigkeit der Richter statuiert.[984] Deshalb ist Meyer-Goßner der Meinung, dass durch eine Verfassungsbeschwerde oder eine Richtervorlage nach Art. 100 GG die Verfassungsmäßigkeit dieser Regelung durch das BVerfG geprüft werden müssten.[985]
Bedenken bestehen auch weil verfahrensbezogene Maßnahmen Gegenstand der Absprache sein können und als solche Maßnahme auch das Absehen von einer (notwendigen) Beweiserhebung in Betracht kommt. Deswegen ist unklar, wie der Verzicht auf notwendige Beweiserhebungen mit der die Einhaltung aller für den Strafprozess vorgeschriebenen Formen und Verfahrensgrundsätze einschließlich der Amtsaufklärungspflicht vereinbar sein soll.[986]
Dieselben Bedenken wie gegen unterlassene Beweiserhebungen durch das Gericht bestehen auch, wenn das Prozessverhalten der Verfahrensbeteiligten zum Gegenstad einer Verständigung gemacht wird. Es bestehe die Gefahr, dass die Geltendmachung prozessualer Rechte unzulässig mit der Rechtsfolgenbemessung verknüpft wird. Zwar sage die Gesetzesbegründung, es dürfe keine „unsachgemäße Verknüpfung" stattfinden. Dies „widerspreche sowohl der Verfahrensfairness als auch dem grundlegenden Umstand, dass die Regelungen zur Verständigung einen Verfahrensweg vorgeben, aber sowohl prozessuale Grundsätze wie u. a. die Pflicht zu Sachverhaltsaufklärung des Gerichts und die Verteidigungsrechte des Angeklagten als auch die Grundsätze der Strafzumessung unberührt lassen. Ausgeschlossen ist damit z .B. die Zusage eines bestimmten Strafrahmens durch das Gericht bei Verzicht des Angeklagten auf weitere Beweiserhebung."[987]
Bedenken bestehen auch dagegen, dass der Angeklagte ohne ein Geständnis einen niedrigeren Strafrahmen erreichen kann. das Bekenntnis zu §244 II in § 257c I S. 2 StPO – so meinen die Kritiker - stehe nur auf dem Papier.[988]
Einwände werden darüber hinaus erhoben, weil „das später über die Schuld- und Straffrage entscheidende Gericht selbst Partner der Abspracheverhandlung ist. Der Angeklagte muss seine Situation als ausweglos empfinden, während der Richter als Verhandlungspartner seine neutrale Stellung verliert."[989]
Auf Kritik stößt auch die Regelung, nach der ein Protokollvermerk notwendig ist, falls eine Verständigung nicht stattgefunden hat. Diese Regelung wird für überflüssig gehalten mit der Begründung, dass das Hauptverhandlungsprotokoll nur dokumentieren soll, was geschehen ist, nicht aber das, was *nicht* geschehen ist.

---

983 *Schünemann*, ZRP 2009, 106.
984 *Leipold*, NJW-Spezial, 2009, 521.
985 *Meyer-Goßner*, Ergänzungsheft, Strafprozessordnung, Auflage 52, S. 8.
986 *Meyer-Goßner*, Ergänzungsheft Strafprozessordnung, Auflage 52, S. 8. *Niemöller*, GA 2009,181.
987 RegE v. 18.03. 2009, BT- Drucks. 16/12310, Begr. Lösung, S. 13
988 *Leipold*,NJW-Spezial, 2009, 521,
989 *Schünemann*, ZRP 2009, 107.

Aus dem Fehlen einer entsprechenden Protokollierung ergibt sich bereits, dass es keine Verständigung gegeben hat (sog. negative Beweiskraft des Protokolls, § 274 StPO).[990]
Die dargestellte Kritik ist überzeugend. Mit der Einführung der Absprache können die das deutsche Strafverfahren prägenden Grundsätze, wie insbesondere die Aufklärung des Sachverhalts von Amts wegen nicht unberührt bleiben. Das gilt besonders in den Fällen, wenn die Verständigung im Zwischenverfahren oder am Anfang der Hauptverhandlung zustande kommt und insbesondere wenn kein Geständnis abgelegt wird. Allseitige Bereitschaft zu einer Verständigung führt zu einer Abkürzung des Verfahrens. Die Ermöglichung der Verständigung über die sonstigen verfahrensbezogene Maßnahmen im zugrundeliegenden Erkenntnisverfahren schafft eine gute Möglichkeit für den Verzicht auf weitere Beweiserhebungen. Genauso kann eine Verständigung über das Prozessverhalten zu einem Verzicht auf notwendige Beweisanträge und auf weitere Sachaufklärung führen. Das könnte z. B. die Folge haben, dass das Gericht mangels ausreichender Information durch die Verfahrensbeteiligten die an sich notwendige Beweisaufnahme nicht durchführt.[991] Es besteht also bei der Verständigung immer die Gefahr, dass der Sachverhalt nur nach Aktenlage aufgeklärt wird und das Gericht sein Überzeugungsbild nicht aus „dem Inbegriff der Hauptverhandlung" schöpft.
Die Initiative des Gerichts zu einer Verständigung und seine Beteiligung an dem Zustandekommen der Verständigung ist eine Gefahr für seine neutrale Stellung. Die Einführung einer Vereinbarung des Gerichts mit den Verfahrensbeteiligten über den Ausgang des Verfahrens ist eine grundlegende Änderung der StPO Deutschlands und lässt sich nur schwer vereinbaren mit dem Grundsatz der Amtsaufklärung, der das Gericht zu Erforschung der Wahrheit verpflichtet.[992]

10. Zusammenfassung

Der in Deutschland seit einem Vierteljahrhundert geführte Streit um Kernfragen der Praxis der Absprachen im Strafverfahren ist zu einem vorläufigen Schlusspunkt gekommen. Durch die gesetzliche Regelung wird die Urteilsabsprache neben dem streitigen Verfahren als gleichwertige Methode der Erledigung des Verfahrens durch Urteil (Schuldspruch) anerkannt.[993]
Das Gesetz hat aber den Überlegungen, das „Konsensprinzip" zu einem neuen Grundprinzip des Strafverfahrens zu machen, eine Absage erteilt und die Aufklärungspflicht des § 244 Abs.2 StPO unberührt gelassen. Das Gesetz enthält Regelungen, die den Missbrauch der Absprachen zum Nachteil des Angeklagten verhindern sollen und es enthält keinerlei Einschränkungen im Rechtsmittelrecht: Berufung und Revision bleiben uneingeschränkt erhalten. Vorgesehen sind sog. Rechtsgespräche im Ermittlungs-, Zwischen- und Hauptverfahren. Dadurch, dass vor und außerhalb der Hauptverhandlung stattfindende Erörterungen zwischen

990 *Meyer-Goßner*, Ergänzungsheft Strafprozessordnung, Auflage 52, S. 8.
991 Vergl. *Meyer-Goßner*, Ergänzungsheft Strafprozessordnung, Auflage 52, S. 10.
992 *Meyer-Goßner*, Ergänzungsheft Strafprozessordnung, Auflage 52, S. 8.
993 Vergl. *Jahn/Müller*, NJW 2009, 2631.

dem Gericht und den Verfahrensbeteiligten aktenkundig gemacht werden müssen, werden Transparenz und Überprüfbarkeit des Verfahrens gewährleistet. Nach dem Gesetz darf ein Geständnis, das der Angeklagte im Vertrauen auf den Bestand der Absprache abgelegt hat, im Falle des Scheiterns der Absprache nicht verwertet werden. Trotz dieser positiven Aspekte ist das Gesetz zur Regelung der Verständigung im Strafverfahren ein „tiefer Eingriff in das System des herkömmlichen Strafprozesses".[994] Es steht zu befürchten, dass „bei der - nun weit über die bisher von der Rechtsprechung zugelassenen Absprache hinausgehenden - Regelung die Vorschriften über eine zulässige Verständigung zu extensiv ausgelegt [...] werden".[995] So wird es auch künftig wieder Aufgabe der Rechtsprechung sein, die weitgefassten Voraussetzungen einer Verständigung einzugrenzen.[996]
Erst die Zukunft kann erweisen, ob das Gesetz dazu beiträgt, Strafverfahren im Wege der Verständigung zu vereinfachen und zu beschleunigen oder ob es eher eine Rückkehr zum kontradiktorischen Verfahren begünstigt.[997]

994 *Schlothauer/Weider*,StV 2009, 606.
995 *Meyer-Goßner*, Ergänzungsheft Strafprozessordnung, Auflage 52, S. 2.
996 *Leipold*,NJW-Spezial, 2009, 521.
997 Vergl. *Schlothauer/Weider*, StV 2009, 606.

Zweiter Teil

B. Absprachen im US-amerikanischen Rechtssystem

I. Das anglo-amerikanischen Rechtssystem im Überblick

Es besteht ein erheblicher Unterschied zwischen dem deutschen und dem US-amerikanischen Strafverfahrensrecht.[998] Deshalb ist es wichtig, zunächst die allgemeinen Grundzüge des Amerikanischen Rechtssystems darzustellen.

1. Konfliktlösung als Verfahrensziel

Das *plea bargaining* lässt sich nur vor dem Hintergrund des amerikanischen Rechtsystems verstehen.[999]

Der grundsätzliche Unterschied zwischen dem deutschen und dem amerikanischen Strafverfahren besteht darin, dass das amerikanische Verfahren als Parteiprozess ausgestaltet ist. Es gleicht in seiner Struktur eher dem deutschen Zivilverfahren. Der Streitgegenstand wird durch die Anklage des Staatsanwalts oder einer mit Laien besetzten Anklage-Jury bestimmt.[1000] Anders als im deutschen Recht, wo entsprechend § 264 StPO die Tat als Lebenssachverhalt zur Beurteilung ansteht, wird im amerikanischen Recht durch die Anklage nicht nur der zu beurteilende Sachverhalt festgelegt, sondern auch die Straftatbestände, wegen derer der Angeklagte verurteilt werden soll. Von dieser Festlegung kann das Gericht nicht abweichen. Insoweit gilt entsprechend dem deutschen Zivilprozessrecht der *Ne ultra petita* Grundsatz, wonach nicht wegen einer schwereren als der angeklagten Straftat verurteilt werden darf.[1001] Der Unterschied zwischen deutschem und anglo-amerikanischem Strafverfahren basiert auf zwei verschiedenen Verfahrenszielen. Der deutsche Strafprozess ist von der Durchsetzung der Ordnungsvorstellungen staatlicher Organe geprägt. Ihm liegt das Prinzip der materiellen Wahrheit zu Grunde. Das amerikanische Verfahren hingegen dient nicht der Findung der materiellen Wahrheit, sondern der Lösung eines zwischen den Prozessparteien bestehenden Konfliktes.[1002] Dabei ist die formelle Wahrheit Grundlage der Konfliktlösung.[1003] Im deutschen Strafverfahren geht man von der möglichst objektiven und vollständigen Sachverhaltsaufklärung durch den Richter aus. Prozessbeteiligte können zwar auf das Verfahren der Sachverhaltsfeststellung Einfluss nehmen, aber diese Mitwirkung ist grundsätzlich nicht auf die Verschaffung eines selbständigen Bildes vom Sachverhalt (neben dem vom Richter geschaffenen

998 *Kobor*, Bargaining, S. 25

999 *Weigend*, ZStW 94 (1982), 201. *Moldenhouer*, eine Verfahrensordnung, S. 99.

1000 Vergl. *Weigend* ZStW 94 (1982), 200 ff. *Kremer*, Absprachen, S. 230.

1001 *Dreher*, Kontrollierbarkeit, s. 100. *Kremer*, Absprachen, S. 230. *Weigend*, ZStW 94 (1982), 201.

1002 *Weigend*, Absprachen, S. 34. Vergl. *Dreher*, Kontrollierbarkeit, S. 100. *Moldenhouer*, Eine Verfahrensordnung, S. 99. *Kremer*, Absprachen, S. 231.

1003 Vergl. *Moldenhouer*, Eine Verfahrensordnung, S. 99.

Sachverhalt) gerichtet.[1004] Typisch für den adversatorischen Strafprozess ist im Gegensatz dazu, dass zwei Parteien - auf der einen Seite die Anklagebehörde und auf der anderen Seite die Verteidigung - gehalten sind, den Sachverhalt selbst zu erforschen und das Gericht von der Richtigkeit der eigenen Auffassung zu überzeugen. Jede Partei präsentiert die für die eigene Sachverhaltsdarstellung verfügbaren Beweise. Insofern wird „von einem kontradiktorischen Kampf um die Akzeptanz der richterlichen Bestätigung der Richtigkeit des von einer Partei behaupteten Sachverhalts und von dem Prinzip der Wahrheitsermittlung durch Auseinandersetzung gesprochen."[1005] Dem anglo-amerikanischen Juristen erscheint es als sinnloser Aufwand, einen vollständigen Strafprozess durchzuführen, wenn Einigkeit zwischen den Parteien besteht. Warum und worüber soll dann noch verhandelt werden?[1006] Erkennt der Beschuldigte den staatlichen Strafanspruch durch Abgabe einer *guilty plea* dem Grunde nach an, entzieht er damit dem Konflikt die Grundlage und damit wird jede weitere Beweisaufnahme und damit auch die Durchführung einer streitigen Hauptverhandlung über die Schuldfrage hinfällig.[1007] Einlassungen des Beschuldigten können deshalb für den Kampf um die Wahrheit entscheidenden Einfluss haben.[1008]

2. Einleitung und Verlauf des Verfahrens

Anders als in vielen kontinental-europäischen Verfahrensordnungen steht in den USA am Anfang eines Strafverfahrens häufig die Anklageerhebung.[1009]

Die Einleitung des Strafverfahrens geschieht - je nach Schwere des Tatvorwurfs - auf drei verschiedenen Wegen:[1010]

a) Bei leichten Verstößen kann es durch eine polizeiliche oder ordnungsbehördliche Ladung des Verdächtigen eingeleitet werden.[1011]

1004 *Herrmann,* die Reform der deutschen Hauptverhandlung, S. 167ff.: Das deutsche Strafverfahren kann insofern als ein einspuriger, immer auf die unmittelbare Gewinnung des objektiven Bildes vom Tatgeschehen ausgerichteter Prozess bezeichnet werden.

1005 *Herrmann,* Die Reform der deutschen Hauptverhandlung, S. 167ff. Vergl. *Bickel,* das förmliche Geständnis, S. 38.

1006 *Weigend,* Absprachen, S. 34. *Bickel,* das förmliche Geständnis, S. 38.

1007 Vergl. *Dreher,* Kontrollirbarkeit, S. 101.

1008 *Bickel,* das förmliche Geständnis, S. 39.

1009 *LaFave/Israel*, Criminal Procedure, Bd.1. 1984 S. 11-27. Vergl. *Weigend*, Absprachen, S. 37.

1010 Es ist auch eine vierte Alternative bekannt: die Einleitung des Verfahrens durch die Zustellung einer auf eigenen -selbst initiierten -Ermittlungen der Grand Jury beruhenden Anklageschrift dieses Gremiums, der sog. "*presentment*", ist dagegen heute kaum noch von praktischen Bedeutung. *Torcia, Charles E.* : *Wharton*, s Criminal Procedure , §206, S. 6f. Vergl. *Geisler,* Die Ausgestaltung des Anklageprinzips, S. 15.

1011 *Stukey*, Procedures in the Justis System, S. 42f. *Cook/Marcus*, Criminal Procedure, S. 1-4. *Geisler*, Die Ausgestaltung des Anklageprinzips, S. 15. :Mit einer solchen Ladung (notice to appear, citation) wird der Empfänger aufgefordert, zu dem angegebenen Termin vor Gericht zu erscheinen; Es liegt auf der Hand, dass diese Art der Verfahrenseinleitung nur bei minderschweren Schuldvorwürfen Erfolg verspricht. In der Praxis spielen

b) Bei mittelschweren Delikten kann es auch auf Antrag der Polizeibehörde oder des staatlichen Anklägers durch eine gerichtliche Ladung des Verdächtigen eingeleitet werden.[1012]

c) Bei fast allen schweren Delikten und bei mittelschweren Delikten, bei denen die Verfahrenseinleitung durch behördliche, polizeiliche oder gerichtliche Ladung keinen Erfolg verspricht sowie fast immer in Fällen, in denen der Täter auf frischer Tat betroffen wird, erfolgt die Einleitung des Strafverfahrens durch die Festnahme des Verdächtigen.[1013]

Nach der Festnahme muss der Beschuldigte unverzüglich dem Richter des Magistratsgerichts (Magistrate) oder auf Staatsebene dem Friedensrichter (*justice of peace*) vorgeführt werden. Schon zu diesem Zeitpunkt hat die zuständige Behörde[1014] den Anklagevorwurf (*complaint*) zu formulieren.[1015] Die von der Polizei gefertigte Anklage wird nur in einigen Bezirken vor Einreichung bei Gericht vom staatlichen Ankläger überprüft, sonst findet eine Überprüfung nur statt, wenn die Polizei darum ersucht.[1016] Zu Beginn des Verfahrens unterrichtet der Magistrats- oder der Friedensrichter den Beschuldigten über den gegen ihn erhobenen Vorwurf. Anschließend entscheidet er über eine Haftentlassung gegen Kaution und erläutert dem Beschuldigten den weiteren Gang des Verfahrens. Plädiert der Beschuldigte auf Freispruch, wird bei Vergehen (*misdeamenor*), die der Spruchgewalt des Magistratsgerichts unterliegen, kein weiteres Vorverfahren durchgeführt, sondern nur sofort der Termin für die Hauptverhandlung bestimmt. Die *complaint*

---

diese Ladungen bei Verkehrsverstößen und ähnliche geringfügigen Rechtsverstößen eine Rolle.

1012 *Stukey*, Procedures in the Justis System, S. 54f. *Cook/Marcus*, Criminal Procedure, S. 1-4. *Geisler*, Die Ausgestaltung des Anklageprinzips, S. 15.

1013 *Schmidt*, Das amerikanische Strafverfahren, S. 38. Vergl . *Geisler*, Die Ausgestaltung des Anklageprinzips, S. 15.: Dasselbe gilt bei mittelschweren Delikten, wenn die Verfahrenseinleitung durch behördliche, polizeiliche oder gerichtliche Ladung keinen Erfolg verspricht sowie nahezu in allen Fällen in denen der Täter auf frischer Tat betroffen wird.

1014 Wer die Complaint anfertigt lässt sich nicht allgemeinverbindlich sagen. In manchen Bezirken geschieht es in der Regel durch die Polizei, in anderen Bezirken fertigt ein Assistent des Staatlichen Anklägers oder selber Ankläger, unter Umständen auch der Verletzte (Private accusation). *LaFave/Israel*, Criminal Procedure § 13.3(b), S. 629f.*Hermann*, Reform der deutschen Hauptverhandlung, S. 193. *Weigend*, Absprachen, 37. *Weigend*, Funktion und Tätigkeit der Staatsanwaltschaft in den USA, S. 612. *Geisler*, Die Ausgestaltung des Anklageprinzips, S. 18.

1015 Die Complaint ist nur geringen Schuldvorwürfen (i. d. R. Vergehen) eine ausreichende Verfahrensgrundlage. Bei schweren Delikten (i.d. R. Verbrechen) wird sie im Laufe des Verfahrens durch ein anderes -zweites und endgültiges- Anklage ersetzt. *Kasimir/LaFave/Israel*, Modern, Criminal Procedure, S. 8f. *Weigend*, Absprachen S. 37. *Geisler*, Die Ausgestaltung des Anklageprinzips, S. 18.: Die Complaint wird allerdings häufig unter großem Zeitdruck angefertigt, da Festgenommene unverzüglich einem Gericht vorgeführt werden muss. Zuständig für die erste Vorführung ist in der Regel das Magistratsgericht.

1016 *LaFave/Israel*, Criminal Procedure § 1.4(f), S. 21. *Geisler*, Die Ausgestaltung des Anklageprinzips, S. 19.*Weigend*, Absprachen, 37.

istwährend des gesamten Verfahrens die alleinige Verfahrensgrundlage, sie wird bei Vergehen nicht durch andere Anklageformen ersetzt. Bei schweren Delikten wird die *complaint* nach Beendigung des Vorverfahrens durch eine zweite - endgültige - Anklage ersetzt.[1017]

Im ersten Anklageprüfungsverfahren, dem sog. *preliminaryexamination,* muss der Ankläger dem Richter nachweisen, dass ausreichende Gründe (*probablecause*) für den gegen den Beschuldigten erhobenen Vorwurf vorliegen. Bejaht das Magistratsgericht diese Voraussetzung, lässt es die Strafsache zur nächsten Verfahrensstufe zu. Diese nächste Verfahrensstufe ist allerdings nicht einheitlich ausgestaltet. In einigen Bundesstaaten (den sog. *information*-Staaten) ist der staatliche Ankläger berechtigt, als nächsten Verfahrensschritt die endgültige Anklageschrift (als *information* bezeichnet) anzufertigen und unmittelbar selbst Verbrechen und Vergehen zur Anklage zu bringen. Im Bund und in vielen Einzelstaaten (den sog. *indictment*-Staaten) kann der staatliche Ankläger dagegen bei schweren Verbrechen (*felonies*) nicht unmittelbar selbst Anklage erheben, sondern muss einen *Indictment* genannten Anklagebeschluss einer *GrandJury* erwirken. Diese überprüft den vom ihm vorgelegten Anklagebeschlussentwurf. Wird er nicht abgelehnt, unterzeichnet ihn der Vorsitzende als sog. *truebill* und überweist ihn an das Prozessgericht zur weiteren Veranlassung (*in open court*). Schließlich wird der Anklagevorwurf dem Beschuldigten in einem besonderen Gerichtstermin „*arraignment*" zur Stellungnahme präsentiert und kann, meist mit Zustimmung des Gerichts, auch bis zum Beginn der Hauptverhandlung noch abgeändert werden.[1018] Die frühzeitige Formulierung eines vorläufigen Anklagevorwurfs sowie dessen laufende Überprüfung und Veränderbarkeit während verschiedener Phasen des Verfahrens macht den Anklagevorwurf zum idealen Bezugspunkt für Absprachen zwischen Ankläger und Beschuldigtem (Verteidiger).[1019]

II. Das US-amerikanische Absprecheverfahren (*plea bargaining*)

1. Entstehung und historische Entwicklung des Plea Bargaining

Die Entstehung des *guilty plea* und des *plea bargaining* lässt sich nicht auf ein bestimmtes Datum festlegen.[1020] Die ersten gerichtlichen Entscheidungen, die

1017 *Geisler*, Die Ausgestaltung des Anklageprinzips, S. 19.

1018 Stuckey, Procedures in Justice System, S. 86. Weigend, Absprachen, S. 37. Geisler, Die Ausgestaltung des Anklageprinzips, S. 19 ff.

1019 *Weigend,* Absprachen, S. 37

1020 *Alschuler*, Plea Bargaining and its History, 13 Law & Soc y Rev. 211, at211 et seq.(1978) . *Kobor,* Bargaining, S. 45. Die geschichtlichen Wurzeln des guilty plea und plea bargaining gehen zurück auf das England. Ausführlich über die Geschichte Plea of guilty siehe *Bickel,* das förmliche Geständnis, S 56ff. Es gibt verschiedene Erklärungen über die plea Bargaining. Eine Erklärung ist, dass die plea bargaining in England Ende des 16 Jahrhunderts eingeführt worden sei, als Antwort einen plötzlichen Anstieg der Kriminalität. Andere Erklärung ist, dass im 17 Jahrhundert wurde die plea bargaining eingeführt zur Milderung allzu harter Strafe. . Es wird auch argumentiert, dass plea

sich mit einem *guilty plea* befassen, stammen aus den Jahren 1804[1021] und 1807[1022]. In diesen Entscheidungen wird das *guilty plea* als prozessualer Begriff bezeichnet. Allerdings haben die Gerichte in diesen beiden Fällen, in denen sich beide Angeklagte für schuldig erklärt haben, diese ermutigt, sich für nicht schuldig (*plea of not guilty*) zu erklären. Im Fall *Commonwealth v. Battis* hat das Gericht den Angeklagten sogar für eine Bedenkzeit aus dem Gerichtssaal entfernt, um ihm die Möglichkeit zu geben, seine Einlassung - *guilty plea* - zu überdenken.[1023] Die früheren Schuldbekenntnisse waren vermutlich keine Absprachenangebote (*plea bargaining*) in dem Sinn, dass der Angeklagte als Gegenleistung für sein Geständnis ohne weiteres eine Strafmilderung erwarten konnte, sondern eher ein Zeichen von Reue mit der Hoffnung auf gerichtliche Gnade (*judicial mercy*).[1024]

Das *plea bargaining* kann in seiner grundlegenden Erscheinung vereinzelt aber schon vor dem amerikanischen Bürgerkrieg (1861-1865) nachgewiesen werden;[1025] durchgesetzt hat es sich nach der Beendigung dieses Kriegs.[1026] In den zwanziger Jahren des zwanzigsten Jahrhunderts durchgeführte Untersuchungen zeigen, dass die Mehrzahl der Fälle mit einem *guilty plea* endet.[1027] 1927 befasst sich der *Supreme Court* in der Entscheidung Kercheval v. United States grundsätzlich mit dem *guilty plea* und stellte fest, das Schuldeingeständnis des Angeklagten sei wie ein Schuldspruch zu behandeln und ebenso wie das Verdikt einer *jury* abschließend.[1028] Auf der anderen Seite ging der *Supreme Court* einer grundsätzlichen Klärung der Verfassungsmäßigkeit des *plea bargaining* zunächst aus dem Wege.[1029] Erst in den 1970er Jahren befasste sich der *Supreme Court* mit der Verfassungsmäßigkeit der *plea bargaining*-Praxis. [1030] Die erste Entscheidung erging 1970 in der Sache Brady v. United States. Der *Supreme Court* erklärte das *plea bargaining* grundsätzlich für verfassungsgemäß. Dabei hat das Gericht auf die unterschiedlichen Folgen zwischen einem *plea bargaining* und einem nicht durch Absprache beendeten Verfahren hingewiesen und die Vorteilhaftigkeit des

---

bargaining, zumindest in den USA spät auftauchte als Folge einer korrumpierten Justiz: *Alder,* die Strafzumessungsrichtlinien der USA, S. 98.

1021 Commonwealth v. Battis, 1 Mass. 92 (1804).

1022 United States v.Dixon, 1 D.C. (Cranch) 414 (1807).

1023 Vergl. *Kobor,* Bargaining, S. 46. 1 Mass (1 Williams) 95(1804). The case is referred to in Alschuler &Deiss, Repeal of the sixth Amendment, 61U. Chi.L.Rev. 921(1994), available at http:/www.pbs.org/wgbh/pages/frontline/shows/plea/etc/uchicago.html.

1024 *Fischer,* Plea Bargaining` s, S. 154.

1025 *Alschuler,* Plea Bargaining and its History, 13 Law & Society Review (1979), 211, at211 et seq . Dreher, Kontrolirbarkeit, S. 96.

1026 *Dreher,* Kontrollierbarkeit, S. 96.

1027 Vegl. *Kobor,* Bargaining, S. 47. *Dreher,* Kontrollierbarkeit, S. 96.

1028 Kercheval v. United States, 274 U.S. 220, 223 (1927). Vergl. *Bickel,* das förmliche Geständnis, S. 36.

1029 Alschuler, 13 L & Soc ,Y Rev. (1979) 238 Fn. 28.

1030 *Cole et al.,* Criminal Justice System, 171 et seq., 189. *Cole,* Crminal Justice, 153.Vergl. *Kobor,* Bargaining, S. 48.

plea bargaining für beide Seiten betont.[1031] Außerdem hat diese Entscheidung die Voraussetzungen für die Gültigkeit des Schuldbekenntnisses - *voluntary, inteligent* und *accurate* - geprägt. Darüber hinaus wurde auf die Vorteile für die strafjustiziellen Ressourcen abgestellt.[1032]
1971 und 1978 wurde die Rechtsprechung durch die Entscheidungen Santobello v. New York[1033] und Bonderkircher v. Hayes ergänzt.[1034] In diesen beiden Entscheidungen bezeichnete der *Supreme Court* die *plea bargaining*-Praxis aufgrund der damit verbundenen Verfahrensverkürzungen sowie Einsparung weiterer Richterstellen,[1035] als wesentliche und erstrebenswerte Komponente der Strafrechtspflege.[1036] Die erste US-amerikanische Norm zur Regelung von *guilty plea* und *plea bargaining* trat mit den *Federal Rules of Criminal Procedure* im Jahre 1944 in Kraft, welche seither acht Mal ergänzt und unter Zugrundelegung höchstrichterlicher Rechtsprechung vervollständigt wurden.[1037] Die durch den *Supreme Court* in der Entscheidung Brady v. United States geprägten Voraussetzungen für die Gültigkeit eines im Rahmen des *plea bargaining* ausgehandelten Schuldbekenntnisses: *voluntary, inteligent und accurate* - wurden später im Jahre 1975 in die *FederalRules of Criminal Procedures (FRCP)* aufgenommen.[1038]
Eine bundesgesetzliche Regelung des *plea bargaining* erfolgte im Jahre 1975 im *Federal Rules of Criminal Procedures (FRCP.)*

2. Inhalt des **plea Bargaining**

Unter *plea bargaining* versteht man im amerikanischen[1039] Strafverfahren eine Absprache zwischen Staatsanwalt und Verteidiger, bei der sich der Angeklagte als Gegenleistung für bestimmte Zugeständnisse der Anklage (z. B. eine geringe-

---

1031 Brady v. United States, 397 U.S 742, 751, (1970). Zusammenfassung von Brady ist möglich Http://caslow.lp. Findlow.com/scrips/printer_friendly.pl? page=us/397/742.html. Dieser Entscheidung (es gab auch zwei andere Entscheidungen McMann v. Richardson, 397 U.S. 759,(1970). Parker v. North Karolina, 397 U. S. 790,(1970)) lag die Frage zugrunde, inwieweit der Verzicht auf einzelne Rechte auch nach Abgabe eines Schuldbekenntnisses überprüfbar bleibt und ob das guilty Plea mit dem Verbot erzwungener Selbstbezichtigung (Amedgment V) das ein Grundrecht der US amerikanischen Bundesverfassung ist, vereinbar sei. Der US Supreme Court bejahte die Vereinbarkeit, weil sich die Beschuldigte im Konkreten Fall für eine zwei rechtlich einwandfreien Alternativen entschieden hatte. Brady hatte ein Schuldbekenntnis mit der Folge lebenslanger Freiheitsstrafe abgelegt da bei Durchführung einer streitigen Verhandlung mit einer Todesstrafe zu rechnen war. Vergl. *Dreher,* Kontrollierbarkeit, S. 96.

1032 McMann v. Richardson, 397 U.S. 759(1970), Parker v. North Carolina, 397 U. S. 790, (1970)

1033 404 U.S. 257(1971)

1034 434 U.S. 357 (1978).

1035 Vergl. *Kobor,* Bargaining, S. 48.

1036 *Dreher,* Kontrollirbarkeit, S. 98.

1037 Zur Entstehung im einzelnen *Orfield*, Criminal Procedure under the Federal Rules, Vol.2, 1985, §11 B, S.32ff. Vergl. *Dreher,* Kontrollierbarkeit, S. 121.

1038 Vergl. *Moldenhauer*, Eine Verfahrensordnung, S. 104.

1039 Gemeint ist immer das Strafverfahren in den Vereinigten Staaten v. Amerika

re Bestrafung oder das Fallenlassen bestimmter Anklagepunkte) schuldig im Sinne eines Anklagepunktes (oder mehrerer oder aller Anklagevorwürfe) bekennt.[1040] Durch das Schuldbekenntnis (*guilty plea*) wird die eigentliche Hauptverhandlung vollständig ersetzt, es findet nur noch ein Strafzumessungsverfahren statt.
In den USA hat der Angeklagte im Vorverfahren Gelegenheit, zum Schuldvorwurf Stellung zu nehmen. In diesem Verfahrensstadium findet das plea bargaining statt.
Mit der Schuldigerklärung (*guilty plea*) erkennt der Beschuldigte den Schuldvorwurf an: Er gibt zu, dass er die ihm vorgeworfene Tat begangen hat, dass der Schuldvorwurf richtig ist. Mit dieser Erklärung verzichtet er auf seine ihm im Strafverfahren zustehenden Grundrechte, nämlich seine Verteidigungsrechte, sein Schweigerecht, das Recht, sich nicht schuldig zu bekennen, das Recht, sich nicht selbst zu belasten und das Recht auf ein Kreuzverhör. Im Ergebnis ersetzt das *guilty plea* die Beweisaufnahme und unterstellt den Beschuldigten unmittelbar der Verurteilung ohne weitere Hauptverhandlung.[1041]

3. Möglichkeiten und Erscheinungsformen einer Stellungnahme des Angeklagten zur Anklage

a. Allgemein

In den USA kommen Absprachen (*plea bargaining*) überwiegend im Anklageprüfungsverfahren oder zu Beginn des Hauptverfahrens (*trial*) in Betracht.[1042] Das amerikanische Strafverfahrensrecht räumt dem Beschuldigten verschiedene Möglichkeiten ein, zu dem frühzeitig formulierten und bis zu Beginn der Hauptverhandlung abänderbaren Anklagevorwurf Stellung zu nehmen.[1043]
Das *plea bargaining* tritt dabei in ganz unterschiedlichen Formen in Erscheinung. Im Bundesrecht (*Fed. R. Crim. P. 11*) kann der Beschuldigte sich für schuldig *(guilty plea)* oder für unschuldig (*plea of not guilty*) erklären oder er kann - als Zwischenform - den Anklagevorwurf nicht bestreiten aber auch nicht einräumen *(plea of nolo contendere).* Als vierte Möglichkeit kann er sich für ein bedingtes Schuldbekenntnis *(conditional plea)* entscheiden.[1044] Schweigt er zum Tatvorwurf gänzlich ohne zu plädieren, ist das Gericht verpflichtet, das Schweigen als *plea of not guilty* zu werten.[1045] Erklärt sich der Angeklagte für nicht schuldig (plea of not guilty) oder macht er keinerlei Aussagen zum Anklagevorwurf oder akzeptiert das Gericht das abgelegte Schuldbekenntnis nicht, wird eine Hauptverhandlung anberaumt.[1046]

1040 *Alder*, Die Strafzumessungsrichtlinien., S. 98.
1041 *Kobor*, Bargaining, S. 38.
1042 Vergl. *Moldenhauer*, eine Verfahrensordnung
1043 LaFave/Israel,Criminal Procedure 1992, § 21. 4, S. 923. Vergl. *Dreher*, Kontrollierbarkeit, S. 102
1044 Fed.R. Crim.P. 11(a), Anhang A.
1045 Davis v. United States, 160 U.S. 469, 16 S. Ct. 353(1895). Corbitt v. New Jersey. 439, U.S. 212(1978),vergl. *Dreher*, Kontrollierbarkeit, S. 102
1046 Fed.R. Crim.P. 11(a).

b. *Plea of guilty*

Das Verfahren zur einverständlichen Erledigung nach einem Geständnis wird in den USA als *guilty plea process* bezeichnet.

Durch das Geständnis (*guilty plea*) im Prozess bekennt sich der Angeklagte hinsichtlich der gegen ihn erhobenen Anklagevorwürfe für schuldig, was in der überwiegenden Zahl aller Fälle geschieht.[1047] Das Geständnis muss von dem Angeklagten persönlich vor dem Prozessgericht *(in open court)* abgegeben werden. Auf diese Weise soll sichergestellt werden, dass es auf einem eigenen und freien Willensentschluss des Angeklagten beruht. Die Erklärung ist erst zulässig, nachdem der Richter den Angeklagten ausdrücklich über sein Recht auf Beratung durch einen Anwalt belehrt hat. Das Gericht muss ihn weiterhin darüber belehren, dass er mit seinem Schuldbekenntnis auf bestimmte Verfassungsgarantien verzichtet, etwa das Schweigerecht, das Privileg, sich nicht selbst belasten zu müssen, das Recht auf eine Hauptverhandlung, auf ein *jury trial,* das Recht, den Belastungszeugen gegenüberzutreten (*konfrontation)*, das Recht auf eine Auseinandersetzung mit dem Ankläger oder das Recht auf die erforderlichenfalls zwangsweise Ladung von Entlastungszeugen *(compulsory process).*[1048] Das Gericht ist darüber hinaus verpflichtet zu prüfen, ob tatsächlich eine hinreichende sachliche Grundlage für das Schuldbekenntnis gegeben ist.

Das *guilty plea* des Angeklagten entscheidet die Frage, ob er schuldig ist und macht das ganze Verfahren *(trial)* überflüssig.[1049] Eine Schuldfeststellung durch eine Hauptverhandlung ist nach amerikanischem Rechtsverständnis nicht mehr notwendig, eine Beweisaufnahme also entbehrlich. So hat der Supreme Court im Fall *Boykin v. Alabama* bestätigt, dass ein *guilty plea* das förmliche Einverständnis beinhaltet, die Anklage von ihrer Beweislast zu entbinden. Durch das *guilty plea* werde die Kontroverse beendet, sie diene als Beweismaterial und als Schuldspruch.[1050] Im Ergebnis wird durch die Abgabe des *guilty plea* die eigentliche Hauptverhandlung vollständig ersetzt. Das Gericht hat gemäß *Fed. R. Crim. P.* 11(c)2, (3) und (4) die Pflicht, nach der Belehrung über die durch die Verfassung garantierten Verfahrensrechte darauf hinzuweisen, dass nach einer vom Gericht akzeptierten *guilty plea* der Angeklagte auf das Recht auf eine Hauptverhandlung

---

1047 *Bickel*, das Förmliche Geständnis, S.53. *Dreher*, Kontrollirbarkeit, S. 102.

1048 *Kobor*, Bargaining, S. 37-38. *Ferdico,* Criminal Procedure, S. 346. *Salzburg*, Pleas of Guilty and the loss of Constitutional Rights, 76 *Mich.L. Rev.* 1265, at 1265 et seq. (1978). Der 6 Zusatzartikel zur Bundesverfassung garantiert dem Angeklagten u.a. das Recht den Belastungszeugen gegenübergestellt zu werden (confrontation clause) und das Recht auf die erforderlichenfalls zwangsweise Ladung von Entlastungszeugen (compulsory process).

1049 *Kobor*, Bargaining, S. 37-38. Bopp & Schultz, Criminal Justice, S. 243.

1050 Boykin v. Alabama, 395 U. S. 238, 24n.4 (1969). Vergl. *Bickel,* das förmliche Geständnis, S. 64-65.

verzichtet und kein Verfahren über die Schuldfrage mehr stattfindet.[1051] Es kommt lediglich zu einem Strafzumessungsverfahren.[1052]

Der Supreme Court hat sich mit dem verfahrensverkürzenden Wesen und der Wirkung des *guilty plea* und mit dem Verhältnis zum *Jury trial* erstmals im Jahre 1927 in der Entscheidung *Kercheval vs. United States* befasst und festgestellt, dass das *guilty plea* wie ein abschließender Schuldspruch eines Geschworenengerichts zu bewerten ist:

"A plea of guilty...is itself a conviction. Like a verdict of a jury it is conclusive. More is not required; the court has nothing to do but give Judgment and sentence."[1053]

c. *Plea of nolo contendere*

In etwa der Hälfte der Bundesstaaten und im Bund kann der Angeklagte darauf verzichten, sich gegen die Anklage zu wehren, indem er seine Schuld weder zugibt noch bestreitet und damit die Strafsache streitlos stellt (*plea of nolo contendere*, „ich will nicht bestreiten"). [1054] Der Angeklagte bekennt also seine Schuld nicht durch eine positive Erklärung (Geständnis), sondern bezieht zur Schuldfrage keine Stellung. Er stellt somit die Berechtigung der Tatvorwürfe für das anhängige Strafverfahren nicht in Frage und akzeptiert die strafrechtliche Aburteilung.[1055] In der Praxis steht das *plea of nolo contendere* in seiner Auswirkungen dem *guilty plea* gleich.[1056] Es enthält ebenso den Verzicht des Angeklagten auf das streitige Hauptverfahren sowie sein Einverständnis, vom Gericht so behandelt zu werden, als wäre er schuldig.[1057] Für die Strafzumessung hat die Erklärung zur Folge, dass der Angeklagte nicht als unbelehrbar gilt und deshalb einen Strafschärfungsgrund vermieden wird (*Three-Strikes-Gesetz*). Der Unterschied zum *guilty plea* besteht darin, dass die Erklärung nur für das anhängige Strafverfahren gilt. Für andere Verfahren, etwa ein künftiges Zivilverfahren, bleibt es folgenlos. Es darf namentlich nicht in den anderen Verfahren als Beweismittel oder Indiz für die Begehung der Tat verwertet werden.[1058] Wegen dieser Einschrän-

---

1051 Fed. R. Crim. P. 11(c) (4).

1052 *Geisler*, Die Ausgestaltung des Anklageprinzips, S. 27. Kobor, Bargaining, S. 37-38.

1053 Kercheval v. United States, 274 U.S. 220, 223, (1927). Vergl. *Bickel,* das förmliche Geständnis, S. 36.

1054 *Stuckey*, Procedures in the Jastice System.S. 77f. *Cook/Marcus*, Criminal Procedure, S. 1-9. Grillot, Introduction to Law and the Legal System, S. 299. *Farmnsworth,* Legal System of the United States, 101.

1055 North Carolina v. Alford, 400 U.S. 25, 32 ff.(1970). Vergl. *Bickel,* das förmliche Geständnis, S. 53.

1056 Vergl. *Dressler*, Understanding Criminal Procedure, 2 Auflage, New York/San Francisco 1997, S.559. Vergl. *Dreher*, Kontrollierbarkeit, S. 102.

1057 Hudson v. United States, 272 U.S. 451, 457,, 47 S. Ct 127(1926): A Plea of nolo contedere is an admission of guilt fort he purpose oft he case…" Vergl. Bickel, Das förmliche Geständnis, S. 53-54.

1058 Vergl. *Geisler,* Die Ausgestaltung des Anklageprinzips, S. 27. *Kobor*, Bargaining, S. 38. *Grillot,* Introduction to Law and the Legal System, S. 299.

kungen kann der Angeklagte das *plea of nolo contedere* nach vielen Prozessordnungen nur mit Erlaubnis des Gerichts geltend machen, ein Rechtsanspruch auf diese Einlassung besteht nicht.[1059] Die Zweckmäßigkeit des *plea of nolo contedere* ist umstritten. Die Kritik konzentriert sich auf das Argument, der Angeklagte sei entweder schuldig oder nicht schuldig, eine Einlassung wie: „Ich bestreite den Anklagevorwurf nicht" sei nicht eindeutig. Anhänger dieser Einlassung weisen darauf hin, das *plea of nolo contedere* habe eine wichtige verfahrensökonomische Funktion gerade in den Fällen - wie z. B. *criminal antitrust violation* - in denen der Angeklagte bewusst nicht auf *guilty plea* plädiert, um mögliche zivilrechtliche Folgen zu vermeiden,was lange und teure Verfahren fördern würde.[1060]

d. *Conditional plea*

Auf Bundesebene und in einigen Bundesstaaten besteht für den Angeklagten auch die Möglichkeit eines bedingten Schuldbekenntnisses (*conditional plea*). Nach *Fed. R. Crim. P.* 11(a) 2 kann der Angeklagte sich mit Zustimmung des Gerichts und im Einvernehmen mit der Anklagebehörde für schuldig erklären oder den Anklagevorwurf nicht bestreiten, sich jedoch das Recht vorbehalten, bestimmte Streitfragen in einem auf diese Streitfragen beschränkten Berufungsverfahren klären zu lassen,[1061] z. B. die im Vorfeld des *plea hearing* ergangenen gerichtlichen Entscheidungen zu bestimmten Streitfragen.[1062] Mit seinem *conditional plea* bekennt sich der Beschuldigte also einerseits zwar ebenfalls für schuldig, behält sich aber anderseits die Möglichkeit gerichtlicher Klärung von Rechtsfragen vor.[1063] Stellt sich bei einer nachträglichen Überprüfung ein Rechtsverstoß heraus, kann der Beschuldigte sein bedingtes Schuldbekenntnis zurückziehen und den Weg der Hauptverhandlung beschreiten; auch im Falle einer Appellation durch die Staatsanwaltschaft kann er sein Schuldbekenntnis zurückziehen.[1064]
Die systematische Bedeutung des *conditional plea* besteht darin, dass der Angeklagte sich sowohl beim *guilty plea* als auch bei einem *plea of nolo contedere* un-

1059 Vergl. *Geisler*, Ausgestaltung des Anklageprinzips, S. 27-28. : Nolo Contedere ist nicht überall erlaubt. In den Staaten wo es zulässig ist wird häufig dieser Antrag in Verkehrsstrafsachen gestellt, wenn der Angeklagte einen dritten bei einem Unfall im Straßenverkehr verletzt oder gar getötet hat und deshalb mit zivilrechtlichen Haftungssprüchen rechnen muss. Ist das Beweismaterial eindeutig mag der Angeklagte mit Nolo Kontedere die Kosten für eine Hauptverhandlung ersparen zugleich die Möglichkeit offenhalten, in den zivilrechtlichen Haftungsprozess aus anderen Gründen zu obsiegen. Wegen dieser Widersprüchlichkeit ist es für gewöhnlich in das Ermessen des Prozessgerichts gestellt ob es Nolo Contedere durch den Angeklagten akzeptiert.

1060 Vergl. *Kobor*, Bargaining. *Israel&LaFave*, Criminal Procedure, 425 et seq.

1061 Vergl. *Bickel*, Das förmliche Geständnis, S. 54. Fed. R. Crim.P.11(a) (2). *LaFave/Israel, Hornbook*, S. 951

1062 Fed. R. Crim.P.11(a) (2). Vergl. *Bickel*, das förmliche Geständnis, S. 79.

1063 Vergl. *Dreher*, Kontrolierbarkeit, S. 103. Lefkowitz v. Newsome, 420 U. S. 283 (1975)

1064 Fed. R. Crim.P.11(a) (2). *Alder*, Die Strafzumessungsrichtlinien, S. 97-98. *Kobor*, Bargaining, S. 38-39.*LaFave et al.* Criminal Procedure, 237. Et seq.

ter besonderen Voraussetzungen das Recht vorbehalten darf, bestimmte Streitfragen in einem auf diese Streitfragen beschränkten Berufungsverfahren klären zu lassen.[1065] In der Praxis handelt es sich in der Regel um Meinungsverschiedenheit über die Verwertbarkeit von Beweismitteln. Nach *Fed. R. Crim. P.* 12 (b) kann und muss die Verteidigung beispielsweise den Ausschluss eines Beweismittels schon in der Vorbereitung des streitigen Hauptverfahrens (*pre-trial*) beantragen oder aus anderen Gründen Einspruch (*objection*) gegen vorbereitende Verfahrenshandlungen der Staatsanwaltschaft einlegen, um eine *Präklusion* zu vermeiden. Wenn der Angeklagte im *arraignment* für nicht schuldig plädiert und das Gericht zum Beispiel den Antrag auf Ausschluss eines Beweismittels im vorbereitenden Verfahren ablehnt, gibt es für den Angeklagten im Bundesrecht keine Möglichkeit, diese Zwischenentscheidung mit einem Rechtsmittel gesondert anzugreifen. Demgegenüber ermöglicht es das *conditional plea* dem Angeklagten, eine gerichtliche Zwischenentscheidung später überprüfen zu lassen.[1066]
Das *conditional plea* wird oft deshalb kritisiert, weil es die Zahl der Rechtmittel sprunghaft ansteigen lasse und dadurch das Justizwesen eher behindere als vereinfache.[1067] Außerdem werde die Effizienz des Rechtsmittels wegen des Fehlens eines aussagekräftigen Protokolls eines vollen Hauptverfahrens in Frage gestellt. Schließlich erzwinge eine *conditional plea* Entscheidungen über verfassungsrechtliche Fragen, über die im Hinblick auf ihre Unbeachtlichkeit im regulären Verfahren sonst gar nicht entschieden werden müsste.[1068]

e. *Plea of not guilty*

Selbstverständlich kann der Angeklagte auch auf nicht schuldig plädieren.[1069] In diesem Fall muss eine Hauptverhandlung zur Feststellung der Schuld mit Beweisaufnahme durchgeführt werden.

4. Arten des plea bargaining

Das *plea bargaining* kann in unterschiedlichen Formen in Erscheinung treten.

a. Vereinbarung über die Strafe (*sentencing bargaining)*

Das *sentencingbargaining* umfasst zwei Verhandlungsgegenstände: die Vereinbarung zwischen Staatsanwalt und Angeklagten über ein bestimmtes Strafmaß

1065 Vergl. *Bickel,* Das förmliche Geständnis, S. 54. Fed. R. Crim.P.11(a) (2). *LaFave/Israel, Hornbook*, S. 951

1066 *Bickel,* Das förmliche Geständnis, S. 54, 79ff.: Der Angeklagte plädiert im arraignment häufig auf nicht schuldig, wenn Anlass zu den Hoffnung besteht, dass im vorbereitenden Verfahren Anträge zum Ausschluß wichtiger Beweismittel erfolgreich sein könnten. Wird entsprechender Antrag vom Gericht im Vorbereitenden Verfahren abgelehnt, ist der Angeklagte gehalten den Ausgang des Streitigen Verfahrens insgesamt abzuwarten und die Entscheidung anzufechten. *Dreher,* Kontrollirbarkeit, S.103. *Kobor,* Bargaining, S. 38.

1067 *Kobor, Bargaining, S. 40.*

1068 Bickel, Das förmliche Geständnis, S. 83.

1069 *Cooc/Marcus*, Criminal Procedure S. 1-7.

(*sentencingagreement*) und die Vereinbarung, gegen die vom Angeklagten oder Verteidiger empfohlene Strafe nicht zu opponieren (*sentencing recommendation-agreement*).[1070] Da die Strafe vom Richter verhängt wird, sieht die Rechtsprechung unterschiedliche Möglichkeiten: Entweder beteiligt er sich an den Vereinbarungen oder er nimmt – wie z. B. auf der Ebene der Bundesgerichtsbarkeit und in einigen Bundesstaaten üblich - am *plea bargaining* nicht teil. In diesem Fall verzichtet er auf sein Recht, die Höhe der Strafe nach eigenem Ermessen festzusetzen und übernimmt den von den Parteien ausgehandelten Vorschlag. In der Praxis folgt der Richter meistens dem empfohlenen Strafmaß.[1071] Hält er die empfohlene Strafe aber für nicht angemessen und folgt er deshalb dem Vorschlag nicht, kann der Angeklagte nach dem *Federal Rules of Criminal Procedure* 11 (c) sein Schuldbekenntnis zurückziehen und den Weg der Hauptverhandlung beschreiten.[1072]

b.Vereinbarung über die Anklage *(charge bargaining)*

Die für das amerikanische Strafrechtssystem charakteristische frühzeitige Formulierung des Anklagevorwurfs (*charge*) sowie dessen laufende Überprüfung und Veränderbarkeit während der verschiedenen Phasen des Verfahrens machen ihn zum idealen Gegenstand für Absprachen zwischen Ankläger und Beschuldigtem (Verteidiger).[1073]

Im Gegensatz zum deutschen Strafprozessrecht bestimmt im amerikanischen Strafprozess die Staatsanwaltschaft den Umfang der anzuklagenden Straftaten; es gibt keine vergleichbare Regelung wie in § 152 Abs. 2 StPO (Amtsermittlungsgrundsatz). So kann der Staatsanwalt zusagen, eine weniger schwere Straftat anzuklagen - etwa nur das Grunddelikt und nicht die Qualifikation - oder er kann von der Anklage weiterer Delikte absehen.[1074] Beim *chargebargaining* geht es also um die endgültige Festlegung des Anklagevorwurfs.

Die Vereinbarung kann sich innerhalb einer Tat auswirken (*vertical charge bargaining*) oder sich auf mehrere selbstständige Tatvorwürfe beziehen (*horizontalchargebargaining).* Beim *horizontalchargebargaining* – auch *count bargaining* genannt – bringt der Ankläger als Gegenleistung für ein Schuldbekenntnis aus einem Komplex von mehreren selbstständigen Straftaten nur eine Tat zur Anklage und lässt die anderen Vorwürfe fallen (*dismissal-agreement*).[1075]Ein anschauliches Beispiel bietet der Fall von Jon Walker Lindh.

1070 Vergl. *Alder,* Die Strafzumessungsrichtlinien. *Kobor,* Bargaining, S. 63. Alder, Die Strafzumessungsrichtlinien, S.100. *Dreher,* Kontrollirbarkeit, S. 105.

1071 *Kobor,* Bargaining, S. 63. *Feeney & Herrmann,* one case-Two systems, 42.

1072 *Weigend,* Absprachen, S. 39. *Dreher,* Kontrollirbarkeit, S. 105. *Kobor,* Bargaining, S. 63. Fed. R. Crim.P 11(e).

1073 Vergl. *Weigend,* Absprachen, S. 37, *Kremer,* Absprachen, S.236.

1074 *Neuebauer,David W.,* America, s courtts and the criminal Justice system, S.218, 5 Auflage, New Yourk 1996. Vergl. *Dreher,* Kontrollierbarkeit, S. 103- 104.

1075 Vergl. *Kobor,* Bargaining, S. 64. *Abadinsky,* Law & Justice, S. 301. *Robinson Matthew B.,* Justice Blind, S. 247.

Der 21 Jahre alte Angeklagte war wegen des Vorwurfs festgenommen worden, auf Seiten der Taliban in Afghanistan gekämpft zu haben. Insgesamt wurden ihm zehn verschiedene Straftaten vorgeworfen; dafür drohte ihm eine Freiheitsstrafe vom dreimal lebenslänglich. Für ein Schuldbekenntnis und Informationen über die Taliban beschränkte der Staatsanwalt die Anklage auf den Kampf auf Seiten der Terroristen. Lindh wurde auf Grund der Beschränkung (nur) zu einer Freiheitsstrafe von 20 Jahren verurteilt.[1076] Ein *verticalchargebargaining* führt dazu, dass der Ankläger als Gegenleistung für ein Schuldbekenntnis den Strafvorwurf herunterstuft, z. B. die Tat als Totschlag und nicht als Mord bewertet.[1077]
Mit dem *chargebargaining* erreicht der Angeklagte, dass der endgültige Anklagevorwurf weniger gewichtig ausfällt als die ursprünglich gegen ihn erhobenen Vorwürfe (*preindictment*). Im Gegensatz zum *sentencing bargaining* bekommt er aber keine Gewissheit über die Höhe der Strafe, die für die reduzierte Anklage verhängt werden wird; sie steht nicht im Ermessen des Staatsanwalts. Gleichwohl bietet auch diese Art der Vereinbarung dem Angeklagten Vorteile. Denn nach den amerikanischen Strafzumessungsrichtlinien bestimmt sich das Strafmaß nach der Art der angeklagten Straftat. Fallengelassene Anklagepunkte oder die Anklage einer weniger schweren Straftat führen deshalb in der Regel zu einer geringeren Bestrafung als wenn der Angeklagte sich wegen aller ihm ursprünglich vorgeworfenen Straftaten verantworten müsste.[1078] Es besteht auch keine Gefahr, dass die niedergeschlagenen Vorwürfe nach Abschluss des *chargebargaining* wieder ins Verfahren aufgenommen werden oder der Strafvorwurf zuungunsten des Angeklagten verschlechtert wird. Davor schützt ihn der im amerikanischen Recht herrschende *ne ultra petita*-Grundsatz.[1079]
Kritisch ist gegenüber dem *chargebargaining* anzumerken, dass die Staatsanwaltschaft nicht selten mit einer aufgeblähten vorläufigen Anklage (*overcharging*) versucht, den Beschuldigten zur Abgabe eines Schuldbekenntnisses zu bewegen.[1080]

c. Vereinbarung über das zuständige Gericht (*judge bargaining*)

Gegenstand des *judgebargaining* ist die Zusage der Staatsanwaltschaft, vor einem bestimmten Gericht (z.B. dem Jugendgericht) oder Richter anzuklagen. Diese Vereinbarung wird auch abwertend als *Richterkauf* (*judgeshopping*) bezeich-

---

1076 Vergl. *Kobor,* Bargaining,S. 64. The Plea agreement in the Lindh case is available at http://news. findlaw.com/hdocs/docs/terrorism/uslindh 71502 pleaag.pdf.

1077 *Kobor,* Bargaining, S. 64. *Alder,* Die Strafzumessungsrichtlinien der USA, S. 100. *Dreher,* Kontrollierbarkeit, S. 104.

1078 *Dreher,* Kontrollirbarkeit, S. 104.

1079 *Kremer,* Absprachen, S. 230.: anders als im deutschen Recht, wo nach § 264 StPO die Tat als Lebenssachverhalt zur Beurteilung ansteht, wird im amerikanischen Recht durch die Anklage der zu behandelnde Sachverhalt und gleichzeitig auch der Straftatbestand aus dem der Angeklagte verurteilt werden soll, festgelegt. Hieran ist das Strafgericht gebunden, da entsprechend dem deutschen Zivilprozessrecht die ne ultra-petita Regel gilt.

1080 *Massaro,* StV 1989, 454, 457. Vergl. *Dreher,* Kontrollierbarkeit, S. 104.

net.[1081] Eine solche Vereinbarung ist möglich, weil das amerikanische Strafverfahrensrecht das Prinzip des gesetzlichen Richters nicht kennt. Angesichts der Richtlinien für die Bestrafung (*sentencingguidelines*), die das Ermessen des Richters bei der Verurteilung mehr oder weniger stark einschränken, kann es für den Verteidiger vorteilhaft sein, wenn sein Mandant vor einem Richter angeklagt wird, der im Allgemeinen das *plea bargaining* toleriert.[1082] Allerdings ist diese Art der Vereinbarung in der Praxis selten.

d. Weitere Formen

Neben den bisher erörterten Vereinbarungen sind auch noch andere Formen zulässig, sofern sie einen vernünftigen Gegenstand zum Inhalt haben.[1083] So kann die Staatsanwaltschaft bei den Verhandlungen dem Angeklagten auch andere als die bisher erwähnten Gegenleistungen anbieten, wie z. B. die sofortige Entlassung aus der Untersuchungshaft,[1084] den Verzicht auf die Strafverfolgung gegen einen Mitangeklagten oder Familienangehörigen,[1085] Zusagen bezüglich der Art und Weise des Strafvollzugs, insbesondere die Bestimmung einer bestimmten Strafanstalt oder Verzicht auf Widerruf einer früheren Bewährungsstrafe.[1086]

III. Die gesetzliche Regelung des *plea bargaining* und *guilty plea* (*Federal Rules of Criminal Procedure*)[1087]

1. Die Voraussetzungen des plea bargaining

Die Voraussetzungen des *guilty plea* und das Zustandekommen eines *plea bargaining* sind in Rule 11 der *Federal Rules of Criminal Procedure(Fed. R. Crim. P.)* geregelt. Bereits in einer früheren Fassung schrieb diese Regelung dem Richter vor, sich durch persönliche Befragung des Angeklagten davon zu überzeugen, dass dieser sein Schuldbekenntnis freiwillig abgegeben und den Anklagevorwurf sowie die rechtlichen Folgen eines *guilty plea* verstanden hat. Darüber hinaus musste er sich vergewissern, dass das Schuldbekenntnis mit den Tatsachen der angeklagten Straftat übereinstimmte.[1088]

Nach der seit 1975 geltenden Fassung der *Rule 11* darf das Gericht ein *guilty plea* nur annehmen, wenn folgende Mindeststandards erfüllt sind: Der Angeklagte muss das im Rahmen eines *plea bargaining* ausgehandelte Schuldbekenntnis

---

1081 *Schmid,* Strafrecht in den Vereinigten Staaten, S. 59. *Kobor,* Bargaining, S. 65. *Dielmann,* GA 1981, 551(561).

1082 Vergl. *Kobor,* Bargaining, S. 65. Schmid, das amerikanische Strafverfahren, S. 62

1083 Vergl. *Alder,* die Strafzumessungsrichtlinien, S. 100

1084 *Pamas,* Californian Lawyer 3 (1983), Heft 2, S. 11

1085 Vergl. *Becker,* Loyola of Los Angeles Law Review 21 (1988), S. 757, 835.

1086 Vergl, *Weigend,* Absprache in ausländischen Strafverfahren S.40. *Kremer,* Absprachen, S. 240. *Kobor,* Bargaining, S. 66

1087 Sieh. den im Anhang A abgedruckten Gesetzestext.

1088 Rule 11 der Federal Criminal Procedure (in den Jahren 1966-1975). Vergl. *Schumann,* der Handel mit der Gerechtigkeit, S. 157.

freiwillig (*voluntary*) abgegeben haben; er muss den Gegenstand und den Umfang der gegen ihn erhobenen Anklage verstehen (*knowingly*); er muss die Konsequenzen seines Schuldbekenntnisses abschätzen können (*intelligent*). Außerdem bedarf ein *guilty plea* einer tatsächlichen Grundlage (*factualbasis*). Das Gericht soll ferner erkunden, ob die Bereitschaft des Angeklagten zum *guilty plea* aus vorangegangenen Verhandlungen zwischen dem Staatsanwalt und dem Angeklagten oder seinem Verteidiger resultiert.[1089]

2. Garantie der Freiwilligkeit einer guilty plea - Fed. R.Crim. P.Rule 11 (d)

Die amerikanische Rechtsprechung (*caselaw*) hat immer die Freiwilligkeit als zwingende Voraussetzung für die Gültigkeit eines Schuldbekenntnisses (*guilty plea*) gefordert.[1090] Nach verfassungsrechtlichen Maßstäben ist das Schuldbekenntnis freiwillig, wenn es nicht auf Unkenntnis, Unverständnis, Zwang, Furcht, Verleitung oder Drohungen beruht.[1091] Im Fall Brady v. United States hat der *Supreme Court* erklärt, ein im Rahmen eines *plea bargaining* abgegebenes Schuldbekenntnis sei dann freiwillig, wenn es nicht auf Druck, auf falscher Darstellung der Tatsachen oder auf Zusagen der Staatsanwaltschaft beruhe, die diese rechtlich nicht erfüllen könne.[1092]

Dementsprechend verbietet *Fed. R. Crim. P.* 11 (d) dem Gericht, ein *guilty plea* zu akzeptieren, wenn nicht vorher durch persönliche und öffentliche Befragung des Angeklagten festgestellt worden ist, dass das Schuldbekenntnis freiwillig abgegeben und nicht das Ergebnis von Gewalt, Zwang, Drohungen oder unlauteren Versprechen ist, die außerhalb der Verständigung (*pleaagreement*)erfolgten.[1093]

Dass der Angeklagte nicht durch körperlichen Zwang oder durch die Androhung eines solchen Zwangs zum *guilty plea* gezwungen werden darf, liegt auf der Hand.[1094] Problematisch ist dagegen die Beurteilung des psychischen Zwangs,

---

1089 Federal Criminal Procedure Rule 11. Vergl. *Schumann,* der Handel mit Gerechtigkeit, S. 157ff. Die einzelstaatlichen Gerichte sind zwar nicht an die Rule 11 vorgeschriebenen Vorgehensweisen nicht gebunden aber die sind an das verfassungsmäßige Erfordernis gebunden, dass jedes guilty plea freiwillig, bewusst und in Kenntnis seiner Folgen abgegeben werde(knowingly, intelligently, voluntarilly), Boykin v Alabama, 395 U.S. 238 (1969). Vergl. *Dreher,* Kontrollierbarkeit, S. 122. Die Prüfung der tatsächlichen Basis des Schuldbekenntnisses gehört schon nicht zu den verfassungsmäßigen Garantien des Due Process, die die Bundesstaaten zu berücksichtigen haben (Roddy v. Black , 516F. 2d 1380 (6th Cir 1975)) , Vergl. *Schumann,* der Handel mit der Gerechtigkeit, S. 160.

1090 Mc Carthy v. United States, 394 U.S. 456,466 (1969). Brady v. United States, 397 U.S. 742, 755 (1970). Bordenkircher v. Hayes, 434 U.S. 357, 363-365 (1978).

1091 Boykin v. Alabama, 395 U.S. 238, 242-243 (1969): "ignorance, incomprehension, coercion, terror, inducements, subtle or blatant threats". Henderson v. Morgan, 426 U.S. 637, 645 (1976). Bordenkircher v. Hayes, 434 U.S. 357, 363-365 (1978). Marby v. Johnson, 467 U. S.504, 509. (1984). Vergl. *Bickel,* das förmliche Geständnis, S. 123.

1092 Brady v. United States, 397 U.S. 742, 755 (1970). Vergl. *Moldenhauer,* Eine Verfahrensordnung, S. 104. *Bickel,* das förmliche Geständnis, S. 123.

1093 Fed. R.Crim.P Rule 11(d).

1094 Brady v. United States, 397 U.S. 742, 750 (1970).

dem der Angeklagte durch Drohungen mit nachteiligen Folgen oder durch Versprechungen von Vorteilen von Seiten der Anklagebehörde ausgesetzt wird. Ein solches Einwirken auf die Entschließungsfreiheit des Angeklagten führt nach der amerikanischen Rechtsprechung nicht ohne weiteres zur Unfreiwilligkeit des *guilty plea*. Vielmehr unterscheidet das amerikanische Strafprozessrecht hier zwischen zulässigem und unzulässigem Zwang (*impropercoercion*).[1095]

a. Gesetzlich erlaubte Versprechen

Grundlegende Voraussetzung für das Funktionieren des *plea bargaining* ist das Versprechen von Vorteilen als Gegenleistung für die Abgabe eines Schuldbekenntnisses.[1096]

Nach dem amerikanischen Strafprozessrecht ist die Anklagebehörde ausdrücklich ermächtigt, dem Angeklagten für die Abgabe eines *guilty plea* die *in Fed. R. Crim. P. 11 (e)* genannten Vorteile[1097] anzubieten. Danach kann der Staatsanwalt dem Angeklagten folgende Vergünstigungen versprechen:

- Rule 11 (e) (1) (A): Die Anklagebehörde lässt bestimmte Anklagepunkte fallen oder verzichtet auf die Anklage weiterer im Raum stehender Tatvorwürfe.
- Rule 11 (e) (1) (B): Die Anklagebehörde spricht sich für eine unverbindliche Strafmaßempfehlung aus oder stellt in Aussicht, dass sie einer solchen des Beschuldigten nicht widersprechen würde,
- Rule 11 (e) (1) (C): Die Anklagebehörde empfiehlt ein ganz bestimmtes Strafmaß, einen bestimmten Strafrahmen oder die Anwendung bestimmter Strafzumessungsfaktoren.[1098]

Der Katalog in Rule 11 (e) ist allerdings nicht abschließend. So hat der *Supreme Court* in der Entscheidung Brady v. United States entschieden, dass nur solche Versprechen verboten sind, die nicht erfüllbar sind (*unfulfillablepromises*).[1099] Damit gilt für die Anklagebehörde der allgemeine Grundsatz, dass sie dem Angeklagten jeden Vorteil versprechen darf, dessen Erfüllung in ihrer Macht steht.

b. Legitimierte Drohungen

Der Grundsatz, dass die Anklagebehörde dem Angeklagten jeden Vorteil versprechen darf, dessen Erfüllung in ihrer Macht steht,[1100] gilt umgekehrt auch für die Androhung von Nachteilen.[1101] Daher werden Drohungen der Anklagebehörde zur Erzielung eines Schuldbekenntnisses von den amerikanischen Gerichten nicht

---

1095 *Whitbread/Slobogin.*,Criminal Procedure, S. 629ff. *Salzburg/Capra*, American Criminal Procedure, ch. 9 C.1. S. 832f. Dix, 55 Tex.L. Rev. (1977) 193, 242ff.

1096 *Scott/Stuntz*, 101 Yale L.J.(1992) 1909 ff. *Bickel*, das förmliche Geständnis, S. 125.

1097 Siehe Anhang A.

1098 Siehe Anhang A. Vergl. *Bickel*, das förmliche Geständnis, S. 125.

1099 Brady v. United States, 397 U.S. 742, 755 (1970). Vergl. *Bickel*, das förmliche Geständnis, S. 126.

1100 Brady v. United States, 397 U.S. 742, 750 (1970).

1101 Marby v.Johnson, 467 U. S.504, 509. 1984.

beanstandet, wenn der Drohungsgegenstand ein rechtlich zulässiges Verhalten darstellt; insoweit werden Schuldbekenntnisse nicht als auf unzulässige Weise erzwungen (*impropercoerced)* angesehen.[1102] So schadet es beispielweise nicht, wenn der Staatsanwalt damit droht, die bereits anhängige Anklage durch eine Anklage mit schwereren Tatvorwürfen zu ersetzen.[1103] Für unbedenklich hält es die Rechtsprechung auch, wenn der Staatsanwalt dem Angeklagten eröffnet, er werde in die Anklage dessen Vorstrafen aufnehmen und ihn als Gewohnheitsverbrecher (*habitualoffender*) anklagen, falls er kein Schuldbekenntnis ablege.[1104] Keinen Einfluss auf die Freiwilligkeit der Entscheidung, ein Schuldbekenntnis abzulegen, soll ferner die Drohung des Staatsanwalts haben, er werde ein Familienmitglied des Angeklagten strafrechtlich verfolgen und anklagen, sofern ein Tatverdacht (*probable cause*) gegen das Familienmitglied tatsächlich besteht.[1105]

3. Das Erfordernis einer tatsächlichen Grundlage (factual basis)

Gemäß *Fed. R. Crim. P. 11 (f)* ist das Gericht auch verpflichtet, sich davon zu überzeugen, dass für den konkreten Tatvorwurf, den der Angeklagte mit seinem *guilty plea* einräumen will, eine tatsächliche Grundlage (*factualbasis)* vorhanden ist.[1106] Diese Vorschrift bezweckt allerdings keine richterliche Überzeugungsbildung von der tatsächlichen Schuld des Beschuldigten und auch nicht deren Feststellung, sondern verfolgt nur den Zweck, den exakten Inhalt eines *guilty plea* festzulegen. Das Gericht hat also festzustellen, ob das strafrechtlich bedeutsame Verhalten, das der Angeklagte mit seinem Schuldbekenntnis eingesteht, in tatsächlicher und rechtlicher Hinsicht dem Anklagevorwurf entspricht.[1107]
Bei der Prüfung der tatsächlichen Grundlagen des Schuldbekenntnisses gehen die Gerichte unterschiedlich vor: Für gewöhnlich lässt sich der Richter den Sachverhalt von den Beschuldigten schildern.[1108] Andere Richter stützen sich auf das Ermittlungsergebnis der Anklagebehörde, auf die Anklageschrift, den Akteninhalt und die Beweismittel, auf den Polizeibericht oder auf die Angaben des Verteidigers.[1109] Bei der Prüfung hat der Richter auch die von der Anklagebehörde vorgelegten Beweismittel zur Kenntnis zu nehmen und von Amts wegen zu würdigen. Es findet somit eine summarische Prüfung und kein förmliches Beweisverfahren über die Schuld des Angeklagten statt. Der Richter führt also kein kontradiktori-

1102 United States v. Carr,80 f.3d413,416-417(10thCir.1996).

1103 Bordenkircher v. Hayes, 434 U.S. 357, 360-363 (1978).

1104 Grabowski v. jackson Country Public Defender, s Office,47F.3 d 1386, 1389(5th Cir. 1995)

1105 Miles v. Dorsey, 61 F. 3d 1459, 1468-69(10th Cir.1995).

1106 Vergl. *Dressler*, Understanding Criminal Procedure, chapter 31, § 197 (S. 419). *Moldenhauer,* eine Verfahrensordnung, S. 106. *Dreher,* Kontrollierbarkeit, S. 124.; *Weigend* ist der Meinung, dass dieses Erfordernis nur von geringer praktischer Bedeutung sei, da keine Beweise erhoben werden. *Weigend.* Absprachen, S. 72, Fußnote 269.

1107 McCarthy v. United States, 349 U. S. 459, 467 (1969). Vergl. *Dreher,* Kontrollierbarkeit, S. 124-125. *Bickel,* das förmliche Geständnis, S. 166-167.

1108 United States v. Tunning, 69 F.3d 107, 111 (6th Cir. 1995).

1109 Vergl.. *Dreher,* Kontrollierbarkeit, S.124-125.

sches Gerichtsverfahren durch; ein solches soll durch das *guilty plea*-Verfahren gerade vermieden werden.[1110] Gleichwohl muss sich der Richter aufgrund der von den verschiedenen Seiten vorgelegten Informationen ein eigenes Bild von der Sach- und Rechtslage machen. Das Ergebnis seiner Prüfung, das eine für das Schuldbekenntnis ausreichende Tatsachengrundlage ausweist, muss gemäß *Fed. R. Crim. P. 11 (g)* protokolliert werden; diese Förmlichkeit soll im Fall einer Anfechtung die Tätigkeit des Rechtsmittelgerichts erleichtern.[1111]

4. Kenntnis und Verständnis des Wesens und Ausmaßes der gegen den Angeklagten erhobenen Anklage (knowingly) *und Konsequenzen seines Schuldbekenntnisses* (intelligent plea)

Die Notwendigkeit einer Unterrichtung des Angeklagten über die Natur des Tatvorwurfs war im Zusammenhang mit der Abgabe des *guilty plea* erst im Jahre 1941 Gegenstand einer höchstrichterlichen Entscheidung (Smith v. O. Grady).[1112] In dieser Entscheidung hatder *Supreme Court* klargestellt, dass ein Angeklagter von dem konkreten Tatvorwurf zu unterrichten ist und dass dem Tatrichter das Akzeptieren eines *guilty plea* untersagt ist, wenn der Angeklagte dieses in Unkenntnis des konkreten Vorwurfs abgibt. Detaillierte Hinweise, in welchem Umfang, mit welchem Procedere und durch welchen Verfahrensbeteiligten der Angeklagte über den Tatvorwurf zu informieren ist (verfahrensorganisatorische Regelung), gab der *Supreme Court* im Fall Smith v. O. Grady nicht. Mit der Neufassung der *Fed. R. Crim. P.* vom 26.12.1944 wurde das *guilty plea*-Verfahren unter Beachtung der Grundsätze aus der oben zitierten Entscheidung des *Supreme Courts* erstmals geregelt. Demnach musste der Tatrichter in der Verhandlung feststellen, ob der Angeklagte den Tatvorwurf verstanden hat. Im Jahre 1966 wurde das Gesetz dahingehend neu formuliert, dass der Tatrichter den Angeklagten persönlich zur Kenntnis des konkreten Tatvorwurfs zu befragen hat.[1113] Im Fall McCarthy[1114] erklärte der *Supreme Court*, dass sich das prozessuale Schuldbekenntnis des Angeklagten auf alle Tatbestandsmerkmale beziehen müsse. In einer Fußnote hat er angedeutet, dass das Tatgericht den Angeklagten über die „wesentlichen Elemente" des Tatvorwurfs, dessen er sich schuldig bekennt (*essential elements of the charge to which he pleads guilty*) belehren muss. Welche Kategorie von Tatbestandsmerkmalen als „wesentlich" für eine richterliche Belehrung im *plea hearing* anzusehen ist, ließ die Rechtsprechung offen.

Seit der im Jahr 1974 erfolgten Ergänzung des *Fed. R. Crim. P* 11 (c) (1) ist das Gericht - wenn der Angeklagte in der Verhandlung den Wunsch äußert, eine *guilty plea* abzugeben – nicht nur dazu verpflichtet, den Angeklagten persönlich

---

1110 United States v. Andrades, 169 F.3d 131, 136 (2d Cir. 1999) .

1111 United States v. Marrero-Rivera, 124 F.3d342, 348 (1st Cir. 1997) Die Appelationsgerichte prüfen die Gültigkeit eines plea of guilty nur nach Aktenlage. vergl. *Bickel,* das förmliche Geständnis, S. 167.

1112 v. O, Grady, 312 U.S. 329 (1941).

1113 Fed.R. Crim. P. 11 understanding oft he natur oft the charge.

1114 McCarthy 1114v United States, 394 U.S. 459(1969).

über den Tatvorwurf aufzuklären,[1115] sondern muss auch feststellen, ob der Angeklagte die Natur des rechtlichen Tatvorwurfs in Bezug auf den angeklagten Sachverhalt auch tatsächlich verstanden hat (*inform the defendant of and determine that the defendant understands the nature of the charge*).[1116] Das Erfordernis des tatsächlichen Verständnisses des Angeklagten ist eine wichtige Voraussetzung für die Gültigkeit eines *guilty plea*, es wird unmittelbar aus dem Rechtsstaatsprinzip (*due process clause*) abgeleitet.[1117] Nur der gut informierte Angeklagte, der den Tatvorwurf verstanden hat, kann tatsächlich eine auf Abwägung der Vor- und Nachteile beruhende abgewogene Entscheidung darüber treffen, ob die Abgabe eines *guilty plea* oder aber die Durchführung eines streitigen *trial* für ihn günstiger oder persönlich erstrebenswerter ist.[1118]

Entsprechend *Fed. R. Crim P. 11 (g)* muss protokolliert werden, dass der Angeklagte den Tatvorwurf verstanden hat.[1119] Falls Belehrung und Dokumentation fehlen oder der Angeklagte den Tatvorwurf tatsächlich nicht hinreichend verstanden hat, kann das *guilty plea* als ungültig bewertet werden.[1120]

Der Wortlaut des Gesetzes gibt keinen Hinweis darauf, was unter dem Begriff „*nature of the charge*" zu verstehen ist, so dass die Ausfüllung dieses Begriffs dem *case law* überlassen ist.[1121]

Nach alledem genügt es in den meisten Fällen nicht, wenn das Gericht sich mit der schlicht bejahenden Antwort des Angeklagten auf die Frage, ob er den Straftatbestand und seine Anwendung auf den Sachverhalt verstanden habe, zufrieden gibt. Für ein gültiges *guilty plea* muss das Gericht insoweit eine wertende Entscheidung treffen, die eine genauere Vergewisserung voraussetzt.[1122] Obwohl gemäß dem Wortlaut des *Fed. R. Crim P.* 11 (c) (1) der Richter den Angeklagten persönlich ansprechen und informieren muss, wird dieses Erfordernis von Teilen der Rechtsprechung weit ausgelegt. So wird es allgemein für zulässig gehalten, dass anstelle des Richters der Staatsanwalt[1123] oder der Verteidiger[1124] die Belehrungen im *plea*-Termin erteilen darf. Entscheidendes Argument hierfür ist der Zweck der Vorschrift: Die Tätigkeit des Richters soll allein das tatsächliche Verständnis des Angeklagten gewährleisten. Der Angeklagte soll in die Lage versetzt

1115 Vergl. *Bickel*, das förmliche Geständnis, S. 141ff.

1116 Fed.R. Crim.P.11 (c) (1).

1117 Henderson v. Morgan, 426 U.S. 637, 645 (1976) unter Hinweis auf Smith v. O, Grady, 312 U.S. 329, 334. Vergl. *Bickel*, das förmliche Geständnis, S. 139.

1118 Vergl. *Bickel*, das förmliche Geständnis, S. 139.

1119 Fed. R. Crim P. 11 (g), Vergl. *Bickel*, das förmliche Geständnis, S. 139.

1120 Vergl. *Bickel*, das förmliche Geständnis, S. 139.

1121 Vergl. *Bickel*, das förmliche Geständnis, S. 139.

1122 Vergl. *Bickel*, das förmliche Geständnis, S. 58: Von dem Angeklagten wird damit im Grundsatz eine Leistung abverlangt, die in anderen Prozesssystemen typischerweise den juristischen Akteuren des Prozesses vorbehalten bleibt: die rechtliche Beurteilung des Sachverhalts.

1123 Meeks v. United States, 298 F. 2d(5th Cir 1962) United States v. Sharp. 941 F. 2d 811, 816 (9th Cir. 1991).

1124 United States v. O, Donnel, 539 F.2d 1233, 1236 (9 th Cir. 1976).

werden, ein *„intelligent and informel plea"* abgeben zu können.[1125] In prozessualer Hinsicht soll die Protokollierung der Belehrung und der Erklärungen des Angeklagten sicherstellen, dass eine spätere Anfechtung des *guilty plea* wegen mangelnder Belehrung ausscheidet. Das aber kann auch dann erfüllt werden, wenn anstelle des Richters selbst auf dessen Veranlassung der Staatsanwalt oder der Verteidiger dem Angeklagten im *plea hearing* den Tatvorwurf erklärt. Das Gericht ist nur dafür verantwortlich, dass diese Erklärung tatsächlich in adäquater Weise in der anberaumten Sitzung stattfindet.[1126]

In der Praxis haben sich verschiedene Faktoren herausgebildet, die den Umfang dieser Unterrichtung des Angeklagten im Sinne des *Fed. R. Crim. P.* 11 (c) (1) bestimmen. Die wichtigsten Faktoren sind die Komplexität des Tatvorwurfs, die persönlichen Charakteristika des Angeklagten und die Präsenz eines Verteidigers.[1127]

Darüber hinaus ist der Beschuldigte auf die möglichen strafrechtlichen Konsequenzen (*consequences*) hinzuweisen. Die Frage, welche mögliche Strafe und welche Nebenfolge zum Zeitpunkt der Abgabe eines *guilty plea* der Angeklagte kennen muss, wird vom *Supreme Court* dahingehend beantwortet, dass der Angeklagte über die „direkten Folgen" einschließlich des tatsächlichen Inhalts der Strafanordnung unterrichtet sein muss.[1128]

Entsprechend *Fed. R. Crim. P.* 11(c) (1) ist das Gericht verpflichtet, den Angeklagten sowohl über die Strafuntergrenze als auch über die mögliche Höchststrafe zu informieren. Der Angeklagte ist auch auf Bewährungs- und besondere Vollzugsoptionen hinzuweisen, sowie darauf, dass das Gericht unter bestimmten Umständen von dem in den *U.S.S.G. (United States Sentencing Guidelines)* vorgesehnen Strafrahmenbereich abweichen kann.

Dadurch soll der Angeklagte ein realistisches Bild darüber erhalten, mit welchem Strafrahmen er rechnen muss.[1129] Nach der Rechtsprechung des *Supreme Courts* ist die Kenntnis dieses Strafrahmens für die Wirksamkeit eines *guilty plea* verfassungsrechtlich erforderlich.[1130] Ein ohne diesen Hinweis ergangenes Urteil kann erfolgreich angefochten werden und zur Aufhebung des *guilty plea* führen.[1131]

Eine Belehrung über Nebenfolgen (*collateral consequences*) des *plea* wird für nicht praktikabel gehalten.[1132] Zu den mittelbaren Folgen zählen die mögliche Abschiebung, der Bewährungswiderruf, eine Suspendierung vom Militärdienst, zivilrechtliche Konfiskationen sowie mögliche weitere Strafverfolgungen, die Verhängung eines Berufsverbotes und die Entziehung der Fahrerlaubnis.[1133]

1125 United States v. Gastelum, 16 F.3d 996, 999 (9th Cir. 1994).

1126 Vergl. *Bickel,* das förmliche Geständnis, S.154-155.

1127 Vergl. *Bickel* das förmliche Geständnis, S.149.

1128 Brady v. United States, 397 U.S. 742, 755 (1970)

1129 *LaFave/Israel*, *Hornbook,* §21.4 (e),S. 936.

1130 Boykin.v. Alabama, 395 U.S. 238,244 n. 7 (1969).

1131 United States v. Gigot, 147 F.3d 1193, 1189-99(10 th Cr.1998).

1132 United States v. Russell, 686 F.2d 35, 38 (1982).

1133 Vergl. *Dreher,* Kontrollierbarkeit, S. 123.

5. Weitere Aufklärungsgegenstände

Weitere Aufklärungsgegenstände entsprechend Rule 11 (c) sind die Rechte des Angeklagten, auf die er im Rahmen eines *guilty plea* verzichten kann.
Bevor ein *guilty plea* wirksam werden kann, muss das Gericht den Angeklagten über seine bundesverfassungsrechtlich garantierten Rechte[1134] belehren:

- das Recht sich für nicht schuldig zu erklären;
- das Recht auf Aburteilung durch ein Geschworenengericht;
- das Recht sich selbst nicht belasten zu müssen;
- das Recht Belastungszeugen gegenüber gestellt zu werden;[1135]
- das Recht auf einen Rechtsbeistand.[1136]

Weiterhin muss der Beschuldigte nach *Rule* 11 (c) (2), (3), (4), (5) auf den mit der Abgabe der *guilty plea* einhergehenden Verlust der Rechte auf ein *jury trial*, den Schutz vor Zwang zur Selbstbelastung, auf das Recht eigene Zeugen zu benennen und den Belastungszeugen gegenübergestellt zu werden, hingewiesen werden. Darüber hinaus muss er darüber belehrt werden, dass er sich durch Äußerungen im Zusammenhang mit seinem *guilty plea* des Meineids und der Falschaussage strafbar machen kann, wenn die Aussagen unter Eid und in Anwesenheit seines Anwaltes erfolgen und protokolliert wurden. Ist die erforderliche Belehrung unterblieben, ist dies gleichwohl unbeachtlich, wenn der Beschuldigte die Wirkung des Rechtsverzichts und des Wegfalls des Beweisverfahrens dennoch tatsächlich verstanden hat.[1137]

IV. Verfahrensablauf des „*plea agreements*“ *Rule* 11 (e) 1

1. Strafmilderung durch Vereinbarung mit der Anklagebehörde

Das *plea agreement* ist eine prozessuale Vereinbarung zwischen Anklagebehörde, Verteidiger und Angeklagten über die Herabsetzung des Anklagevorwurfs und/oder des Strafmaßes als Gegenleistung für ein *guilty plea* oder *nolo contedere*.
Guilty Plea und *plea agreement* sind bei der strafprozessualen Vereinbarung zwischen den Parteien untrennbar miteinander verbunden. Der Angeklagte würde ein *guilty plea* ohne das Versprechen von Vorteilen als Gegenleistung nicht abgeben, während auf der anderen Seite der Staatsanwalt (*Prosecutor)* keine Vereinbarung schließen würde, ohne dass der Angeklagte einer Verurteilung durch sein *guilty plea* zustimmt.[1138]

1134 6 Amedment zur Bundesverfassung.
1135 Fed. R. Crim.P. 11 (c) (3).
1136 Fed. R. Crim.P. 11 (c) (2).
1137 Vergl. *Bickel,* Das förmliche Geständnis, S. 164.
1138 Vergl. *Dreher,* Kontrollierbarkeit, S. 97.Vergl. *Bickel,* das förmliche Geständnis, S.125.: das Versprechen von Vorteilen als Gegenleistung für die Abgabe des guilty plea wird als grundlegende Voraussetzung für das Funktionieren des plea bargaining und des guilty plea Prozess insgesamt begriffen.“

Diese Möglichkeiten der Verhandlung (*plea diskussion*) zwischen Anklagebehörde und Verteidiger oder Angeklagtem sind in *Fed. R. Crim. P.* 11 (e) geregelt. Entsprechend dieser Vorschrift wird die Vereinbarung zwischen dem Vertreter der Anklagebehörde und dem Verteidiger bzw. dem Angeklagten ohne die Beteiligung des Gerichts ausgehandelt und abgeschlossen. Dem Gericht ist es untersagt, an *plea* Verhandlungen (*plea agreement*) teilzunehmen.[1139] Als Begründung für diesen Ausschluss werden zwei Erwägungen angegeben: zum Einen würde die Teilnahme des Richters, der später über die Strafe zu entscheiden hat, unzulässigen Druck auf den Beschuldigten ausüben,[1140] zum Anderen würde eine Beteiligung des Richters an *plea* Verhandlungen in Widerspruch zu seiner richterlichen Unabhängigkeit und Unparteilichkeit stehen, weil der Richter später nicht mehr unbefangen in der Sache entscheiden könne, wenn er sich zuvor hinsichtlich der Schuld und sogar hinsichtlich der angemessenen Strafe festgelegt habe.[1141] Außerdem sieht Rule 11 (e) vor, dass entweder der Staatsanwalt oder der Verteidiger die Verhandlungen initiieren kann. Die grundsätzlich zulässigen Gegenleistungen der Anklagebehörde werden darin nach Typen eingeteilt. Entsprechend Rule 11 (e) 1 (A) bis (C) können Vereinbarungen über folgende Zusagen der Anklagebehörde als Gegenleistung für die Abgabe eines *guilty plea* oder eines *plea of nolo contedere* getroffen werden:
Typ A: das Fallenlassen anderer Tatvorwürfe;
Typ B: die Verpflichtung der Anklagebehörde, ein besonderes Strafmaß, einen bestimmten Strafrahmen oder die Anwendung bestimmter Faktoren der *United States Sentencing Guidlines (U.S.S.G.)* zu empfehlen oder einem solchen Vorschlag nicht zu widersprechen;
Typ C: das Einverständnis der Anklagebehörde mit einem bestimmten Strafmaß oder mit der Anwendung bestimmter Faktoren der *U.S.S.G.* als angemessene Erledigung des Falles.[1142]
Die Herabsetzung des Anklagevorwurfs und /oder des Strafmaßes ist keineswegs alles, was beim *plea bargaining* ausgehandelt werden kann. Je nach den Umstän-

---

Alder, die Strafzumessung, S. 98 : Als plea bargaining bezeichnet man den Prozess, bei dem der Angeklagte in einem Strafverfahren, im Austausch für gewisse offizielle Konzessionen sich schuldig bekennt.

1139 Einige Bundesstaaten verbieten die richterliche Mitwirkung, während andere die Teilnahme des Richters am plea bargaining akzeptieren, so z. B. wir in Illinois dem Richter untersagt, eine plea-bargaining von sich aus anzuregen, es ist aber ihm freigestellt, an plea-bargaining teilzunehmen, wenn es gewünscht wird. Vergl. *Dielmann,* GA,1981,563. In Staaten ohne Strafzumessungsrichtlinien und ohne einer Fed. R. Crim.P. 11(e) entsprechenden Regelung, wie im Staat New York, werden plea agreements in der Regel nie ohne den Richter geschlossen. Staatsanwalt, Anwalt und Richter halten im Büro des Richters eine formlose Konferenz über den Fall ab und versuchen dabei gemeinsam, ein plea agreement zu finden. Vergl. *Dreher,* Kontrollirbarkeit, S. 190.

1140 *Massaro,* StV 1989, 454, 455. *Weigend,* Asprachen, S. 46.

1141 *Damaska,* StV 1988, 398, 399. *Weigend,* Absprachen S. 47.

1142 Vergl. *Bickel,* das förmliche Geständnis S. 105.

den werden dem Beschuldigten für den Verzicht auf den Schuldnachweis in einer Hauptverhandlung auch andere Vorteile und Gegenleistungen angeboten.[1143] Sobald ein Schuldbekenntnis angeboten wird, soll das von den Parteien erzielte *plea agreement* offengelegt und protokolliert werden.
Nach der Rechtsprechung wird das strafprozessuale *plea agreement* analog den Regeln des Vertragsrechts beurteilt, soweit die Anforderungen des in *Fed. R. Crim. P.* 11 (e) geregelten *plea agreement procedure* dies zulassen.[1144] Ist eine Vereinbarung zwischen den Parteien getroffen worden, muss sie dem Gericht zur Prüfung und Genehmigung vorgelegt werden.[1145] Die Bestimmungen der Vereinbarung sind vor der richterlichen Genehmigung für keine Partei durchsetzbar und daher auch nicht bindend.[1146]

2. Erforderlichkeit der gerichtlichen Genehmigung und Beteiligung des Richtersam **plea agreement**

Auf Bundes- wie auf Staatenebene wird das von den Parteien erzielte Verhandlungsergebnis durch den Richter akzeptiert oder abgelehnt.
Entsprechend Fed R. Crim. P. 11 (e) (2) wird das getroffene *plea agreement* dem Gericht vorgetragen. Rule 11 (e) (2) verlangt zudem eine Protokollierung und Offenlegung des *plea agreements* im Gerichtssal. Auf diese Weise sollen Missverständnisse und Berufungsrisiken reduziert und der Nachweis des Vereinbarten erleichtert werden.[1147] Wenn sich die Parteien gemäß Fed. R. Crim. P. 11 (e) (2) über eine Reduzierung der Anklagepunkte (A) oder aber über ein bestimmtes Strafmaß (C) geeinigt haben, kann das Gericht die Vereinbarung entweder sogleich annehmen oder zurückweisen oder sich die Entscheidung bis zur Vorlage des *presentence report*[1148] vorbehalten. Handelt es sich um eine Vereinbarung im Zusammenhang mit einer Strafmaßempfehlung, Rule 11(e) (1)(B), so muss der Richter den Beschuldigten darauf hinweisen, dass dieser keinen Anspruch auf Widerruf seines *guilty plea* hat, sollte das Gericht von der Strafmaßempfehlung abweichen. Dies hindert das Gericht jedoch nicht, dem Beschuldigten im Einzelfall zu gestatten, sein *plea* zurückzuziehen.
Gemäß Fed R. Crim. P. 11 (e) (2) und (3) muss das Gericht, wenn die Parteien ein *plea-agreement* geschlossen haben und das Gericht diesesakzeptiert hat, den Be-

---

1143 *Weigend,* Absprachen, S. 40. Sie auch unter Abschnitt gesetzlich erlaubte Versprechen.

1144 Rickets v. Adamson, 483 U.S.1, 8-12 (1987). Mabry v. Jonson, 467 U.S. 504 (1984). Vergl. *Bickel,* das förmliche Geständnis, S. 105.

1145 Fed.R. Crim.P. 11(e) (2).

1146 Vergl. *Bickel,* das förmliche Geständnis S. 106.

1147 Vgl. Reines v. United States, 423 F.2d 526, 530 (1970). Vergl. *Dreher,* Kontrollirbarkeit, S. 192.

1148 Das Strafzumessungsverfahren erfolgt auf der Grundlage der Informationen, die durch den presentence Report in den Prozess eingeführt werden. Der Bewährungsbeamte darf dem Gericht den presentence report dann aushändigen, wenn der Angeklagte hierzu seine Zustimmung erteilt, wenn der Angeklagte auf guilty oder nolo contedere plädiert hat oder wenn er vom Gericht für schuldig befunden worden ist, Feg. R. Crim.P.32(b)(3). Vergl. *Bickel,* das förmliche Geständnis, S. 175.

schuldigten darüber informieren, dass diese Vereinbarung in Urteil und Strafe zum Ausdruck kommen und Bestandteil des Urteils wird.
Für den Fall der Zurückweisung eines *plea agreement* muss das Gericht gemäß Fed R. Crim. P. 11 (e) (4) den Beschuldigten persönlich darüber informieren, dass das *plea agreement* keine weitere Bindungswirkung entfaltet und ihn auf die Möglichkeit hinweisen, sein bereits abgelegtes *guilty plea* zu widerrufen. Eine Ausnahme bildet Fall des *plea agreements* des Typus B, bei dem der Beschuldigte darauf hinzuweisen ist, dass er keinen Anspruch auf Widerruf seines *guilty plea* hat, Rule 11 (e) (2).
Bei der Zurückweisung soll das Gericht trotz des großen Ermessensspielraums gleichwohl einen vernünftigen Grund für seine ablehnende Entscheidung angeben.[1149] Wenn das Gericht den Beschuldigten über die Zurückweisung des *plea agreements* informiert hat, kann dieser frei über eine Rücknahme seines *guilty plea* entscheiden. Falls er auf das *guilty plea* oder *nolo contedere* beharrt, muss das Gericht ihn darauf hinweisen, dass das Verfahren eine für ihn ungünstige Wendung nehmen kann, falls er auf seinem Schuldbekenntnis besteht.[1150]

3. Verwertungsverbote gemäßFed. R. Crim. P. 11 (e) 6

Gemäß Fed. R. Crim. P. 11 (e) (6) ist die Verwertbarkeit der mit einem *guilty plea* verbundenen Beweise im weiteren Verfahren gegen den Angeklagten verboten, sofern
A. das *guilty plea* widerrufen wurde;
B. *a plea of nolo contedere;*
C. alle Äußerungen, die mit der *plea agreement* zusammenhängen und in diesem Verfahren gemacht worden sind.
D. jede Äußerung in Vorgesprächenmit der Anklagebehörde, die am Ende nicht zum *plea of guilty* Ergebnis geführt haben oder die zwar eine Schuldbekenntnis des Angeklagten zur Folge hatten, das aber letztlich zurückgenommen wurde.
Zielsetzung dieser Vorschriften ist es, Beschuldigte zu offenen und vollständigen Äußerungen zu ermutigen, auch um damit *plea*-Verhandlungen effektiver gestalten zu können.[1151]
Eine Ausnahme vom Verwertungsverbot ist entsprechend Fed. R. Crim. P. 11 (e) (6) die unter Eid und in Anwesenheit des Verteidigers gemachte und protokollierte Aussage, wenn gegen den Beschuldigten wegen Meineid oder Falschaussage in einem anderen Verfahren ermittelt wird.[1152]

1149 United States v.Maddox, 48 F.3d 555 (1995), United States v Moore, 916 F.2d 1131 (1990). Vergl. *Dreher,* Kontrollierbarkeit, S. 127. *Bickel,* das förmliche Geständnis, S. 177: Eine Zurückweisung des guilty plea nur dann gerechtfertigt ist, wenn tatsächlich rechtliche oder sogar verfassungsrechtliche Bedenken bestehen.

1150 Fed R. Crim. P.11 (e) (4).

1151 United States v. Lloyed, 43 F.3d 1183, 1186(1994). Vergl. *Dreher,* Kontrollirbarkeit, S.130.

1152 Vergl. *Dreher,* Kontrollierbarkeit, S.131.

4. Bindungswirkung des **guilty plea** *und* **plea bargaining**

Wie schon oben dargestellt, kann das Gericht das *plea agreement* erst akzeptieren, wenn es sich nach Durchführung des Belehrungs- und Prüfungsverfahrens von dem *plea agreement* überzeugt hat.

Schon dieses in Fed. R. Crim. P. 11geregelte gerichtliche Prüfungsverfahren für die Anerkennung des *plea bargainingzeigt*, dass das vor der gerichtlichen Überprüfung abgegebene *guilty plea* keine unabänderliche Prozesserklärung darstellt. Will der Angeklagte sein *guilty plea* vor der Anerkennung durch das Gericht widerrufen, kann er dies ohne weiteres tun.[1153]

Die Bindung des *guilty plea* ist an die Anerkennung des *plea agreements* durch das Gericht gebunden.[1154] Bis 1997 war umstritten, ob die Bindungswirkung des *guilty plea* schon mit dem richterlichen *plea hearing* oder erst mit der Anerkennung des *plea agreement eintritt.* Weil es in der Praxis vorkommt, dass ein Gericht das *guiltyplea* des Angeklagten schon im *plea hearing* akzeptiert, aber wegen der Strafzumessung die abschließende Prüfung der Vereinbarungen auf das *sentencing hearing* verschiebt – z. B. weil der *precentence Report* im *plea hearing* noch nicht vorliegt[1155] - hat der *Supreme Court* im Jahre 1997 die sofortige Bindung des Angeklagten an das einmal akzeptierte *guilty plea* bestätigt.[1156]

Entsprechend Fed. R. Crim. P. 11 (e) ist dem Angeklagten erst dann die Rücknahme des *guilty plea* erlaubt, wenn das Gericht das *plea agreement* zurückgewiesen hat.

Somit ist dem Beschuldigten ein absolutes Recht auf Widerruf des *guilty plea* verwehrt. Eine Rücknahme des *guilty plea* nach der Strafzumessung ist wesentlich schwieriger als vor Verhängung der Strafe. Vor Verhängung der Strafe ist die Rücknahme grundsätzlich sowohl im Verfahren auf Bundesebene als auch in den einzelnen Bundesstaaten zulässig, sofern der Beschuldigte hierfür einen überzeugenden Grund glaubhaft macht.[1157]

Im Fall Santabelo v. New York[1158] forderte der *US Supreme Court* ausdrücklich die Einhaltung getroffener Vereinbarungen von staatlicher Seite, sofern das Schuldbekenntnis offensichtlich in Erwartung der gemachten Zusagen abgegeben wurde. Im konkreten Fall hatte der Staatsanwalt während der *plea*-Verhandlungen zugesagt, gegenüber dem Richter keine Strafmaßempfehlung abzugeben. Entge-

---

1153 United States v. Hyde, 92 F.3d 779, 780(9thCir.1996). *Bickel,* das förmliche Geständnis, S. 96

1154 Vergl. *Bickel,* das förmliche Geständnis, S. 96

1155 Entsprechend Fed.R. Crim.P.11(e) (2) der Richter ist berechtigt die Annahme der plea Vereinbarung auf das sentencing hearing zu verschieben. Vergl.*Bickel,* das förmliche Geständnis, S.97.

1156 United States v. Hyde, 117 S. Ct. 1630, 1633(1997). Vergl. *Bickel* das förmliche Geständnis, S. 97, Wäre der Angeklagte in solchen Fällen nicht an sein bereits akzeptiertes plea gebunden, dann könnte er die Erklärung Wochen später noch frei zurücknehmen und den Prozess bewusst verschleppen.

1157 *Dreher,* Kontrollierbarkeit, S.213,214. Vergl. Fed.R. Crim.P. 32(e)

1158 404 U.S. 257(1971). Kurzfassung: htpp//caselaw.lp.findlaw.com/scripts/printer_friendly.pl?page=us/404/257.html.

gen dieser Vereinbarung empfahl sein Amtsnachfolger im Monate später stattfindenden Strafzumessungstermin die für das entsprechende Delikt bestehende Höchststrafe, welche der Richter letztlich auch verhängte. Dem Angeklagten wurde keine Möglichkeit gegeben, sein *guilty plea* zurückzunehmen.[1159]Der *Supreme Court* hat dagegen entschieden:

"When a plea rests in any significant degree on a promise or agreement of the prosecutor, so that it can be said to be part of he inducement or consideration, such promise must be fulfilled."[1160]

Dem Staatsanwalt ist danach grundsätzlich untersagt, eine härtere als die ausgehandelte Strafe zu empfehlen oder auch die Ermittlungen anderer Strafverfolgungsbehörden zu unterstützen, wenn er dem Beschuldigten im *plea bargaining* ein Absehen von weiterer Strafverfolgung für den konkreten Fall zugesagt hat.[1161] Die richterliche Anerkennung des *plea agreement* entfaltet somit bindende Wirkung für alle Beteiligten.[1162]

V. Regelwerk der amerikanischen Strafzumessungsrichtlinien (*United States sentencing guidelines manual* – U.S.S.G.) und der Einfluss dieser Richtlinien auf das *pleabarganing*

1. Allgemein

Mit dem sog. *comprehensivecrimecontrolact*[1163]wurde 1984 eine Kommission - die *UnitedStates sentencing commission*[1164] - eingesetzt, deren Aufgabe darin bestand, eine angemessene Form der Strafzumessung für Täter auszuarbeiten, die Straftaten nach Bundesrecht (*federalcrimes*) begangen haben. Die Kommission hat im Jahre 1987 ihre Vorschläge vorgelegt. Diese wurden noch im selben Jahr vom Bundesgesetzgeber als *United States sentencing guidelines manual (USSG)* in Kraft gesetzt.

Das *United States sentencing guidelines manual (USSG)*[1165] ist ein komplexes Regelwerk. In ihm sind alle Straftatbestände des United States Code (USC) auf

---

1159 Vergl. *Dreher,* Kontrollierbarkeit, S.210. *Kobor,* Bargaining, S. 76.

1160 404 U.S. 257(1971). Kurzfassung: htpp//caselaw.lp.findlaw.com/scripts/printer_friendly.pl?page=us/404/257.html.

1161 Vergl. *Dreher,* Kontrollierbarkeit, S.146

1162 United States v.Wessels, 12 F.3d 746, 752-53 (8th Cir.1993). Vergl. *Bickel,* das förmliche Geständnis, S. 135.

1163 Comprehensive Crime Control Act. United States Code, Title 28, §§991ff.

1164 Die Kommission besteht aus sieben vom Präsidenten ernannten Mitgliedern, von denen mindestens drei Bundesrichter sein müssen, sowie Bundesjustizminister 8Attorney General) oder seinen Vertreter.

1165 Im Jahre 1984 hat Kongress USSC (United States Sentencing Komission) eingesetzt für die Ausarbeitung on verbindlichen Strafzumessungsrichtlinien (federal sentensing guidelines). Es Verfolgte zwei Ziele: Ehrlichkeit in der Strafzumessung und Beseitigung die nicht rechtsfertigende großen Strafzumessungsungleichheiten. (truth in sentencing). Guidleins wurden im Jahre 1987 in Kraft getreten. Vergl. *Alder,* die Strafzumessung, S. 84. Nach dem Inkrafttreten folgte Unsicherheit der Verfassungsmäßigkeit der USSG, mit der Begründung, dass Gewaltentrennung Prinzip wurde Verletzt, damit das USSC wurde

einer Vertikalachse erfasst. Jeder Straftat ist eine bestimmte Zahl zugeordnet, die Ausgangsgröße für die jeweilige Strafzumessung (*baseoffence level)*. Sie gibt den Strafrahmen vor: Beispielsweise bedeutet die Ausgangszahl 10 einen Strafrahmen von 6-12 Monate Gefängnis. Mit dem *base offence level* beginnt die Berechnung des Strafmaßes. Es kann entsprechend der strafschärfender oder strafmildernden Umstände erhöht oder vermindert werden. Insoweit handelt es sich um deliktsspezifische Umstände (*specific offence charackteristic)* oder um allgemeine, für die Strafzumessung bedeutsame Umstände (*general adjustments).*[1166]Zu letzteren zählenz. B opferbezogene Umstände wie Alter, Rasse, Geschlecht und etwaiger Beamtenstatus des Opfers(*victimrelatedadjustment*);[1167] Der Umfang der Beteiligung an der Tat (*role in the offence*),[1168] eine eventuelle Behinderung der Strafverfolgung (*obstraction*)[1169] oder die Mehrzahl verschiedener Delikte (*multiple counts*).[1170]

Der *base offence level* auf der Vertikalachse bildet zusammen mit jeweils zugeordneten horizontalen Achsen eine Strafzumessungstabelle *(sentencing table)*, aus der sich die Strafmaße für alle Delikte ablesen lassen.[1171]Die horizontalen Achsen orientieren sich an der kriminellen Vergangenheit des Täters, die das Gericht bei der Strafzumessung zu berücksichtigen hat. Jede horizontale Achse ist in sechs Abschnitte (*criminalhistorycategory, I bis VI*) eingeteilt, denen 13 oder mehr Punkte zugeordnet sind.

Auf diese Weise entsteht eine Strafzumessungstabelle mit 258 Strafbereichen: 43 *offencelevels* multipliziert mit sechs *criminalhistorycategories*. Die einzelnen Bereiche sind so ausgestaltet, dass die Obergrenze jedes Strafbereiches die dazugehörige Untergrenze um nicht mehr als sechs Monate oder 25 v. H. übersteigt. Jede Änderung des *offencelevel* führt zu einer 12,5-prozentigen Veränderung der Straflänge, eine Erhöhung des *offencelevel* um sechs Punkte bedeutet nahezu eine Verdoppelung der Strafe.[1172]

Nur innerhalb des anhand der Strafzumessungstabelle ermittelten Bereichs, der sich wiederum durch den *offencelevel* und die *criminalhistory* ergibt, steht dem Richter im konkreten Fall ein Ermessensspielraum bei der Strafzumessung zu.

---

als unabhängige Körperschaft vom Kongress , also der Legislative, als Teil der Judikative geschaffen , der durch die Ausarbeitung von verbindlichen Strafzumessungsrichtlinien auch Judikative Macht ausübte. Im Jahre 1898 hat das Supreme Court die Verfassungsmäßigkeit der USSC und der guidelines erklärt. Vergl. *Alder*, die Strafzumessungsrichtlinien, S. 84 ff.

1166 Natürlich werden in den guidelines nicht sämtliche denkbaren strafschärfenden odermildernden Umstände aufgezählt. Vergl. *Alder,* Die Strafzumessung, S. 37.

1167 USSG §3A

1168 USSG §3B

1169 USSG §3C

1170 USSG §3D

1171 Siehe Anhang B, abgedruckt unten Sentensing Table. Vergl. *Dreher,* Kontrollierbarkeit, S. 116.

1172 Vergl. *Alder,* Die Strafzumessung, S. 26.

Beispiel: *Der vorbestrafte (vorbestraft ist, gegen wen eine mindestens 16monatige Gefängnisstrafe verhängt wurde) Täter hat eine Bank überfallen und dabei 40,000 $ erbeutet. Während der Tat hat er den Schalterbeamten mit einer Schusswaffe bedroht.*
Entsprechend der guidelines § 2 B 3.1 (robbery) beträgt der base offence level *für Raub 20.*
Diese Zahl wird entsprechend den specific offence charakteristics *um 2 Punkte erhöht, weil ein Finanzinstitut beraubt wurde, um weitere 5 Punkte, weil der Täter den Schalterbeamten mit einer Schusswaffe bedroht hat, sowie um einen weitern Punkt, weil die Beute über 10,000 $ lag. Damit beträgt der* offence level *28. Dazu wird die criminal history category gerechnet. Die 16monatige Gefängnisstrafe entspricht gemäß guideline § 4 A 1.1 drei Punkte, was der criminal history category II entspricht. Daraus ergeben sich aus der Strafzumessungstabelle für die vorliegende Straftat folgende Koordinaten: Auf der vertikalen Achse beträgt der offence level 28, auf der horizontalen Achse liegt der Fall in der criminal history category II. Das führt an der Schnittstelle zu einem Strafbereich von 87 bis 108 Monaten (7,5 bis 9 Jahre). Innerhalb dieses Rahmens kann der Richter die Strafe nach seinem Ermessen festlegen.* [1173]
Es können strafschärfende und bzw. oder strafmildernde Umstände vorliegen, die in den *sentencingguidelines* nicht oder nur ungenügend berücksichtigt worden sind. In solchen Fällen kann der Richter vom dem errechneten Strafbereich abweichen (*departure*); er muss aber seine Entscheidung ausführlich begründen und die konkreten Strafzumessungsumstände benennen.[1174] Herkömmliche Kriterien zur Ermittlung des Strafmaßes, insbesondere Strafmilderungsgründe wie ein positiver Bericht des Arbeitsgebers oder stabile Familienverhältnisse dürfen nach den *USS* ausdrücklich nicht berücksichtigt werden. Alter, Bildungsgrad, Ausdrucksfähigkeit sowie körperliche, geistige und emotionale Verfassung des Täters einschließlich einer Drogen- und Alkoholabhängigkeit sind normalerweise kein Grund, von den Strafrahmen der Richtlinien abzuweichen.[1175] In der Mehrzahl der Fälle ist eine substantielle Mithilfe bei der Aufklärung der Straftat (*substantial assistance motion*) Anlass für Abweichungen von den Richtlinien. Sie erlauben in Fällen einer Kooperationdes Schuldiggesprochenen mit den Justizbehörden ausdrücklich eine Abweichung vom Regelstrafmaß.[1176] Es liegt auf der Hand, dass

1173 Vergl. *Alder,* Die Strafzumessungsrichtlinien, S. 26. Zum Vergleich: In Deutschland: § 250 Abs. 2 StGB: 5 bis 15 Jahre; in Georgien: § 152 StGB; 6 bis 15 Jahren.

1174 Vergl. *Alder*, die Strafzumessungsrichtlinien, S. 26, 57ff.

1175 U.S Sentencing commission, Annual Report-1991, Part H, §§ 5H.1.1-5H.1.6."*... not ordinary relevant in determing whether a sentence should be outside theapplicableguidlinerange."* Vergl. *Dreher,* Kontrollirbarkeit, S. 195.

1176 §5K1.1USSG. „upon motion oft he government stating that the defendant has provided substuntial assistance in the investigation or prosecotion of another person who has committed an offense, the court may depart from the guiglines".

eine Kooperation bei den Ermittlungen ein wichtiger Bezugspunkt beim *plea bargaining* ist.[1177]

Das Regelwerk erlaubt auch Abweichungen aus weiteren unbenannten Gründen.[1178]

2. Regelung des **plea bargaining** *in den Richtlinien.*

Die Richtlinienkommission hat im Rahmen ihres gesetzlichen Auftrages auch die Möglichkeit diskutiert, das *plea* barg*aining* zu verbieten, ist aber zum Ergebnis gekommen, dass ein solches Verbot den amerikanische Strafprozess lahm legen würde.[1179] Sie hat stattdessen allgemeine Vorschläge unterbreitet, unter welchen Umständen ein *plea agreement* akzeptiert werden kann. Das *plea bargaining* ist jetzt geregelt in USSG §§ 6 B.1 bis 6 BI. 4.[1180] Diese vier Bestimmungen enthalten formelle Regeln über die Anerkennung vom *plea agreements* gem. Rule 11 (e) (1) Fed. R. Crim. P.

Mit der Einführung der *sentencing guidelines* wurde in der Praxis das *sentencing bargaining* in den Hintergrund gedrängt; in vielen Fällen wird stattdessen ein *charge bargaining* angestrebt. Der Grund für diese Entwicklung liegt in dem *guidelines-System*: Es ist so aufgebaut, dass das Strafmaß weitgehend durch die Anklagepunkte bestimmt wird und damit der Verhandlungsspielraum der Beteiligten stark eingeschränkt ist.[1181] Ein weiterer Grund für diesen Wandel besteht darin, dass bei der *sentencing bargaining* die dem ausgehandelten Strafmaß entgegenstehenden Umstände vertuscht werden müssen oder der Staatsanwalt in Abweichung von dem eigentlich vorgeschriebenen Strafrahmen eine sogenannte *departure* anstreben muss, was er ausführlich zu begründen hat.[1182]

Nach den *guidelines* erfolgt die Strafzumessung einheitlich und vorhersehbar auf der Basis von Tat- und Täterkategorien. Die Abspracheentscheidungen des Staatsanwaltes können aber diese Kategorien durchgreifend beeinflussen. Denn auch unter der Geltung der Richtlinien verfügt der Staatsanwalt im Verfahrensstadium vor der formellen Anklageerhebung (*pre-indictment*) über ein nahezu uneingeschränktes Ermessen. Er ist noch an keinen spezifizierten Anklagepunkten gebunden, sondern kann die Anklage so gestalten, dass er den von ihm angestrebten Strafrahmen erreicht. Auf diese Weise können Tatsachen, die einen be-

---

1177 Vergl. *Dreher*, Kontrollierbarkeit, S. 117. Typischerweise erklärt sich der Angeklagte bereit, staatliche Untersuchungen zur Verbrechensaufklärung zu unterstützen und alle ihm om Staatsanwalt gestellten Fragen ufrichtig zu beantworten, sofern dieser im Gegenzug die Kooperation des Angeklagten als „substantial assistance" wertet. Grundsätzlich hat nur der Staatsanwalt die Entscheidungsbefugnis über einen Antrag auf Abweichung vom Regelstrafmaß wegen erheblicher Unterstützung, das Gericht kann über Annahme oder Ablehnung des vom Staatsanwalt gestellten Antrags sowie über das verhängende Strafmaß.

1178 Vergl. Ausführlich *Adler*, Die Strafzumessungsrichtlinien, S. 58.

1179 USSG§ 1A4.(c) Vergl. *Alder*, Die Strafzumessungsrichtlinien, S. 107.

1180 Siehe. Anhang C

1181 Vergl. *Alder*. Die Strafzumessungsrichtlinien, S. 111.

1182 *Alder*, die Strafzumessung, S. 111.

stimmten, für den Beschuldigten ungünstigeren Anklagepunkt stützen würden, in einer verkürzten oder "geschönten" Version dem Gericht oder dem Bewährungshelfer (*probationofficer)* unterbreitet werden. Darüber hinaus eröffnet die Vielzahl von Strafnormen und die Weite vieler Tatbestände große Spielräume für ein *charge bargaining*; je größer die Anzahl möglicher Anklagepunkte ist, desto stärker ist die Verhandlungsbasis des Staatsanwalts.[1183] Allerdings führt das Fallenlassen einzelner Anklagepunkte nicht zwangsläufig zu einer geringeren Strafe, weil § 6 B 1.2 (a) USSG bestimmt, dass die nach dem *chargebargaining* verbliebenen Anklagepunkte im angemessenen Verhältnis zum Unrechtsgehalt der Taten stehen müssen, damit der angemessene Strafzweck nicht unterlaufen wird. Nur wenn diese Voraussetzungen erfüllt sind, darf das Gericht den mit dem *pleaagreement* ausgehandelten Strafvorschlag annehmen. Häufig hilft es auch nichts, wenn der Staatsanwalt bei den Verhandlungen über ein *pleaagreement* gewisse Tatbestandteile zugunsten des Angeklagten - vor allem wegen des Zustandekommens des *agreement* - fallen lässt. Denn in § 6 B 1.2 (a) USSG ist klargestellt, dass Anklagepunkte, die aufgrund eines *plea agreement* fallengelassen wurden, vom Gericht durch Bewertung des wirklichen Tatverhaltens (*relevantconduct*) bei der Strafzumessung wieder berücksichtigt werden können.[1184] Nichts hindert also den Richter daran, gestützt auf den Bewährungsbericht (*presentencereport*), die fallengelassenen Teile nach Abschluss der Hauptverhandlung, also nach Schuldigerklärung des Angeklagten, bei der Strafzumessungsverhandlung wieder einzubringen.[1185]
Ein weites Verständnis des Begriffs des „wirklichen Tatverhaltens“ (relevant conduct) erlaubt es den Richtern, bei der Ermittlung des Strafmaßes alle Verhaltensweisen und Taten zu berücksichtigen, die jemals Ermittlungen gegen den Angeklagten zur Folge hatten, ganz gleich, ob sie zu einer Anklage, Einstellung, Verurteilung oder einem Freispruch geführt haben.[1186]
Die Befürworter der Regelung sind der Meinung, dass ohne sie zu viel Macht in die Hände des Staatsanwaltes gelegt und das Gericht zu viel Entscheidungsspielraum verlieren würde.[1187]
Allerdings hat die Praxis mit der sogenannten Vereinbarung über Tatsachen (*fact bargaining)* einen Weg gefunden, die gesetzlichen Hindernisse für die von den Parteien gewünschten Ergebnisse zu umgehen.[1188] Unter *fact bargaining* versteht man Vereinbarungen, die sich direkt auf die Tatsachen des festzustellenden Sach-

---

1183 *Alder,* die Strafzumessung, S. 132. *Dreher,* Kontrollierbarkeit, S. 159. *Trüg,* Lösungskonvergenzen, S. 181.

1184 §§6B1.1, 6B1.2 U.S.S.G. Fed. R. Crim.P. 11 (e) 1(A). Vergl. *Dreher,* Kontrollirbarkeit, S. 159.

1185 *Alder,* die Strafzumessung, S. 145.

1186 Vergl. United States v. Watts, 117 S Ct 633 (1997). Vergl. *Dreher,* Kontrollirbarkeit, S. 196.

1187 Freed Daniel J. Federal Sentencing in the Wake of guidelines, 1713. Vergl. Alder, Strafzumessungsrichtlinien, S. 40

1188 *Trüg,* Lösungskonvergenzen, S. 183. *Alder,* die Strafzumessungsrichtlinien, S. 113.

verhalts beziehen, etwa das Herabsetzen der Menge der beschlagnahmten Betäubungsmittel oder der Höhe des Schadens. Die Parteien treffen also Vereinbarungen über Umstände und Hintergründe der Tat, die für die Strafzumessung bedeutsam sind. Erklärt sich der Beschuldigte bereit, dem Staatsanwalt mit einem partiellen Schuldbekenntnis entgegenzukommen, kann dieser im Gegenzug dem Bewährungshelfer (*probationofficer*) strafzumessungsrelevante negative Informationen vorenthalten oder derart „herunterspielen," dass diese nicht im Bewährungsbericht (*precentencereport*) erscheinen und deshalb dem Richter nicht zu Kenntnis gelangen.[1189]

VI. Kritik an der *plea bargaining*-Praxis

1. Probleme des plea bargaining

Die geläufige Praxis des *plea bargaining* hat von verschiedenen Seiten sowohl Zustimmung als auch Kritik erfahren.[1190]

Es gibt Stimmen in der Literatur, die das *plea bargaining* grundsätzlich für eine rechtmäßige, vernünftige und effiziente Art der Strafrechtspflege halten.[1191]

Als Rechtfertigung für das *plea bargaining* werden von Befürwortern üblicherweise prozessökonomische Gründe vorgebracht: die Zahl der Strafverfahren mit Hauptverhandlung soll reduziert und somit der Andrang auf die Gerichte verringert und die Effektivität gefördert werden. Ohne dieses Institut würden die Gerichte unter der großen Menge von Verfahren zusammenbrechen. Außerdem sei das *plea*-Strafverfahren schnell, billig und wenig aufwendig. *Plea bargaining* wird daher oft als unverzichtbarer Bestandteil eines funktionierenden Strafrechts bezeichnet.[1192] Aber selbst diejenigen, die das *plea bargaining* verteidigen, behandeln es eher als ein notwendiges Übel als eine Errungenschaft.[1193] Die Bedenken dieser Befürworter gründen sich darauf, dass durch eine zu laxe Handhabung Freiheitsrechte der Angeklagten beeinträchtigt werden könnten.[1194] Dem soll durch strenge prozessuale Anforderungen vorgebeugt werden. Es wird vor allem die Sicherstellung der Freiwilligkeit des *guilty plea* verlangt.[1195]

Als weitere Anforderung wird das Recht des Angeklagten genannt, vor Abgabe des *guilty plea* einen Anwalt hinzuziehen.[1196] Außerdem wird gefordert, dass die

---

1189 *Trüg*, Lösungskonvergenzen, S. 183. *Alder*, die Strafzumessungsrichtlinien, S. 113.

1190 Vergl.*Dielmann*, GA 1981, S. 559.

1191 Vergl. *Dielmann*, GA 1981, S. 566.

1192 *Massaro*, StV 1989, 455. *Schulhofer*, Is Plea Bargaining Inevitable, Harvared Law Review (Bd. 97) 1984, S. 1037. *Dielmann*, GA 1981, 566.

1193 Vergl. *Damaska*, StV, 1988, 400.

1194 Vergl. *Dielmann*, GA 1981, 566. Heumann: Plea Bargaining:Experience of Prosecutors, Judges and Defence Attorneys, Chicago University Press 1978.

1195 Vergl. *Dielmann*, GA 1981, S.566. Church, In Defence of Bargain Justice, Law & Society Rev.vol. 13 no. 2, 1979, S. 509.

1196 Cox v. Burke, Court of Appeals, 7th Circuit, 361 F. 2d 183. Wenn der Angeklagte auf einen Anwalt verzichtet, so muss feststehen, dass er den Strafvorwurf versteht, das er

Verteidigung und die Staatsanwaltschaft gleichermaßen Zugang zu den vorliegenden Beweismitteln bekommen. Die dahinter stehende Vorstellung ist, dass der Angeklagte kein freiwilliges *guilty plea* abgeben kann, wenn er befürchten muss, dass die Staatsanwaltschaft weitere Beweise gegen ihn hat. Außerdem könne die Strafverfolgungsbehörde selbst wenn sie keine oder nur schwache Beweise gegen den Beschuldigten habe, diesen zur Abgabe eines *guilty plea* veranlassen.[1197]

2. Radikalere Kritiker

Gegner des *plea bargaining* ziehen die Rechtsmäßigkeit generell in Zweifel. Für sie ist das *plea*-Verfahren keine Abkürzung auf dem Weg zu Gerechtigkeit, sondern ein Irrweg.[1198] Dem p*lea bargaining* werden im Wesentlichen folgende Kritikpunkte vorgehalten:

a. Zwang zur Abgabe eines *guilty plea*

Die Kritiker sehen den Angeklagten bei der derzeitigen *plea bargaining*-Praxis in einer bedenklichen Zwangslage. Das *plea bargaining* setze in ihrer derzeitigen Form eine Übereinkunft zwischen der Staatsanwaltschaft und dem Angeklagten (bzw. dessen Verteidiger) voraus, nach der der Angeklagte für die Abgabe eines Schuldbekenntnisses eine bestimmte Gegenleistung erwarten kann.[1199] Diese Gegenleistung kann in verschiedenen Vergünstigungen für den Angeklagten bestehen, z. B. das Versprechen, nicht die Höchststrafe, sondern eine geringere Strafe zu beantragen oder das Versprechen, eine weniger schwere Tat zur Anklage zu bringen oder bestimmte weitere Straftaten gar nicht zur Anklage zu bringen. Bereits die Möglichkeit des Aushandelns eines Strafnachlasses oder anderer Vorteile bedeutet für die Kritiker ein unzulässiger Zwang zur Abgabe eines *guilty plea*: Der Angeklagte werde ohne Schuldnachweis aus rein prozessökonomischen oder prozesstaktischen Gründen dazu verleitet, eine geringere Strafe zu akzeptieren und wegen des Risikos einer härteren Bestrafung auf die Chance eines Freispruches nach einer streitigen Hauptverhandlung zu verzichten.[1200]

b. Verstoß gegen den Gleichheitsgrundsatz

Beim p*lea bargaining* wird als Problem die mögliche Ungleichheit gesehen bei der Rechtsanwendung und Strafzumessung gegenüber den sich schuldig Bekennenden einerseits und gegenüber denjenigen anderseits, die sich für eine *guilty plea* und eine Aburteilung durch eine *Jury* entscheiden. [1201]

über die Höhe einer möglichen Strafe unterrichtet ist und das er von seinen Rechten Kenntnis hat.

1197 Church, In Defence of Bargain Justice, Law & Society Rev.vol. 13 no. 2, 1979. S. 509 ff.

1198 *Dielmann,* GA 1981, 568. Kipnis Kenneth, plea bargaining-A Critic's Rejoinder, Law &Society Rev.vol.13, 1978, S. 555.

1199 Verg. *Dielmann,* GA 1981, 560.

1200 *Alschuler,* 69 Cal.L.Rev.(1981), 652 ff. *Schulhofer*, 97 *Harv.L.Rev*. (1984), 1037. *Dielmann*, GA 1981, 566ff. *Bickel*, das förmliche Geständnis, S. 128.

1201 Vergl. *Dreher*, Kontrollirbarkeit, S. 228.

Die Kritiker sind der Meinung, dass diejenigen Angeklagten, die ihr verfassungsmäßiges Recht auf eine Hauptverhandlung in Anspruch nehmen, strengere Strafen erhalten als jene, die sich auf einen Handel einlassen und dass dadurch der auch in den USA geltende Gleichheitssatz verletzt werde.[1202]
Es wird diesbezüglich vorgebracht, dass zwei Straftäter, die dieselbe Straftat begangen haben, aus Gründen, die nach den gesetzlichen Regeln des Strafrechts nicht zu rechtfertigen sind, ganz unterschiedliche Strafen bekommen könnten. So würden zum Beispiel ärmere Beschuldigte und Angehörige von ethnischen Minderheiten oder Beschuldigte, die einen nicht so angesehenen Verteidiger haben, viel weniger günstige Absprachen angeboten bekommen als reiche, weiße Beschuldigte, die von angesehenen Verteidigern vertreten werden.[1203] Die Risiken von Ungleichbehandlungen innerhalb der Gruppe der sich schuldig bekennenden Angeklagten sind mit folgenden Charakteristika des *plea bargaining* verbunden:
Der Staatsanwalt verfügt über ein weitreichendes Ermessen bei gleichzeitigem Fehlen eines Rechtanspruchs des Beschuldigten auf *plea*–Verhandlungen. Dadurch kann der Ankläger unterschiedlichste Anforderungen mit dem zu erbringenden *guilty plea* verknüpfen und ist auf diese Weise auch in der Lage, das Strafmaß ganz entscheidend zu beeinflussen.[1204]
Außerdem besteht wegen der fehlenden Beteiligung des Gerichts bei den *plea bargaining*-Verhandlungen keine richterliche Kontrolle. Es können rechtlich identisch gelagerte Fälle unterschiedlichen Sanktionsangeboten der Staatsanwaltschaft unterliegen, nur weil das Angebot zum *guilty plea* zu einem späteren – und damit für die Staatsanwaltschaft ungünstigeren - Zeitpunkt gemacht wurde. Eine ungleiche Handhabung gleichartiger Fälle wird auch begünstigt durch die Abhängigkeit des Beschuldigten von der Qualität und insbesondere dem Ruf seines Verteidigers.[1205]
Ferner kann sich auch das Verhandlungsgeschick der Verteidigung direkt auf die Verhandlungsergebnis auswirken.

c. Verstoß gegen die Unschuldsvermutung

Plea bargaining ist aus der Sicht der Kritiker nichts anderes als eine institutionalisierte und systematische Verletzung der Unschuldsvermutung, wonach der Angeklagte so lange als unschuldig zu gelten hat, bis seine Schuld gerichtlich erwie-

---

1202 *Dielmann,* GA 1981, S. 568. *Kremer,* Absprachen, S. 246. *Dreher,* Kontrollierbarkeit, S. 228:Bemüht man sich vereinzelt um eine Rechtfertigung der Strafmaßdivergenzen durch gründlichere Detailkenntnisse des Tathergangs, der vor einer Jury minuziös ausgebreitet wird, wie dies in einem summarischen guilty plea-Verfahren nicht möglich ist, befremdet die ebenso gängige wie unkaschierte Überzeugung, die Entscheidung des Beschuldigten für ein Jury - Verfahrens sei strafschwerend zu berücksichtigen, sofern sich dies nach Ermessen des Gerichts als unnötig kosten - und zeitaufwändig erweist

1203 Vergl. *Massaro,* StV 1989, 455.

1204 *Dreher,* Kontrollirbarkeit, S.329. *Weigend,* Absprachen, S. 58. *Moldenhauer*, Eine Verfahrensordnung, S. 108.

1205 *Dreher*, Kontrollirbarkeit, S.329. *Weigend,* Absprachen, S. 58. *Moldenhauer* Eine Verfahrensordnung, S. 108.

sen ist (*presumption of inocence*).[1206] Zur Begründung wird ausgeführt, dass alle Beteiligten schon zu Beginn des Verfahrens von der Schuld des Angeklagten ausgehen, indem ihm unter Verzicht auf seine verfassungsrechtlich garantierten Rechte ein günstiges Strafmaß angeboten wird.[1207]

Ohne Zweifel erhöhen die im *plea bargaining* geschaffenen Anreize die Chancen, dass auch Unschuldige verurteilt werden.[1208] Besonders in Fällen einer unzureichenden Beweislage, in denen die Wahrscheinlichkeit einer Verurteilung relative gering erscheint, ist der Ankläger oftmals bereit, dem Beschuldigten einen Straferlass oder Strafmilderungen anzubieten. In der Regel erhalten grade die Beschuldigten mit den besten Chancen auf einen Freispruch die günstigeren *plea*-Angebote. In diesen Fällen ist der Beschuldigte somit einem sehr großen Druck des Staates ausgesetzt, das Hauptverfahren mit ungewissem Ausgang zu vermeiden, zumal die Wahl eines Jury-Verfahrens keineswegs einen Freispruch bedeuten muss. Darüber hinaus mag ein unschuldiger Beschuldigter dem Druck, sich als Gegenleistung für eine leichtere Anklage schuldig zu bekennen, auch deshalb nachgeben, weil er einen negativen Ausgang des Verfahrens befürchtet und weil er nicht das Risiko eingehen will, ein Fehlurteil zu bekommen.[1209] Die Folge dieser Praxis ist, dass auch der unschuldige Angeklagte demselben Druck zur Abgabe eines *guilty plea* ausgesetzt wird wie der Schuldige.[1210]

Die Praxis bestätigt, dass sich unschuldige Angeklagte schuldig bekennen, wie z. B. im Fall von Kerry Sanders. Er litt unter Paranoia und befand sich in der Klinik zur Behandlung. Nach der Behandlung landete er in New York auf der Straße. Er wurde von der Polizei festgenomen, weil er unerlaubt auf dem Gelände des Medizinischen Centers USC auf der Bank geschlafen hat. Die Überprüfung der Personalien ergab, dass ein Haftbefehl besteht, da der Mann unter dem Namen Robert Sanders aus der New Yorker Gefängnis ausgebrochen war, wo er eine Strafe wegen versuchten Totschlags verbüßte. Es wurde festgestellt, dass der Mann denselben Geburtstag hatte und derselben Rasse angehörte wie Kerry Sanders. Niemand hatte auf Grund der Bilder oder der Fingerabdrücke gemerkt, dass die festgenommene Person nicht mit der aus dem Gefängnis flüchtigen identisch war. Der Staatsanwalt hat ihn wegen des Ausbruchs aus dem Gefängnis angeklagt und als Gegenleistung für sein Geständnis eine mildere Strafe angeboten. Das *plea bargaining* wurde vom Gericht akzeptiert und Kerry Sanders wurde verurteilt. Er verbrachte zwei Jahre im Gefängnis, bis der wahre Robert Sanders verhaftet wurde.[1211]

1206 *Weigend,* Absprachen, S. 68.

1207 *Weigend,* Absprachen, S. 68. *Kremer,* Absprachen, S. 246.

1208 *Dreher,* Kontrollirbarkeit, S. 228.

1209 Vergl. *Dreher,* Kontrollirbakeit, S. 220. *Massaro,* StV, 1989, S. 457. *Alschuler,* The Prosecuters's Role in Plea bargaining, Chicago Law Reviw (Bd.36), 1968, 50, 52, 55, 60.

1210 *Kremer,* Absprachen,S. 247.*Weigend,* Absprachen, S. 69.

1211 *Weiser,* My Name is not Robert, New York Times 2000, http://www.truthinjustice.org/wrongman.htmpages. *Kobor,* Bargaining, S, 92.

Am Beispiel dieser Entscheidung wird deutlich, dass es bei der Durchführung des *plea bargaining* nicht um die Ermittlung von Schuld oder Unschuld geht, sondern nur um die schnelle und unkomplizierte Erledigung des Strafverfahrens. Dass die Effizienz auf Kosten materiell richtiger Ergebnisse erreicht wird, nimmt die amerikanische Praxis in Kauf.[1212]

d. Verlagerung richterlicher Funktionen auf den Staatsanwalt

Im Mittelpunkt der Kritik steht die Rolle der Staatsanwälte. Dem *plea bargaining* wird vorgeworfen, es verlagere die richterliche Aufgaben der Schuldfeststellung und der Strafzumessung auf die Staatsanwaltschaft.[1213]
Der amerikanische Staatsanwalt entscheidet nicht nur über die Erhebung einer Anklage, sondern auch darüber, ob überhaupt um ein *guilty plea* verhandelt wird und welche Bedingungen solchen Verhandlungen zugrunde liegen. Als Beispiel kann man die staatsanwaltschaftliche Praxis des *overrecomending* oder des *overcharging* nennen, in der die Staatsanwaltschaft bewusst ein besonders hohes Strafmaß beantragt oder eine zu umfassende Anklage einreicht, damit sie eine bessere Verhandlungsbasis hat.[1214] Das alles zeigt, dass der Staatsanwalt im *plea*-Verfahren eine starke Position inne hat,[1215] die mit der Einführung der Strafzumessungsrichtlinien noch verstärkt wurde. Die Strafzumessung erfolgt danach einheitlich und vorhersehbar auf der Basis von Täter- und Tatkategorien, die in den *guidlines* niedergelegt wurden. Die *plea bargaining*-Entscheidungen des Staatsanwaltes können aber diese Kategorien determinieren. Während Richter nach Maßgabe der USSC das Strafmaß auf die Straftat zuschneiden, kann der Staatsanwalt die vermutete Straftat auf das gewünschte Strafmaß zuschneiden.[1216]
Die Stellung der Staatsanwaltschaft kann mit der eines Monopolisten verglichen werden.[1217] Der Staatsanwalt bestimmt nicht nur, wer wegen welcher Delikte angeklagt wird, sondern er kann darüber hinaus in seiner Anklage strafschärfenden oder -mildernden Begleitumstände einer Tat derart hervorheben, dass eine Verlängerung bzw. Verkürzung der endgültigen Strafe um mehrere Jahre die Folge ist. Der Staatsanwalt kann durch *charge bargaining* und *sentence bargaining* das Strafmaß derart nachhaltig beeinflussen, dass er im Laufe der Zeit zusätzlich zu seiner einflussreichen Stellung als Ankläger noch diejenige einer faktischen Strafzumessungsinstanz eingenommen hat.[1218] Es wird kritisiert, dass die Gerichte das Strafmaß und damit auch die Staatsanwälte nicht länger kontrollierten. Es

---

1212 *Weigend,* Absprachen, s. 70. *Kramer,* Absprachen, S. 248.

1213 *Schuman,* der Handel mit der Gerechtigkeit, S. 187. *Moldenhauer,* eine Verfahrensordnung, S. 108. *Kremer*, Absprachen, S. S. 250. Weigend, Absprachen, S. 57.

1214 *Moldenhauer*, eine Verfahrensordnung, S.108.

1215 *Dreher,* Kontrollirbakeit, S. 142. *Kobor,* bargaining, S. 83.

1216 Vergl. *Alder,* die Strafzumessungsrichtlinien, S. 133. *Schulhofer/Nagel,* Plea Bargaining,1991-2.

1217 Vergl. *Alder,* die Strafzumessungsrichtlinien, S. 132. *Standen,* plea bargaining, California law Review, 1472-1532, 1993.

1218 *Dreher,* Kontrollirbarkeit, S. 153.

sei vielmehr umgekehrt: beim *plea bargaining* kontrollierten die Staatsanwälte das Strafmaß und damit auch die Richter.[1219] Als Ursache dafür wird die Ersetzung richterlichen Strafzumessungsermessens durch *guidelines* genannt, die das Ermessen der Richter faktisch beseitigt habe.[1220]
Dazu kommt, dass in den letzten Jahrzehnten der Kongress verschiedene Gesetze verabschiedet hat, durch die die Macht der Staatsanwaltschaft gewachsen ist. Hier wird als Beispiel das so genannte *„Feeney Amedgment"* von 2003 genannt. Nach dieser Gesetzes- Änderung erhalten grundsätzlich die Angeklagten, die den Behörden bei anderen Strafverfolgungen wesentlich helfen (z. B. durch Lieferung von relevanter Informationen), eine massive Strafreduktion. Dabei ist es möglich, die gesetzliche Mindeststrafe zu zu unterschreiten. Der kooperative Angeklagte kommt jedoch nur dann in den Genuss eines milderen Urteils, wenn der Staatsanwalt den entsprechenden Antrag stellt (*substantial assistens motion*). Ohne diesen Antrag ist das Gericht nicht befugt, von den *Guidelines* abzuweichen.[1221] Damit wird das Ermessen des Staatsanwaltes im Vergleich zu der gerichtlichen Entscheidungsbefugnis massiv erhöht, da er nun durch seinen Antrag das Mindeststrafmass festlegen kann.
Ein weiteres Beispiel für den Machtzuwachs der Staatsanwaltschaft ist die Gesetzgebung zur Bekämpfung des Terrororismus (*war on terror legislation*) die nach dem Anschlag auf das World Trade Center am 11. September 2001 verabschiedet wurde. Diese Gesetzgebung ermächtigte das *US American Department of Defense* und andere untergeordnete administrative Organe zur wesentlichen Einschränkung der Verfassungsrechte so genannter *enemy combatants*. Der Begriff *enemy combatant* wird spezifisch für Angehörige und Unterstützer von al Qaida und Taliban verwendet. Diese Personen wurden interniert in Lagern und Gefängnissen, von denen Guantanamo und Abu Ghraib die bekanntesten sind. Die US-Regierung argumentierte, dass Guantanamo außerhalb der Gerichtsbarkeit der Bundesgerichte liege und damit Anträge auf *habeas corpus*-Überprüfung unzulässig wären. Eine größere Anzahl mutmaßlicher Terroristen wurde in normalen Strafverfahren abgeurteilt. Diese Beschuldigten waren bereit, mit den staatlichen Behörden zu kooperieren, da sie andernfalls ebenfalls als *enemy combantant* eingestuft und ohne Rechte im Militärgewahrsam eingesperrt worden wären.
Zwar besitzt die Staatsanwaltschaft selbst nicht die Kompetenz zur Anordnung der Internierung, sondern agierte als Mittelsmann des Verteidigungsministeriums. Die Botschaft war an den Beschuldigten war dennoch klar: Entweder du bekennst dich schuldig oder du wirst auf unbestimmte Zeit im Militärgewahrsam eingesperrt. Das Druckmittel der Einstufung als *enemy combatant* hat sich damit zum Damoklesschwert entwickelt, das über jedem Beschuldigten in Strafverfah-

---

1219 Vergl. *Alder,* Die Strafzumeßung, S. 133. *Standen,* plea bargaining, California Law Review 1472- 1538, (Dezember 1993)

1220 Vergl. *Alder,* Die Strafzumessung.S. 133.

1221 U.S.S.G. § 5K1.1 Substantial assistence to Authoritis (Policy Statement). Vergl. *Alder,* Die Strafzumessung, S. 153.

ren mit Terrorismusbezug schwebt.[1222] Die Einstufung als *enemy combatant* zeigt, wie diese Möglichkeit von der Staatsanwaltschaft ausgenutzt wurde, um den Angeklagten zur Kooperation und vor allem zu einem *plea bargaining* zu zwingen.[1223]

Zusammenfassend lässt sich sagen: Die Staatsanwaltschaft eignet sich im *plea*Verfahren richterliche Funktionen an, in dem sie wesentlich die Festlegung des Strafmaßes beeinflusst. Die Funktion der am *plea bargaining* Beteiligten ist deshalb nicht vergleichbar mit der Rolle des Staatsanwalts und des Verteidigers im deutschen Strafprozess z. B. bei der Einstellung des Verfahrens nach den §§ 153 ff. StPO. Eine Einstellung kommt danach nur in einer ganz begrenzten Anzahl von Fällen in Betracht, nämlich dann, wenn die Voraussetzungen der §§ 153 ff. StPO vorliegen. Außerdem folgt der Verfahrenseinstellung keine Verurteilung, so dass Staatsanwalt und Verteidiger keine richterlichen Rechte reklamieren.[1224]

e. Schwache Position der Verteidigung

Angesichts der oben dargestellten überlegenen Stellung der Staatsanwaltschaft hat die Verteidigung nur wenig Gegenmittel.[1225] Der Verteidiger kann zum Beispiel auf der Durchführung einer Hauptsverhandlung beharren, wenn die Staatsanwaltschaft das *plea bargaining* anbietet.[1226] Außerdem könnte der Verteidiger durch Anträge versuchen, *prea trial*-Verhandlungen zu vertagen. Vertagungen und Verzögerungen des Verfahrens schwächen gewöhnlich die Positionen der Staatsanwaltschaft, weil die Zeugen dann möglicherweise nicht mehr erscheinen oder deren Erinnerungen beinträchtig sind.[1227]

Das Dilemma des Verteidigers liegt dabei aber insbesondere in der Ungewissheit des Verfahrensausgangs: Falls sein Mandant mit einem Freispruch rechnen kann, ist es nicht vorteilhaft, ein *plea bargaining* anzunehmen, aber auf der anderen Seite kann die Ablehnung eines Angebots fatale Folgen haben, wenn der Angeklagte in einer Hauptverhandlung schuldig gesprochen und zu einer wesentlich höheren Strafe verurteilt wird.[1228] Es ist außerdem zu befürchten, dass der Verteidiger sich leichtfertig auf *plea*-Verhandlungen einlässt anstatt im Interesse des Mandaten einen Fall durchzukämpfen, weil er so Zeit spart indem er ohne Vorbereitung und Durchführung der Hauptverhandlung den Fall im Zimmer des Staatsanwalts löst und bei erfolgreichem *plea bargaining* seinem Mandaten dennoch ein gutes Ergebnis präsentieren kann.[1229]

1222 *Meyer*, plea Bargaining im Krieg gegen Terror, 5 HRRS, S. 178 ff.

1223 *Meyer*, plea Bargaining im Krieg gegen Terror, 5 HRRS, S. 178 ff.

1224 *Dielmann*, GA, 1981, S. 564

1225 *Alschuler*, Defense's Role in plea bargaining, 84 Yale L. Rev. 1179 at 1179 et seq. 1975. Vergl. *Kobor*, Bargaining, S. 88.

1226 *Cole&Smith*, Criminal Justice, 206 et seq. *Kobor*, Bargaining, S. 88.

1227 Vergl. *Kobor*, Bargaining, S,88.

1228 *Weigend*, Absprache, S. 44.

1229 *Dielman*, GA, 1981, S.569. *Weigend* ,Absprachen, S. 45. *Kobor*, Bargaining, S. 88.

f.Verstoß gegen Freiwilligkeit

Wie schon dargestellt wird *plea bargaining* definiert als eine Übereinkunft zwischen der Staatsanwaltschaft und dem Angeklagten und dessen Verteidiger dahingehend, dass der Angeklagte für die Abgabe des *guilty plea* irgendeine Gegenleistung erwarten kann.[1230] Diese Gegenleistung kann in verschiedener Weise erfolgen, wie z. B. in Form des Versprechens der Staatsanwaltschaft, nicht die Höchststrafe, sondern eine für den Angeklagten günstige Strafe zu beantragen oder eine weniger schwere Tat zur Anklage zu bringen und die anderen Straftaten nicht anzuklagen. Bereits diese Möglichkeit des Aushandelns eines Strafrabatts oder anderer Strafvorteile wird von Kritikern als unzulässiger Zwang zur Abgabe eines *guilty plea* beurteilt. Der Angeklagte werde ohne Schuldnachweis aus rein prozeßökonomischen oder prozesstaktischen Gründen dazu verleitet, eine geringere Strafe zu akzeptieren und auf die Chance eines Freispruches wegen des Risikos einer härteren Strafe nach einer Hauptverhandlung zu verzichten.[1231]

g. Verletzung des kontradiktorischen Verfahrens

Das anglo-amerikanische Recht beruht auf der Prämisse, dass Wahrheit und Gerechtigkeit durch offenen Wettkampf der Meinungen, durch Infragestellung und Überprüfung jeder Position durch den Vertreter der Gegenpositionen gefördert würden - das so genannte *adversary principle.*[1232] An die Stelle dieses Prinzips, wonach die Wahrheit und die Rechtfertigung der Bestrafung vor Gericht durch einen Wettkampf zwischen den Parteien gefunden wird, tritt das *plea bargaining*-Verfahren, ein heimliches Aushandeln, mit dem man eine kontradiktorische Verhandlung gerade vermeidet.[1233] Dem wird jedoch entgegengehalten, dass durch das *plea bargaining* der Wettkampf lediglich vorverlagert werde[1234]

Dritter Teil

C. Die prozessuale Absprache im georgischen Strafprozess

I. Geschichte der neuen georgischen Strafprozessordnung

1. Darstellung der alten und der neuen georgische Strafprozessordnung

a. Die alte Strafprozessordnung

Zunächst soll der Weg zur neuen georgischen Strafprozessordnung und dabei insbesondere die Entstehung der prozessualen Absprache aufgezeigt werden. Es geht

1230 Verg. Dielmann, GA 1981, 560.

1231 *Alschuler,* 69 Cal.L.Rev.(1981), 652 ff. *Schulhofer,* 97 Harv.L.Rev. (1984), 1037. *Dielmann,* GA 1981, 566ff. *Bickel,* das förmliche Geständnis, S. 128.

1232 Vergl. *Weigend,* Absprachen, S. 56. *Moldenhauer,* eine Verfahrensordnung, S. 107.

1233 Vergl. *Weigend,* Absprachen, S. 56. *Moldenhauer,* eine Verfahrensordnung, S. 107.

1234 Vergl. *Weigend,* Absprachen, S. 56. *Moldenhauer,* eine Verfahrensordnung, S. 107.

also um die Entwicklung des georgischen Strafverfahrensrechts nach dem Zusammenbruch der Sowjetunion.

Mit dem Zusammenbruch der Sowjetunion hatte sich das Postulat einer auf Kollektivität und zentralen Wirtschaftsverwaltung abzielenden Ordnung von Recht, Politik und Gesellschaft aufgelöst. Das entstandene Vakuum sollte möglichst schnell durch neue politische Zielsetzungen und konkreten Ordnungsvorstellungen ausgefüllt werden. Vorbild war ein Rechts- und Gerichtssystem, das demokratischen, rechtsstaatlichen und marktwirtschaftlichen Prinzipien entspricht. Die politisch Verantwortlichen hatten die Entscheidung getroffen, Georgien enger an Europa zu binden. Das Transformationsland versuchte, die rechtlichen Grundlagen aus anderen Rechtsordnungen zu übernehmen. Zur Auswahl stand auf der einen Seite das US-amerikanische Rechtssystem und auf der anderen Seite die kontinental-europäischen Rechtsordnungen. Die georgische Rechtstradition sprach für den europäischen Ansatz.[1235]
Im Folgenden wird dargestellt, welches strafverfahrensrechtliche System bis zu diesem Zeitpunkt in Georgien herrschte und welche Gemeinsamkeiten es mit dem kontinental-europäischen Verfahrensrecht hatte.
Georgien war von 1921 bis 1991 Bestandteil der Sowjetunion. Seit Ende der 1950er Jahre wurde der Strafprozess durch ein sowjetisches Bundesrahmengesetz geregelt; darüber hinaus gab es spezielle Gesetze in den einzelnen Republiken. Diese Republikgesetze unterschieden sich allerdings nur unwesentlich: In der zentralistisch organisierten UdSSR blieb für ein selbstständiges Rechtsystem in den einzelnen Republiken keinen Raum. Inhaltlich war das sowjetische Strafverfahrenssystem dem vorrevolutionären französischen Verfahrensrecht nachgebildet. Entsprechend der Bundessverfassung hattendie ordentlichen Gerichte das Rechtsprechungsmonopol. In den Republiken war ein dreistufiger Gerichtsaufbau vorgesehen: Auf der örtlichen Ebene waren die *Volksgerichte* zuständig, auf der Mittelstufe gab es *Gebietsgerichte* o. ä., während die *OberstenGerichte* für die jeweilige Republik zuständig waren. Über allen stand das *Oberste Gericht* der UdSSR, welches die Bundesgerichtsbarkeit ausübte. Im Übrigen gab es keine Appellationsgerichte und demgemäß keine Appellationsbeschwerde. Zudem kannte weder die Sowjetverfassung noch das sowjetische Strafverfahrensrecht ein Recht auf den „gesetzlichen Richter".
Die Staatsanwaltschaftwar nach altem vorrevolutionärem französischem Vorbild zur Beaufsichtigung der Einhaltung der Gesetze im Allgemeinen sowohl durch die gesamte Staatsverwaltung und als auch durch alle Bürger berufen. Die Strafverfolgung bildete also nur einen Teil ihrer Tätigkeit und wurde auch als Aus-

1235 Vergl. *Krauss*, Strafprozessrecht und Probleme des Strafverfahrens in Staaten des Umbruchs, S.255-256: Georgien hat keine Tradition einer dezentralisierten Entscheidungsfindung mit gewählten Entscheidungsträgern vor Ort. Staatdessen hat Georgien -wie die kontinentaleuropäschen Staaten auch- im 18 Jahrhundert und später einen Staatsaparat mit einer Gerechtigkeitsbürokratie und vielen Beschäftigten des öffentlichen Dienstes aufgebaut.

übung der Aufsicht über Einzelpersonen und über die Gerichte verstanden. Für die allgemeinen Strafsachen hat die Staatsanwaltschaft ihre eigene Untersuchungsbehörde (Department). Die Untersuchungen wurden daneben auch durch die Kriminalpolizei durchgeführt. Für besondere Strafsachen (z. B. Staatsschutzsachen) gab es eigene Ermittlungs- und Untersuchungsbehörden (etwa die Untersuchungsbehörden beim KGB). Alle diese Organe wurden von der Staatsanwaltschaft beaufsichtigt, sie legten ihre Ermittlungsergebnisse der Staatsanwaltschaft zur Entscheidung über die Anklage vor. Die Staatsanwaltschaft traf auch die Entscheidung über die Verhängung von Untersuchungshaft; ein Richtervorbehalt für die Haftanordnung war nicht vorgesehen.

Die Rechtsanwaltschaft stellte in der Regel den Verteidiger. Das Recht auf Verteidigung begann erst mit dem formellen Ende der Voruntersuchung. Die Mitwirkung eines Verteidigers im Ermittlungsverfahren war grundsätzlich ausgeschlossen; nach dem Ermessen der Staatsanwaltschaft konnte allerdings ein Verteidiger bereits in diesem Verfahrensstadium zugelassen werden.

Die Einleitung des Prozesses folgte französischem Vorbild und wurde vom Legalitätsprinzip beherrscht. Es gab zwei Stadien der Untersuchung: das Ermittlungsverfahren und die Voruntersuchung. Im ersten Stadium beschränkte sich die Polizei auf den ersten Zugriff und Beweissicherung, um die Sache der Untersuchungsbehörde zu übergeben. Die Voruntersuchung konnte auch ohne Ermittlungen von Amts wegen durch die staatanwaltliche Untersuchungsbehörde eingeleitet werden. Das gesamte Vorverfahren lief unter der Kontrolle der jederzeit eingriffsberechtigten Staatsanwaltschaft. Voruntersuchungen endeten mit der Einstellung des Verfahrens oder der Anklage. Die Anklageschrift wurde vom Ermittlungsbeamten verfasst und unterschrieben und vom Staatsanwalt bestätigt. Danach kam der Fall durch Übergabe an das Gericht ins Zwischenverfahren; nach dem Eröffnungsbeschluss folgte die Hauptverhandlung mit einem Berufsrichter und zwei Schöffen. Einziges Rechtsmittel gegen die Entscheidung dieses Gerichts war die Kassation.

Basierend auf kontinental-europäischen Vorbildern war der gesamte sowjetische Strafprozess von der Inquisitionsmaxime (Amtsermittlungsgrundsatz) beherrscht; außerdem galten so wichtige Grundsätze wie der Grundsatz der materiellen Wahrheit, die Unschuldsvermutung, das Recht auf Verteidigung, der Grundsatz der Öffentlichkeit der Hauptverhandlung, der Gerichtssprache der jeweiligen Republick und der Grundsatz der Gleichbehandlung aller Beschuldigten. Ob diese Grundprinzipien in der Praxis immer eingehalten wurden, ist fraglich. Das Legalitätsprinzip wurde z. B. häufig durchbrochen. So wurden Massendelikte wie Steuerhinterziehung, Warenumlenkung oder Korruption nur zeitweise und dann kampagnenartig verfolgt. Auch der aus dem Legalitätsprinzip folgende Gleichheitsgrundsatz wurde häufig verletzt: Es war für das sowjetische System charakteristisch, dass Parteimitglieder oder andere Mitglieder der Nomenklatura entweder besonders scharf oder gar nicht verfolgt wurden.

Dieses sowjetische Strafverfahrensrecht galt in Georgien auch noch nach dem Zerfall der Sowjetunion bis ins Jahre 1999 – allerdings mit vielen Veränderungen – weiter.

b. Zusammenfassende Betrachtung

Obwohl im Sowjetischen Strafverfahrenrecht einige rechtstaatliche Grundprinzipien verankert gewesen sind, etwa Unmittelbarkeit, Mündlichkeit, Gleichbehandlung und Unschuldsvermutung, blieben einige andere demokratische Prinzipien in diesem Recht unberücksichtigt. Nicht verankert war etwa das Prinzip, dass der Freiheitsentzug (Untersuchungshaft) sowie andere gravierende Einschränkungen der Grundrechte nur von einem Richter angeordnet werden können. Entsprechendes gilt in Bezug auf die Einschränkung einiger anderer Grundrechte während des Strafverfahrens ohne richterliche Beteiligung. Unzulänglichkeiten bei der Regelung der Rechtsmittel gegen Zwangsmaßnahmen, die Regelungen betreffend die Ablehnung von Beweisanträgen und die Grenzen der Verwertung von Beweisen begünstigten in extremer Weise den Missbrauch des Strafprozesses.[1236]
Die Unabhängigkeit der sowjetischen Justiz wurde häufig angezweifelt.[1237] Gefährdet war diese Unabhängigkeit vor allem durch die allein regierende kommunistische Partei. Die Einmischung des Apparats dieser Partei in die Tätigkeit der Justiz erfolgte nicht nur durch allgemeine Richtlinien, Wertungen und Direktiven, sondern häufig auch durch Anweisungen in konkreten Verfahren (sog. Telefonrecht) denen sich die Richter angesichts ihrer vielseitigen persönlichen Abhängigkeit von der Staatsverwaltung, welche wiederum von der „Partei" und deren Apparat angeleitet wurde, nur schwerlich entziehen konnten.[1238]

c. Die neue Strafprozessordnung Georgiens

Nach dem Zusammenbruch der Sowjetunion erklärte Georgien seine staatliche Unabhängigkeit und begann sofort damit, eine rechtsstaatliche Demokratie nach westlichem Vorbild aufzubauen. Mit Hilfe internationaler europäischer und US-amerikanischer Organisationen und Experten sollte eine neue, westlich orientierte Rechtsordnung entwickelt werden. Zur Verwirklichung eines international anerkannten Rechts- und Wirtschaftssystems ist Georgien allen grundlegenden internationalen Konventionen über die Verpflichtung zur Einhaltung der politischen, sozialen, wirtschaftlichen und individuelle Menschen- und Bürgerrechte beigetreten und hat später die entsprechenden Grundrechte in die neue Verfassung aufgenommen. Im Jahre 1993 setzte das Staatsoberhaupt Georgiens eine große staatliche Kommission für Rechtsreformen ein.[1239] Als erstes erarbeitet dieses Gremium den Entwurf einer neuen Verfassung Georgiens. Er war Grundlage für die

---

1236 Obwohl die StPO die Grundsätze der Unmittelbarkeit und Mündlichkeit postuliert, ist vom „V-Mann" sowenig die Rede wie von der Telefonüberwachungen, als ob es sie nicht gebe.
1237 Vgl. Finke, der Strafprozess, S. 101- 127
1238 *Mefarishvili*, Das Leben und das Gesetz, S. 45
1239 *Mefarishvili,* Das Leben und das Gesetz, S. 45.

spätere Verfassung, die das georgische Parlament im Jahre 1995 verabschiedete. Die Verfassung bekennt sich ausdrücklich zu den grundlegenden Rechtsstaatprinzipien wie Gewaltenteilung, Gesetzmäßigkeit der Verwaltung, Gewährleistung der Menschenrechte und Grundfreiheiten, Anerkennung privaten Eigentums und Unabhängigkeit der Justiz. Die neue Verfassung zwang den einfachen Gesetzgeber, die bestehenden Gesetze an die neuen Verfassungsnormen anzupassen; dieser Anpassungsprozess betraf auch das Strafverfahren. Zu diesem Zweck wurden Unterkommissionen für die Überprüfung der verschiedenen Rechtsgebiete gebildet: Eine dieser Unterkommission hatte die Aufgabe, das Strafgesetzbuch und die Strafprozessordnung an die veränderte Verfassungslage anzupassen. Im Mai 1999 verabschiedete das georgische Parlament den von der Unterkommission erarbeiteten Entwurf einer neuen Strafprozessordnung. Ihre Grundprinzipien lehnen sich stark an das kontinental-europäische Strafverfahrensrecht an: Sie bekennt sich zum Anklageprinzip, verlangt die Durchführung der Hauptverhandlung unter den Maximen der Amtsaufklärung, schreibt ihre Unmittelbarkeit, Mündlichkeit und Öffentlichkeit vor und bestimmt das Prinzip der freien Beweiswürdigung. Das von inquisitorischen Vorstellungen geprägte Verfahrensmodell geriet allerdings durch kontradiktorische und konsensuale Verfahrensformen in einen inneren Widerspruch. Bereits in den ersten sieben Monaten nach dem Inkrafttreten kam es zu zahlreichen Änderungen. Zwei Jahre später bestand Einigkeit darüber, dass das georgische Strafverfahren grundlegend neu geregelt werden sollte.[1240] Zu diesem Zweck berief die Regierungskommission zur Reform des Strafverfahrensrechts im Jahre 2001 zahlreiche Fachjuristen aus Deutschland, den Niederlanden, England und den Vereinigten Staaten, die zusammen mit georgischen Juristen eine neue Strafprozessordnung für Georgien entwerfen sollten. Tatsächlich kam ein geschlossenes Regelwerk zustande, das sich in wesentlichen Teilen eng an die deutsche, österreichische und schweizerische Strafprozessordnung anlehnte. Der Entwurf kam jedoch nicht bis ins Gesetzgebungsverfahren, weil die neue Regierung nach dem Regierungswechsel im Jahre 2003 ein anderes Strafverfahrensmodell anstrebte. In der Folgezeit wurden zahlreiche Änderungen in die alte Strafprozessordnung aufgenommen, ohne diese insgesamt zu überarbeiten. Im Rahmen dieser Änderungen fand auch die prozessuale Absprache als eine Variante der verschiedenen konsesualen Möglichkeiten der Verfahrenserledigung Eingang in die georgische Strafprozessordnung.

Bevor auf die gesetzliche Regelung der prozessualen Absprache eingegegangen wird, ist es unerlässlich, zuvor einen kurzen Überblick über die verfassungsrecht-

1240 Der erste Grund dafür war, dass die neue georgische Strafprozessordnung von dem angesehenen russischen Kollegen entworfen worden, der seine Vorschläge zwar nach besten Kräften an den freiheitlichen Vorgaben der EMRK ausgerichtet und auch andere modernen Änderungen gerecht zu werden versucht hatte, der aber doch die Grundkonzeption und vor allem die Gesetzgebungstechnik der ehemaligen Sowjetunion beibehalten hatte. Außerdem die allgemeine Kritik ging es darum dass das Gesetz sei unklar, widerspruchsvoll, insgesamt schwer verständlich und unpraktikabel. Vergl. *Krauss,* Strafprozessrecht und Probleme des Strafverfahrens in Staaten des Umbruchs, S.255-256.

lichen und strafprozessualen Grundsätze des georgischen Strafprozesses zu geben.

2. Grundsätze des Strafprozesses in der Verfassung Georgiens

Am 24. August 1995 trat die georgische Verfassung in Kraft. Das war nach der Erklärung der Unabhängigkeit Georgiens der erste Schritt zu einer demokratischen Rechtsordnung. In diesem Bestreben verankerten die Verfassungsgeber wesentliche Garantien für das Strafverfahren. Die in der neuen Verfassung enthaltenen verfahrensrechtlichen Garantien bestimmen maßgeblich die Gesetzgebung und Rechtsanwendung.

Die das Strafverfahren betreffenden Verfassungsartikel regeln vor allem die Rechte des Bürgers bei staatlichen Eingriffen: So bedürfen freiheitsentziehende Maßnahmen einer richterlichen Anordnung; die Höchstdauer der Untersuchungshaft wird verfassungsrechtlich begrenzt.[1241] Auch Eingriffe in die Eigentums- und sonstigen Besitzrechte des Bürgers (Durchsuchungen und Beschlagnahmen) stehen unter richterlichem Vorbehalt.[1242] Verfassungsrang erlangten das Prinzip des gesetzlichen Richters, das Recht auf Verteidigung, die Unschuldsvermutung und das Privileg des Beschuldigten, nicht gegen sich selbst aussagen oder sich selbst belasten zu müssen (*nemo tenetur*-Grundsatz). Auch das Verbot der Doppelverfolgung (*ne bis in idem*) sowie das Verbot der Verwertung gesetzwidrig erlangter Beweismittel ist ausdrücklich in der Verfassung verankert Bemerkenswert ist auch die Aufnahme einfacher Verfahrensregelungen in die Verfassung wie das Recht des Angeklagten, die Vorladung und Vernehmung der von ihm benannten Zeugen unter denselben Bedingungen durchzuführen, unter denen der Staatsanwalt die Zeugen der Anklage einvernimmt. Diese Regelung folgt aus der allgemeinen Verfassungsnorm, die für Georgien einen kontradiktorischen Strafprozess vorschreibt.[1243] Daneben erlangen allgemeine Verfahrensgrundsätze wie der Gleichheits-, der Öffentlichkeits- und der Mündlichkeitsgrundsatz Verfassungsrang.[1244]

Die Einführung des Gleichstellungsgrundsatzes und die Festschreibung eines kontradiktorischen Strafverfahrens[1245] bedeutete die Abkehr vom dem streng inquisitorischen Verfahrenstyp der früheren, sowjetisch beeinflussten Verfahrensordnung; auf diese Weise fanden angloamerikanische Rechtvorstellungen Eingang in den georgischen Strafprozess. Gleichwohl verzichtete die neue Strafprozessordnung aber keineswegs auf inquisitorische Vorschriften.[1246] Dass dieses, aus inquisitorischen und kontradiktorischen Elementen geregelte Verfahren in der gerichtlichen Praxis zu Anwendungsschwierigkeiten führen kann, wird an anderer Stelle ausgeführt.

1241 Verfassung von Georgien Art 18 Abs. 6

1242 Verfassung von Georgien, Artikel 18, 20.

1243 Verfassung von Georgien, Artikel 42.

1244 Verfassung von Georgien, Artikel 85.

1245 Verfassung von Georgien, Artikel 85.

1246 z.B StPO Georgiens § 18, Grundsatz materielle Wahrheitserforschung

Die Regelung der kontradiktorischen Elemente in der Strafprozessordnung spielt eine wichtige Rolle für die Legitimierung der Absprache. Denn in eine rein inquisitorisch geregelte Verfahrensordnung lassen sich Absprachen kaum einordnen.

II Diewesentliche Prozessstrukturen der StPO Georgiens

1. EinführungIn folgendem Abschnitt sollen die Strukturen der georgischen Strafprozessordnung dargestellt werden, soweit sie für die Einordnung der prozessualen Absprache von Bedeutung sind. Die Arbeit beschränkt sich auf die Darstellung der Grundprinzipien der kontradiktorischen Verfahrensgestaltung und der konsensualen Elemente des Verfahrens.

Im Mai 1999 verabschiedete das georgische Parlament den von der Unterkommission erarbeiteten Entwurf einer neuen Strafprozessordnung. Ihre Grundprinzipien lehnen sich stark an das kontinental-europäische Strafverfahrensrecht an.[1247] Sie enthält kontradiktorische, aber auch inquisitorische Verfahrensregeln und ist somit eine Mischform aus beiden Rechtsystemen. Im kontradiktorischen System muss der Sachverhalt durch die widerstreitenden Parteien und nicht durch das Gericht aufgeklärt werden. Dieses entscheidet über den ihm vorgetragenen Streit anhand der vor den Parteien präsentierten Beweismittel.[1248] Im modernen Inquisitionsverfahren herrscht das Amtsermittlungsprinzip, das im Ermittlungsverfahren der Staatsanwalt, in der Hauptverhandlung der Richter ausübt; den Beschuldigten trifft dagegen keinerlei Pflicht, sich an der Aufklärung zu beteiligen. Es liegt auf der Hand, dass die Prinzipien einander teilweise ausschließen. Das wird besonders bei der Beurteilung der Absprache deutlich: „Versteht man das Strafverfahren als eine Auseinandersetzung zwischen prinzipiell gleichberechtigten Parteien, so liegt es nahe, dass diese auch den Streitstoff bestimmen und einzelne Konfliktpunkte oder auch den gesamten Verfahrensgegenstand einvernehmlich aus der Welt schaffen können."[1249] Demgegenüber hat man sich in den kontinentaleuropäischen Ländern nicht dazu entschließen können, den radikalen Schritt von der Gerichtsherrschaft zur Parteienherrschaft über die Sammlung der Beweise und ihre Präsentation zu vollziehen, weil man es dem Gericht nicht zumuten will, seine Entscheidung auf einer nicht von ihm selbst kontrollierten Tatsachengrundlage zu fällen.[1250] Inquisitorisch geprägte Verfahrensmodelle lassen kaum Raum für eine einvernehmliche Erledigung des Verfahrens, weil die Gerichte darauf bestehen, sich erforderlichenfalls durch ergänzende Beweiserhebungen um die Ermittlung der materiellen Wahrheit zu bemühen.[1251]

1247 Parlamentis uzkebani, N13 14 S. 31.
1248 *Weigend,* ZStW,1992, 496.
1249 *Weigend,* ZStW,1992, 496.
1250 *Weigend,* ZStW,1992, 496.
1251 *Weigend,* ZStW,1992, 496.

2. Kontradiktorische Grundstruktur des neuen Strafprozesses

Wie schon erwähnt ist der neue georgische Strafprozess gemäß der verfassungsrechtlichen Forderung des Art. 85 kontradiktorisch ausgestaltet. Dementsprechend wird die Rechtsprechung auf der Grundlage der Gleichstellung der Parteien mit ihren widersprechenden Interessen ausgeübt. Dies führte zu einer deutlichen Wandlung der Rolle des Gerichts und der Parteien. Anders als etwa im deutschen Strafprozess, in dem das Gericht den Sachverhalt von Amts wegen zu ermitteln und festzustellen hat, überlässt im georgischen Strafverfahren der Richter die Zusammenstellung der Urteilsgrundlagen den Parteien, also dem Staatsanwalt und den Angeklagten. Nach georgischem Strafverfahrensrecht ist es die Aufgabe der Parteien, Beweisanträge zu stellen und die Beweise zu erheben; ähnlich wie im angloamerikanischen Verfahren nimmt das Gericht von sich aus keine Beweiserhebungen vor. Hier zeigt sich, dass ein Verfahren auf einem aktuellen Konflikt zwischen den Parteien aufbaut: Das unparteiische Gericht entscheidet über den ihm vorgetragenen Streit anhand der von den Parteien präsentierten Beweise. Seine Rolle während der Beweisaufnahme beschränkt sich nur auf die Erfüllung der Anträge der Parteien.[1252]

Allerdings enthält die georgische Strafprozessordnung auch inquisitorische Elemente.[1253] Danach ist das Gericht, das im Interesse des Staates und der Öffentlichkeit handelt, verpflichtet, die Straftat und den Täter von Amts wegen zu ermitteln. Zur Erreichung dieses Zieles ist es berechtigt, eine Reihe von Prozesshandlungen aus eigener Initiative (von Amts wegen) durchzuführen und sich um die Ermittlung der materiellen Wahrheit zu bemühen.

Ein weiteres inquisitorisches Element kommt in dem Umfang der Aktenkenntnis zum Ausdruck. Während in einem rein kontradiktorischen Strafverfahren das Gericht die Akten des Vorverfahrens nicht vollständig kennt, seine Überzeugung also nur aus der unmittelbaren Beweisaufnahme im Hauptverfahren gewinnt, kennt das Gericht im georgischen Strafverfahren alle Ergebnisse des Ermittlungsverfahrens schon vor der Hauptverhandlung. Nach der Erhebung der Anklage ist der Staatsanwalt verpflichtet, die gesamten Akten mit allen Beweisen dem erkennenden Gericht vorzulegen, die Parteien sind gehalten, ihre Anträge und Beweise vorher dem Gericht zu übersenden, sodass das erkennende Gericht über eine vollständige Aktenkenntnis verfügt.[1254]

3. Das Ermittlungsverfahren – kontradiktorisches Verfahren

a. Staatsanwaltschaft

Zunächst muss auf eine historische Besonderheit der institutionellen Stellung der Staatsanwaltschaft in Georgien hingewiesen werden. In der neuen Verfassung Georgiens war die Staatsanwaltschaft ausdrücklich der rechtsprechenden Gewalt zugeordnet. Ihr Leiter war der Generalstaatsanwalt, dem das uneingeschränkte

1252 StPO Georgiens, §15.
1253 § 14 Abs. 1 StPO Georgiens.
1254 §416 StPO Georgiens.

Weisungsrecht bezüglich aller Staatsanwälte zustand. Besonders bemerkenswert: Die Verfassung garantierte ihm - wie den georgischen Richter – die volle Unabhängigkeit, er wurde wie der Präsident des Obersten Gerichts vom Parlament eingesetzt oder entlassen. Das änderte sich nach dem Regierungswechsel 2003 (sog. Rosenrevolution). Die rechtliche Einordnung der Staatsanwaltschaft in die rechtsprechende Gewalt wurde aus der Verfassung gestrichen. Nach dem nunmehr geltenden Gesetz über die Staatsanwaltschaft ist die Staatsanwaltschaft der Exekutive zugeordnet, sie untersteht dem Justizministerium; der Justizminister – er ist gleichzeitig Staatsanwalt - ist Vorgesetzter des Hauptstaatsanwalts Georgiens.[1255]

b. Die Doppelrolle der Staatsanwaltschaft – Hüterin des Legalitätsprinzips und Partei im Prozess

Obwohl die georgische Verfassung das kontradiktorische Verfahren ausdrücklich nur für die Rechtsprechung vorsieht, schreibt § 15 StPO Georgiens auch für das Ermittlungsverfahren eine solche Verfahrensart vor. Aber trotz der in § 15 Abs. 4 geforderten Waffengleichheit zwischen Staatsanwaltschaft und Beschuldigtem/Verteidiger beschränken sich die kontradiktorischen Elemente des Verfahrens im Wesentlichen auf den gleichen Umfang des Zugangs zu den Verfahrensakten und dieselben Anfechtungsrechte (§§ 73, 76 Abs.3, 416 (1) georg. StPO).[1256] Im Übrigen ist das Verfahren jedoch inquisitorisch geprägt: Nach § 58 Abs. 3 StPO Georgiens dient das staatsanwaltschaftliche Verfahren der Ermittlung der materiellen Wahrheit.
Hierbei unterliegt die Staatsanwaltschaft dem Legalitätsgrundsatz: Sie ist von Amts wegen verpflichtet, wegen alle verfolgbaren Straftaten einzuschreiten (§ 261 StPO Georgiens). Dieses Legalitätsprinzip ist allerdings durch § 28 StPO Georgiens durchbrochen: In den dort genannten Fällen ist die Staatsanwaltschaft befugt, eine Ermessensentscheidung zu treffen (Opportunitätsgrundsatz). Ziel der Ermittlungen von Staatsanwaltschaft, Polizei und anderen Ermittlungsbehörden (z. B. Finanzpolizei beim Finanzministerium) ist die Klärung der Frage, ob die Verdachtsgründe gegen den Beschuldigten ausreichen, um Anklage zu erheben (§ 411 StPO Georgien). Die akkusatorische Grundstruktur, die insbesondere durch die Stellung des Richters als unparteiischem Dritten sowie die Rolle von Anklage und Verteidigung als sich kontradiktorisch gegenüberstehende Parteien gekennzeichnet ist, wird im neuen georgischen Strafprozess durch zwei gesetzlichen Regeln durchbrochen. Zum einen wird die Rolle der Staatsanwaltschaft als Organ der Rechtspflege auch formell dadurch unterstrichen, dass sie nach §§ 18, 58 Abs. 3 StPO Georgiens bei der Erforschung des Sachverhalts nicht nur die belastenden,

1255 Die Bezeichnungen "Generalstaatsanwaltschaft" und "Generalstaatsanwalt" sind durch die Bezeichnung als "Hauptstaatsanwaltschaft" und "Hauptstaatsanwalt" ersetzt.

1256 Ähnlich wie im Deutschen Strafverfahren § 147 die georgische StPO § 416 (1) sieht vor generelles Recht der Verteidigung auf Einsichtnahme in die Ermittlungsakte des Anklägers, diese Recht gibt's in Vereinigten Staaten nicht. Geiser, Die Ausgestaltung des Anklageprinzips, S. 76.

sondern auch die zur Entlastung des Beschuldigten dienenden Umstände zu ermitteln hat,[1257] ferner ihre Ermittlungen auch auf solche Umstände erstrecken muss, die für die Strafzumessung, die Frage einer Strafaussetzung zur Bewährung sowie die Verhängung von Maßregeln der Besserung oder Sicherung von Bedeutung sein können. Nach dem kontradiktorischen amerikanischen Verfahrensrecht ist der Ankläger nicht verpflichtet, entlastende Beweismittel zu sammeln und offen zu legen. Er hat eine Offenlegungspflicht nur hinsichtlich solcher entlastenden Beweismittel, die der Angeklagte nicht selbst entdecken und besorgen konnte. Andernfalls ist der US-amerikanische Staatsanwalt nicht verpflichtet, diese Beweise vor dem Gericht vorzuführen.[1258]

Reichen die Verdachtsgründe nicht aus, muss das Verfahren eingestellt werden. Herrin des Ermittlungsverfahrens ist die Staatsanwaltschaft (§§ 55-57, 411-413 StPO Georgiens). Sie ist der „Garant" für die Rechtsmäßigkeit der Ermittlungshandlung und führt die Kontrolle über die Tätigkeiten der übrigen Ermittlungsbehörden. Der Staatsanwaltschaft steht auch eine Reihe von Zwangsmitteln zur Verfügung. Nur wenn die Ermittlungshandlungen in Verfassungsrechte oder besonders geschützte Rechte des Bürgers eingreifen, bedarf es der richterlichen Erlaubnis (§§ 160, 290 StPO Georgiens). Dieser Richter hat aber ausschließlich kontrollierende Funktion und ist nicht ermittelndes oder anklagendes Organ.

Aus dem georgischen Strafverfahrensrecht lässt sich keine klare Parteistellung der Staatsanwaltschaft in der Hauptverhandlung herleiten. In Widerspruch zu einer als absolut verstandenen Parteistellung steht schon die Tatsache, dass die Staatsanwaltschaft Rechtsmittel (Berufung und Kassation) gegen Urteile auch zugunsten der Angeklagten einlegen kann.

Abschließend ist festzuhalten, dass die Aufgabe der Staatsanwaltschaft weiterhin durch viele Elemente eines inquisitorischen Prozessverständnisses bestimmt wird. So hat sie im Rahmen des Ermittlungsverfahrens ihre objektive Stellung beizubehalten, welche sie verpflichtet, auch zugunsten des Beschuldigten zu ermitteln. Was auf den ersten Blick als eine Schutzfunktion für den Beschuldigten erscheint, entpuppt sich in Wirklichkeit als eine problematische Verknüpfung mit inquisitorischen Verfahrensstrukturen. Denn der Staatsanwalt behält trotz der ihm zugedachten Parteirolle, die auf dem Gleichberechtigungsgrundsatz beruht, seine Position als unabhängiges Organ der Rechtspflege, das eben nicht parteiisch ermittelt. Eine Waffengleichheit zwischen den Parteien besteht schon deshalb nicht, weil die Staatsanwaltschaft auf die Polizei und anderer Ermittlungsbehörden sowie

---

1257 ähnlich wie im deutschen Strafprozess vgl. 160 II StPO (BRD)

1258 United States v. Marrero, 904 D. 2 d 251 (261). Nach Brady v. Maryland erstreckt sich die Verpflichtung des Staatlichen Anklägers zur Offenlegung wesentliche Entlastungsbeweise auf sämtliche den Beschuldigten begünstigende Beweise. In späteren Entscheidungen haben die Gerichte Offenlegungspflicht des Anklägers dahingehend eingeschränkt, dass das Zurückhalten eines Entlastungsbeweises die Verfassung dann nicht verletze, wenn der Beschuldigte bei Anwendung der üblichen Sorgfalt (reasonable diligence“) den fraglichen Beweis selbst hätte entdecken und sich besorgen können. Vergl. *Geisler*, Die Ausgestaltung des Anklageprinzips, S. 115.

operative Dienste, die alle mit zahlreichen technischen Mitteln ausgerüstet sind, zurückgreifen kann. Darüber hinaus stehen ihr – anders als dem Beschuldigten – strafprozessuale Zwangsmaßnahmen zur Verfügung. Insgesamt verfügt sie über die weitaus größeren Möglichkeiten, den Sachverhalt aufzuklären und das Beweismaterial zu sammeln. Insofern besteht von Anfang an ein Ungleichgewicht zwischen den Parteien. Diese Ungleichgewicht wird noch dadurch verstärkt, dass die Staatsanwaltschaft einem Beschuldigten sogar Straffreiheit zusagen kann, falls er mit den Ermittlungsbehörden zusammenarbeitet und durch seine Aussage besonders schwere Straftaten aufgeklärt werden können, an den Personen beteiligt sind, die hohe Ämter bekleiden. In der Hauptverhandlung kann sie das Gericht zwingen, das Strafverfahren einzustellen oder einen Freispruch zu fällen, indem sie auf die Anklage verzichtet. Ändert die Staatsanwaltschaft die Anklage, ist das Gericht verpflichtet, das Urteil im Rahmen der geänderten Anklage zu fällen (§ 24 Abs. 8 StPO Georgiens). Daher liegt auch kein echter Konsens vor, wenn der Beschuldigten einer Sanktion zustimmt, die ihm von den beteiligten Juristen als relativ günstig dargestellt wird.[1259] Im Ergebnis ist festzuhalten, dass das georgische Ermittlungsverfahren überwiegend inquisitorische Elemente enthält und damit den kontinentaleuropäischen Strafverfahrenssystemen nahe steht. Gerade die für diese Systeme charakteristische Pflicht der Ermittlungsbehörden, auch die den Beschuldigten entlastenden Umstände zu ermitteln, ist den rein kontradiktorischen Verfahren – etwa dem Strafverfahren in den Vereinigten Staaten - fremd.[1260]

c. Verteidigung als notwendige Voraussetzung eines kontradiktorischen Verfahrens

Entsprechend der georgischen Verfassung (Art. 85) und der Strafprozessordnung (§ 15) wird die Rechtsprechung auf der Grundlage der Gleichstellung und Kontradiktion der Parteien ausgeübt. Das verfassungsrechtlich statuierte Recht auf ein kontradiktorisches Verfahren erstreckt sich nicht nur auf die Hauptverhandlung, sondern erfasst auch das Ermittlungsverfahren. Ein konsequent kontradiktorisches Verfahren verlangt Waffengleichheit gerade auch im Ermittlungsverfahren, weil die Ermittlung und Beschaffung der Beweise im Interesse beider Parteien liegen.

Die Verteidigung ist im neuen Strafprozess deutlich gestärkt: Sie ist bei der Suche nach entlastenden Beweismitteln im Ermittlungsverfahren gesetzlich den Untersuchungsbehörden gleichgestellt. Während sich die Staatsanwaltschaft der Polizei und anderer Ermittlungsbehörden bedient, kann die Verteidigung private Detektive einsetzen.[1261]

Die Anwesenheitsrechte (§ 84 StPO Georgiens) beschränken sich nicht nur auf richterliche Vernehmungen, sondern sind auf die Teilnahme an Ermittlungsmaß-

---

1259 *Weigend,* ZStW 1992, 500.

1260 *Trüg,* Lösungskonvergenzen, S. 341.

1261 §129 StPO Georgiens.. Es muss bemerkt werden, dass dieser Paragraf nur auf dem Papier steht. Denn bis heute ist noch kein Gesetz über Privatdetektive erlassen, es existier auch keine Praxis für den Einsatz von Privatdetektiven in Strafverfahren.

nahmen der Staatsanwaltschaft wie Durchsuchungen und Beschlagnahmen erweitert (§§ 140, 292 Georg StPO). Allerdings ist Bedeutung dieser Anwesenheitsrechte in der Praxis gering, weil die Staatsanwaltschaft nicht verpflichtet ist, den Verteidiger von den anstehenden Maßnahmen zu unterrichten.Darüber hinaus liegt bei Beschlagnahmen und Durchsuchungen laut Statistik in der Regel Gefahr im Verzug vor mit der Folge, dass eine Anwesenheit des Verteidigers schon aus tatsächlichen Gründen ausscheidet(§§ 290 bis 292 StPO Georgiens).

Ebenso hat der Verteidiger das Recht auf Anwesenheit bei Ermittlungshandlungen, an denen der Beschuldigte beteiligt ist.

Die Verteidigung hat im Laufe der Ermittlungen das Recht, Schriftsätze einzureichen und schriftliche Anträge bei der Staatsanwaltschaft zu stellen (§ 84 StPO Georgien).

Das Recht der Verteidigung auf Akteneinsicht im Ermittlungsverfahren erstreckt sich auf alle Protokolle oder Akten über die Ermittlungshandlungen, an denen der Beschuldigte (z.B. über seine Festnahme) beteiligt war.

Der Verteidiger hat ferner das Recht, die für die Verteidigung wichtigen Angaben selbst zu sammeln und den Ermittlungsbehörden als Beweis vorzulegen.

Das Recht auf Einsicht in die Verfahrensakten erlangt der Verteidiger allerdings erst mit der schriftlichen Anzeige der Staatsanwaltschaft, dass die Akten mit der Anklageschrift dem Gericht überreicht worden sind (§§ 84 Abs. 1 (o), 416 (1) StPO Georgien).

Die Übersicht über die Rechte der Verteidigung zeigt, dass von einer Waffengleichheit zwischen Staatsanwaltschaft und Verteidigung im Ermittlungsverfahren nicht die Rede sein kann. Mehrere Vorschriften der Strafprozessordnung widersprechen dem Grundsatz der Gleichstellung hinsichtlich des Umfangs der Rechte und der praktischen Möglichkeiten ihre Nutzung durch die Parteien. Das weitgehend geheime Ermittlungsverfahren hat unverkennbare Züge des Inquisitionsverfahrens. Letztlich bleibt bei einer Bilanzierung nur die Feststellung, dass das verfassungsrechtliche Gebot der Waffengleichheit im Ermittlungsverfahren angesichts der faktischen Einflussverteilung eher in die Irre führt. So verfügt die Staatsanwaltschaft im Rahmen der Ermittlungen über weitgehende Befugnisse für die Anordnung strafprozessualer Zwangsmaßnahmen (§§ 133 bis 189 StPO Georgien); die Kosten der Ermittlungsmaßnahmen (z. B. für die Durchführung von Expertisen) übernimmt der Staat.

Liegen besondere Umstände vor, muss die Staatsanwaltschaft dem Angeklagten gemäß § 81 StPO Georgien einen Pflichtverteidiger bestellen. Zwar sind die Verteidigungsrechte in der aktuellen Strafprozessordnung im Vergleich zur vorherigen erweitert: So hat der Verteidiger gemäß § 129 Abs. 1 StPO Georgien das Recht

- Personen zu befragen, die Informationen zu dem Fall liefern können, wie z. B später in Betracht kommende Zeugen, sowie auch andere Beweismittel zu beschaffen;

- Auskünfte von Organisationen einzufordern, die verpflichtet sind, solche Anfragen zu beantworten;
- Sachverständige zu befragen und Gutachten einzuholen, die ebenfalls verpflichtet sind, den Aufträgen der Pflichtverteidiger Folge zu leisten. Allerdings muss der Beschuldigte die Kosten selbst tragen.
- private Ermittlungen durchzuführen und dafür einen Privatdetektiv einzusetzen.
- Die von dem Verteidiger gesammelte Erkenntnisse und Gegenstände werden aber nicht automatisch Bestandteile der Akten. Vielmehr dürfen sie den Akten nur dann als Beweis angehängt werden, wenn die Ermittlungsbehörden dies nach ihrem Ermessen bewilligt haben (§ 130 Abs. 2 StPO Georgien). Lehnt die Staatsanwaltschaft die Anerkennung ab, bleibt dem Verteidiger nur die Möglichkeit, seine Beweismittel dem Gericht in der Hauptverhandlung vorzulegen.

d. Die Rolle des Geschädigten und seines Vertreters als Partei

Die neue Strafprozessordnung legt wie schon erwähnt der Staatsanwaltschaft und dem Gericht die Pflicht auf, allein und unabhängig von den privaten Interessen des Opfers die Wahrheit von Amts wegen zu ermitteln (§§ 15 Abs. 6, 18 StPO Georgiens). Trotz dieser Regelung ist in der StPO eine andere widersprüchliche Vorschrift zu finden, wonach der Geschädigte oder sein Vertreter als Partei der Anklage einen Beitrag zur Ermittlung der objektiven Wahrheit zu leisten habe. Zwar gehört es quasi zum Selbstverständnis eines kontradiktorisch geprägten Akkusationsprozesses, dass sein Ergebnis aus einer aktiven Beteiligung aller Verfahrenssubjekte resultiert. Im neuen georgischen Strafprozess wird das kontradiktorische Verfahren dadurch gewährleistet, dass nicht nur der Staatsanwalt, sondern auch Geschädigter und sein Vertreter als Ankläger fungieren. Sie haben das Recht, ihre materiell-rechtlichen und prozessualen Rechte in dem nach dem Gesetz vorgesehenen Rahmen und gemäß der dort festgelegten Regeln auszuüben und die Einleitung einer Untersuchung und die Entscheidung über die Strafsache zu beeinflussen (§§ 14 Abs.4, 15 Abs. 4 StPO Georgiens). Die normative Entwicklung ist dahin gegangen, dass der Geschädigte als Partei neben der öffentlichen Anklage ein mit eigenen, starken Rechten ausgestattetes Verfahrenssubjekt darstellt (§ 69 StPO Georgiens). Bereits systematisch sollte die gestärkte Position des Geschädigten zum Ausdruck kommen, in dem dem Geschädigte/seinem Vertreter ein eigener Abschnitt im ersten Buch der Prozessordnung gewidmet wurde (Kapitel X, §§ 68 bis 71 StPO Georgiens). Die Beteiligungsrechte des Geschädigten wurden gestärkt und die Möglichkeit des Einschreitens auf das gesamte Verfahren erweitert. Sie umfassen das Beschaffung und Vorlegen von Beweisen, von Schriftsätzen, die Beantragung der Durchführung bestimmter Ermittlungshandlungen und Teilnahme an diesen Ermittlungshandlungen, die Beantragung der Überprüfung der Sachumstände der Tat, Anspruch auf vollständige Akteneinsicht nach der Anklageerhebung und Überweisung der Akten zum Gericht, Teilnahme an der Hauptverhandlung, Befragung der Zeugen, Gutachter, Teil-

nahme am Plädoyer und Förderung der Strafe für den Angeklagten, ein Beschwerderecht hinsichtlich der Handlungen und Entscheidungen der ermittelnden Behörde während der laufenden Ermittlungen und ein Recht zur Beschwerde gegen das gerichtlich Urteil (§ 69 StPO Georgiens). Dem Geschädigte/seinem Vertreter muss außerdem nach der Einstellung des Verfahrens die Einstellungsentscheidung von der Staatsanwaltschaft zugestellt werden und sie sind befugt, diese Entscheidung gerichtlich anzufechten. Der Geschädigte fungiert in dieser Phase gewissermaßen als Kontrollinstanz der Staatsanwaltschaft (§§ 398, 399, 400 StPO Georgiens). Als subsidiärer Ankläger hat der Geschädigte/sein Vertreter das Recht, die ursprünglich von der Staatsanwaltschaft formulierte Anklage zu unterstützen, falls der Staatsanwalt auf die Anklage verzichtet oder diese abändert. In den Fällen, in denen der Ankläger auf die Anklage verzichtet, führt dies mit Zustimmung des Geschädigten/seines Vertreters zur Einstellung des Verfahrens in der Hauptverhandlung. Falls der Geschädigte/sein Vertreter nicht zustimmt, wird das Verfahren nicht eingestellt, an der Stelle der Staatsanwaltschaft tritt allein der Geschädigte/sein Vertreter auf. Der Staatsanwalt als Ankläger verzichtet auf die Teilnahme an der Hauptverhandlung (§ 25 StPO Georgiens).
Die starke Parteistellung des Geschädigten hat seine Wurzeln in dem durch Korruption begründeten mangelnden Vertrauen in die staatlichen Ermittlungen in der Sowjetzeit. Dem Geschädigten soll als Partei die Möglichkeit gegeben werden, die bereits erhobene Anklage in der Hauptverhandlung weiter zu verfolgen und seine Rechte ohne staatliche Anklage verfolgen zu können.

4. Die Hauptverhandlung

Im Jahr 2004 wurde mit der Änderung des georgischen Strafprozesses das dem deutschen Modell vergleichbare Zwischenverfahren abgeschafft. Nunmehr übermittelt die Staatsanwaltschaft nach Abschluss der Ermittlungen und Erhebung der Anklage die gesamten Ermittlungsakten mit der Anklageschrift und der Liste der Zeugen von Ankläger und Verteidigung sowie den Beweisgegenstände dem Gericht. Alle Parteien haben das Recht, die Akten einzusehen und zu kopieren. Das Gericht bestimmt nach der Akteneinsicht sofort einen Termin für die Hauptverhandlung (§ 457 StPO Georgien).
Die Hauptverhandlung stellt den Kern des akkusatorisch geprägten Strafprozesses dar. Im Gegensatz zum Ermittlungsverfahren sind in diesem Verfahrensabschnitt die Garantien und Kriterien einer kontradiktorischen Verfahrensgestaltung unmittelbar verwirklicht. Nach § 439 StPO verläuft die Gerichtsverhandlung als Streitverfahren zwischen dem Ankläger und der verteidigenden Partei. Kennzeichnend für die Umsetzung der kontradiktorischen Prinzipien ist die Tatsache, dass die Beweisaufnahme auf Initiative der Parteien erfolgt. Um eine kontradiktorische Beweisaufnahme zu gewährleisten, ist es dem Gericht untersagt, aus eigener Initiative Beweismittel zu verlangen, insbesondere Zeugen zu laden und zu befragen (§§ 439 Abs. 4, 474, Abs.2 (2) StPO Georgien). Der Ankläger sowie die Verteidigung sind verpflichtet, Beweise für die Bestätigung oder die Ablehnung der

Anklage beizubringen. Das Gericht hilft ihnen dabei nur dann, wen die Parteien dies beantragen.

In konsequenter Durchführung der kontradiktorischen Beweisaufnahme werden Zeugen und Sachverständige im Wege des Kreuzverhörs vernommen (§§ 474, 479 Georgien StPO).

Ungeachtet vieler kontradiktorischer Verfahrensvorschriften enthält aber auch das Verfahren während der Hauptverhandlung inquisitorische Elemente. So erfährt zum Beispiel der Grundsatz der kontradiktorischen Beweisaufnahme eine wichtige Ausnahme: Da das gerichtliche Strafverfahren – ähnlich wie das Ermittlungsverfahren - auf die Feststellung der materiellen Wahrheit abzielt, ist das Gericht nach § 437 Georgien StPO befugt und verpflichtet, alle prozessualen Handlungen vorzunehmen, um dieses Ziel zu erreichen. So wird entsprechend § 479 Abs. 5 StPO Georgien der auf richterliche Initiative geladene Zeuge erst vom Gericht vernommen. Deshalb hat das Gericht das Recht, von Amts wegen – also ähnlich wie in einem inquisitorischen Verfahren - Zeugen zu laden, wenn es für die Wahrheitsfindung notwendig ist. Nach §§ 485, 484, 487 Georg. StPO ist das Gericht auch befugt, von sich aus Experten, Spezialisten und Gutachter zu laden, Dokumente anzufordern, schriftliche Gutachten einzuholen und andere Prozesshandlungen durchzuführen, die für die Feststellung der materiellen Wahrheit wichtig sind.

Ziel der vorliegenden Arbeit ist es nicht, die inneren Widersprüche aufzuzeigen, die sich aus einer unkritischen Übernahme von Verfahrensregelungen aus kontinentaleuropäischen und angloamerikanischen Rechtsordnungen ergeben. Es wird sich vielmehr darauf beschränkt, die Vorschriften über das Abspracheverfahren zu erörtern und zu untersuchen, in wieweit sie mit den allgemeinen Grundsätzen der georgischen Strafprozessordnung und ihren gesetzlichen Regelungen in Einklang stehen.

5. Das Gericht als unparteiischer Schiedsrichter

Es muss klar dargestellt werden, dass die Reform der Strafprozessordnung Georgiens sich als Ziel gesetzt hat, den neuen Strafprozess dem akkusatorischen Modell entsprechend zu gestalten und die kontradiktorische Entscheidungsfindung in der Hauptverhandlung als Inbegriff dieses Typs zu begreifen. Die Hauptverhandlung stellt den Höhepunkt des Strafprozesses dar. Gemäß § 439 Abs. 1. StPO Georgiens ist die Hauptverhandlung ein Parteiprozess und wird auf Grund des Prinzips der Kontradiktion in der Form der Polemik zwischen Anklage und Verteidigung durchgeführt. Demnach ist die Ermittlung des Sachverhalts und das Beschaffen der Beweise – anders als im deutschen Strafprozess - nicht Aufgabe des Gerichts, sondern eine Obliegenheit der Parteien. Es liegt demzufolge am Staatsanwalt, das für eine Verurteilung notwendige Belastungsmaterial zu sammeln und es ist Sache des Beschuldigten, dem Gericht mögliche Entlastungsbeweise zu präsentieren (§ 475 StPO Georgiens). Erscheint ein trotz Ladung durch eine der

Parteien nicht vor Gericht, kann dieses ihr nur auf Antrag der Parteien mit Zwang vorführen lassen, § 475 StPO Georgiens.

In der neuen Strafprozessordnung wird der Richter als ein selbständiger und unparteiischer Schiedsrichter dargestellt. Das Gericht ist kein Strafverfolgungsorgan. Es gehört weder zur anklagenden noch zur verteidigenden Seite. Es schafft notwendige Voraussetzungen für Ankläger und Beschuldigten, stellt sicher dass die Beweismittel vorgelegt werden und dass eine vollständige und allseitige Untersuchung dieser Beweismittel stattfinden kann, § 15 Abs. 5 StPO Georgiens). Die wichtigste Aufgabe des Gerichts während der Hauptverhandlung ist es, für die Parteien zum Schutz ihrer Interessen dieselben Bedingungen zu schaffen, sodass keine Partei einen Vorteil hat. Die Aufgabe des Richters erschöpft sich hierbei in der Kontrolle eingebrachter Beweise auf ihre Verträglichkeit mit dem Gesetz hin. Ihm obliegt damit lediglich der Ausschluss verbotener, überflüssiger oder irrelevanter Beweise. Ferner hat der Richter die beim Kreuzverhör gestellten Fragen auf ihre Rechtsmäßigkeit hin zu überwachen und gegeben falls abzulehnen (§§ 437, 439).
Bestimmt wird die Hauptverhandlung durch Unmittelbarkeit und Mündlichkeitsprinzip. Die Vorlesung der Zeugenaussage ist nur dann möglich, wenn der Zeuge verstorben oder sein Wohnort unbekannt ist. Neben der Verankerung des Kontradiktionsprinzips hat der Gesetzgeber auch versucht, den für das inquisitorische System zentralen Grundsatz der materielle Wahrheit in der neuen Strafprozessordnung zu ankern. In diesem Sinne widerspricht der gesetzlich normierte Amtsermittlungsgrundsatz jedoch dem ansonsten kontradiktorischen Verfahren. Die Verpflichtung zur Aufklärung der Straftat und zur Feststellung des Täters wird dem Richter durch § 18 StPO Georgiens auferlegt, wodurch das Prinzip der allseitigen, objektiven und vollständigen Untersuchung der Umstände der Sache bekräftigt wird. Im Sinne dieses Prinzips ist der Richter verpflichtet (zusammen mit den anderen Rechtspflege Organen) unzweifelhaft festzustellen, ob eine Straftat begangen wurde, von wem sie begangen wurde und sämtliche mit den Sachverhalt zusammenhängende Umstände der Tat zu klären. Trotz der kontradiktorisch ausgestalteten Hauptverhandlung und trotz des Grundsatzes Parteiermittlung verfügt das Gericht über das Recht zu Amtsermittlung und damit verbunden über das Recht, Beweiserhebungen zu initiieren. Die Verpflichtung zur Amtsermittlung ergibt sich aus §§ 14 Abs. 1, 18 Abs. 1, 2 StPO Georgiens: das Gericht, welches im Interesse des Staates und der Öffentlichkeit handelt, ist verpflichtet, die Straftat und dessen Täter zu feststellen, den Sachverhalt objektiv, allseitig und vollständig zu ermitteln und be- und entlastende Umstände sowie strafschärfende und -mildernde Umstände gleichermaßen zu ermitteln. Dadurch erhält das Gericht eine aktive Rolle während der Hauptverhandlung.
Analysiert man die Grundsätze des georgischen Strafverfahrens wird klar, dass sich Elemente aus zwei Prozessrechtssystemen in widersprüchlicher Weise gegenüber stehen. Dies ist problematisch, da sich beide Konzepte gegenseitig ausschließen. Die Mischung der Grundsätze von kontradiktorischem und inquisitori-

schem Verfahrens führt zu der absurden Konsequenz, dass der Richter, welcher laut den Vorschriften der StPO (§§ 14, 18, 437) die Pflicht zu Ermittlung der materiellen Wahrheit hat und für deren Feststellung befugt ist, von Amts wegen alle Prozessverhandlungen durchzuführen, gleichzeitich verpflichtet ist, an der Beweisaufnahme als passive und unparteiische Instanz teilzunehmen. Wenn das Gericht während der Beweisaufnahme seine Rechte geltend macht und von Amts wegen Zeugen lädt oder Gutachten einholt, verletzt es den Grundsatz der Kontradiktion. Wenn das Gericht an der Beweisaufnahme nicht aktiv teilnimmt, wird der Grundsatz der materiellen Wahrheit verletzt.

6. Vereinbarkeit des kontradiktorischen Verfahrens mit den Grundsätzen des inquisitorischen Verfahrens

Die Reform des Strafverfahrens hat die Rollen der Prozessbeteiligten entscheidend verändert und verlangt daher auch nach neuen prozessualen Grundsätzen. Der Richter in der Rolle des unparteiischen Dritten, die Staatsanwaltschaft als Partei in beiden Verfahrensstadien, die Verteidigung als wichtige Teilhaberin bei der Suche nach der „Wahrheit“ und der damit verbundenen Aufnahme von Beweisen.

Zusammenfassend lässt sich an diesem Punkt festhalten, dass die Reform des Strafprozesses viele Fragen offen gelassen hat, weil sie das Verhältnis von Kontradiktion und Inquisition nicht bestimmt. Die beiden Grundsätze verden nicht zueinander vermittelt, sondern stehen in widersprüchlicher Weise nebeneinander.

III. Ansätze zur strafprozessualen Absprache in der georgischen StPO

Die georgische StPO sieht mehrere Regelungen vor, in deren Rahmen mit unterschiedlicher Mitwirkungsintensität die Verfahrensbeteiligten durch Einigung oder durch abgestimmtes Verhalten ein bestimmtes Verfahrensergebnis herbeiführen.

Zunächst soll untersucht werden, welche Ansätze die neue StPO bis zur gesetzlichen Regelung der Absprache im Jahr 2004 enthalten hat. Es wird gezeigt, dass es bereits vor der expliziten gesetzlichen Regelung konsensorientierte Bestimmungen gab.

1. Gesetzlich normierte Ansätze

Die neue Strafprozessordnung enthält eine nicht unerhebliche Zahl von Vorschriften, die eine Verständigung zwischen den Verfahrensbeteiligten voraussetzen, indem sie beispielsweise Verzichtsmöglichkeiten und Zustimmungserfordernisse vorsehen.Gemäß § 354 Abs. 2 StPO macht die Einwilligung des Beschuldigten in die körperliche Überprüfung nach § 353 Abs. 2 die Anordnung einer zwangsweisen Vorführung entbehrlich. Gemäß § 368 Abs. 1 sind körperliche Eingirffe, die mit schweren Schmerzen verbunden sind, ausschließlich mit der Einwilligung des Beschuldigten möglich. Gemäß § 378 ist bei ungefährlichen chirurgischen oder sonstigen körperlichen Eingriffen eine Anordnung entbehrlich, wenn die Einwilligung des Beschuldigten vorliegt. § 323 Abs. 5 sieht vor, dass

die freiwillige Übergabe von Gegenständen durch den Beschuldigten die Anordnung einer Durchsuchung überflüssig macht. Hier wird deutlich, dass das Strafprozessrecht Fälle kennt, in denen es dem Beschuldigten überlassen bleibt, ob er staatliche Zwangsmaßnahmen zum Gegenstand einer Richterlichen Untersuchung macht oder nicht.
Kooperative Elemente findet man beispielsweise auch in den §§ 21, 68, 322, 203, 221, 223, 236, 260, 323, 370, 375 StGB, die bei Rücktritt, Berichtigung und Tätiger Reue Strafmilderungen oder Entlassung aus der strafrechtlichen Verantwortung vorsehen. Diese Vorschriften sind jedoch für die vorliegende Arbeit nicht von Belang.
Dass dem Strafprozess konsensuale Elemente bis zu Einführung der Absprache-verfahren keineswegs fremd waren, zeigen besonders deutlich zwei Verfahrensinstitute. Gemeint sind § 473 über die Abschaffung, Verkürzung oder weitere Durchführung der Hauptverhandlung und § 24 Abs. 8 über die Einstellung des Verfahrens nach der Anklageerhebung auf Grund der Zurücknahme der Anklage durch den Staatsanwalt mit der Zustimmung des Geschädigten.

2. Entscheidung über die Aufhebung, Abkürzung oder Weiterführung der Hauptverhandlung (§ 473 StPO Georgien)

§ 473 StPO Georgien regelt eine besondere Verfahrensart, die auf einen Konsens zwischen den Verfahrensbeteiligten abzielt und es ermöglichen soll, in geeigneten Fällen zu einer schnellen Erledigung des Verfahrens zu gelangen. Im Rahmen dieses Verfahrens können die Verfahrensbeteiligten eine Übereinstimmung über den Verfahrensfortgang erzielen, sofern es nicht um ein Verbrechen geht, für dessen Ahndung das Gesetz eine Freiheitsstrafe von mehr als 15 Jahren androht. Die wichtigste Voraussetzung ist ein auf Reue und Einsicht beruhendes Geständnis des Angeklagten. Falls der Angeklagte das Geständnis ablegt, kann die Hauptverhandlung durch gerichtliche Entscheidung abgekürzt oder gar nicht durchgeführt werden. Dieses Verfahren weist konsensuale Elemente auf. So kann das Gericht die Entscheidung über die Abkürzung oder Nichtdurchführung der Hauptverhandlung nur dann treffen, wenn unter allen Parteien kein Zweifel darüber besteht, dass das Geständnis auf Reue und Einsicht beruht und dass das Verfahren abgekürzt werden kann. Ist der Staatsanwalt oder der Geschädigte oder irgendeine Partei dagegen, fehlt dem Gericht die Möglichkeit, die Hauptverhandlung abzukürzen. Die Vernehmung des Angeklagten ist aber auch im abgekürzten Verfahren notwendig. Der Gericht hat also dennoch die Pflicht, sich zu vergewissern, ob

a) der Angeklagte den Anklagevorwurf verstanden hat;
b) der Angeklagte ausreichend Zeit für eine qualifizierte rechtliche Beratung durch einen Verteidiger hatte;
c) das Geständnis freiwillig zustande gekommen ist;
d) das Geständnis durch den Akteninhalt bewiesen wird, dem der Angeklagte zugestimmt hat.

Eine Ähnlichkeit zur später eingeführten Absprache besteht vor allem darin, dass auch hier die Verurteilung auf Grund eines am Anfang der Hauptverhandlung abgelegten Geständnisses erfolgt.
In der Möglichkeit der Abkürzung /Aufhebung der Hauptverhandlung liegt für die Justiz - ähnlich wie bei der Absprache - der Vorteil, da eine Verfahrensbeschleunigung und –vereinfachung daraus folgt. Der Beschuldigte kann so seinerseits der Durchführung einer mit großen Belastungen verbundenen Hauptverhandlung aus dem Wege gehen.
Genau diese Kriterien und die Möglichkeit, dass die Staatsanwaltschaft und die Verteidigung sich im Rahmen eines Kontaktgespräches darüber einigen, dass das Verfahren mit bestimmten Vergünstigungen für den Angeklagten abgekürzt wird, lässt georgische Wissenschaftler zu der Auffassung kommen, dass dieses Verfahren mit dem Abspracheverfahren weitgehend identisch ist. Es veranlasst ebenfalls den Verteidiger dazu, bei klarer Beweislage dem Beschuldigten zu einem Geständnis zu raten.[1262]
Die Meinung die Wissenschaft, dass im Rahmen dieses Verfahrens Vorgespräche über „Vergünstigungen" für den Angeklagten geführt werden, ist aber nicht durch empirische Untersuchungen belegt. Wenn es in der Praxis so wäre, dann käme dieser Vorschrift nach der Einführung des Abspracheverfahrens keine Bedeutung mehr zu.
Bei genauer Betrachtung unterscheiden sich die Strukturen der Beendigung des Verfahrens nach § 473 StPO Georgien und die des Abspracheverfahrens nur erheblich voneinander.
So muss der Angeklagte im Verfahren nach § 473 nicht mit seinem Geständnis in Vorleistung treten und ihm wird dafür auch keine Strafmilderung oder andere Vergünstigungen als Gegenleistung in Aussicht gestellt. Ihm wird von dem Gericht keine konkrete Strafe versprochen, sondern das Gericht geht von den allgemeinen Strafzumessungsvorschriften aus.
Entsprechend § 54 StGB Georgien wird der Täter, der sich nach Begehung der Tat freiwillig stellt, ein Geständnis ablegt und die Aufklärung des Verbrechens aktiv unterstützt, mit einer Strafmilderung honoriert. Das Gesetz legt bei diesem Verfahren fest, dass die Höchststrafe sich auf drei Viertel der angedrohten Höchststrafe des anzuwendenden Paragrafen des Strafgesetzbuches verringert. Ausgehend davon ist die Drucksituation bei § 473 StPO eine völlig andere. Der Beschuldigte entscheidet autonom, ob er das Geständnis ablegt oder nicht.
Hinzu kommt auch, dass das Verfahren nach § 473 StPO ausschließlich vor dem Gericht stattfindet.
Es kann festgestellt werden, dass § 473 StPO Georgien zu den wichtigen Grundsätzen der StPO, - wie Wahrheitsermittlung, Unmittelbarkeit, Öffentlichkeit und Mündlichkeit - im Widerspruch steht. Besonders bemerkenswert ist, dass die Vorschrift des § 20 StPO ignoriert wird, wonach das Urteil über Schuld und Strafe erst aus dem Inbegriff der Hauptverhandlung zu schöpfen ist. Vielmehr erlaubt

---

1262 *Gwenetadze,* Prozessuale Absprache, S. 17.*Chanturidze,* Prozessuale Absprachen, S. 15

§ 473 StPO dem Richter, seine innere Überzeugung über das Geständnis bereits durch die Ermittlungsakten zu gewinnen. Gemäß § 473 Abs. 2 e wird das Geständnis durch den Akteninhalt bewiesen, dem der Angeklagte zustimmt muss.

3. Die Einstellung des Verfahrens nach Anklageerhebung wegen Rücknahme der Anklage(§§ 24 Abs. 8, 25 StPO Georgien)

Eine konsensorientierte Struktur haben auch die Vorschriften der §§ 24 Abs. 8, 25 StPO Georgien, wonach als Verfahrensergebnis auch nach Anklageerhebung die Einstellung möglich ist, wenn sich Staatsanwaltschaft und Geschädigter darüber einig werden. Diese Willensübereinstimmung beider Parteien ist zwingende Voraussetzung für die gerichtliche Entscheidung, ob das Verfahren eingestellt oder die Hauptverhandlung fortgesetzt wird. Die Strafprozessordnung gibt nach dem Grundsatz des kontradiktorischen Parteiprozesses dem Staatsanwalt das Recht, nach Anklageerhebung in jedem Stadium der Verhandlung die Anklage zurückzunehmen. Wenn keine Geschädigten beteiligt sind, ist in jeder Verfahrensphase allein der Staatsanwalt Herr der Anklage. Nimmt der Staatsanwalt die Anklage zurück, ist das Gericht verpflichtet, den Fall einzustellen oder den Angeklagten freizusprechen. Ist ein Geschädigter beteiligt, muss dieser der Anklagerücknahme zustimmen (§ 25 StPO Georgien).

Fehlt die Zustimmung des Geschädigten, muss das Gericht ohne weitere Beteiligung des Staatsanwaltes weiter verhandeln. Die Anklage wird dann durch den Geschädigten vertreten. Zwar sind diese Vorschriften Ausprägungen eines konsensorientierten Verfahrens. Bei näherer Betrachtung wird aber deutlich, dass dieses Verfahren kaum Gemeinsamkeiten mit der Absprache aufweist. Es ist mit dem Ziel eingeführt worden, dass im kontradiktorischen Verfahren der Staatsanwalt in jedem Verfahrensstadium Herr der Anklage ist, unabhängig von der Ansicht des Gerichts. Da jedoch der Schutz des Geschädigten von großer Bedeutung ist, hat der Gesetzgeber ihm die Möglichkeit gegeben, selber die Anklage zu vertreten, falls seine Ansicht über die Anklage von der des Staatsanwalts abweicht. Diese Regelung soll also explizit dem Schutz der Rechte des Geschädigten dienen. Ein solches Verfahren (gemäß § 24 Abs. 8 StPO) und eine Verfahrensbeendigung durch eine Absprache sind grundverschieden. Am Ende einer Absprache steht regelmäßig ein Urteil und nicht eine Einstellung des Verfahrens oder ein Freispruch des Angeklagten. Außerdem sind weder der Angeklagte und noch das Gericht an diesem Verfahren beteiligt.

Für die vorliegende Arbeit sind die Besonderheiten eines solchen Verfahrens nicht von Bedeutung. Bemerkenswert ist aber, dass die entsprechenden Vorschriften den Grundsätzen des Legalitätsprinzips, der Instruktionsmaxime, dem Unmittelbarkeitsgrundsatz und dem Grundsatz der inneren Überzeugung des Gerichts widersprechen.

Wenn der Geschädigte aus irgendeinem Grund (Angst, Mitleid etc.) dem Staatsanwalt bei der Zurücknahme der Anklage zustimmt, ist es dem Gericht nicht mehr möglich die Wahrheit in Bezug auf den Anklagesachverhalt zu ermitteln.

Selbst wenn das Gericht davon überzeugt ist, dass der Angeklagte die Straftat begangen hat, bleibt es von den Ansichten der Parteien abhängig.

4. Täter-Opfer Ausgleich und Einstellung des Verfahrens mit Zustimmung des Angeklagten

Es ist wichtig, noch auf zwei Verfahren aufmerksam zu machen, die ebenfalls Absprachen oder Verständigungen ermöglichen oder erfordern, jedoch nicht zu den hier behandelten förmlichen Abspracheverfahren gehören.
Die Regelungen des § 69 StGB und des § 28 Abs. 1 f StPO Georgien sind weitere Belege für das Vorhandensein konsensualer Elemente in der Strafprozessordnung und im Strafgesetzbuch. Diese Vorschriften sehen vor, dass zwischen Geschädigtem und Beschuldigtem eine Vereinbarung geschlossen werden kann, welche die Einstellung des Strafverfahrens zum Inhalt hat. Dieses Institut ermöglicht es demjenigen (im Todesfall dessen Vertreter), der durch eine Straftat verletzt wurde, neben der Staatsanwaltschaft prozessuale Rechte wahrzunehmen. Ihm wird eine aktive Beteiligung am Verfahren eingeräumt, um ihm als Opfer einer Straftat Genugtuung zu verschaffen, aber auch um die Staatsanwaltschaft kontrollieren zu können. Entsprechend § 69 StGB Georgien kann derjenige, der nicht vorbestraft ist und der nur eine Tat begangen hat, für die das Gesetzbuch als Maximum eine zweijährige Freiheitsstrafe vorsieht, aus der strafrechtlichen Verantwortung entlassen werden, falls er sich mit dem Geschädigten versöhnt. Diese Einigung und Versöhnung zwischen Angeklagtem und Geschädigtem gibt der Justiz die Möglichkeit, das Verfahren einzustellen. Was mit Versöhnung gemeint ist, bleibt offen und ist der Rechtsprechung überlassen. Gedacht wurde dabei vor allen Dingen an Wiedergutmachung und andere Vereinbarungen im Rahmen des sog. Täter-Opfer-Ausgleiches. Der Täter-Opfer-Ausgleich ist zu den Privatisierungstendenzen im Strafverfahren zu zählen, stellt die konsequente Ausgestaltung eines sog. Strafrechtlichen Restitutionsverfahrens dar und entspricht im Falle einer Wiedergutmachungsvereinbarung zwischen dem Verletzten und dem Beschuldigten dem Resozialisierungsgedanken als ein deutliches Model für eine Absprache im Strafprozess.[1263]
In dieser Arbeit interessieren jedoch nicht die Eigenarten eines solchen Täter-Opfer-Ausgleichs und seine straftheoretischen Besonderheiten. Hier soll auf den Täter-Opfer- Ausgleich lediglich unter dem Aspekt hingewiesen werden, dass hier ein Feld für Vereinbarungen bereitsteht, in welchem Absprachen nicht nur möglich, sondern unbedingt notwendig sind, weil sonst eine Wiedergutmachungsvereinbarung nicht zustande kommt. Ohne Versöhnung zwischen Beschuldigtem und Angeklagtem wird die Vorschrift des § 69 StGB nicht erfüllt.
Insoweit ist festzustellen, dass hier vom Gesetzgeber bewusst ein Bereich geschaffen wurde, in dem Vereinbarungen ausdrücklich für zulässig erklärt werden.
Trotz konsensualer Elemente besteht hier aber ein großer Unterschied zwischen dieser Art von Vereinbarungen und gesetzlich vorgesehenen Absprachen, denn

---

1263 Eser, ZStW 104, 1992, 361ff. *Tscherwinka,* Absprachen, S. 68.

letztere haben regelmäßig eine Verfahrensbeendung durch Urteil zum Gegenstand. Außerdem legt der Angeklagte bei Absprachen ein Geständnis ab, wofür ihm verschiedene Vergünstigungen, meistens Strafmilderung, in Aussicht gestellt werden können. Bei § 69 StGB aber geht es nur um die Entlassung des Angeklagten aus der strafrechtlichen Verantwortung wenn dieser nicht vorbestraft, er sich mit dem Geschädigten versöhnt hat und für die Tat die gesetzliche Höchststrafe nicht mehr als zwei Jahre Freiheitsentzug beträgt.

5. Einstellung des Verfahrens nur mit der Zustimmung des Angeklagten, § 28 StPOGeorgien

Nach den Prinzipien des Verfolgungs - und Anklagezwangs (Legalitätsprinzip, § 261 StPO Georgien) ist die Staatsanwaltschaft grundsätzlich verpflichtet, ein Ermittlungsverfahren wegen aller verfolgbaren Straftaten durchzuführen, sofern zureichende tatsächliche Anhaltspunkte hierfür vorliegen. Der Anklagezwang wird aber von vielen Ausnahmen durchbrochen, da im Bereich der geringfügiger Kriminalität und auch bei anderen Fällen das Opportunitätsprinzip gilt. Bei Kleinkriminalität ist dies der Fall, wenn die Tat geringfügig ist. Nach dem Georgischen Recht wird die Frage über der Geringfügigkeit der Tat materiellrechtlich entschieden. Nach § 7 StGB fällt eine Tat unter den Begriff, wenn sie zwar formal die Merkmale eines Verbrechens erfüllt, aber wegen der Geringfügigkeit des Schadens die Notwendigkeit der strafrechtlichen Verantwortung des Täters nicht besteht. Hier geht es also nicht auf strafverfahrensrechtlicher Ebene darum, dass die Schuld des Täters geringfügig ist oder kein öffentliches Interesse an der Strafverfolgung existiert, sondern darum, dass wegen des geringen Schadens schon materiell gar keine Straftat vorliegt. Strafverfahrensrechtlich wird in diesen Fällen nach § 28 Abs. 1 a StPO Georgien das Verfahren eingestellt.
Gemäß § 28 Abs. 1 (g, e, w, l, o, p) StPO muss die Strafverfolgung nicht eingeleitet werden bzw. eingeleitete Ermittlungen können eingestellt werden, wenn

- die Straftat dekriminalisiert wird (§ 28 Abs. 1 g),
- die Tat verjährt ist (§ 28 Abs. 1 e),
- eine Amnestie verkündet ist (§ 28 Abs. 1 w),
- sich die Situation verändert hat (§ 28 Abs. 1 e),
- ein Rücktritt von der Tat gegeben ist (§ 28 Abs. 1 o),
- tätige Reue vorliegt(§ 28 Abs. 1 p).

Diese rechtlichen und faktischen Einstellungsgründe geben den Strafverfolgungsorganen und dem Staatsanwalt die Möglichkeit, die eingeleiteten Ermittlungen wieder einzustellen. Für die Einstellung ist die Zustimmung des Angeklagten erforderlich. Ohne dessen Zustimmung ist die Einstellung ausgeschlossen, die Ermittlungen müssen fortgesetzt werden. Das Verfahren endet mit Freispruch oder Verurteilung und ggf. Entlassung vor der Vollverbüßung der Strafe.

Die Strukturen einer Einstellung nach § 28 Abs. 1 g, e, w, l, o, p und die einer Absprache unterscheiden sich erheblich voneinander. Zwar ist hier für die Erledigung des Verfahrens die Zustimmung des Angeklagten erforderlich, aber es geht hier nicht um die Verurteilung sondern um die Einstellung des Verfahrens. Außerdem leistet im Gegensatz zur Absprache bei § 28 StPO nicht der Angeklagte mit Abgabe eines Geständnisses vor, sondern die Initiative für die Einstellung geht von der Justiz aus. Weiter wird bei einer Einstellung nach § 28 StPO von keiner Seite eine Zusage über ein bestimmtes Prozessverhalten gemacht. Hier findet keine Leistung und Gegenleistung statt. Schließlich ist auch die Drucksituation bei § 28 g, e, w, l, o, p StPO eine völlig andere. Der Beschuldigte entscheidet autonom, ob er in die von den Verfolgungsorganen schon getroffene Einstellungsentscheidung einwilligt oder nicht.

6. Ergebnis

Die prozessuale Absprache wurde in Georgien erst nach der Rosenrevolution im Jahre 2004 vom Gesetzgeber eingeführt.
Bis zur gesetzlichen Regelung aber war, wie vorstehend ausgeführt, eine konsensorientierte Verfahrensführung der georgischen Strafprozessordnung nicht fremd. Das Strafprozessrecht enthielt konsensuale Elemente und ließ Raum für Verständigungen und einvernehmlich Verfahrenserledigungen. Dennoch sind im Ergebnis Verfahrensbeendigungen durch eine Absprache und die oben gezeigten Konstellationen grundverschieden. Bei letzteren geht es ausnahmslos nicht um ein gegenseitiges Geben und Nehmen, da die jeweiligen Erklärungen der Prozessbeteiligten zwar kumulativ vorliegen müssen, in ihrem Inhalt aber unabhängig voneinander sind. Die einzelnen Zustimmungserklärungen müssen sich nicht wie bei einer Absprache aufeinander beziehen.

IV. Einführung der Absprachen in das georgische Strafverfahren

Nach der Rosenrevolution hat der Gesetzgeber in das georgische Strafverfahren ein Model eingeführt, wonach der Schuldspruch und die Strafzumessung durch eine Übereinkunft zwischen Staatsanwalt und Angeklagtem bestimmt werden können. Bei diesem Verfahren der sogenannten Prozessualen Absprache verhandeln Staatsanwalt, Verteidiger und Angeklagter über Anklage, Schuld und Strafe. Als Gegenleistung für eine leichtere Bestrafung durch das Fallenlassen bestimmter Anklagepunkte oder gar Straferlass, bekennt sich der Beschuldigte einer Straftat schuldig oder er akzeptiert die von der Staatsanwaltschaft empfohlene Strafe. Das macht eine Hauptverhandlung entbehrlich. Die Schuldfeststellung durch eine Hauptverhandlung ist nicht mehr notwendig. Dieselbe Wirkung erzielt der Beschuldigte durch eine Absprache über die Strafe, womit er, ohne zur Anklage Stellung zu nehmen, darauf verzichtet, sich gegen den Tatvorwurf zu verteidigen. Auch das reicht für die Feststellung der Schuld.
Nach der Konzeption des Gesetzes geht es nur um einen Antrag auf Verurteilung des Beschuldigten ohne wesentliche Verhandlung des Falles. Die Natur des georgischen Schuldbekenntnisses und seine Konsequenzen für den weiteren Verfah-

rensverlauf unterscheiden sich gänzlich von Absprachen im deutschen Strafverfahren, sie weisen aber einige Ähnlichkeit mit dem amerikanischen Schuldbekenntnis auf. In allen drei Rechtssystemen aber haben Absprachen die konsensuale Verfahrensverkürzung und Erledigung zum Zweck der Beschleunigung des Verfahrens gemeinsam. Auch die Entstehungsgründe der Absprachen in amerikanischen und deutschen Verfahren weisen Ähnlichkeiten auf, während die Entstehungsgeschichte der Absprache in Georgien jedoch wesentlich abweicht.

1. Entstehungsgründe für Absprachen im georgischen Strafverfahren

Nachfolgend sollen die Gründe für die gesetzliche Regelung der Absprache aufgezeigt werden.

Nach der "Rosenrevolution" im Jahre 2003 änderte sich die politische Ausrichtung in Georgien und es wurden Institute des angloamerikanischen Verfahrens stärker in die StPO Georgiens aufgenommen. Unter den über 600 seit 2003 vorgenommen Änderungen waren auch die im Februar 2004 aufgenommenen Regelungen über das Abspracheverfahren (Kapitel LXIV(1): § 679 (1) bis § 679 (9) Georgische Strafprozessordnung).

Im Jahre 2004 hat der Gesetzgeber nach dem Vorbild des amerikanischen *plea bargaining* ein dieses neue Institut in die georgische Strafprozessordnung eingeführt - ohne wissenschaftliche Diskussionen und ohne empirische Untersuchungen. Bis zur Einführung konnte kein Fall einer Absprache in der Praxis nachgewiesen werden. Es existiert keine Fachdiskussionen über Absprachen und es liegt insoweit auch keine einzige gerichtliche Entscheidung über eine Absprache oder eine gescheiterte Absprachen vor. Dies lässt den Schluss zu, dass in Georgien für die möglichst schnelle Verfahrenserledigung die schon existierenden gesetzlichen Institutionen mit konsensualen Elementen ausreichten (§§ 473, 28 StPO Georgien).

So hat es aus der Praxis auch nicht die Behauptung gegeben, das Strafverfahrenssystem würde zusammenbrechen, wenn alle Fälle als streitiges Verfahren ausgetragen würden.

In der Regierungsbegründung zu dem Entwurf des Gesetzes „zur Durchführung von Maßnahme gegen Korruption“[1264]wird die Einführung der Absprache vom Justizminister neben dem Aspekt der Vereinfachung des Verfahrens ausdrücklich mit der Bekämpfung der Korruption gerechtfertigt. Eine Vereinfachung des Verfahrens tritt allerdings nur für diejenigen Beschuldigten ein, die zur Zusammenarbeit mit den Anklagendenbehörden bereit sind, die ein Geständnis ablegen und den Ermittlungsbehörden unzweifelhafte Informationen oder Beweise über andere schwere Verbrechen oder über Straftaten, die von einer höherstehenden Amtsperson begangen wurden, geben. Wenn diese Voraussetzungen vorhanden sind, ist der Staatsanwalt befugt, die Anklage zurückzunehmen und anstelle der Anklage einen Antrag auf Verurteilung ohne wesentliche Verhandlung zu stellen. In

1264 Die Regierungsbegründung über die Entwurf „gegen die Durchführung der Maßnahme gegen Korruption“

besonderen Fällen kann auch die endgültige Entlassung des Beschuldigten aus der strafrechtlichen Verantwortung erfolgen.
Aus der Regierungsbegründung und den parlamentarischen Debatten ergibt sich, dass der Gesetzgeber das Abspracheverfahren nicht wegen der Überlastung der Gerichte und nicht wegen der knappen Ressourcen der Justiz einführen wollte. Ebenso wenig werden die Sicherung der Funktionstüchtigkeit der Strafrechtspflege sowie die Verfahrensökonomie und das Beschleunigungsgebot als Begründung herangezogen. Es geht vielmehr, wie schon oben ausgeführt, um die Bekämpfung der Korruption bei hohen Amtsträgern und die Vereinfachung des Verfahrens für die Beschuldigten, die bereit sind ggf. selbst als hohe Amtsträger gegen andere auszusagen und zur Aufklärung von Korruptionsdelikten oder anderen schweren Verbrechen beizutragen. Mit der Einführung der Absprachen hat der Gesetzgeber den Willen der Regierung unterstützt, die Korruption mit der für Georgien völlig unbekannten Institution der strafprozessualen Absprache zu bekämpfen, die selber ihrer Natur nach als Instrument der Korruption betrachtet wird. Den Absprachen liegt der Grundsatz des Gebens und Nehmens zugrunde. Schon in der parlamentarischen Diskussion wurde vertreten, dass dieses Institut dazu dienen soll, das Geld hoher Amtsträger zu beschlagnahmen. Wie später die Praxis gezeigt hat, dient die Absprachen in Georgien bis heute genau diesem Ziel. Mit der Einführung der Absprache hat sich die Justiz selbst korrupt gemacht. Die Staatanwaltschaft wirft den ehemaligen hohen Amtsträgern Korruption vor, nimmt sie in Haft und gibt ihnen die Möglichkeit, sich durch die Zahlung einer von den Behörden (der Generalstaatsanwaltschaft) festgelegten Geldsumme von der strafrechtlichen Verantwortung freizukaufen. Später wurde dieses Prinzip auch auf andere Beschuldigte ausgedehnt. Heute hat jeder Verbrecher die Möglichkeit, sich - falls er das Geld hat - sich von der Justiz freizukaufen. Dass diese Entwicklung von Beginn an bezweckt war, wurde später vom Generalstaatsanwalt und dem Staatspräsidenten Georgiens bestätigt.
Im Rahmen dieser Arbeit wird später dargestellt, dass Absprachen eine wichtige Einnahmequellen nicht nur für die Staatskasse sondern auch für einige Fonds, die unter der Verfügung der Rechtspflegeorgane stehen, geworden sind.

2. Grundstruktur der Absprachen im georgischen Strafverfahren

Die prozessuale Absprache nach der georgischen Strafprozessordnung ist ein Verfahren, das ohne wesentliche Verhandlung zur Verurteilung des Angeklagten führt. Es ermöglicht den Parteien die frühzeitige Erledigung des Prozesses, gegebenenfalls schon während der Ermittlungen, auf jeden Fall aber vor der Eröffnung der Hauptverhandlung, indem es diesen gestattet, innerhalb vorgegebener Grenzen Art und Maß der Schuld sowie die Strafe selbstständig festzulegen.
Grundlage der Absprache ist die Einigung der Parteien über die Schuld oder über die zu verhängende Strafe.
Die Absprachebeteiligten stellen sich gegenseitig Leistungen in Aussicht, welche in einem Austauschverhältnis stehen. Die eine Leistung ist Gegenleistung der anderen („do ut des"). Als Leistung auf der Seite der Beschuldigten steht das

Schuldbekenntnis oder das Nicht-Bestreiten des Tatvorwurfs, § 679 (1) Abs. 2, 3 StPO Georgien. Das Gesetz sieht daneben als weitere Leistung des Beschuldigten die Kooperation mit den Strafverfolgungsorganen vor. Als mögliche Gegenleistungen sind auf der Seite der Strafverfolgungsorgane die Zusage einer milderen Strafe oder die Begrenzung der Anklage vorgesehen. In Ausnahmefällen sieht das Gesetz als Gegenleistung die vollständige Straflosigkeit vor. Es sollen nun die gesetzlichen Regelungen im Einzelnen vorgestellt werden.

3. Die Möglichkeiten einer Stellungnahme des Angeklagten zur Anklage

Bekommen die Ermittlungsbehörden Informationen über die Begehung einer Straftat, sind sie verpflichtet, von Amts wegen die Ermittlungen einzuleiten (§ 261 StPO Georgiens). Im Falle der Festnahme des Verdächtigen muss dieser innerhalb von 48 Stunden dem Ermittlungsrichter vorgeführt werden. Voraussetzung ist die Anordnung seiner Heranziehung als förmlicher Beschuldigte. Diese Anordnung stellt einen frühzeitigen Anklagevorwurf dar. Der Beschuldigte hat Gelegenheit, zum Schuldvorwurf Stellung zu nehmen. Diese frühzeitige Formulierung des vorläufigen Anklagevorwurfs sowie dessen laufende Überprüfung und Veränderbarkeit während verschiedener Phasen des Verfahrens machen den Anklagevorwurf zum idealen Bezugspunkt für Absprachen zwischen dem Ankläger und dem Verteidiger. In diesem Verfahrensstadium finden meistens Absprachen statt. Die Absprachen können aber grundsätzlich zu jeder Zeit und in allen Verfahrensstadien bis zum Plädoyer stattfinden.[1265]

Vor der Einführung der Absprache räumte das Gesetz dem Angeklagten verschiedene Möglichkeiten ein, zu den Schuldvorwürfen Stellung zu nehmen. So konnte er sich unschuldig erklären oder zum Tatvorwurf gänzlich schweigen mit der Folge, dass eine Hauptverhandlung stattfand, in der die Entscheidung über Schuld oder Unschuld des Angeklagten herbeigeführt wurde. Weiterhin konnte der Angeklagte sich hinsichtlich des Tatvorwurfs schuldig bekennen. Mit der Einführung der Absprache hat der Gesetzgeber weitere Möglichkeiten für den Beschuldigten eingeführt. So kann er sich schuldig bekennen, ein Geständnis ablegen oder den Tatvorwurf nicht bestreiten. Nach dieser letztgenannten Möglichkeit verzichtet der Angeklagte darauf, sich gegen den Tatvorwurf juristisch zur Wehr zu setzen, ohne zur Frage seiner strafrechtlichen Schuld Stellung zu nehmen. Welche der genannten Möglichkeiten der Beschuldigte als Erwiderung auf die Anklage wählt, bestimmt sich regelmäßig nach der Art der zu erwartenden Zugeständnisse von Seiten des Staatsanwalts. Diese beziehen sich nach dem georgischen Strafverfahren auf den Anklagevorwurf und das Strafmaß. So kann der Staatsanwalt zusagen, eine weniger schwere Straftat anzuklagen, indem er bspw. nur das Grunddelikt und nicht die Qualifikation anklagt oder er kann von der Anklage weiterer Delikten ganz absehen. Vor der endgültigen Formulierung der An-

---

1265 nach dem deutschen und auch amerikanischen Verfahren sind Absprachen auch zu einem späteren Zeitpunkt etwa im Rahmen der Beweiserhebung zwar noch möglich, jedoch nicht sinnvoll und damit die Ausnahmen Vergl. *Moldenhauer* , Eine Verfahrensordnung, S. 100.

klageschrift ist die Rücknahme einiger Anklagepunkte für den Beschuldigten erstrebenswert, weil die einzelnen Delikte differenzierte Tatbestandsabstufungen und entsprechend divergierende Strafdrohungen aufweisen. Allerdings kann durch das Fallenlassen einzelner Anklagepunkte zumindest eine Strafobergrenze festgelegt werden. Um seine Verhandlungsposition zu verbessern, versucht der Staatsanwalt jedoch meistens, den Beschuldigten durch eine aufgeblähte Anklage zur Abgabe eines Schuldbekenntnisses zu bewegen. Ist Bezugspunkt der Verhandlungen ein Strafmaß, kann das staatsanwaltliche Zugeständnis die Zusage sein, nicht die Höchststrafe, sondern eine für den Beschuldigten günstige Strafe zu beantragen. Die Praxis hat gezeigt, dass die Richter in der Regel der ausgehandelten Strafmaßempfehlung des Staatsanwalts folgen. Die Praxis hat ferner erwiesen „ dass es für den Beschuldigten kaum einen Anreiz gibt, sich anders als schuldig zu bekennen bzw. nicht zu widersprechen, da es mit Risiken verbunden ist, auf der eigenen Unschuld zu beharren oder zu schweigen. Einige Straffälle haben gezeigt, dass derjenige, der auf das Angebot zur Absprache nicht eingeht, mit einer unverhältnismäßig hohen Strafe rechnen muss. Diese Erfahrung wirkt als Druckmittel und führt in der Praxis zu einer Häufung von absprachebedingten Schuldbekenntnissen.
Als ein Beispiel dafür ist der Fall des ehemaligen Präsidenten[1266] der Rechnungskammer Georgiens, der wegen Untreue angeklagt war (§§ 332, 338 StGB). Während der Ermittlungen wurde ihm von der Staatsanwaltschaft eine Absprache über ein Höchststrafe von 2 Jahren Freiheitsentzug auf Bewährung angeboten. Als Gegenleistung sollte Molashvili der Anklage nicht widersprechen und 3 Millionen US-Dollar an den staatsanwaltschaftlichen Fond zahlen. Molashvili hat den Schuldvorwurf aber bestritten und sich für die Durchführung einer Hauptverhandlung entschieden. Er wurde schließlich zu einer Freiheitstrafe von acht Jahren verurteilt. In diesem Fall wie auch in anderen,[1267] in denen die Angeklagten die Absprache abgelehnt hatten, wurde im Vergleich zum Angebot einer Absprache eine wesentlich strengere Strafe verhängt. Diese Beispiele zeigen, dass die Angeklagten, denen von der Seite der Staatsanwaltschaft eine Absprache angeboten wird, keine große Wahl haben, die von der Verfassung und von dem Strafverfahren garantierten eigenen Rechte durchzusetzen. Diese Beispiele bestätigen auch das eigentliche Ziel der Einführung der Absprache: Es geht nicht um die Beschleunigung des Verfahrens und die Entlastung der Justiz, sondern darum, die Staatskasse und die staatsanwaltschaftlichen Fonds mit Geld zu füllen. Wer das ignoriert, hat mit einer strengeren Bestrafung zu rechnen. Damit wurden die strafverfahrensrechtlichen Normen über Absprachen zum Zwangsmittel, um die

---

1266 N 2640 AP, 2006, Molashvili

1267 Der Fall von ehemaligen Energetik Minister Mirzchulawa. N1-779 AP, 2006
Er hat auch die Absprache Abgelehnt, ihm wurde auch Angeboten 1 Jahre Freiheitsstrafe mit Bewährung, als Gegenleistung die Anklage nicht bestreiten und 2 Millionen für die Fond der Staatsanwaltschaft zu zahlen. Er hat das Angebot abgelehnt. Er wurde auch durch Hauptverhandlung zu 8 Jahre Freiheitstrafe verurteilt worden.

Zahlung von Geld zu Gunsten des Staates zu erreichen. Sie haben ihren rechtschützenden Wert verloren.

V. Gesetzliche Regelung der Absprachen nach der georgischen StPO

1. Formen der Absprachen der nach georgischen Strafprozessordnung. Unterscheidung nach Verhandlungszielen

a. Absprache über die Schuld

Die georgische Strafprozessordnung kennt zwei Formen der Absprache: die Absprache über die Schuld und die Absprache über die Strafe.
Laut Gesetzestext setzt voraus die Absprache über die Schuld ein Schuldbekenntnis des Beschuldigten (§ 678 (1), Abs. 2, 3 StPO Georgien). Aus dieser Vorschrift ergibt sich, dass das Gesetz auf Grund kontradiktorischen Verfahrens den Parteien (dem Staatsanwalt und dem Angeklagten) direkt die Kompetenz einräumt, über die Schuld und den Strafanspruch zu disponieren. Mit dem abgelegten Geständnis erklärt der Angeklagte sich schuldig und damit spricht er sein eigenes Schuldurteil. Als Gegenleistung wird dem Angeklagten von der Seite der Staatsanwaltschaft eine mildere Strafe oder ein Absehen der Anklage von weiteren Delikten in Aussicht gestellt. Das Gericht bestätigt später diese zwischen den Parteien getroffene Absprache und macht diese zur Grundlage seines Urteils.
Mit dieser Verfahrensweise wird klar, dass die gesamte Rechtsfolgenbestimmung disponibel ist. Es wird dem Gericht die Bestimmung der Rechtsfolgen aus der Hand genommen und durch einen Konsens der Verfahrensbeteiligten ersetzt. Eine solche Verfahrensweise steht im Widerspruch zu den Grundsätzen der Strafprozessordnung. Grundlage des Schuldspruchs darf nach diesen Grundsätzen immer nur der zur Überzeugung des Gerichts festgestellte Sachverhalt sein, dessen strafrechtliche Bewertung und Einordnung nur dem Gericht zusteht und einer Vereinbarung nicht zugänglich sein kann. Das Gericht erlässt in eigener Verantwortung das Urteil, niemand kann ihm diese Entscheidung abnehmen. Entscheidungszuständigkeit und Entscheidungsbefugnis für die Schuldfeststellung hat allein das Gericht (§§ 18, 45 StPO Georgiens). Die Einführung der Vereinbarung über die Schuld bedeutet, den Gerichten ihre rechtsprechende Unabhängigkeit zu nehmen und sie den Befugnissen der Parteiinitiative zu unterwerfen.
Während der Sowjetzeit und später vor der Einführung des neuen Strafgesetzbuches kannte das georgische Strafrecht den „psychologischen Schuldbegriff". Danach wurde die Schuld als subjektive Beziehung des Täters zum Taterfolg aufgefasst. Die Schuldvarianten waren Vorsatz und Fahrlässigkeit.[1268] Nach der strafrechtlichen Reform wurde in Georgien der normative Schuldbegriff eingeführt, wonach die Schuld die Vorwerfbarkeit eines verbotenen Verhaltens ist. Schuld ist jemanden dann zu zurechnen, wenn man ihm einen Vorwurf daraus machen kann, dass er z. B. geschlagen hat.[1269] Der Frage nach dem Wesen der Schuld kann hier

1268 *Ugrechelidze,* Schuld in Gefahrsdelikten, S. 15.
1269 Vergl. *Roxin,* Strafrecht, S. 857.

nicht erschöpfend nachgegangen werden. Es ist nur festzuhalten, dass nach dem Schuldprinzip, an dem auch das reformierte StGB festhält, jede Bestrafung Schuld voraussetzt. Die vollständige Kenntnis der Tat ist unumgängliche Voraussetzung für die Schuldfeststellung. Die Tat muss im Prozess festgestellt und auch die strafrechtliche Schuld muss aufgrund ermittelter Tatsachen nachgewiesen werden. Schuld kann nicht konsensual festgestellt werden.

An diese Stelle ist darauf hinzuweisen, dass sowohl nach dem deutschen als auch nach dem US-amerikanischen Verfahrensrecht eine Absprache über den Schuldspruch unzulässig ist. Nach der deutschen gesetzlichen Regelung über die Absprache darf der Schuldspruch nicht Gegenstand einer Verständigung sein (§ 273 c Abs. 2 StPO Deutschland). Nach dem deutschen Verfahrensrecht darf ein Geständnis nur dann dem Urteil zugrunde gelegt werden, wenn das Gericht von der Schuld überzeugt ist.[1270] Genauso dürfen nach dem US-amerikanischen Verfahrenssystem Schuldbekenntnisse nicht ohne weiteres dem Schuldspruch zugrunde gelegt werden.[1271]

Das georgische Verfahrensrecht, das eine Absprache über die Schuld erlaubt, verletzt damit den in der Strafprozessordnung verankerten verfassungsrechtlichen Grundsatz, wonach die Rechtsprechung durch Gerichte ausgeübt wird; nur das Gericht hat das Recht, ein gesetzliches, legitimes und gerechtes Urteil zu fällen und dem Täter gegenüber eine Strafe zu verhängen (Art. 83 Verfassung Georgiens, § 45 StPO Georgiens.)

b. Absprache über die Strafe

Eine andere Art der Absprache ist die Verständigung über die Strafe. Bezugspunkt der Verhandlungen ist das Strafmaß selbst. Der Beschuldigte widerspricht der Anklage nicht. Er verzichtet darauf, sich gegen die Anklage juristisch zu Wehr zu setzen, ohne zur Frage seiner strafrechtlicher Schuld Stellung zu nehmen. Das staatsanwaltschaftliche Zugeständnis ist die Zusage, keine Höchststrafe, sondern eine für den Beschuldigten günstigere Strafe zu beantragen (§ 679 (1) Abs. 1, Abs. 2 StPO Georgiens).

Diesen Modus strebt die Staatsanwaltschaft vornehmlich dann an, wenn die Beweislage schlecht ist und die Anklagevorwürfe nur mit Mühe nachzuweisen sind. Fast in 99 % aller Fälle folgt der Richter der ausgehandelten Strafmaßforderung des Staatsanwalts.

Das Gesetz schweigt darüber, ob die Parteien eine fixierte Strafe oder nur die Strafobergrenze der zu verhängenden Strafe aushandeln dürfen. Dem Gesetzestext kann man entnehmen, dass es um die fixierte Strafe geht. Die Vereinbarung zwischen den Parteien betrifft eine Strafe, die dem Angeklagten von der Staatsanwaltschaft vorgeschlagen wird. Der Angeklagte kann im Rahmen der Absprache dieser Strafe zustimmen. Der Gesetzestext erwähnt keine Strafobergrenze, es geht also um eine konkrete Strafe. (§ 679 (1) Abs. 2 StPO Georgiens). Bereits im

1270 *Löwe-Rosenberg/Rieß Einl.* Abschn. G, Rn. 67.
1271 *Dreher,* Kontrollierbarkeit. 106.

Ermittlungsverfahren können die Parteien eine bestimmte konkrete Strafe vereinbaren; diese Strafe wird im Antrag auf Verurteilung ohne Hauptverhandlung aufgeführt. Dieser Antrag wird später dem Gericht zur Bestätigung vorgelegt (§ 79 Abs. 2 StPO Georgiens). Wenn das Gericht davon überzeugt ist, dass die geforderte Strafe dem Gesetz entspricht, verkündet es das Urteil (§ 679 (4) Abs. 4 StPO Georgiens). Das Gericht kann die Strafe ohne Zustimmung der Staatsanwaltschaft nicht verändern, auch nicht zu Gunsten des Beschuldigten. Nach dem Gesetz kann das Gericht eine Änderung der prozessualen Absprache nur mit Zustimmung der Parteien vornehmen (§ 679 (4) Abs. 4 StPO Georgiens). Das bedeutet also: Das Gericht kann die von ihm für richtig empfundene Strafe nicht verhängen, wenn nur einer der Verfahrensbeteiligten (Staatsanwalt, Angeklagter oder Verteidiger) damit nicht einverstanden ist. Das Gericht wird somit in der ihm zustehenden Entscheidungsbefugnis beschränkt.
Es liegt auf der Hand, dass es mit den Grundsätzen der StPO nicht vereinbar ist, wenn die Staatsanwaltschaft und der Angeklagte bzw. sein Verteidiger als Gegenleistung für ein Schuldbekenntnis oder für ein Geständnis eine bestimmte Strafe aushandeln, die das Gericht dann in seinem Urteil festsetzen muss.
Damit wird eindeutig die nach §§ 19, 45 StPO Georgiens garantierte Entscheidungsfreiheit des Gerichts hinsichtlich der Strafzumessung verletzt. Nach § 494 StPO Georgiens schließt die Hauptverhandlung mit der „auf die Beratung folgenden" Verkündung des Urteils. Das Urteil ist also Ergebnis der Beratung und nicht das Ergebnis irgendwelcher Absprachen mit anderen Verfahrensbeteiligten. Wenn der Staatsanwaltschaft ein maßgeblicher Einfluss auf das Zustandekommen des Urteils dadurch eingeräumt wird, dass es von ihrer Zustimmung abhängig gemacht wird, verstößt dies eindeutig gegen die Vorschriften der StPO, nämlich insbesondere gegen §§ 19, 45, 495 StPO Georgiens. Die Staatsanwaltschaft trägt im Plädoyer ihre Auffassung vor (§ 490 StPO Georgiens); weiter reicht ihr Einfluss „in das Beratungszimmer" nicht. Andernfalls wird dem Gericht das Strafzumessungsermessen genommen und vom Richter auf die Staatsanwaltschaft verlagert. Nach §§ 19, 45, 495 StPO Georgiens erlässt das Gericht in eigener Verantwortung das Urteil, niemand kann ihm die Entscheidung abnehmen oder an ihre Findung teilhaben. Dass ein Urteil oder auch nur eine Zusage des Gerichts hinsichtlich der maximal oder minimal zu erwartenden Strafhöhe der Zustimmung der Staatsanwaltschaft bedarf, ist ein Bruch der Regeln des Strafverfahrens. Nach dem deutsche Verfahrensrecht (§ 257c Abs. 3 StPO Deutschlands) kann allein das Gericht eine Ober- und Untergrenze der Strafe angeben. Die Verfahrensbeteiligten erhalten Gelegenheit zur Stellungnahme. Die Verständigung kommt zustande, wenn Angeklagter und Staatsanwaltschaft dem Vorschlag des Gerichts zustimmen. Legt das Gericht eine Ober- und Untergrenze fest, so hat es dennoch im Rahmen der Urteilsberatung aus dem Inbegriff der Verhandlung über die Strafzumessung zu entscheiden. Das Gesetz bestimmt klar, dass die Entscheidung beim Gericht verbleibt und nicht von der Zustimmung der Staatsanwaltschaft oder des Angeklagten abhängig gemacht wird. Nach dem US-amerikanischen Verfahrensrecht ist das Strafzumessungsermessen ebenfalls aus-

schließlich richterliche Befugnis. Die endgültige Entscheidung über das zu verhängende Strafmaß bleibt dem Richter vorbehalten, er ist alleiniger Entscheidungsträger der Strafzumessung.

2. Voraussetzungen einer rechtmäßigen Absprache nach georgischem Recht

a. Der Antrag der Staatsanwaltschaft auf Verurteilung ohne wesentliche Verhandlung

Notwendige Voraussetzung der Absprache ist ein von der Staatsanwaltschaft an das Gericht gestellter Antrag über die Verurteilung des Beschuldigten ohne wesentliche Verhandlung, § 679 (2) StPO.

Der Antrag kann nur durch den Staatsanwalt gestellt werden. Der Angeklagte muss seinen Willen zur Absprache persönlich zusammen mit seinem Verteidiger zum Ausdruck bringen. Dem Antrag des Staatsanwalts wird die schriftliche Zustimmung des Angeklagten und seines Verteidigers zu der getroffenen Absprache hinzugefügt. Die Zustimmung enthält gleichzeitig die Information darüber, dass sie freiwillig und nach Beratung mit dem Verteidiger erfolgt ist. In dem Antrag wird der Name und Geburtsdatum des Beschuldigten, die vorgeworfene Tat unter Angabe des Tatortes, der Tatzeit, des Tatmittels, der Tatwaffe und der Tatfolgen, sowie die Beweismittel, die den hinreichenden Tatverdacht gegen den Beschuldigten begründen, mitgeteilt; außerdem werden die rechtliche Würdigung der Tat, die anzuwendenden Paragrafen des Strafgesetzbuches und das vom Staatsanwalt geforderte Strafmaß angegeben (§ 679 (2) StPO Georgiens).

§ 679 (2) Abs. 3 StPO Georgiens enthält noch eine Art der Absprache, die nicht in § 679 (1) StPO angegeben ist. Es ist die dritte Möglichkeit der Kooperation des Beschuldigten mit der Staatsanwaltschaft. Wenn Staatsanwalt, Beschuldigter und Verteidiger eine Vereinbarung über die Zusammenarbeit treffen, stellt der Staatsanwalt einen Antrag, in welchem er den Inhalt der Vereinbarung bezeichnet. Der Antrag wird vom Staatsanwalt, dem Beschuldigten und seinem Verteidiger unterzeichnet.

Der nach Abs. 3 dieses Paragrafen vorgesehene Antrag ist öffentlich mit Ausnahme der Informationen über die Ermittlungen gegen andere Beschuldigte. Das Recht auf Kenntnisnahme der von dem Beschuldigten gegebenen Informationen haben nur Personen, die den Antrag unterzeichnet haben und das Gericht, im Fall des § 679 (1) Abs. 10 StPO Georgiens auch die dort genannten Personen.

Als Leistung des Beschuldigten gilt die Kooperation mit der Staatsanwaltschaft. Als Gegenleistung sagt die Staatsanwaltschaft etwa zu, andere Anklagepunkte fallen zu lassen oder aber sie kann den endgültigen Tatvorwurf dergestalt neu formulieren, dass sie wegen eines geringeren Delikts anklagt oder sie kann statt der Höchststrafe ein geringeres Strafmaß beantragen. In besonderen Fällen kann der Staatsanwalt einen Antrag auf vollständige Entlassung des Beschuldigten aus der strafrechtlichen Verantwortung stellen. Auf dieses Thema wird später näher eingegangen.

b. Weitere Voraussetzungen einer rechtmäßigen Absprache

Neben dem Erfordernis der Verhandlungsfähigkeit des Beschuldigten wird für eine wirksame Absprache für unabdingbar gehalten, dass der Beschuldigte darüber aufgeklärt ist, welches konkrete Recht durch sein Verhalten verletzt worden sein soll, über welche Verfahrensrechte er verfügt und welche unmittelbaren Wirkungen und Konsequenzen eine Absprache haben kann. Erst aufgrund bestimmter Mindestkenntnisse und des Verständnisses der materiellen und prozessualen Zusammenhänge kann der Beschuldigte tatsächlich eine auf Abwägung von Vor- und Nachteilen beruhende Entscheidung darüber treffen, ob die Absprache oder die Durchführung eines streitigen Verfahrens für ihn günstiger oder persönlich erstrebenswerter ist.

Die Absprache darf vom Gericht folglich nur angenommen werden, wenn folgende inhaltliche Mindeststandards erfüllt sind: Der Angeklagte muss sein Schuldbekenntnis freiwillig abgegeben haben, er muss Wesen und Ausmaß des ihm vorgeworfenen Verbrechens verstehen und die Konsequenzen seines Schuldbekenntnisses abschätzen können.

c. Kenntnis und Verständnis von Wesen und Ausmaß des Tatvorwurfs

Der Wortlaut des § 679 (3) Abs. 2 StPO Georgiens fordert eine besondere Leistung des Tatrichters: Er muss nicht nur dafür sorgen, dass dem Beschuldigten das Wesen des Tatvorwurfs erklärt wird, sondern auch positiv feststellen, ob der Angeklagte den rechtlichen Vorwurf in Bezug auf den angeklagten Sachverhalt verstanden hat.

Es ist nicht selbstverständlich, dass sich ein Beschuldigter darüber im Klaren ist, gegen welche Verbotsnorm er verstoßen hat, insbesondere wenn es sich um einen komplizierten Straftatbestand handelt. Wenn der Beschuldigte der Absprache zustimmt, so hat das Gericht die Pflicht, festzustellen, ob der Angeklagte die Natur des Tatvorwurfs auch tatsächlich verstanden hat. Dieses Erfordernis ist eine zentrale Voraussetzung für die Gültigkeit der Absprache. Denn es liegt auf der Hand, dass der nicht oder schlecht informierte Beschuldigte keine prozessual abgewogene Entscheidung treffen kann. Es genügt nicht, wenn das Gericht sich mit sich auf die Frage, ob der Beschuldigte den Straftatbestand und seine Anwendung auf den Sachverhalt verstanden habe, mit einem bloßen „Ja" zufrieden gibt. Für eine Absprache muss der Richter eine wertende innere Entscheidung treffen, ob der Beschuldigte richtig informiert wurde und den Tatvorwurf tatsächlich verstanden hat. Zur Gewährleistung des erforderlichen Verständnisses verlangt das Gesetz, dass das Gericht den Beschuldigten in der Sitzung persönlich anhört und ihn über die Natur des Tatvorwurfs informiert (§ 679 (3) Abs. 2 a StPO Georgiens).

Wie und in welchem Umfang dem Beschuldigten der Inhalt einer Anklage verständlich gemacht wird, ist dem Gericht überlassen. In einfachen Fällen wird dem Angeklagten der Tatvorwurf vorgelesen. In komplizierten Fällen gibt das Gericht genauere Erläuterungen zum jeweiligen Tatbestand. Dabei kann das Gericht einzelne Tatelemente verdeutlichen. Wird die Belehrung versäumt oder hat der Be-

schuldigte den Tatvorwurf tatsächlich nicht hinreichend verstanden, so kann die Absprache als ungültig bewertet werden.
Neben den Elementen des vorgeworfenen Verbrechens ist der Beschuldigte außerdem auf die vom Gesetz vorgesehene Mindest- und Höchststrafe einschließlich einer möglichen Bewährungsstrafe hinzuweisen.
Nach dem Wortlaut des Gesetzes (§ 679 (3) Abs. 2 b StPO Georgiens) muss das Gericht vor der Zustimmung zu der prozessualen Absprache davon überzeugt sein, dass dem Beschuldigten die nach dem Gesetz vorgesehene Strafe für das von ihm eingestandene Verbrechen in vollem Umfang bewusst ist. Hier muss darauf hingewiesen werden, dass es nach dem Willen des Gesetzgebers nicht notwendig ist, dass der Beschuldigte auf die schon abgesprochenen Straffolgen hingewiesen wird, sondern es genügt, dass der Beschuldigte über den gesetzlichen Strafrahmen informiert ist. Das bedeutet, dass der Angeklagte durch das Gericht eine klare Vorstellung über die gesetzlich vorgesehene Höchst- und Mindeststrafe vermittelt bekommt. Diese Belehrung des Gerichts könnte sich für den Beschuldigten als Druck darstellen, eine auf seinem Geständnis beruhende Absprache zu treffen. Der Beschuldigte könnte nämlich durch diese Belehrung den Eindruck bekommen, dass ihm ohne Absprache statt der mit dem Staatsanwalt vereinbarten Strafe die nach dem Gesetz vorgesehene Höchststrafe erwartet. Entsprechend dem Gesetz hat das Gericht sich zu vergewissern, dass dem Beschuldigten alle mit der prozessualen Absprache verbundenen gesetzlichen Anforderungen bekannt sind. Ein ohne diese Hinweise ergangenes Urteil ist anfechtbar (§ 679 (6) Abs. 1 d StPO Georgiens).

Das Gericht muss den Beschuldigten ferner über dessen prozessuale Rechte aufklären, die er im Falle einer Absprache nicht wahrnehmen kann. Es ist notwendig, dass der Beschuldigte neben den Merkmalen der Straftat, zu der er sich schuldig bekennt und neben den strafrechtlichen Konsequenzen auch über die Rechte informiert wird, auf die er verzichtet. Der Richter muss hier genauso nicht nur die Rechte des Beschuldigten erklären, sondern auch feststellen, ob dem Beschuldigten die ihm zustehenden, in der Verfassung verankerten Rechte bewusst sind. Nach dem Wortlaut des § 679 (3) Abs. 2 e StPO Georgiens hat sich das Gericht sich darüber zu vergewissern, dass dem Beschuldigten die folgenden Rechte bewusst sind:

- das Recht auf einen Rechtsbeistand,
- das Recht auf eine Hauptverhandlung und auf eine Beweisaufnahme,
- das Recht auf eine Konfrontation des Belastungszeugen,
- das Recht, die prozessuale Absprache zu verweigern.

Auch muss sich das Gericht sicher sein, dass

- die prozessuale Absprache nicht durch Gewalt, Verängstigung oder Bedrohung des Beschuldigten oder durch ein über den Rahmen der prozessualen Absprache hinausgehendes Versprechen zustande gekommen ist;

- der Beschuldigte den faktischen Grundlagen (Tatsachen) der prozessualen Absprache zustimmt;
- alle Voraussetzungen der Absprache zwischen dem Staatsanwalt und dem Beschuldigten in der schriftlichen Vereinbarung bezeichnet worden sind;
- der Beschuldigte und sein Verteidiger die Akten vollständig kennen.

Auffallend ist, dass das Gesetz nichts darüber sagt, dass der Beschuldigte sich nicht belasten muss und über dieses Recht ausdrücklich zu belehren ist. Dieses Verbot erzwungener Selbstbezichtigung folgt unmittelbar aus der Verfassung (Art. 42 Abs. 8 Verfassung Georgiens). Die entsprechende Belehrungist sehr wichtig, weil durch eine Absprache immer eine Verletzung des Nemo-tenetur-Grundsatzes befürchtet werden muss.

Gerade weil der Beschuldigte mit der Absprache auf elementare Verfassungsgarantien verzichtet, ist es von großer Bedeutung, ihn persönlich anzuhören und zu befragen und ihn auf alle seine Rechte hinzuweisen.

d. Die Freiwilligkeit einer Absprache, §§ 679 (3) Abs. 1; 2 (1) StPO Georgiens

Um zu verhindern, dass die Ermittlungsbehörden ihre starke Position insbesondere nach der Inhaftierung des Beschuldigten dazu ausnutzen, Druck auf den Angeklagten zur Abgabe eines Schuldbekenntnisses oder eines Geständnisses auszuüben, hat der georgische Gesetzgeber einen Schutzmechanismus entwickelt, der die Freiwilligkeit des Beschuldigten gewährleisten soll. Der Angeklagte soll in die Lage versetzt werden, seine Situation im Prozess und die Konsequenzen der Absprache einschätzen zu können. Ziel dieser Verfahrensvorschriften ist es, dem Beschuldigten, gegebenenfalls mit Hilfe eines Rechtbeistands, eine freie und eigenverantwortliche Entscheidung zu ermöglichen.

Im Ermittlungsverfahren sind - bis zur Fertigstellung des Antrags über die Verurteilung ohne wesentliche Verhandlung - die Abspracheverhandlungen zwischen den Parteien für gewöhnlich niemanden außer den unmittelbaren Verhandlungspartnern bekannt. Aus diesem Grund soll bei der Überprüfung der Freiwilligkeit in Erfahrung gebracht werden, ob die Absprache aus den Vorgesprächen folgt und nicht Ergebnis einer erheblichen Zwangslage des Beschuldigten ist.

§ 679 (3) Abs. 1, 2 (1) StPO Georgiens verbietet dem Gericht, eine Absprache zu akzeptieren, sofern es sich nicht vorher darüber vergewissert hat, dass die Absprache ohne Zwang, ohne Gewalt, ohne Bedrohung, ohne Täuschung und ohne ungesetzliche Versprechungen und damit freiwillig zustande gekommen ist. Vor der Bestätigung der prozessualen Absprache ist das Gericht verpflichtet, in einer persönlichen und öffentlichen Befragung des Beschuldigten sich davon zu überzeugen, dass es von der Seite der Polizei oder der Beamten anderer Rechtspflegeorgane weder Folter noch unmenschliche oder erniedrigende Behandlungen des Beschuldigten gegeben hat. Das Gericht ist verpflichtet, dem Beschuldigten zu erklären, dass eine vom ihm eingelegte Beschwerde wegen Folter, unmenschlicher oder erniedrigender Behandlung die Bestätigung getroffenen prozessualen Absprache nicht unbedingt hindert.

Wie schon oben dargestellt, muss der Angeklagte zur Prüfung der Freiwilligkeit persönlich befragt werden. Das Gesetz überlässt es aber dem Gericht, den im Einzelfall angezeigten Prüfungsumfang und die Intensität der Aufklärungen zu bestimmen. Die Forderung nach Vermeidung jeglichen Zwangs bei der Absprache hat ihre Grundlage in der Ansicht, dass der Beschuldigte in der Situation der Absprache genauso unbeeinflusst sein muss, wie im normalen Verfahren.

Ob diese vom Gesetzgeber eingeführten Schutzmechanismen die Freiwilligkeit der Absprache in der Praxis zu gewährleisten vermögen, ist jedoch fraglich. Dagegen sprechen die Beispiele, bei denen das Gericht sich überzeugt hatte, dass das Schulbekenntnis bei der Absprache freiwillig abgegeben wurde und sich später dennoch herausstellte, dass der Angeklagten durch die Verfolgungsorgane gefoltert worden war.[1272] Ein konkretes Fallbeispiel wird unten näher ausgeführt.

e. Offenlegung und Protokollierung, § 679 (3) Abs. 1, 4.

Gemäß § 679 (3) Abs. 1, 4 StPO Georgiens müssen die schon während der Ermittlungen getroffenen Absprachen zwischen den Parteien schriftlich protokolliert werden.

In formeller Hinsicht hat das Gericht den Beschuldigten nicht nur persönlich, sondern auch öffentlich über die geschilderten inhaltlichen Standards zu unterrichten. Auf diese Weise erfolgt die Abgabe des Geständnisses immer in der Öffentlichkeit.

Es wird ein wörtliches Protokoll angefertigt, das die gerichtliche Belehrung des Beschuldigten, insbesondere die Feststellung zur Freiwilligkeit seines Schuldbekenntnisses enthält.

In prozessualer Hinsicht soll die Protokollierung der Belehrungen des Richters und der Erklärungen des Beschuldigten sicherstellen, dass eine spätere Anfechtung der Absprache wegen mangelnder Belehrung ausscheidet, da die Rechtmäßigkeit der Absprache im Rechtsmittelverfahren überprüft werden kann.

f. Zusammenfassung

Wie dargestellt setzt § 679 (3) StPO Georgiens für die Absprache wichtige Grenzen. § 679 (3) Abs. 2 a bis n regelt bestimmte Belehrungspflichten im Abspracheverfahren, die sicherstellen sollen, dass der Beschuldigte weiß, worauf er durch ein Schuldbekenntnis verzichtet. §§ 679 (3) Abs. 1, Satz 2, Abs. 2 (1) verlangt, dass Absprachen freiwillig von der Seite des Beschuldigten abgeschlossen werden. Ob die oben genannten, gesetzlich vorgesehenen Voraussetzungen eine frei verantwortliche Entscheidung des Beschuldigten für eine Absprache gewähr-

1272 Der Fall von Bachutov, N 2073 AUFS. 2007.
http://www.humanrights.ge/index.php?a=main&pid=6969&lang=geo
http://www.ombudsman.ge/index.php?page=1001&lang=0&id=879

leisten, ist zweifelhaft. Wichtige Voraussetzungen, die für die Verfahrensfairneß eine große Rolle spielen, sind nicht erfüllt.

Wie schon oben dargestellt, könnte die Aufklärung des Angeklagten durch das Gericht über die gesetzlich angedrohten Höchst- und Mindeststrafen für die begangenen Taten die Entscheidung des Beschuldigten für oder gegen eine Absprache beinträchtigen. Diese Belehrung des Gerichts könnte als Zwang wirken, die von dem Staatsanwalt gegen ein Geständnis vorgeschlagene geringe Strafe zu akzeptieren, denn der Beschuldigte könnte dies als Ankündigung des Gerichts auffassen, dass bei Durchführung eines regulären Verfahrens die Höchststrafe droht.

Die Absprachen kommen in allen Verfahrensstadien vor. Gemäß § 679 (2) StPO Georgiens enthält der Antrag auf die Verurteilung nach der Absprache Informationen über die getroffene Absprache, über die Anklage, über die Beweise. Der Antrag beinhaltet jedoch keine Informationen über die Vorgespräche, die zwischen den Parteien während der Ermittlungen vor der Absprache durchgeführt wurden.

Es ist notwendig, dass diese Vorgespräche auch im Antrag aufgezeichnet werden. Sobald ein Schuldbekenntnis angeboten wird, soll das von den Parteien offengelegt und protokolliert werden. Dies soll die Offenlegung der zur Absprache führenden Motivationen der Parteien sicherstellen und heimliche Absprachen der Parteien verhindern. Besonders wenn die Absprache Bestandteil des Urteils wird.

Mit jeder Absprache verzichtet der Beschuldigte implizit auf das ihm von der Verfassung garantiert Recht, seine Zeugen unter den gleichen Bedingungen zu befragen, denen auch die Belastungszeugen unterliegen, sowie auf das Recht, sich nicht selbst belasten zu müssen. Der Rechtsverzicht des Beschuldigten ist untrennbar mit der Absprache verbunden und gerade das macht die Überprüfung der Freiwilligkeit und der Kenntnis der Rechtsfolgen einer Absprache unabdingbar.

Gemäß § 679 (3) Abs. 2 e StPO Georgiens muss das Gericht den Beschuldigten darüber aufklären, über welche in der Verfassung verankerten Strafverfahrensrechte er verfügt. Dabei hat sich das Gericht zu vergewissern, dass diese konkreten Rechte dem Beschuldigten bewusst sind. Die Vorschrift enthält eine konkrete Aufzählung der Verfahrensrechte des Beschuldigten, die Verfassungsrang haben. Hier muss darauf hingewiesen werden, dass die Belehrung nicht alle elementaren durch die Verfassung gewährleisteten Strafverfahrensrechte umfasst. So hat der Beschuldigte ein verfassungsrechtlich garantiertes Recht darauf, jegliche Einlassung zur Sache zu verweigern. Dieses Recht, welches auch im Art. 14 III g des Internationalen Pakts über bürgerliche und politische Rechte (IPBPR) niedergelegt ist, unterstützt die Subjektstellung des Beschuldigten und ist Ausdruck der Anerkennung des Vorrangs seines Persönlichkeitsrechts vor dem Strafverfolgungsinteresse. Niemand muss bei seiner eigenen Strafverfolgung hilfreich mitwirken (nemo tenetur se ipsum accusare). Der Gesetzgeber hat es nicht für notwendig erachtet, die Belehrung über dieses Recht bei der Absprache vorzuschreiben.

§ 679 (3) StPO Georgiens enthält kein Erfordernis der Belehrung des Beschuldigten über sein durch die Verfassung garantiertes Recht auf Schutz vor dem Zwang zur Selbstbelastung und Belastung nahe stehender Personen und auf das Recht, eigene Zeugen unter denselben Bedingungen zu befragen, wie Belastungszeugen.[1273]

Es muss aber darauf hingewiesen werden, dass bereits bei der ersten polizeilichen Vernehmung nach §§ 310, 311 StPO Georgiens die Aufklärung über diese Rechte erforderlich ist.

Ausgehend davon, dass das Schuldbekenntnis des Beschuldigten im georgischen Strafprozess den Charakter der Unterwerfung hat - der Beschuldigte erklärt sich damit einverstanden, verurteilt zu werden und verzichtet auf elementare Verfassungsgarantien - ist es notwendig, ihn hierzu persönlich zu befragen und auf die zu erwartende Höchstrafe und die wichtigsten ihm verlustig gehenden Rechte hinzuweisen. Dadurch soll der Beschuldigte in die Lage versetzt werden, seine Situation im Prozess einschätzen zu können.

VI. Verfahrensweisen bei Absprache nach dem Georgischen Strafverfahrensrecht

1. Gerichtliche Prüfung der Absprache

Ist eine Vereinbarung zwischen den Parteien getroffen worden, muss sie dem Gericht zur Prüfung und Genehmigung vorgelegt werden.

Das von den Parteien erzielte Verhandlungsergebnis wird durch den Richter abgesichert oder abgelehnt. Gemäß § 679 (3) Abs. 3 StPO Georgiens entscheidet der Richter über die prozessuale Absprache nach dem Gesetz; er ist nicht verpflichtet, die prozessuale Absprache zu bestätigen.

Gemäß § 679 (4) Abs. 1 StPO Georgiens ist das Gericht befugt, eine Entscheidung über die Verurteilung ohne wesentliche Verhandlungoder über die Zurückverweisung der Akten an die Staatsanwaltschaft zur Entscheidung über die Erhebung der Klage zu treffen.

Wie schon dargestellt, muss das Gericht die Voraussetzungen der Absprache überprüfen und Absprachen dann akzeptieren, wenn der Beschuldigte den Deliktscharakter und die Konsequenzen der Tat versteht, zu der er sich schuldig bekennt, wenn er das Geständnis freiwillig abgibt oder freiwillig die Anklage nicht bestreitet.

Als weiteres entscheidendes Erfordernis zur Annahme der Absprache kommt hinzu, dass sich das Gericht eines jeden Schuldbekenntnisses des Beschuldigten zu vergewissern hat.

1273 Art. 42 Abs. 6, 8 GG hat der Beschuldigte das Recht, die Vorladung und Vernehmung seiner Zeugen unter denselben Bedingungen zu verlangen, denen die Zeuge der Anklage unterliege Der Beschuldigte ist nicht verpflichtet, Aussagen gegen sich selbst oder ihm nahe stehende Personen, deren Kreis vom Gesetz bestimmt wird, zu machen.

Durch Überprüfung der Tatsachengrundlage der Absprache hat sich das Gericht zu vergewissern, dass sich das vom Beschuldigten zugegebene Verhalten unter das tatsächlich angeklagte Delikt subsumieren lässt. Das Gericht ist verpflichtet zu überprüfen, ob in den Akten genügend Beweise dafür vorhanden sind, dass der Beschuldigte die Tat wahrscheinlich begangen hat und ob das Geständnis freiwillig abgelegt worden ist (§ 679 (4) Abs. 3 StPO Georgiens).

Ob das Schuldbekenntnis auf einer tatsächlichen Grundlage beruht, ist von zentraler Bedeutung. Es soll lediglich der exakte Inhalt eines Schuldbekenntnisses klargestellt werden und Gewissheit darüber bestehen, dass die Bekenntnisse des Beschuldigten mit dem angeklagten Delikt tatsächlich korrelieren. Die erforderlichen Überprüfungen des Richters umfassen insbesondere die von der Staatsanwaltschaft vorgelegten Unterlagen, die bei der Absprache vorliegenden Informationen sowie natürlich auch die Angaben des Beschuldigten. Gemäß § 679 (3) Abs. 3 StPO Georgiens überprüft das Gericht auf Grund der Strafakten und des Geständnisses, ob die Anklage begründet ist. Die Feststellung der Tatsachen durch Überprüfung der in den Akten vorhandenen Beweise dient dem Zweck, den Beschuldigten davor zu schützen, dass er möglicherweise nicht erkennt, dass sein von der Staatsanwaltschaft ermitteltes Verhalten gar nicht unter den angeklagten Straftatbestand fällt. Das Gesetz fordert vom Gericht, dass es sich davon überzeugt, dass dem Beschuldigten die faktischen Gründe (Tatsachen) der prozessualen Absprache bewusst sind und er zustimmt, (§ 679 (3) Abs. 3 g StPO Georgiens). Stellt das Gericht bspw. nach einer Sachverhaltsschilderung durch den Beschuldigten fest, dass der konkrete Anklagesachverhalt nach Inhalt und Umfang von dem Schuldbekenntnis nicht annähernd gedeckt ist, wird es das Schuldbekenntnis mangels hinreichender Grundlage zurückweisen. Diese Fälle sind in der Praxis allerdings selten.

2. Bestätigung und Zurückweisung eines Antrags auf Verurteilung ohne wesentliche Verhandlung durch das Gericht (§§ 679 (3) Abs. 3; 679 (4) Abs. 1 StPO Georgiens)

Die Bestätigung oder Zurückweisung eines Antrags auf Verurteilung ohne wesentliche Verhandlung steht im Ermessen des Gerichts. Einen Anspruch auf Bestätigung einer Absprache hat der Beschuldigte nicht, § 679 (3) Abs. 3 StPO Georgiens

Entsprechend § 679 (4) Abs. 1 StPO Georgiens ist das Gericht befugt, eine Entscheidung über die Verurteilung ohne wesentliche Verhandlung oder über die Zurückverweisung der Akten an die Staatsanwaltschaft zur Entscheidung über die Erhebung der Klage zu treffen.

Das Gesetz geht davon aus, dass der Richter die Absprache bestätigen muss, um sie der Verurteilung als Schuldspruch zugrundelegen zu können. Der frühestmögliche Zeitpunkt der Bestätigung der Absprache erschließt sich aus § 679 (3) Abs. 2. Dem Wortlaut - „Vor der Bestätigung der prozessualen Absprache muss das Gericht überzeugt sein, dass: a) der Beschuldigte (Angeklagte) die Art des ihm vorgeworfenen Verbrechens in vollem Umfang verstanden hat“ - ist zu entnehmen, dass die Bestätigung der Absprache nicht zu beliebiger Zeit erfolgen kann, sondern dass ihr die Erfüllung der Belehrungs- und Prüfungspflicht durch das Gericht notwendigerweise vorausgeht. Bis zu welchem Zeitpunkt die Absprache spätestens bestätigt sein muss, lässt sich aus dem Gesetz nicht ohne weiteres ableiten. Es ist nur klar, dass keine Strafe ohne Schuldspruch auferlegt werden kann. Das Urteil erfolgt auf der Grundlage der in den Akten vorhandenen Beweismittel, von deren Unumstrittenheit das Gericht überzeugt sein muss, (§ 679 (4) Abs. 4). Dem Gesetzestext ist es demnach nicht zu entnehmen, zu welchem Zeitpunkt die Bestätigung des Antrags über die Verurteilung ohne wesentliche Verhandlung erfolgt. Das kann etwa zu dem Zeitpunkt sein, wenn das Gericht davon überzeugt ist, dass der Beschuldigte den Deliktscharakter und die Konsequenzen der Tat versteht, zu der er sich schuldig bekennt, das Schuldbekenntnis freiwillig ist und dieses auf tatsächlicher Grundlage beruht. Oder etwa, wenn das Gericht auf Grund der in den Akten vorhandenen Beweise davon überzeugt ist, dass unumstrittene Beweismittel für den Beweis der Schuld der angeklagten Person vorgelegt worden sind und die geforderte Strafe dem Gesetz entspricht.

Es ist lediglich klar geregelt, dass das Urteil innerhalb von 15 Tagen nach Einreichung des Antrags der Staatsanwaltschaft zu verkünden ist, wenn das Gericht davon überzeugt ist, dass unumstrittene Beweismittel für den Beweis der Schuld der angeklagten Person vorgelegt worden sind und die geforderte Strafe dem Gesetz entspricht.

Das Gericht kann den Antrag auf Verurteilung ohne wesentliche Verhandlung an die Staatsanwaltschaft zur Entscheidung über die Erhebung der Klage zurückweisen. Das Gesetz macht die Wahl zwischen Zurückweisung und Bestätigung der Absprache von einem vernünftigen Ermessen des Gerichts abhängig. Dieses darf nicht willkürlich sein. Das Gesetz bestimmt, worauf sich das Ermessen des Gerichts stützen darf. Gemäß § 679 (4) Abs. 5 StPO Georgiens können die Akten an die Staatsanwaltschaft zur Entscheidung über die Erhebung der Anklage zurückverwiesen werden, wenn das Gericht die Beweismittel für den Schuldspruch nicht für ausreichend hält oder wenn es feststellt, dass der Antrag auf Verurteilung ohne Hauptverhandlung die gesetzlichen Vorschriften verletzt. Demnach ist eine Zurückweisung der Absprache nur dann gerechtfertigt, wenn tatsächliche und rechtliche Bedenken bestehen.

Es fragt sich, warum das Gericht unter diesen Voraussetzungen den Antrag und die Akten an die Staatsanwaltschaft zurückweist und nicht selbst die Durchführung einer kontradiktorisch ausgestalteten Hauptverhandlung einleitet. Die Ergebnisse des Ermittlungsverfahrens liegen dem Gericht vor. Wie schon dargestellt müssen bei Absprachen die Ermittlungen trotz Vereinbarung vollständig und hinreichende Beweismittel für die Schuld des Beschuldigten in den Akten vorhanden sein. Die Unmittelbarkeit der Hauptverhandlung fordert, dass alle für das Urteil relevanten Tatsachen erneut unmittelbar in der Hauptverhandlung vorgelegt werden. Aufgrund dessen trifft das Gericht die Entscheidung. Dennoch kann es die Sache nur an die Staatsanwaltschaft zurückverweisen, wenn es die Absprache nicht bestätigen will. Die Gesetzesbegründung erörtert mit keinem Wort, warum dem so ist. Schon das beweist, wie wenig die gesamte Regelung der Absprache durchdacht ist. Dem Gericht ist damit jegliche weitere Beweisermittlung untersagt.

3. Bindungswirkung der Absprache und Widerruf des Schuldbekenntnisses sowie Ablehnung der Absprache, § 679 (4) Abs. 7 StPO Georgiens

Da ein Schuldbekenntnis nach dem georgischen StPO dem richterlichen Schuldspruch gleichsteht, muss es notwendigerweise einen Zeitpunkt geben, von dem an alle Beteiligten an die Absprache gebunden sind. Dieser Zeitpunkt ist dem Gesetzestext schwerlich zu entnehmen. Es ist diesbezüglich nur beim Beschuldigten eindeutig. Gemäß § 679 (4) Abs. 7 StPO Georgiens hat der Beschuldigte das Recht, die Absprache bis zur Verkündung des Urteils ohne wesentliche Verhandlung abzulehnen. Der Antrag auf Ablehnung der Absprache benötigt keine Zustimmung des Verteidigers. Nach der Verkündung des Urteils ist die Anfechtung der Absprache nicht mehr zulässig. Für den Beschuldigten/Angeklagten besteht also bis zur Urteilsberatung des Gerichts keine Bindung an die Absprache. Sobald das Gericht in der Urteilsberatung ist, kann der Beschuldigte sein Schuldbekenntnis nicht mehr widerrufen (§ 679 (4), Abs. 7 StPO Georgiens).

Diese Befugnis des Beschuldigten ist bedenklich, denn wenn das Gesetz für den Beschuldigten keine Verbindlichkeit der Absprache kennt, dann kann dieser seine Erklärung noch Wochen oder Monate später zurücknehmen und so den Prozess bewusst verschleppen.

Dem Gesetzestext ist schwer zu entnehmen, wann für das Gericht die Absprache bindend ist. Tritt die Verbindlichkeit ein, wenn es die Belehrung und das Prüfungsverfahren abschließt oder etwa dann, wenn es überzeugt ist, dass in den Akten ausreichende unumstrittene Beweise vorhanden sind und damit beginnt, die Verhältnismäßigkeit und Gesetzlichkeit der von der Staatsanwaltschaft geforderten Strafe zu überprüfen?

Es bleibt auch unklar, wann die Bindungswirkung für Staatsanwaltschaft beginnt oder endet. Die Frage der Bindungswirkung ist in der Rechtswirklichkeit von großer Bedeutung, da nur wenn sich die Parteien auf die Verbindlichkeit der Absprache verlassen können, diese auch jeweils ihre (Voraus)leistungen erbringen.

Wie bereits erwähnt, hat der Beschuldigte also zu jeder Zeit ein Recht auf Rücknahme des Schuldbekenntnisses und Ablehnung der Absprache. Der Beschuldigte muss die Ablehnung der Absprache nicht begründen, seine Motive spielen keine Rolle.

Die Zurücknahme des Schuldbekenntnisses und die Ablehnung der Absprache bedürfen auch keiner Zustimmung des Gerichts. Hierdurch wird die Vorleistungspflicht des Beschuldigten abgemildert.

4. Verbot der Verwertung des Geständnisses des Beschuldigten bei einer gescheiterten Absprache (§§ 679 (3) Abs. 1 e; 679 (5) StPO Georgiens)

Für gewöhnlich stellt der Beschuldigte dem Staatsanwalt umfangreiche Informationen über seine eigene Tatbeteiligung sowie gegebenenfalls die Tatbeteiligung anderer Personen in Aussicht, um dadurch größere Zugeständnisse zu erreichen. Der Staatsanwalt sichert dem Beschuldigten mit dem schriftlichen Antrag auf Verurteilung ohne wesentliche Verhandlung zu, dass er im Ergebnis zu der abgesprochenen und im Antrag geforderten Strafe verurteilt oder in Ausnahmefällen sogar vollständig von Strafe freigestellt wird. Besonders bei der Zusammenarbeit des Beschuldigten mit den Ermittlungsorganen werden den Ermittlungsbehörden umfangreiche Informationen gegeben über die Täterschaft hoch gestellter Persönlichkeiten oder anderer Personen, die einer besonders schweren Straftat verdächtigt sind.

Wie schon dargestellt, räumt das Gesetzt dem Beschuldigten das Recht des Widerrufs des Geständnisses und auch das Recht der Ablehnung der Absprache ein. Außerdem kann das Gericht die Absprache nicht bestätigen und die Akten zur Entscheidung der Frage der Anklageerhebung an die Staatsanwaltschaft zurückverweisen oder das Rechtsmittelgericht kann das Absprachеurteil aufheben.

In all diesen Fällen sind die Absprachen gescheitert. Das Gesetz bietet dann den Beschuldigten Schutz und bestimmt, dass das Scheitern der Absprache zu einem Geständnisverwertungsverbot führt. Ob das ein hinreichender Schutz für den Beschuldigten ist, bleibt zweifelhaft.

Die Möglichkeiten des Scheiterns der Absprache sind in zwei verschiedenen Vorschriften geregelt. Gemäß § 679 (3) Abs. 1e StPO Georgiens dürfen die Informationen, die der Beschuldigte dem Gericht während der Verhandlung über die prozessuale Absprache gegeben hat, nicht gegen ihn verwendet werden, wenn das Gericht die prozessuale Absprache nicht bestätigt.

Gemäß § 679 (5) gilt dasselbe, wenn das Gericht das Urteil über die Bestätigung der prozessualen Absprache aufhebt oder wenn der Angeklagte die prozessuale Absprache ablehnt. In allen Fällen betont das Gesetz, dass die Informationen oder das Geständnis nicht gegen den Beschuldigten verwertet werden dürfen. Darunter fallen alle Äußerungen des Beschuldigten, die mit der Absprache zusammenhängen und für diese relevant sind, ganz gleich ob diese vor dem Gericht oder während der Ermittlungen geäußert wurden. Das Gesetz kennt allerdings kein Beweisverbot hinsichtlich der auf Grund des Geständnisses erlangten Beweise nach Scheitern der Absprache. Außerdem umfasst nach dem Wortlaut des Gesetzes das Verbot der Verwertung nur die Verwendung des Geständnisses gegen den Beschuldigten, nicht aber gegenüber den anderen Mitangeklagten oder Tätern, die der Beschuldigte durch sein Geständnis und weitere Informationen belastet hat. Diese Regelung kann somit aus Sicht anderer Personen zu dem misslichen Ergebnis führen, dass ein von dem Beschuldigten zurückgenommenes Geständnis, das gegenüber dem Beschuldigten keinen Beweiswert hat, in anderen Verfahren zu Lasten anderer Beschuldigter gewertet werden und ein wichtiges Beweismittel für deren Verurteilung darstellen kann.

In der Praxis kommt es seit der Einführung der strafprozessualen Absprache oft vor, dass in Korruptionsverfahren gegen ehemals hoch gestellte Persönlichkeiten, bei denen es Beweisschwierigkeiten gab, dem Urteil als einziges Beweismittel das Geständnis des anderen Beschuldigten zu Grunde gelegt wird, das in einem

Abspracheverfahren abgelegt und widerrufen wurde. Es gibt zum Beispiel oft folgende Fallkonstellation: Der Mitarbeiter einer ehemals hochgestellten Person wird in Haft genommen und ihm wird im Abspracheverfahren gegen ein Geständnis die Freilassung sowie vollständige Straflosigkeit in Aussicht gestellt. Auf diese Weise erhalten die Ermittlungsbehörden ein gegen den Auftraggeber verwertbares Beweismittel, auch wenn der Angeklagte später sein Geständnis widerruft. Dabei spieltes auch keine Rolle, ob das Geständnis glaubwürdig ist.

5. Summarische Prüfung der Tatsachengrundlage

Nach der Intention des Gesetzgebers hat das Gericht festzustellen, ob das Verhalten, das der Beschuldigte durch sein Schuldbekenntnis zugesteht, tatsächlich dem Anklagevorwurf entspricht. Demgemäß erfolgt sowohl eine Prüfung des Sachverhalts als auch eine Rechtsprüfung. Voraussetzung für eine solche Prüfung sind die Ermittlung der Fakten des Falles und die Überprüfung durch das Gericht, ob auf Grund der Strafakten und des Geständnisses eine ausreichende Beweisgrundlage für die Verurteilung vorhanden ist. Es handelt sich also um eine summarische Prüfung der Sachumstände und der Schuld des Beschuldigten, da ein förmliches Beweisverfahren nicht stattfindet. Für gewöhnlich lassen sich die Richter den Sachverhalt vom Beschuldigten schildern oder das schon während der Ermittlungen abgegebene Geständnis bestätigen. Der Richter ist nicht verpflichtet, den Beschuldigten zu einer Aussage zur Sache zu veranlassen. In den Fällen, in denen der Beschuldigte die Anklage nicht bestreitet, sich aber auch nicht schuldig bekennt, nimmt das Gericht in der Praxis Bezug auf den Antrag auf Verurteilung ohne wesentliche Verhandlung allein aufgrund des Ermittlungsakteninhalts und der in den Akten vorhandenen Beweise. Das Gericht hat die von der Anklagebehörde vorgelegten Beweismittel zur Kenntnis zu nehmen und von Amts wegen zu würdigen. Also: Der Gesetzgeber erlaubt dem Gericht, den Beschuldigten auf Grund der von der Anklagebehörde vorgelegten Akten zu verurteilen. Der Richter führt insoweit ein summarisches Prüfungsverfahren durch, welches durchaus mit dem Strafbefehlsverfahren nach der deutschen StPO gemäß §§ 407 ff. verglichen werden kann.

6. Zusammenfassung

Gemäß § 679 (4) Abs. 3 StPO Georgiens überprüft das Gericht auf Grund der Strafakten und des Geständnisses - falls es abgegeben wird -, ob die Anklage begründet ist und ob das Geständnis freiwillig abgelegt worden ist. Mit dieser Vorschrift macht der Gesetzgeber das Aktenwissen des Gerichts und eine Unterwerfung des Beschuldigten zur alleinigen Grundlage des Schuldspruchs. Der Gesetzgeber erlaubt dem Gericht, seine Überzeugung nicht in und aufgrund der Hauptverhandlung zu bilden, sondern bereits zuvor aufgrund der Aktenlage. Das ist mit der Grundstruktur der georgischen Strafprozessordnung nicht vereinbart. Über das Ergebnis einer Beweisaufnahme entscheidet das Gericht gemäß § 19 StPO Georgiens nach seiner freien aus dem Inbegriff der Verhandlung geschöpften Überzeugung. Also ist erforderlich, dass das Gericht von der Richtigkeit des

Sachverhalts, der die Verurteilung trägt, überzeugt ist und dass sich die Überzeugungsbildung des Gerichts nur auf das stützt, was auch Gegenstand der mündlichen Verhandlung war. Alle entscheidungserheblichen Tatsachen müssen also im Wege des Beweises in die Hauptverhandlung eingeführt worden sein. Nach dem Wortlaut des § 20 StPO Georgiens dürfen der gerichtlichen Entscheidung nur die Beweisen zugrunde liegen, die während der Hauptverhandlung erhoben (Beweisaufnahme) worden sind. Die Aufklärungspflicht des Gerichts ist nach dem geltenden Recht unter keinen Umständen disponibel.
Hier soll aufgezeigt werden, dass die georgische StPO es nicht verbietet, ein glaubhaftes Geständnis zur Grundlage der Schuldüberzeugung zu machen. Wenn das Geständnis glaubhaft ist und auf Einsicht und Reue beruht, kann nach § 473 StPO Georgiens das Geständnis einziges Beweismittel für den Schuldspruch sein. Es ist nicht so, dass bei einem ohne Absprache abgelegten Geständnis immer eine umfangreiche Beweisaufnahme durchgeführt wird. Wie schon im Abschnitt II (In der georgischen Strafprozessordnung enthaltene Ansätze zur Absprache) gezeigt, wird entsprechend § 473 StPO Georgiens auch in diesen Fällen keine umfangreiche Beweisaufnahme durchgeführt. Hier gibt sich das Gericht in der Regel mit einem glaubhaften Geständnis zufrieden, vorausgesetzt der Angeklagte schildert den Sachverhalt in seinem Geständnis so umfassend, dass das Gericht eine ausreichende Grundlage für seine Überzeugung hat. Das Geständnis ist einzige Beweisquelle und wird deswegen durch das Gericht sorgfältige auf seine Glaubhaftigkeit überprüft. Nur wenn kein Zweifel an der Glaubhaftigkeit des Geständnisses besteht, wird die Hauptverhandlung abgekürzt oder sogar aufgehoben. Das vom Beschuldigten abgelegte Geständnis befreit das Gericht also nicht von der Pflicht zur sorgfältigen Würdigung und gegebenenfalls weiteren Aufklärung. Im Zusammenhang mit der Absprache fordert das Gesetz jedoch nicht die Überprüfung der Glaubhaftigkeit des Geständnisses und deswegen findet eine solche ernsthafte Überprüfung des Wahrheitsgehalts eines Geständnisses nicht statt. Die Überprüfung des Geständnisses erfolgt also nicht durch eine Beweisaufnahme, sondern überwiegend durch einen Abgleich mit den Informationen aus den Akten. Die Frage der Beweissicherheit der Aktenlage, das heißt ob die Beweisaufnahme in der Hauptverhandlung an der Aktenlage nichts mehr ändern kann, ist immer eine offene Frage, da nicht ausgeschlossen werden kann, dass sich in der Beweisaufnahme neue Erkenntnisse ergeben.
Die Absprachepraxis hat gezeigt, wie gefährlich es sein kann, wenn das Gericht das Geständnis nicht auf seine Glaubwürdigkeit hin überprüft. Es gab sogar einen Fall, bei dem der Beschuldigte auf der Grundlage eines auf Grund einer Absprache abgelegten Geständnisses wegen Totschlags verurteilt worden war, aber die „Leiche“ noch lebte.[1274] Daher darf sich das Gericht bei einer Absprache nicht mit

1274 Der Fall von Bachutov, Aktenzeichen, N 2073 AUFS. 2007.
http://www.humanrights.ge/index.php?a=main&pid=6969&lang=geo
http://www.ombudsman.ge/index.php?page=1001&lang=0&id=879

einer bloßen Bestätigung der Richtigkeit der Anklage begnügen, sondern es muss seine Überzeugung auf ein umfassendes, auf seine Glaubwürdigkeit hin geprüftes Geständnis stützen.

VII. Strafzumessung bei der Absprache

1. Die Verhängung der Strafe

Das freiwillige Schuldbekenntnis bei der Absprache hätte keinen Sinn, wenn der Beschuldigte/Angeklagte nicht die Möglichkeit und die Aussicht hätte, für sein Einwilligung in eine rasche Verurteilung eine Gegenleistung der Behörde zu erhalten. Gemäß § 679 (1) Abs. 5, 679 (9) StPO Georgiens können Vereinbarungen über folgende Zugeständnisse der Anklagebehörde als zulässige Gegenleistung für die Abgabe eines Schuldbekenntnisses oder ein Nicht-Bestreiten der Anklage zugesagt werden:

- das Fallenlassen anderer Tatvorwürfe;
- die Verpflichtung der Anklagebehörde, ein bestimmtes Strafmaß zu fordern oder
- in besonderen Asnahmsfällen der Kooperation des Beschuldigten zur Aufklärung anderer Taten der komplette Straferlass.

Gemäß § 679 (2) Abs. 1 f StPO Georgiens muss jeder von der Staatsanwaltschaft beim Gericht gestellte Antrag auf Verurteilung ohne wesentliche Verhandlung das zwischen den Parteien schon abgesprochene und von der Staatsanwaltschaft geforderte konkrete Strafmaß enthalten. Der Staatsanwalt muss bei der Entscheidung über die Reduzierung der Strafe, über die teilweise Aufhebung der Anklage oder die Beschränkung der Anklage das öffentliche Interesse, die Schwere der begangenen Tat, die Rechtswidrigkeitder Tat und den Grad der Schuld berücksichtigen (§ 679 (1) Abs. 6 StPO Georgiens).

Das von der Staatsanwaltschaft geforderte Strafmaß wird vom Gericht zusammen mit anderen Voraussetzungen des Antrags überprüft. Wenn das Gericht davon überzeugt ist, dass für den Beweis der Schuld des Angeklagten unumstrittene Beweismittel vorgelegt worden sind und die von der Staatsanwaltschaft geforderte Strafe dem Gesetz entspricht, verkündet es das Urteil innerhalb von 15 Tagen nach Einreichung des Antrags der Staatsanwaltschaft, § 679 (3) StPO Georgiens. Das Urteil ist vom Richter zu unterschreiben. Das bedeutet, dass das Gericht die von der Staatsanwaltschaft geforderte und zwischen den Parteien abgesprochene konkrete Strafe verhängt, wenn es die Strafe für gesetzmäßig hält.

Das Gesetz regelt nicht den Fall, wenn das Gericht die von der Staatsanwaltschaft geforderte Strafe nicht für gesetzmäßig erachtet. Nach der bis zum 29. Dezember 2006 geltenden Regelung war das Gericht befugt, die Strafe nach seinem Ermessen zu mildern, wenn es die von der Staatsanwaltschaft beantragte Strafe für zu streng erachtete (gemäß § 679 (4) Abs. 6). Danach[1275] hat der Gesetzgeber durch Veränderungen des Gesetzes dem Gericht praktisch seine wichtige Funktion der Strafzumessung genommen. Der Gesetzgeber hat festgelegt, dass das Gericht die Änderungen einer Absprache nur mit Zustimmung der Parteien vornehmen darf. Das bedeutet, dass das Gericht die von dem Staatsanwalt geforderte Strafe nicht ohne dessen Zustimmung mildern darf. Damit hat hat der Gesetzgeber das Strafzumessungsrecht des Gerichts faktisch von der Zustimmung der Staatsanwaltschaft abhängig gemacht. Zwar muss auch der Beschuldigte zustimmen, es ist aber in der Praxis schwer vorstellbar, dass er einer Strafmilderung widerspricht. Damit ist das Gericht nicht mehr frei in seiner Entscheidung.

2. Strafzumessungsgründe bei Absprachen nach dem StGB Georgiens

Im folgenden Abschnitt wird die gesetzliche Regelung der Strafzumessung bei Absprachen nach dem georgischen Strafgesetzbuch dargestellt.
§ 53 StGB Georgiens regelt die allgemeinen Gründe der Strafzumessung. Entsprechend Abs. 1 Satz 3 berücksichtigt das Gericht bei der Strafzumessung die erschwerenden und die mildernden Umstände der strafrechtlichen Verantwortlichkeit. Namentlich geht es um:

- Motive und Ziele des Täters,
- die kriminelle Energie des Täters,
- Tatumstände und Tatfolgen,
- das Vorleben des Täters,
- die persönlichen und ökonomischen Umstände des Täters und
- sein Bemühen, den Schaden wiedergutzumachen und Frieden mit den Geschädigten herzustellen.

Das Geständnis hat der Gesetzgeber als besonderen Strafmilderungsgrund in einem eigenen Paragrafen geregelt (§ 54 StGB Georgiens). Dem Geständnis kommt damit für die allgemeine Strafzumessung besondere Bedeutung zu. Während sonst die Strafmilderung im Ermessen des Gerichts liegt, ist der Gesetzgeber beim Geständnis präziser geworden und bestimmt konkret, welche Strafe der geständige Beschuldigte zu erwarten hat. Gemäß § 54 StGB Georgiens kann neben dem Geständnis auch das freiwillige Erscheinen bei der Verfolgungsbehörde strafmildernd berücksichtigt werden. Hat sich der Täter nach Begehung der Tat freiwillig gestellt und ein Geständnis abgelegt, hat er die Aufklärung des Verbrechens aktiv unterstützt. Existieren außerdem keine erschwerenden Umstände, mindert sich das Höchstmaß der Strafe auf drei Viertel der angedrohten Höchststrafe.Diese Regelung betrifft alle Verfahrensarten - reguläre genauso wie Abspracheverfahren.

1275 Diese Gesetzesänderung soll auf Grund der Erfahrung mit einem konkreten Fall von der Staatsanwaltschaft gefordert worden sein. n dem Fall hatte das Gericht gegen den Beschuldigten eine mildere Strafe als die von dem Staatsanwalt beantragte Strafe verhängt.

Außerdem kennt das Gesetz eine besondere Strafmilderungsregelung nur für das Absprachevertahren (§55 StGB Georgiens). Danach ist es dem Gericht erlaubt, eine Strafe zu verhängen, die milder ist als die nach dem Strafgesetzbuch vorgesehene angedrohte Mindeststrafe.
In der Praxis ist es bei der Absprache so, dass der Staatsanwalt die Strafe fordert und das Gericht sie bestätigen soll, weil es die Strafe nicht mildern kann, wenn dies nicht von der Staatsanwaltschaft beantragt wird.
Das Strafgesetzbuch kennt ferner die Anwendung der Bewährungsstrafe. Bis zum 28. April 2006 kam diese bei allen minderschweren und schweren Verbrechen in Frage. Wenn andere gewichtige Strafmilderungsgründe vorhanden waren, war das Gericht befugt, nach seinem Ermessen auch ohne Geständnis oder Schuldbekenntnis eine Bewährungsstrafe zu verhängen. In diesen Fällen war das Geständnis also keine Voraussetzung für die Anwendung der Bewährungsstrafe. Bei besonders schweren Delikten war die Aussetzung der Strafe auf Bewährung generell ausgeschlossen.
Nach April 2006 hat der Gesetzgeber die Anwendung der Bewährungsstrafe von einer Absprache und einem Schuldbekenntnis sowie einem Geständnis abhängig gemacht. Nach diesen Gesetzesänderungen kann das Gericht die verhängte Freiheitsstrafe bei allen Delikten zur Bewährung aussetzen, braucht allerdings zwingend ein Schuldbekenntnis bzw. ein Geständnis.
Außerdem kann das Gericht bei normalen Verfahren auch dann die Strafe zur Bewährung aussetzen, wenn der Täter eine minderschwere oder eine fahrlässiges Tat begangen hat, er ein Geständnis abgelegt oder mit den Untersuchungsbehörden zusammengearbeitet hat und er nicht wegen einer schweren oder besonders schweren Tat vorbestraft ist (§ 63 StGB Georgiens).
Der Gesetzgeber verbietet also dem Gericht bei minderschweren Delikten und Fahrlässigkeitstaten Bewährungsstrafe anzuwenden, falls kein Absprecheverfahren vorliegt oder wenn der Beschuldigte kein Geständnis abgelegt hat oder die Zusammenarbeit mit den Verfolgungsbehörden verweigert. Ohne Absprache, ohne Kooperation und ohne Geständnis gibt es bei diesen Delikten keine Bewährungsstrafe mehr.
Weiter ist das Gericht befugt, auf Antrag der Generalstaatsanwalt entsprechend § 70 (1) StGB Georgiens vollständig von Strafe abzusehen, wenn in besonderen Fällen der Zusammenarbeit mit dem Beschuldigten durch seine Mitwirkung die Täterschaft einer hoch gestellten Persönlichkeit oder der Täter einer besonders schweren Straftat ermittelt wird.

3. Zusammenfassung

Es liegt auf der Hand,[1276] dass es mit der Verfassung und den Grundsätzen des Strafprozesses nicht vereinbar ist, wenn die Staatsanwaltschaft mit dem Angeklagten außerhalb oder in der Hauptverhandlung eine bestimmte Strafe aushan-

1276 Siehe oben unter Abschnitt VII Gesetzliche Regelung der Absprachen nach der georgischen StPO, 1. B. Absprache über die Strafe

deln, die das Gericht in seinem Urteil nur noch bestätigt. Der georgische Gesetzgeber ist sehr weit gegangen und lässt das Gericht von dem Absprachеergebnis nur abweichen, wenn die Staatsanwaltschaft und der Beschuldigte zustimmen., § 679 (4) Abs. 6 StPO Georgiens. Damit wird massiv in die Entscheidungskompetenz des Gerichts eingegriffen, weshalb die entsprechende Vorschrift, verfassungsrechtlich höchst bedenklich ist. Nach Art. 82 Verfassung Georgiens ist die rechtsprechende Gewalt den Richtern anvertraut; nach Art. 84 sind die Richter unabhängig und nur dem Gesetz unterworfen. Es ist offensichtlich, dass es sich nicht mit diesen Verfassungsbestimmungen verträgt, wenn ein vom Gericht zu erlassendes Urteil von der Zustimmung der Staatsanwaltschaft und/oder des Angeklagten abhängig ist.

Wie schon oben erwähnt, kann der Angeklagte nach §§ 54, 63 StGB Georgiens auch in einem normal durchgeführten Verfahren regelmäßig mit einer Strafmilderung bzw. mit einer wohlwollenderen Behandlung durch das Gericht rechnen, wenn er sich zu seiner Schuld bekennt und ein Geständnis ablegt. § 54 StGB Georgiens garantiert dem geständigen Beschuldigten als Höchstmaß der Strafe drei Viertel der gesetzlich angedrohten Höchststrafe. § 63 StGB Georgiens sieht die Anwendung der Bewährungsstrafe bei geständigen Angeklagten vor.

Hier könnte man zu dem Schluss kommen, dass bei Absprachen kein besonderer Anlass zu der Besorgnis besteht, der Beschuldigte könnte ein nicht der Wahrheit entsprechendes Geständnis ablegen oder einen nicht zutreffenden Anklagevorwurf einräumen, da das Gesetz auch in den allgemeinen Strafzumessungsgründen die Strafmilderung wegen eines Geständnisses ermöglicht. Wenn man aber genau analysiert, welche Gesichtspunkte entscheidenden Einfluss auf die Motivation des Beschuldigten zur Ablegung des Geständnisses haben könnten, kommt man zu dem Ergebnis, dass sich beide Arten der Verfahrenserledigung insoweit unterscheiden.

Während in einem normalen Verfahren die Strafmilderung nur potenziell möglich ist, wird die fixierte Strafe bei Absprachen entsprechend der gesetzlichen Regelung zwischen den Parteien ausgehandelt und kann ohne Zustimmung der Parteien nicht mehr geändert werden.

Der Angeklagte weiß sicher, dass die Strafe ohne sein Geständnis höher als die exakt zugesagte Strafe ausfallen wird.

Der größte Anreiz, ein eventuell auch falsches Geständnis abzulegen, wird für den Beschuldigten/Angeklagten dadurch erzeugt, dass das Gesetz die Aussetzung der Strafe zur Bewährung von dem Vorliegen einer Absprache und eines Geständnisses abhängig macht.

In diesem Fall muss sich der Beschuldigte/Angeklagte zwischen der sicheren Freiheit trotz Verurteilung einerseits und der schwer kalkulierbaren Chance auf einen Freispruch andererseits entscheiden, wobei er wegen der geringen Freispruchquote davon ausgehen muss, dass die Wahrscheinlichkeit einer Freiheitsstrafe deutlich überwiegt.

Für den nicht geständigen Beschuldigten sieht das Gesetz keine Bewährungsstrafe vor. Wenn der Beschuldigte also eine Bewährungsstrafe erreichen will, muss er ein Geständnis ablegen. Im regulären Verfahren ist naturgemäß bis zum Ende offen, ob der Angeklagte eine Bewährungsstrafe erhält. Bei dem Angebot einer Bewährungsstrafe im Abspracheverfahren kann der Beschuldigte plötzlich die Wahl zwischen Freiheit und Haft selbst beeinflussen. Bei Absprachen entsteht also in der Regel ein erheblicher Druck auf den Beschuldigten. Dies birgt die Gefahr eines falschen Geständnisses und/oder der Akzeptanz einer wahrheitswidrigen Anklage.

VIII. Rechtsmittel bei Absprachen; Anfechtung der Bestätigung der Absprache

Nach der Einführung der gesetzlichen Regelung der Absprache im Februar 2004 waren die Abspracheurteile zunächst bis zur erneuten Gesetzesänderung im März 2005 unanfechtbar. Das auf der Basis der Absprache ergehende Urteil war nach der Verkündung rechtskräftig. Ein Rechtsmittel gegen dieses Urteil war nicht zulässig (§ 679 (7) StPO Georgiens a. F.). In der Praxis wurde der Angeklagte nach dem Erlass des Urteils vom Gericht ausdrücklich darauf hingewiesen, dass er keine Rechtsmittel zur Verfügung hat. Dagegen hat das Oberste Gericht Georgiens am 19. Mai 2005 im Fall Okruashvili[1277] entschieden, dass mit dem Verbot der Anfechtung des Abspracheurteils das nach Artikel 2 des siebten Protokolls der Menschenrechtskonvention (MRK) und nach Artikel 14 des Internationalen Pakts für die bürgerlichen und politischen Rechte garantierte Anfechtungsrecht des Beschuldigten verletzt wird.[1278] Danach gehört zu den Rechten des Angeklagten der Anspruch auf ein nachvollziehbar begründetes Urteil und damit verbunden das Recht auf Nachprüfung des Urteils durch ein höheres Gericht. Nach Art. 6 Verfassung Georgiens erlangen Internationale Verträge oder Abkommen, die in Georgien ratifiziert wurden, vorrangige Rechtskraft gegenüber den innerstaatlichen Rechtsnormen.

Nach dieser Entscheidung hat der Gesetzgeber eine neue Vorschrift über die Anfechtung des Abspracheurteils in die StPO Georgiens (§ 679 (6) StPO Georgiens) aufgenommen. Danach gelten für die Anfechtung des Abspracheurteils allerdings nicht die allgemeinen Regeln der Anfechtung eines nach einer streitigen Hauptverhandlung erfolgten Urteils. Gegen Abspracheurteile kann keine Appellations- oder Kassationsbeschwerde eingelegt werden.

Das Rechtmittel kann nur gegen das Abspracheurteil gerichtet werden, andere Entscheidungen des Gerichts wie die Bestätigung der Absprache und die Zurückweisung der Akten an die Staatsanwaltschaft zur Entscheidung über die Anklageerhebung sind weiterhin nicht anfechtbar.

1277 Die Entscheidung des Obersten Gerichts im 19 Mai 2005 im Fall Okruashvili, Az. N 438/ap, Okruashvili wurde angeklagt wegen Waffen- und Drogenbesitzes. Mit ihm wurde eine Absprache geschlossen über die Strafe ohne Schuldbekenntnis und ein Abspracheurteil erlassen. Okruashvili hat eine Appellation und später Kassationsbeschwerde eingelegt und behauptet, dass er gegen die Absprache war und seine Unschuld in der Hauptverhandlung beweisen wollte.

1278 Die Strafakten gegen Okruashvili N 438/ap

Gemäß § 679 (6) Abs. 1 StPO Georgiens hat der Angeklagte das Recht, innerhalb von 15 Tagen nach der Verkündung eines Urteils eine Beschwerde mit dem Ziel der Aufhebung des Urteils über Bestätigung der prozessualen Absprache beim höheren Gericht einzulegen. Das Verfahren beim Rechtsmittelgericht stellt keine zweite Tatsacheninstanz dar, sondern erlaubt wie das Kassationsverfahren im georgischen Recht (welches dem deutschen Revisionsverfahren entspricht) nur eine Rechtsprüfung des Falles aufgrund der Aktenlage.
Gemäß § 679 (6) Abs.1 ist eine Anfechtung des Absspracheurteils zulässig wenn:

- die prozessuale Absprache durch Täuschung zustande gekommen ist;
- der Beschuldigte in seinem Recht auf Verteidigung beschränkt war;
- die prozessuale Absprache unter Bedrohung oder Gewalt zustande gekommen ist;
- das verhandelnde Gericht die im Absspracheverfahren geregelten Voraussetzungen unbeachtet gelassen hat.

Unklar ist, ob das Gericht bei der Prüfung, ob die Absprache durch Täuschung, Bedrohung oder Gewalt zustande gekommen ist, befugt ist, neue Beweise zu erheben.
Gemäß § 679 (6) Abs. 1 d erfolgt eine Aufhebung des Absspracheurteils durch das Rechtsmittelgericht, wenn das erstinstanzliche Gericht die nach dem Kapitel über das Absspracheverfahren vorgeschriebenen wesentlichen Anforderungen missachtet hat. Das Gesetz fordert also, dass die Rechtsverletzung im Absspracheverfahren wesentlich sein muss. Der Begriff der wesentlichen Rechtsverletzung bei der Absprache ist gesetzlich nicht definiert. Dem Gesetzestext kann nur entnommen werden, dass die Anfechtbarkeit des Urteils insoweit auf schwere Rechtsverletzungen beschränkt ist, was im Einzelfall zu entscheiden ist.
Die Beschränkung des Prüfungsmaterials auf die erstinstanzlichen Akten und auf eine wesentliche Rechtsverletzung hat zur Folge, dass im Rechtsmittelverfahren nur noch solche Rügen vorgebracht werden können, die Fehler im Verfahren des § 679 (6) Abs. 1 zum Gegenstand haben. Indem das Gesetz damit die Anfechtung des Absspracheurteils nur in den dort aufgezeigten Ausnahmefällen zulässt, entzieht es dem Verurteilten die Möglichkeit, das Urteil nach allgemeinen Rechtsmittelregeln (Appellation, Kassationsbeschwerde) anzufechten. Selbst wenn absolute Kassationsgründe existieren, kann der Verurteilte das Urteil also nicht anfechten.
Der Gesetzgeber hat zwar das Verbot der Anfechtung des Absspracheurteils aufgehoben. Durch die Beschränkung auf einen besonderen Begründungskatalog ist die Anfechtbarkeit von auf Absprachen basierenden Urteile jedoch stark eingeschränkt. Damit ist eine vollständige Kontrolle durch das Berufungs- oder Kassationsgerichte nicht möglich. In vielen Fällen ist es kann deshalb nicht sichergestellt werden, dass alle Vorschriften des Gesetzes rechtmäßig angewandt werden.
Wenn ein Absspracheurteil ein ganz normales Urteil sein soll, dessen Grundlage die Überzeugung des Gerichts von der objektiven Wahrheit ist und das auf einer vollständigen Aufklärung des Sachverhalts beruht, gehört dazu, dass das Absspracheurteil wie jedes andere normale Urteil überprüfbar ist. Der Beschuldigte muss

in seiner Entscheidung frei sein, auch gegen das Absprachеurteil Rechtsmittel einzulegen.
Ein (eingeschränktes) Anfechtungsrecht hat auch die Staatsanwaltschaft. Sie kann nur zu ungungsten des Angeklagten Beschwerde einlegen. Gemäß § 679 (6) Abs. 2 StPO Georgiens kann der Staatsanwalt, wenn der Beschuldigte Bestimmungen über die prozessuale Absprache verletzt hat, innerhalb eines Monats nach Kenntnisnahme mit dem Ziel der Aufhebung des Urteils über die Bestätigung der prozessuale Absprache Beschwerde beim höheren Gericht einlegen.
Dieses Anfechtungsrecht der Staatsanwaltschaft gilt nach dem Gesetz nur in den Absprachefällen, in denen der Beschuldigte mit den Strafverfolgungsbehörden kooperiert hat.
Fraglich ist demnach, ob die Staatsanwaltschaft in anderen Absprachеverfahren auch dieses Anfechtungsrecht hat. Dem Gesetzestext jedenfalls ist es nicht zu entnehmen.
Hier ist darauf hinzuweisen, dass das Gesetz weder im Überprüfungsverfahren (in dem das Tatgericht die Freiwilligkeit der Absprache kontrolliert und dem Beschuldigten seine Rechte erklärt) noch nach der Verkündung des Absprachеurteils eine Rechtsmittelbelehrung des Beschuldigten vorsieht. Außerdem kennt die georgische Strafprozessordnung keinen Rechtsmittelverzicht.

IX. Von der Absprache betroffene dritte Personen

1. Entrechtung des Geschädigten (§ 679 (8) StPO Georgiens)

Neben den klassischen Beteiligten der Absprache, dem Beschuldigten, der Staatsanwaltschaft und dem Gericht, können auch Dritte von der Absprache betroffen sein. Auf der Seite des Angeklagten ist das der Mitbeschuldigte und auf der Seite der Anklage der Geschädigte.
Der Status des Geschädigten und die Urteilsabsprache vertragen sich jedoch nicht. Denn die Interessen des Geschädigten richten sich zumeist auf eine möglichst hohe Bestrafung des Beschuldigten, während die Absprache auf schnelle Verfahrenserledigung und Strafrabatte ausgelegt ist. Wegen dieser unversöhnlichen Positionen hat der georgische Gesetzgeber den Geschädigten beim Absprachеverfahren entrechtet. Die Interessen der Geschädigten sind ausgeblendet, er hat nicht einmal die Möglichkeit auszusagen.
Die georgische Strafprozessordnung beteiligt traditionell den Geschädigten einer Straftat in größerem Umfang am Verfahren als etwa die deutsche Strafprozessordnung. Er verfügt im normalen Verfahren über ein umfassendes Beteiligungsrecht. Der Geschädigte ist fast völlig gleichgestellt mit der Staatsanwaltschaft. So hat er beispielsweise nach § 25 StPO Georgiens das Recht, die Anklage zu unterstützen. Nimmt in einem solchen Fall der Staatsanwalt die Anklage zurück, kann das Gericht nicht – wie üblich – das Verfahren einstellen, sondern muss es mit dem Geschädigten weiterführen, der gleichsam in die Rolle des Staatsanwalts schlüpft.

Bei der prozessualen Absprache spielt der Geschädigte überhaupt keine Rolle mehr, er wird zu keiner Zeit in die Verhandlungen zwischen Beschuldigtem und Staatsanwalt einbezogen. Er kann weder die Absprache verhindern noch das Absprachеergebnis anfechten.
Das Gesetz sieht lediglich die Benachrichtigung des Geschädigten über die Absprache durch den Staatsanwalt vor (§ 679 (8) StPO Georgiens). Diese Regelung ist jedoch lückenhaft. Wann muss die Unterrichtung erfolgen? Wenn die Parteien ihre Absprache zustande gebracht haben oder wenn das Gericht sie bestätigt hat? Letzteres allein wäre sinnvoll, weil sich der Inhalt der Absprache während des Bestätigungsverfahrens ändern kann, u. U. lehnt das Gericht die Bestätigung sogar ab. Ein Rechtmittel gegen das Abspracheurteil steht dem Geschädigten nicht zu. Der Gesetzgeber hat dem Geschädigten nur die Möglichkeit gelassen, Zivilklage zu erheben. Das Verfassungsgericht Georgiens hat dies mit der Begründung, dass das Recht jedes Menschen, sich zum Schutze seiner Rechte und Freiheiten an ein Gericht zu wenden (Art. 42 Abs. 1 Verfassung Georgiens), nicht absolut sei und der gesetzlichen Reglementierung bedürfe, für verfassungsgemäß erklärt. Das Anfechtungsrecht kann demnach nur im Kontext mit der prozessualrechtlichen Ordnung gesehen werden und genau diese Ordnung hat der Gesetzgeber geschaffen, wenn er die Regeln über prozessuale Rechte und- Pflichte des Geschädigten im Absprachеverfahren normiert hat.
Da die Beschleunigung und Effektivierung der Rechtsprechung öffentliches Interesse und vorrangiges Ziel des Absprachеverfahrens ist, hält das Verfassungsgericht die Einschränkung der prozessualen Rechte des Geschädigten für gerechtfertigt.[1279]

2. Zusammenfassung

Wie schon aufgezeigt, hat der Geschädigte im normalen Verfahren eine sehr starke Rolle und kann das Verfahren maßgeblich beeinflussen. Gegen diese starke Stellung des Geschädigten werden plausible Einwände erhoben, weil dadurch die Balance mit den legitimen Interessen des Angeklagten bedroht und der Akzent zu sehr auf Vergeltung anstatt auf Resozialisierung gesetzt wird. Wenn aber dem Geschädigten im Absprachеverfahren weder die Möglichkeit der Absprachеverhinderung eingeräumt wird, noch ihm der Rechtsmittelweg zur Kontrolle des Abspracheurteils zugebilligt wird, kommt dies der Abschaffung der Subjektstellung des Geschädigten im Strafverfahren gleich. Es müsste ein Mittelweg geschaffen werden, der dem Geschädigten die Einflussnahme auf die Absprache ermöglicht, ohne ihn zur Partei der Absprache zu machen. Insbesondere muss ihm seine Stellung als privater Kontrolleur der staatsanwaltschaftlichen Strafverfolgung belassen werden. Diese Kontrolle ist dann besonders wichtig, wenn, wie im Absprachеverfahren, die Verfahrensherrschaft bei der Staatsanwaltschaft und nicht beim Gericht liegt. Ein solcher Mittelweg bestünde in der Berechtigung des Geschädigten, Rechtsmittel gegen das Abspracheurteil einzulegen.

1279 Das Verfassungsgerichts Entscheidung N 1/1403, 427,S.12.

3. Die vollständige Freistellung des Beschuldigten von Strafe (§ 679 (9) StPO Georgiens)

Die dritte Art der Absprache ist die sog. Kooperation des Beschuldigten mit den Strafverfolgungsbehörden. Im Rahmen dieser Form der Zusammenarbeit wird dem Beschuldigten der vollständig Straferlass in Aussicht gestellt. Als Gegenleistung muss auf Grund seiner Kooperation und von ihm gegebener Informationen die Täterschaft einer hoch gestellten Persönlichkeit festgestellt oder der Täter einer besonders schweren Straftat ermittelt werden oder es müssen durch seine Kooperation die Bedingungen für die Tataufklärung geschaffen worden sein.
Über das vollständige Absehen von Strafe wird ein schriftlicher Antrag vom Oberstaatsanwalt Georgiens gefertigt, der auch von dem Beschuldigten zu unterschreiben ist. In diesem Antrag wird darauf hingewiesen, dass die Absprache für ungültig erklärt wird, wenn die beschuldigte Person später doch nicht mit den Ermittlungsbehörden zusammenarbeitet. Haben die Parteien dann über die Kooperation und Freistellung des Beschuldigten von der Strafe eine Absprache getroffen, legt der Oberstaatsanwalt den Antrag dem Gericht vor.
Wird das vollständige Absehen von Strafe bewilligt, gilt der Beschuldigte aber trotzdem als vorbestraft. Nach dem Gesetz ist das vollständige Absehen von der Strafe gegen Bezahlung einer Geldstrafe oder eines Geldbetrags unzulässig (§ 679 (9) StPO Georgiens).
Die vollständige Freistellung des Beschuldigten von einer Bestrafung ist der größte vom Gesetz vorgesehene Strafrabatt. Diese Vorschrift soll der Strafverfolgung ehemaliger hoher Amtsträger dienen. Wie schon oben dargestellt waren wichtige Gründe für die Einführung der Absprache allgemein die Bekämpfung der Korruption und die Enthüllung der Straftaten ehemaliger hoher Amtsträger durch Informationen Dritter.
Die Vorschrift ist bedenklich, weil die vollständige Freistellung von Strafe von den Strafverfolgungsorganen bewusst dafür benutzt wird, den Beschuldigten zu einem Geständnis oder zur Preisgabe von Informationen gegen Dritte zu bewegen, also zur Aussage gegen Dritte zu veranlassen. Die Vorschrift birgt die Gefahr, dass auf den Beschuldigten Druck ausgeübt wird, ein falsches Geständnis oder falsche Information zu Lasten Dritter abzugeben, deren Bestrafung im Interesse der Strafverfolgungsbehörden liegt. Denn in diesem Fall muss sich der Beschuldigte zwischen der sicheren Freiheit durch eine Kooperation und dem ungewissen Ausgang des Verfahrens entscheiden.
Der Vorschrift ist zu entnehmen, dass nach der gerichtlichen Bestätigung der Absprache über die Freistellung von Strafe die Kooperation weiter fortgesetzt werden soll, weil gemäß § 798 (9) Abs. 2 StPO Georgiens die Absprache für ungültig erklärt wird, wenn die Person nicht mehr mit den Ermittlungsorganen zusammenarbeiten will. Das bedeutet, dass wenn der Beschuldigte die Preisgabe von Informationen zu einem späteren Zeitpunkt ablehnt oder nicht mehr fortsetzt, die Absprache aufgehoben und gegen ihn ein Verfahren eingeleitet werden kann. Auch diese Regelung kann erheblichen Druck auf den Beschuldigten ausüben, und zu falschen Beschuldigungen führen.

Außerdem verstößt diese Vorschrift gegen das Gebot der schuldangemessenen Strafe, weil in diesen Fällen für die Strafzumessung nur die Kooperation die entscheidende Rolle spielt, nicht die Schuld.

X. Bisherige Praxis der Absprache in Georgien

2004 ist die Absprache gesetzlich geregelt worden. Sofort nach der Einführung ist in der Praxis von dem Institut der Absprache intensiv Gebrauch gemacht worden. Von 1000 Ermittlungsverfahren enden nur noch drei mit einer gerichtlichen Entscheidung in der Hauptverhandlung.[1280].

Die Beobachtung der bisherigen Praxis des Absprachevefahrens nährt den Verdacht, dass dieses Verfahren für andere Zwecke eingesetzt wird als vom Gesetzgeber vorgegeben.

Wie schon oben dargestellt, war ein wichtiger Grund für die Einführung der Absprache die Bekämpfung der Korruption.[1281] Ob die Absprachen dazu tatsächlich geeignet ist, ist aber zweifelhaft.

Festgestellt werden kann, dass in Georgien nach der „Rosenrevolution" viele Strafverfahren wegen Korruption gegen Angehörige der ehemaligen „Machtelite" eingeleitet wurden. Besonders betroffen waren Verwandte des ehemaligen Staatspräsidenten Schewardnadse. Dabei spielte keine Rolle, ob sie zur Staatsführung gehörten oder nur in der Wirtschaft beschäftigt waren. Oftmals läuft die Absprache in der Praxis wie folgt ab: Die Staatsanwaltschaft erhebt gegen eine dieser Personen unbewiesene Korruptionsvorwürfe, nimmt sie in Haft und gibt ihnen die Möglichkeit, sich durch die Zahlung einer von der Generalstaatsanwaltschaft festgelegten Geldsumme von der strafrechtlichen Verantwortlichkeit freizukaufen. Gesetzliche Grundlage bildet das Absprachevefahren.[1282]

Die hohen Strafandrohungen der Bestechungstatbestände (bei qualifiziertem Tatbestand 8 bis 15 Jahre Freiheitstrafe), die Zweifel an der Unabhängigkeit der georgischen Gerichte und die damit verbundene Tatsache, dass bei Ablehnung des Absprachеangebots die Verurteilung zu hohen Freiheitsstrafen zu erwarten ist, trägt dazu bei, dass dieses "Geld gegen Freiheit"-System funktioniert.[1283]

Diese Praxis führte bislang dazu, dass die von der Staatsanwaltschaft eingetriebenen „Freikaufsummen" zu einer der wichtigsten Einnahmequellen des Staatshaushalts wurden. Es wird geschätzt, dass sie höher ist, als die Einnahmen aus Zollgebühren.[1284]

Diese Praxis des georgischen Absprachevefahrens wurde von verschiedenen internationalen Organisationen untersucht und kritisiert. So hat die New Yorker

1280 Absprachen in Georgien, Transparency International Georgia, Open Society Georgia Foundation (OSGF), 2010, S.14

1281 Die Regierungsbegründung über die Entwurf „gegen die Durchführung der Maßnahme gegen Koruption"

1282 Siegfried Lammich WGO 2006 Heft 6 S.402-403.

1283 Siegfried Lammich WGO 2006 Heft 6 S.402-403.

1284 Siegfried Lammich WGO 2006 Heft 6 S.402-403.

Zentrale von Human Rights Watch im Jahre 2006 festgestellt, dass sich in der Praxis nicht selten Angeklagte durch Zahlung der von der Staatsanwaltschaft festgelegten Geldbeträge freikaufen konnten und dass diese Beträge nur offiziell in die allgemeine Staatskasse fließen. Tatsächlich sollen nach den Feststellungen der Menschenrechtsorganisation bestimmte Geldbeträge in besondere Kassen geflossen sein, aus denen dann z. B. die Gehälter der Beamten bezahlt wurden.[1285] Nach den von der Organisation „Transpahrency International - Georgia" im Jahre 2009 durgeführten Untersuchungen sind bis August 2009 nach strafprozessualen Absprachen von Beschuldigten 33 Millionen US-Dollar an die Staatskasse und staatsanwaltschaftliche Fonds geflossen und bis Ende Oktober 2009 ist diese Summe auf bis zu 50 Millionen US-Dollar gestiegen. Damit sind die aufgrund strafprozessualer Absprachen eingenommenen Geldbeträge fünf Mal höher als das ganze Budget von fünf Ministerien zusammengenommen.[1286] Der georgische Generalstaatsanwalt hat diesen Sachverhalt in einem am 2.3.2005 vom Deutschlandfunk ausgestrahlten Interview ausdrücklich bestätigt: *"Mit rechtstaatlichen Methoden hat dieses Verfahren nichts zu tun. Man hat aber keine andere Wahl gehabt. Es war die einzige Chance, um unsere staatlichen Institutionen zu stärken, um die Gehälter zu erhöhen, technische Ausrüstung zu kaufen und unsere Leute fortzubilden. Dafür brauchten wir das Geld. Außerdem wäre es gefährlicher gewesen, reiche Leute im Gefängnis wegzuschließen, als sie etwas ärmer geworden freizulassen."* In ähnlicher Weise wird das Verfahren von anderen führenden Repräsentanten des georgischen Staates einschließlich seines Staatspräsidenten beurteilt.[1287] In einem Interview mit Spiegel online vom 26.11.2004 äußerte sich der Präsident Saakashvili zu dieser Problematik wie folgt: *„Ein Freund von mir hat einmal den Satz geprägt: ‚Ein Mafiaboss in Freiheit ohne Geld ist besser als einer im Gefängnis mit Geld und einem Mobiltelefon.' Schewardnadses Schwiegersohn hat genug Geld zurückgezahlt, um ausstehende Renten von zwei Monaten für alle Rentner in Georgien zu bezahlen. Der Direktor der Eisenbahn hat neun Millionen Dollar zurückgezahlt. Das war genug Geld, um neun Bahnhöfe zu renovieren, einige davon sogar ordentlich. Jetzt kann man natürlich streiten, ob es besser gewesen wäre, die Leute im Gefängnis zu behalten, sie zu verpflegen, Geld für sie auszugeben und sie von den gewöhnlichen Verbrechern zu isolieren, die nur darauf warten, sie zu kriegen. Oder man lässt sie frei und kann mit dem Geld Projekte durchführen."*[1288]

Nach der Kritik der internationalen Organisationen wegen des Freikaufs der Beschuldigten gegen von der Staatsanwaltschaft festgelegte Summen hat der Gesetzgeber noch im Jahr der Einführung der Absprache versucht, diese in der

1285 http://www.eurasianet.orgThe New York-headquartered group Human Rights Watch (HRW) on 12 April 2005

1286 http://www.fact.ge/news.aspx,

1287 Gesine Dornblüth Georgien und die Ukraine nach dem Machtwechsel www.dradio.de/dlf/sendungen/hintergrundpolitik/352675/; Dr. Siegfried Lammich WGO 2006 Heft 6 S.402-403.

1288 Lieber ein armer Mafioso in Freiheit als ein reicher in Haft, Spiegel-online v.26.11 2004.

Rechtswirklichkeit etablierte gesetzeswidrige Absprachepraxis in Einklang mit dem Gesetz zu bringen, indem er sie durch die Schaffung neuer gesetzlicher Strafzumessungsregeln legalisierte. Wie schon dargestellt, konnten die Gerichte auf Grund der zwischen Staatsanwaltschaft und Angeklagten abgeschlossenen Absprache in jedem Absprachefall die Zahlung einer von der Staatsanwaltschaft beantragten Geldsumme als Strafe festsetzen, auch wenn die Strafvorschrift des vorgeworfenen Tatbestands als Sanktion keine Geldstrafe vorsah.

Mit den Änderungen der Strafzumessungsgründe in § 55 StGB Georgiens hat der Gesetzgeber dem Gericht das Recht gegeben, in den Absprachefällen von der im Gesetz vorgesehenen Mindeststrafe abzuweichen und eine mildere Strafe zu verhängen, selbst wenn diese nicht gesetzlich vorgesehen ist. Damit hat der Gesetzgeber versucht, die vorher ohne gesetzliche Grundlage vom Gericht als Strafe verhängten Geldsummen mit der gesetzlichen Regelung in Einklang zu bringen und diesen „Freikauf-Zahlungen" den Status der Geldstrafe zu geben. Dabei wurde jedoch nicht bedacht, dass diese neue Regelung den wesentlichen Grundsätzen des Strafverfahrens widerspricht und den korrupten Charakter der bisherigen Praxis legalisiert. Die neue Regelung der Strafzumessung widerspricht insbesondere dem Gleichbehandlungsgrundsatz, da das Gericht diese Strafmilderungsmöglichkeit nach § 55 StGB nur bei Absprachen hat. Im allgemeinen Verfahren kann der geständige Beschuldigte mit einer milderen Strafe nicht rechnen. Im Ergebnis erhalten zahlungsfähige Beschuldigten für die gleiche Tat bei gleichen Strafmilderungsgründen eine mildere Sanktion als Zahlungsunfähige. Der mittellose Beschuldigte, der seine Tat wirklich bereut und ein Geständnis ohne Absprache ablegt, weil er einfach nichts zahlen kann, wird härter bestraft.

Außerdem hat diese Vorschrift nur formalen Charakter und ändert nicht viel in der Praxis. Der Gesetzgeber hat zwar dem Gericht das Recht zur besonderen Strafmilderung gegeben. In der Wirklichkeit werden die Strafe und die Höhe der Geldsumme jedoch von der Staatsanwaltschaft festgelegt und mit dem Beschuldigten abgesprochen. Es ist unverständlich, wie die Vorschrift Anwendung durch das Gericht finden soll, wenn dieses ohne Zustimmung der Parteien nicht einmal zu Gunsten des Beschuldigten die Strafe ändern kann. Von schuldangemessener Strafe kann hier keine Rede sein.

Dies alles zeigt deutlich, dass das, was in der Praxis passiert, mit Rechtsstaatlichkeit wenig zu tun hat und der vom Gesetzgeber unternommene Versuch, Ungesetzliches zu legalisieren, gescheitert ist.

Es liegt auf der Hand, welche Gefahren für das auf Gerechtigkeit ausgelegte Strafverfahren von den lückenhaften und verfahrensrechtlich bedenklichen Bestimmungen über die prozessuale Absprache ausgehen. Das durch § 15 (1) StPO Georgiens angestrebte Ziel einer raschen und effektiven Strafrechtspflege wird nicht dadurch erreicht, dass vermögende Straftäter sich mit Hilfe allmächtiger Staatsanwälte freikaufen können.

In der Rechtswirklichkeit Georgiens hat sich eine Art der Absprache etabliert, die alle verfassungsrechtlich garantierten Rechte des Beschuldigten verletzt. Außerdem ist diese Art des Vorgehens nicht mit der Verfassung und rechtsstaatlichen

Verfahrensgrundsätzen vereinbar. Im Gegenteil: Durch das in der Praxis etablierte Absprachevertahren in Form des Freikaufs des Beschuldigten wurde die Korruption vom Staat durch die Absprachevorschriften legalisiert. Das erklärtermaßen zur Bekämpfung der Korruption eingeführte Absprachevertahren ist selbst in ein Institut der Korruption umgewandelt worden, was in Georgien von allen Seiten kritisiert wurde.[1289]

XI. Diskussionen über die Absprache im georgischen Schrifttum

1. Die Diskussion im georgischen Schrifttum nach der Einführung der gesetzlichen Regelung

Die Diskussion im georgischen Schrifttum über die Absprache entstand nach der gesetzlichen Regelung der Absprache 2004.

Im Folgenden sollen die wesentlichen Argumente und Kritikpunkte erörtert werden.

Die Kritiker der Absprache, die überwiegend der Rechtswissenschaft zuzuordnen sind, sehen die Abspracheregelungen im Widerspruch zur geltenden Strafprozessordnung. Alle Kritiker sind sich einig, dass durch die Abspracheregelungen einzelne oder sämtliche Prozessmaximen gefährdet oder verletzt werden.

Prof. Merab Turawa ist der Auffassung, dass die Abspracheregelungen den rechtsstaatlichen Vorstellungen und Anforderungen des fair trial, die in Art. 6 der Europäischen Menschenrechtskonvention niedergelegt sind, widersprechen, insbesondere bei der Absprache über eine Strafe ohne Schuldbekenntnis.

Nach seiner Meinung ist die Situation insbesondere dann rechtlich und praktisch problematisch, wenn der Beschuldigte ohne ein Geständnis abzulegen und sich damit also nicht schuldig bekennend lediglich nicht der Anklage widerspricht, weil er nicht weiter einem Ermittlungsverfahren ausgesetzt sein will.[1290] Die gleiche Meinung vertritt Prof. Revaz Gogschelidze, der die Absprache über die Strafe ebenfalls unverständlich findet, weil der Beschuldigte, der keine Aussage macht, von seinem Schweigerecht Gebrauch macht - etwas gänzlich anderes als ein Schuldbekenntnis. Weil er sich aber eben nicht schuldig bekennt, bestehen Bedenken, da er der Absprache möglicherweise nur wegen der in Aussicht gestellten Freilassung zustimmt.[1291]

Prof. Ratiani äußert insoweit ebenfalls Bedenken. Wenn der Beschuldigte kein Geständnis ablegt, aber der Anklage nicht widerspricht, ist fraglich, welchem Ziel diese Vorschrift dienen und warum der Beschuldigte die abgesprochene Strafe anerkennen soll.[1292]

1289 Die gleiche Meinung hat *Chachidze,* Prozessuale Absprache. 2004, S. 27. *Turawa,* Rechts-und Justizformen im Südkaukasus Materialsammlung N 16. Effizienz der Justiz Tagungsband der II. Internationalen Richterkonferenz 2005. S. 139.

1290 *Turawa,* Rechts-und Justizformen im Südkaukasus Materialsammlung N 16. Effizienzder Justiz Tagungsband der II. Internationalen Richterkonferenz 2005. S. 139.

1291 *Gogschelidze,* Zeitschrift „Beruf Rechtsanwalt“ , N 2, 2007, 91.

1292 *Ratiani,* Zeitschrift „die Rechtsprechung“, N1, 2007, 168.

Prof. Ratiani sieht in den Absprachereglungen ebenfalls die Verletzung elementarer Verfahrensprinzipien. Danach verstoßen die Absprachereglungen gegen:

- Das Prinzip der materiellen Wahrheit (§ 18 StPO Georgiens), da die Erforschung des Sachverhalts dem Gericht obliegt und nicht wie - im Zivilprozess - zur Disposition der Parteien steht. Die Wahrheit kann nur durch eine vollständige Beweisaufnahme festgestellt werden.
- Den verfassungsrechtlich gewährten Grundsatz der Unschuldsvermutung (Art. 40 Verfassuung Georgiens), da der Richter sich nicht im Rahmen der Beweisaufnahme ein Bild von der Schuld des Angeklagten macht, sondern die Schuld als Ausgangspunkt für die Absprache voraussetzt. Gemäß § 10 StPO Georgiens ist die Unschuldsvermutung dadurch gewährleistet, dass das Urteil und andere prozessuale Entscheidungen nur auf unumstrittenen Beweismitteln beruhen dürfen. Die Beweise können nur dann unumstritten sein, wenn diese aufgrund einer durchgeführten Beweisaufnahme erhoben worden sind. Bei Abspracheverfahren jedoch wird auf den nach der Unschuldsvermutung geforderten Nachweis der Schuld verzichtet, um eine Verfahrensverkürzung zu erzielen.
- Den Gleichheitsgrundsatz (§ 9 StPO Georgiens), weil gleiches strafbares Verhalten nicht gleich behandelt wird. Das gilt besonders in den Fällen der Absprache, in denen der Beschuldigte bestimmte Geldsummen zahlen muss. Nach dieser Praxis ist es so, dass den mittellosen und zahlungsunfähigen Beschuldigten Vereinbarungen unmöglich sind, weil diese Personen einfach nicht imstande sind, sich mit Geld freizukaufen. Die Folge: Sie werden oft härter bestraft.
- Den Öffentlichkeitsgrundsatz (§ 16 StPO Georgiens), da Absprachen zwischen der Staatsanwaltschaft und dem Beschuldigten hinter verschlossenen Türen stattfinden und vom Gericht zwar in der öffentlichen Sitzung bestätigt werden, dabei jedoch nichts Wesentliches mitgeteilt wird. In der gerichtlichen Sitzung wird lediglich der Antrag auf Verurteilung des Beschuldigten ohne wesentliche Verhandlung vom Staatsanwalt vorgelesen und der Beschuldigte stimmt diesem Antrag lediglich zu, worauf das Urteil folgt. Praktisch bleibt alles Wesentliche hinter verschlossenen Türen.
- Den Unmittelbarkeitsgrundsatz (§ 20 StPO Georgiens), da bei Absprachen ein Urteil gerade nicht „auf dem Inbegriff der Verhandlung“ beruht. Das Gericht gewinnt sein Bild vom Angeklagten und von den persönlichen und sachlichen Beweismitteln nicht aus der Hauptverhandlung sondern nur aus den Ermittlungsakten.
- Den Grundsatz der freien Beweiswürdigung, da gemäß § 19 StPO Georgiens das Gericht über das Ergebnis der Beweisaufnahme nach seiner freien, aus dem Inbegriff der Verhandlung geschöpften Überzeugung zu entscheiden hat. Der Richter soll eine persönliche Gewissheit bezüglich des Sachverhalts ge-

winnen, die für eine Verurteilung ausreicht. Gemäß § 19 Absatz 3 StPO reicht für die Verurteilung allein das Geständnis des Beschuldigten nicht aus.[1293]

Die Gleiche Meinung vertritt Prof. Merab Turawa, der die gesetzliche Regelung der Absprache ebenfalls für lückenhaft und unvollständig hält. Dieses Kapitel legt für das Abspracheverfahren unterschiedliche gerichtliche Verfahrensweisen fest, ohne dabei auf allgemeine rechtliche Grundsätze Bezug zu nehmen. Hingewiesen wird nur darauf, dass die prozessuale Absprache unter dem Schutz des Grundsatzes der Unabhängigkeit der Gerichte getroffen werden muss (§ 15 (1) StPO Georgiens).[1294] Damit werden nach der Meinung Prof. Merab Turawas bei einer Absprache wichtige Grundsätze ignoriert, wie z. B. das kontradiktorische Verfahren, die objektive Wahrheitsermittlung und der Unmittelbarkeitsgrundsatz.[1295]

Große Bedenken bestehen im Schrifttum gegenüber dem in der Praxis entwickelten Vorgehen bei der Absprache einer „freiwilligen" Geldzahlung des Beschuldigten als Gegenleistung für eine mildere Strafe oder die Freilassung ohne jede rechtliche Grundlage. In der Praxis zahlen die Beschuldigten fast immer von der Staatsanwaltschaft bestimmte Summen an die Staatskasse oder an bestimmte staatsanwaltliche Fonds. Diese Zahlung wird nicht mit dem Urteil auferlegt oder bestimmt, vielmehr folgt der Zahlung das Abspracheurteil. Ohne Zahlung ergeht kein Abspracheurteil. Diese Praxis ist für das Schrifttum völlig inakzeptabel. Nach der Meinung der Rechtswissenschaft hat das nichts mit fair trial und mit Strafe oder Strafzumessung zu tun.[1296]

Prof. Revaz Gogschelidze ist der Auffassung, dass dieses in der Praxis etablierte Verfahren nicht nur den Grundsätzen des fairen Verfahrens und dem Gleichheitsgrundsatz widerspricht, sondern es auch die Strafzwecke gefährde, da dieses Vorgehen für die Beschuldigten ein Anreiz sein könne, weitere Verbrechen zu begehen, da sie sich ja ggf. wieder freikaufen können. Das führe dazu, dass nicht nur die Verfahrensziele ihre Bedeutung verlieren, sondern auch die Strafziele.[1297]

Der Befürworter der Absprache, Staatsanwalt Giorgi Chanturidze, widerspricht Prof. Ziala Ratiani darin, dass die Absprache fast alle prozessualen Grundsätze des Strafverfahrens verletzt. Er ist der Meinung, dass der Gesetzgeber mit Einführung der Absprache den Absprachegrundsatz (§ 15 (1) StPO Georgiens), wonach Ziel die Gewährleistung einer schnellen und effektiven Strafrechtspflege ist, in Einklang mit anderen Strafverfahrensgrundsätzen gebracht hat. Ohne Absprache sei eine schnelle Verfahrensweise nicht möglich. Nach Ansicht Chanturidzes wird

---

1293 *Ratiani,* Zeitschrift ;die Rechtsprechung", N1, 2007, 169; gleiches die Zeitschrift „Rechtsprechung und das Gesetz" N3, 2005, 131 ff.

1294 §15 (1) StPO -entsprechend dem die prozessuale Absprache wird unter dem Schutz des Grundsatzes der Unabhängigkeit der Gerichte getroffen. Ihr Ziel ist die Gewährleistung einer schnelle und effektiven Strafrechtspflege

1295 *Turawa,* Methodik über die Entscheidungstreffen über die Straffälle. 2006, S. 152.

1296 *Turawa,* Rechts-und Justizformen im Südkaukasus Materialsammlung N 16. Effizienz der Justiz Tagungsband der III. Internationalen Richterkonferenz 2005. S. 139. *Ratiani,* Zeitschrift „Die Rechtssprechung", 2007, 169. *Chachidze,* Prozessuale Absprache, 27.

1297 *Gogschelidze,* Zeitschrift „Beruf Rechtsanwalt", N2 2007, 84.

durch die Absprachevorschriften der Grundsatz der materiellen Wahrheit nicht verletzt, weil gemäß §§ 679 (3), 679 (4) StPO Georgiens dem Anklagevorwurf nur unumstrittene Beweise zu Grunde liegen dürfen.
Zwar werde eine Hauptverhandlung mit einer Beweisaufnahme nicht durchgeführt, aber gemäß § 674 (4) Abs. 5 StPO Georgiens müsse das Urteil auf den in den Akten vorhandenen unumstrittenen Beweise beruhen. Andernfalls könne das Gericht die Akten der Staatsanwaltschaft zurückweisen.
Nach der Ansicht Staatsanwalts Chanturidzes wird durch die Absprache auch nicht der Grundsatz der Unschuldsvermutung verletzt, weil gemäß § 10 StPO Georgiens der Beschuldigte als unschuldig gilt, bis sein Schuld nach den im Gesetz vorgesehenen Regeln und durch Urteil festgestellt wird. Genauso unberührt bleibe der Grundsatz der materiellen Wahrheit. Die Begründung der Anklage sei Pflicht der Staatsanwaltschaft. Das Geständnis und das Schuldbekenntnis des Beschuldigten bedeuteten nicht, dass der Beschuldigte die Pflicht hat, die Anklage selber zu begründen. Vielmehr ist dies auch mit den Absprachevorschriften die Pflicht des Anklägers. Dieser muss die für die Verurteilung des Beschuldigten erforderlichen Beweise sammeln und den Akten hinzuzufügen.
Nach der Ansicht Chanturidzes ist sowohl der Grundsatz der Unschuldsvermutung als auch der Grundsatz der Kontradiktion nicht verletzt, da eine gerichtliche Sitzung stattfindet, in der das Gericht die Gesetzesmäßigkeit der zwischen den Parteien abgeschlossenen Absprache überprüft. Der Öffentlichkeitsgrundsatz werde nicht verletzt, weil das Gericht die Absprache in öffentlicher Sitzung bestätige. Ebenso wenig werde der Grundsatz der freien Beweiswürdigung verletzt, wenn das Gericht den Akteninhalt überprüft. Bei der Absprache treffe das Gericht die Entscheidung nur nach Überprüfung der Freiwilligkeit des Schuldbekenntnisses und wenn es sich davon überzeugt hat, dass die prozessuale Absprache nicht durch Gewalt, Verängstigung des Beschuldigten oder durch ein über den Rahmen der prozessualen Absprache hinausgehendes Versprechen zustande gekommen ist. Falls das Gericht überzeugt ist, dass die Absprache unzulässig ist, sei es nicht verpflichtet, sie zu bestätigen.
Nach der Ansicht Chanturidze blieben die Mündlichkeit und der Unmittelbarkeitsgrundsatz ebenfalls unberührt, weil der Beschuldigte sein Geständnis in der öffentlichen Sitzung ablege, dessen Freiwilligkeit von dem Gericht überprüft werde.[1298]

2. Zusammenfassung

Die georgischen Wissenschaftler argumentieren halten die Absprachereglungen für unverständlich und insgesamt für überflüssig. Sie begründen diese Auffassung mit überzeugenden Argumenten, sodass ihnen zu folgen ist.
Bei der Absprache über die Strafe erklärt der Beschuldigte lediglich, dass er dem Anklagevorwurf nicht widerspricht und der vom Staatsanwalt vorgeschlagenen Strafe oder dem Absehen von Strafe zustimmt. In diesem Fall wird also zur

1298 *Chanturidze*, Prozessuale Absprachen, 2007,S. 78 ff

Schuld ausdrücklich keine Stellung genommen. Der Beschuldigte schweigt insoweit. Es bleibt in diesen Fällen offen, warum er der Strafe zustimmt. Das US-amerikanische Strafverfahren kennt ebenfalls eine Art des plea bargainings (nolo contedere), wonach zur Schuld ausdrücklich keine Stellung genommen wird. In diesem Fällen darf aber - anders als bei der Abgabe eines Schuldbekenntnisses - eine mögliche strafrechtliche Verurteilung in einem auf der gleichen Tat gründenden Zivilprozess nicht gegen die beschuldigte Person verwandt werden. Es wird also klar, dass der Beschuldigte später die zivilrechtliche Verantwortung vermeiden können soll. Die georgische gesetzliche Regelung über die Absprache kennt eine solche Differenzierung nicht. Vielmehr spielt es keine Rolle, ob das Absprachеurteil mit oder ohne Schuldbekenntnis erfolgt, in jedem Fall kann es im Zivilverfahren gegen den Beschuldigten verwendet werden (§§ 679 (1) Abs. 8; 679 (2) Abs. 1 f StPO Georgiens). Der Staatsanwalt ist verpflichtet, den Beschuldigten darüber zu belehren, dass durch die Absprache eine etwaige zivilrechtliche Verantwortung nicht aufgehoben wird.

Überzeugend ist die Kritik der georgischen Wissenschaftler, dass die in der StPO Georgiens vorhandenen Absprachevorschriften die elementare Prozessmaximen gefährden.

Es ist offensichtlich, dass die kooperative Vorgehensweise und der Konsens der Parteien dem Gebot der Wahrheitsfindung nicht gleicher Weise genügen, wie es in einer streitig durchgeführten Hauptverhandlung der Fall ist.

Wie schon dargestellt, lässt die georgische gesetzliche Regelung die Absprache über Schuld und Strafe zu; entsprechend muss der Beschuldigte kein Geständnis ablegen, er widerspricht nur nicht der Anklage.

Im allgemeinen Strafverfahren darf Grundlage des Schuldspruchs nur der nach Überzeugung des Gerichts festgestellte Sachverhalt sein, dessen strafrechtliche Bewertung und Einordnung einer Vereinbarung nicht zugänglich ist. Demnach dürfte der Schuldspruch nicht Gegenstand einer Absprache sein. Dies georgische Absprachеregelung lässt jedoch die Absprache über die Schuld ausdrücklich zu.

Die Absprache wird zwischen der Staatsanwaltschaft und dem Beschuldigten während der Ermittlungen abgeschlossen und später vom Gericht ohne Hauptverhandlung und ohne Beweisaufnahme nur auf Grund der Aktenlage bestätigt. Dies steht im Widerspruch zu § 20 StPO Georgiens, wonach das Urteil über Schuld und Strafe erst aus dem Inbegriff der Hauptverhandlung zu schöpfen ist.

Soweit die Absprache im Ermittlungsverfahren getroffen wird und das Gericht diese ohne Hauptverhandlung nur auf Grund der Aktenlage bestätigt, widerspricht diese Verfahrensweise auch dem Öffentlichkeits-, Unmittelbarkeits- und Mündlichkeitsgrundsatz.

Zudem geraten die materiellrechtlichen Regelungen der Strafzumessung bei Absprachefällen, wonach eine Bewährungsstrafe nur im Fall der Absprache oder des Schuldbekenntnisses verhängt werden kann, in Konflikt mit dem nemo–tenetur-Grundsatz, weil darin - gewissermaßen als Kehrseite - die Androhung einer höheren Strafe für den Fall, dass der Beschuldigte/Angeklagte seine Verteidigungsrechte ausübt, liegt.

Die Absprache zwischen den Parteien führt dazu, dass der Beschuldigte sich im Ergebnis schuldig bekennt oder der Anklage nicht widerspricht. Schon bei der Absprache über die Schuld gehen die Absprachebeteiligten davon aus, dass der Beschuldigte schuldig ist. Damit wird der verfassungsrechtlich garantierte Grundsatz der Unschuldsvermutung verletzt. Zwar muss die in den Ermittlungen abgeschlossene Absprache durch das Gericht bestätigt werden, aber der Richter macht sich sein Bild von der Schuld des Angeklagten nicht auf Grund einer Beweisaufnahme, sondern setzt die Schuld ebenfalls als Ausgangspunkt der Absprache voraus.
Die gesetzlichen Regelungen der Absprache gewährleisten nicht den Schuldgrundsatz und das Gleichbehandlungsgebot, weil es keine Regeln darüber gibt, welchem Angeklagten eine Kooperation angeboten werden muss. Die etablierte Praxis hat gezeigt, dass Absprachen nur bei zahlungsfähigen Beschuldigte angestrebt werden.
Die Absprацheregelungen lassen zu, dass die von den Parteien ausgehandelte Strafe vom Richter nur noch „ratifiziert" und verkündet wird, verändern kann das Gericht die Strafe nicht. Damit wird gegen den Richtervorbehalt verstoßen, weil das in § 45 StPO Georgiens verankerte alleinige Recht des Gerichts, die Entscheidung über die Schuld und Strafe zu treffen, nicht mehr in den Händen des Richters liegt.
Zu Recht sind im Schrifttum Bedenken geäußert worden, das Gesetz an ein Abspracheurteil geringere Anforderungen hinsichtlich der Begründung stellt. Entsprechend § 496 StPO Georgiens muss das Urteil gesetzeskonform, sachlich begründet und gerecht sein; das Urteil ist gesetzeskonform, wenn es der Verfassung und den anderen Gesetze genügt. Das Urteil ist sachlich begründet, wenn seine Schlussfolgerungen auf tatsächlichen Beweisen beruhen, die in der Hauptverhandlung erörtert und gewürdigt worden sind und welche die Feststellung des wahren Sachverhalts zweifelsfrei belegen. Das Urteil ist gerecht, wenn das verhängte Strafmaß der Person des Täters und der Schwere der von ihm begangenen Tat entspricht.
Bei der Absprache aber wird keine dieser Voraussetzungen erfüllt. Es genügt, wenn dem Abspracheurteil die Beweise zu Grunde liegen, die sich aus der Aktenlage ergeben. Ob diese Beweise den wahren Sachverhalt überhaupt zweifelsfrei belegen können, ist u. a. deshalb fraglich, weil der Grundsatz der Feststellung der objektive Wahrheit sehr eingeschränkt ist, das Beweisaufnahmeverfahren fehlt und die richterliche Aufklärungspflicht, die richterliche Subsumtion und die Grundsätze der Strafzumessung in das Belieben und zur freien Disposition des Staatsanwalts und des Beschuldigten stehen.

XII. Übertragbarkeit des deutschen bzw. US-amerikanischen Verständigungsverfahren in das georgische Strafverfahrenssystem

Wie schon aufgezeigt unterscheiden sich die strafprozessuale Absprache in den Vereinigten Staaten und in der Bundesrepublik Deutschland erheblich von der georgischen Regelung.

Die verfahrensrechtliche Ausgangslage in den USA und in der Bundesrepublik ist diametral entgegengesetzt. Das US-amerikanische Strafverfahren ist durch den adversatorischen Grundsatz beherrscht, wonach im Sinne einer Konfliktschlichtung die formalisierte Wahrheit das Ziel ist. Dem deutschen Strafverfahrenssystem liegt der inquisitorische Grundsatz zu Grunde, wonach die Erforschung der materiellen Wahrheit, das heißt die Rekonstruktion des Geschehens, angestrebt wird. Wie schon dargestellt, liegen dem georgischen Strafverfahren sowohl der kontradiktorische als auch der inquisitorische Grundsatz zu Grunde. Deshalb lassen sich Elemente des US-amerikanischen Models des *plea bargaining* und des deutschen Modells der Verständigung auf das georgischen Strafverfahren übertragen.

Das georgische Strafverfahrenssystem könnte wegen des Kontradiktionsgrundsatzes eine gute Grundlage für die Übernahme des US-amerikanischen Absprache-verfahrens sein, weil sich die Verständigung sehr viel eher in ein adversatorisch ausgestaltetes Strafverfahren integrieren lässt als in einen inquisitorischen Prozess.[1299]

Dafür spricht außerdem die Vielzahl der durch eine Absprache beendeten Verfahren. In Georgien werden ähnlich wie in den USA in großem Ausmaß Absprachen durchgeführt. Nach der Statistik endeten im Jahr 2008 von den 2196 Strafverfahren 2019 Strafverfahren mit einer prozessualen Absprache, also werden von 2196 Strafverfahren nur 177 Verfahren (22%) mit einer Hauptverhandlung erledigt.[1300] In den USA enden 94,4 % der Verfahren durch *guilty plea*.[1301] In Deutschland werden 50% der Wirtschaftsstrafsachen und Betäubungsmittelverfahren mit einer Absprache abgeschlossen.[1302]

Weil die Einführung des Abspracheverfahrens in Georgien von Anfang an nur der Bekämpfung der Korruption dienen sollte,[1303] hat der georgische Gesetzgeber nicht besonders darauf geachtet, die Gestaltung des Abspracheverfahrens stärker am Modell des rechtsstaatlichen Verfahrens auszurichten.

Am Anfang war im georgischen Abspracheverfahren den Beschuldigten sogar das Beschwerderecht entzogen. Später wurde diesbezüglich nachgebessert, wobei auch dann nur ein eingeschränktes Rechtsmittelverfahren zu Verfügung gestellt wurde. Die georgischen Absprachevorschriften sehen keine Rechtsmittelbelehrung vor. Insoweit wäre die Übertragbarkeit des deutschen Absprachesystems mit den entsprechenden Anfechtungsregeln möglich und notwendig. Das gilt auch deshalb weil Georgien an die Menschenrechtkonvention gebunden ist. Gemäß

1299 *Trüg*, Lösungskonvergenzen, S.194.

1300 Statistik über Absprachen in Georgien, Zeitschrift, „das Recht“,N12, 2009,S. 3.

1301 *Trüg*, Lösungskonvergenzen, S. 147

1302 *Altenhein/ Hagemaier*, die Praxis der Absprachen. 35

1303 Wie schon von der Protokoll der Parlamentarische Debatten vor der Einführung der gesetzliche verfahren der Absprache zu entnehmen ist das Ziel war die Enthüllung der ehemalige Minister oder hohe stehende Personen, dessen Festnahme und aufgrund Absprache die Geldsummen Zahlung für Freikauf zur Staatskasse oder von der Staatsanwaltschaft festgelegten Fond.

Art. 6 EMR, Protokoll 7 Art. 2 hat der Verurteilte das Recht, das Urteil von einem übergeordneten Gericht nachprüfen zu lassen. Gemäß § 35 StPO Deutschlands steht trotz einer vorausgegangenen Verständigung dem Betroffenen die Einlegung eines Rechtsmittels frei und er ist darüber auch zu belehren. Nach den deutschen Verständigungsvorschriften gilt also bei einer Absprache nichts anderes als beim regulären Verfahren, Rechtsmittel können eingelegt werden. Die Beschränkungen Beschwerdemöglichkeiten nach den georgischen Absprachevorschriften müssen deshalb entsprechend den deutschen gesetzlichen Regelungen aufgehoben werden. Dies würde erforderlich machen, dass das Gericht zur Belehrung über das Beschwerderecht verpflichtet wird.

Im US-amerikanischen *plea bargaining*-Verfahren sind die Abgabe des *guilty plea* sowie seine Annahmeprüfung der Öffentlichkeit zugänglich, nicht aber die eigentlichen Verhandlungen über Anklage und Strafmaß. Diese bleiben den Parteien vorbehalten. Ähnlich werden im georgischen Absprecheverfahren die Vereinbarungen über Schuld und Strafe im schriftlichen Antrag der Staatsanwaltschaft auf Verurteilung ohne wesentliche Verhandlung aufgenommen, der später in der öffentlichen Sitzung durch das Gericht nur noch bestätigt oder abgelehnt wird. Die Gespräche zur Vorbereitung der Absprache werden nicht protokolliert und aktenkundig gemacht. Das georgische Gesetz enthält insoweit keine Regelungen und hält es offenbar nicht für notwendig, dass die Vorgespräche in den Akten vermerkt werden. Es ist jedoch wichtig, den wesentlichen Inhalt dieser Gespräche aktenkundig zu machen, um später Streitigkeiten über den genauen Inhalt der Abmachungen zu vermeiden und jeder Heimlichkeit entgegenzuwirken.

Nach den georgischen Vorschriften wird im Antrag auf Verurteilung ohne Hauptverhandlung nur das schon abgesprochene Ergebnis dargestellt. Wie dieses Ergebnisse erreicht wurde - z. B. durch Fallenlassen der Anklage oder durch Einstellungen - ergibt sich weder aus dem Antrag noch aus den Akten. Das Gesetz über die Verständigungen in Deutschland implementiert Regelungen, die der Transparenz und Offenheit des Verfahrens dienen. Gespräche über mögliche Verständigungen außerhalb der Hauptverhandlung, Inhalt und Ablauf einer erzielten Verständigung müssen zum Gegenstand der Hauptverhandlung gemacht werden. Dadurch soll nicht nur die Öffentlichkeit gewährleistet, sondern auch der Angeklagte geschützt werden, damit nicht hinter seinem Rücken Absprachen zu seinen Lasten oder ohne seine Billigung getroffen werden. Diesem Schutz dienen zahlreiche Dokumentationspflichten, womit die Erörterungen außerhalb und innerhalb der Hauptverhandlung aktenkundig gemacht werden[1304] (§§ 160 b, 202 a, 243 StPO Deutschlands). Deswegen wäre eine Übertragung der deutschen Regelung auf das georgische Verfahren wichtig.

Die georgischen Absprachevorschriften sehen die Absprache über die Schuld vor, in dem der Beschuldigte durch seine förmliche Erklärung die Schuldfrage bejaht, was das Schuldfeststellungsverfahren überflüssig macht. Das Gericht akzeptiert in der großen Mehrheit der Fälle die Absprache: In 1379 Absprachefällen hat das

---

1304 *Weider*, StV 2009, 601.

Gericht nur in16 Fällen die Absprache nicht bestätigt und die Akten zur Staatsanwaltschaft zurückverwiesen.[1305]

Auch insoweit wäre eine Übertragung der gesetzlichen Regelung, wie sie das deutsche Verfahren vorsieht, notwendig. Gemäß § 257 c Abs. 2, S. 3 StPO Deutschlands ist die Vereinbarung über den Schuldspruch unzulässig, denn der Schuldspruch kann nicht Gegenstand einer Verständigung sein. Die für den Schuldspruch erforderlichen Sachverhaltsgrundlagen unterliegen der gerichtlichen Aufklärungspflicht.

In den Vereinigten Staaten wird ebenso wie im georgischen Recht nach einer Verständigung keine Hauptverhandlung mehr durchgeführt.

Der Antrag auf Verurteilung ohne wesentliche Verhandlung wird nicht in der Hauptverhandlung sondern in einer öffentlichen Sitzung vom Gericht bestätigt. Die Absprachevorschriften in der georgischen Strafprozessordnung enthalten weder eigene formelle Regeln für die Durchführung dieser gerichtlichen Sitzung noch irgendeinen Hinweis auf die Geltung der allgemeinen Regeln der Hauptverhandlung für diese gerichtliche Sitzung.

Die deutsche Regelung hingegen hat das in der Hauptverhandlung stattfindende Verständigungsverfahren eingeführt und damit heimlichen Absprache den Boden entzogen.

Diese deutsche Verfahrensweise lässt sich in das georgische Strafverfahrenssystem übertragen. Es ist notwendig, die Verhandlung des Antrags auf Verurteilung ohne wesentliche Verhandlung nach allgemeinen Regeln in der Hauptverhandlung durchzuführen.

Die georgische Absprachevorschriften lassen die Vereinbarung einer bestimmten Strafe zwischen der Staatsanwaltschaft und dem Beschuldigten zu. Beide Parteien einigen sich im Ermittlungsverfahren auf eine bestimmte Strafe, die später in den Antrag der Staatsanwaltschaft aufgenommen und dann vom Gericht nur noch überprüft wird. Das Gericht kann von der ausgehandelten Strafe nicht ohne Zustimmung der Staatsanwaltschaft und des Beschuldigten abweichen. Damit beruht die Straffestsetzung nicht mehr auf der Entscheidung des Gerichts, sondern allein auf der Vereinbarung der Verfahrensbeteiligten. Die Verfassungswidrigkeit einer solchen Regelung ist offenkundig. Deswegen ist es notwendig, dass die Verfassungsmäßigkeit dieser Regelung durch das georgische Verfassungsgericht geprüft wird.

Nach der deutschen Absprachereglung kann das Gericht unter freier - aus dem Inbegriff der bisherigen Sachverhandlung zu schöpfenden - Würdigung aller Umstände und unter Beachtung der allgemeinen Strafzumessungsregeln eine Strafober- und -Untergrenze angeben. Die Verständigung selbst kommt dann zustande, wenn Angeklagter und Staatsanwaltschaft dem Vorschlag zustimmen. Hier werden also die Ober- und Untergrenze der Strafe vom Gericht selbst festgelegt. Auch diese deutsche Regelung über die Festlegung der Strafober- und -Untergrenze lässt sich ins georgische Rechtssystem übertragen, weil auch nach

---

1305 *Ratiani,* Zeitschrift, „Rechtsprechung und Gesetz", N3, 2007, S. 131

der georgischen Verfassung die rechtsprechende Gewalt den Richtern anvertraut ist, die Richter unabhängig und nur dem Gesetz unterworfen sind. Das Gericht ist als einziges staatliches Organ zur Rechtsprechung befugt.
Nach dem US-amerikanischen *plea bargaining* stellt die Anerkennung des *plea of guilty* durch den Richter den Abschluss des Belehrungs- und Prüfungsverfahrens dar. Damit werden nicht nur beide Parteien, sondern auch das Gericht gebunden. Fed. R. Crim. P 11 regelt, unter welchen Voraussetzungen die Bindung des Gerichts durchbrochen werden kann und wann dem Angeklagten die Rücknahme des *plea of guilty* erlaubt ist.
Nach der deutschen Absprache-Regelung sind Staatsanwaltschaft und Angeklagter sowie das Tatgericht an die Verständigung gebunden, wenn sie dem Vorschlag des Gerichts zustimmen.
Nach den georgischen Absprachevorschriften ist die Bindung des Gerichts oder der Staatsanwaltschaft an die Absprachen jedoch nicht vorgesehen, auch dem Beschuldigten steht es frei, ohne irgendeinen Grund die Absprache bis zur Beratung des Gerichts abzulehnen.
Die gesetzliche Regelung über die Bindung der Absprachebeteiligten an die zustande gekommene Absprache ab einem bestimmten Zeitpunkt ist wichtig, weil nach der Anerkennung der Absprache kein Beweisaufnahmeverfahren stattfindet, in dem über die Schuldfrage gestritten wird und der Beschuldigte zudem auf seine prozessualen Rechte verzichtet. Ohne Bindungswirkung wäre das Abspracheverfahren gegenüber dem mit seinem Geständnis einer Vorleistung erbringenden Beschuldigten unfair.
In der Rechtswirklichkeit gehen die Beteiligten davon aus, dass alle ihren Verpflichtungen nachkommen, andernfalls würde der Beschuldigte sein Schuldbekenntnis nicht abgeben, während auf der anderen Seite auch der Staatsanwalt keine Vereinbarung schließen würde, ohne dass der Beschuldigte durch sein Schuldbekenntnis einer Verurteilung verbindlich zustimmt. Die Bindungswirkung des US-amerikanischen *plea bargainig*-Systems lässt sich auf das georgische Abspracheverfahren übertragen, weil das georgische Abspracheverfahren ähnlich wie das US-amerikanische Verfahren ein Prüfungsverfahren vorsieht, wonach das Gericht die Absprache bestätigen. Nur mit einer Bindungswirkung ist es möglich, unter bestimmten gesetzlichen Voraussetzungen von der Absprache abzuweichen, sonst könnte jeder Partei ohne irgendeinen Grund die Absprache ablehnen.
Nach der deutschen Regelung entfällt die Bindungswirkung, wenn sich neue rechtliche oder tatsächliche Umstände ergeben haben oder bei der Verständigung übersehen wurden, welche den vereinbarten Strafrahmen als nicht mehr tat- und schuldangemessen erscheinen lassen. Die Bindungswirkung entfällt auch dann, wenn das Prozessverhalten des Angeklagten nach der Absprache nicht der Prognose des Gerichts entspricht. Darüber hat das Gericht dem Angeklagten unverzüglich Mitteilung zu machen, um ihm die Möglichkeit zu geben, seine Verteidigung auf die neue Situation einzurichten. Mit dem Wegfall der Bindung des Gerichts an die zustande gekommene Verständigung ist das Verfahren nach Maßgabe der gerichtlichen Aufklärungspflicht fortzusetzen.

Die georgischen Absprachevorschriften kennen keine Abweichung von der Absprache, sondern nur die Zurückweisung des Antrags auf Verurteilung ohne wesentliche Verhandlung an die Staatsanwaltschaft zur Entscheidung über die Anklageerhebung. Das bedeutet, dass das Gericht auch dann, wenn es Gründe gibt, von der Absprache abzuweichen, den Beschuldigten nicht darüber belehrt, sondern lediglich die Akten der Staatsanwaltschaft zurückgibt.
Das gilt auch in den Fällen, in denen dem Gericht die abgesprochene Strafe zu hart erscheint. Diese Verfahrensweise verletzt - wie dargestellt - den Grundsatz der Unabhängigkeit der Gerichte und den Richtervorbehalt, genauso wie die in Art. 6 MRK garantierten Rechte des Beschuldigten auf ein faires Verfahren, sowie das Recht auf Verhandlung des Verfahrens in angemessener Frist.
Ausgehend von diesen Grundsätzen, die auch im georgischen Strafverfahren verankert sind, sollte auch insoweit die deutsche Verfahrensregelung über die Abweichung von der Verständigung in das georgische Strafverfahrenssystem übernommen werde.

Anhang A

Federal Rules of Criminal Procedure
Rule 11. Pleas
(a) Entering a Plea
(1) In General
A defendant may plead not guilty, guilty, or (with the court's consent) nolo contendere.
(2) Conditional Plea.
With the consent of the court and the government, a defendant may enter a conditional plea of guilty or nolo contendere, reserving in writing the right to have an appellate court review an adverse determination of a specified pretrial motion. A defendant who prevails on appeal may then withdraw the plea.

(3) Nolo Contendere Plea

Before accepting a plea of nolo contendere, the court must consider the parties' views and the public interest in the effective administration of justice.

(4) Failure to Enter a Plea

If a defendant refuses to enter a plea or if a defendant organization fails to appear, the court must enter a plea of not guilty.

(b) Considering and Accepting a Guilty or Nolo Contendere Plea.

(1) ***Advising and Questioning the Defendant.***

Before the court accepts a plea of guilty or nolo contendere, the defendant may be placed under oath, and the court must address the defendant personally in open court. During this address, the court must inform the defendant of, and determine that the defendant understands, the following:
(A) the government's right, in a prosecution for perjury or false statement, to use against the defendant any statement that the defendant gives under oath;
(B) the right to plead not guilty, or having already so pleaded, to persist in that plea;
(C) the right to a jury trial;
(D) the right to be represented by counsel -- and if necessary have the court appoint counsel -- at trial and at every other stage of the proceeding;
(E) the right at trial to confront and cross-examine adverse witnesses, to be protected from compelled self-incrimination, to testify and present evidence, and to compel the attendance of witnesses;
(F) the defendant's waiver of these trial rights if the court accepts a plea of guilty or nolo contendere;
(G) the nature of each charge to which the defendant is pleading;

(H) any maximum possible penalty, including imprisonment, fine, and term of supervised release;
(I) any mandatory minimum penalty;
(J) any applicable forfeiture;
(K) the court's authority to order restitution;
(L) the court's obligation to impose a special assessment;
(M) in determining a sentence, the court's obligation to applycalculate the applicable sentencing-guideline range and to consider that range, possible departures under the Sentencing Guidelines, and other sentencing factors under 18 U.S.C. § 3553(a); and
(N) the terms of any plea-agreement provision waiving the right to appeal or to collaterally attack the sentence.

(2) Ensuring That a Plea Is Voluntary

Before accepting a plea of guilty or nolo contendere, the court must address the defendant personally in open court and determine that the plea is voluntary and did not result from force, threats, or promises (other than promises in a plea agreement).

(3) Determining the Factual Basis for a Plea

Before entering judgment on a guilty plea, the court must determine that there is a factual basis for the plea.

(c) Plea Agreement Procedure

(1) In General

An attorney for the government and the defendant's attorney, or the defendant when proceeding pro se, may discuss and reach a plea agreement. The court must not participate in these discussions. If the defendant pleads guilty or nolo contendere to either a charged offense or a lesser or related offense, the plea agreement may specify that an attorney for the government will:

(A) not bring, or will move to dismiss, other charges;

(B) recommend, or agree not to oppose the defendant's request, that a particular sentence or sentencing range is appropriate or that a particular provision of the Sentencing Guidelines, or policy statement, or sentencing factor does or does not apply (such a recommendation or request does not bind the court); or

(C) agree that a specific sentence or sentencing range is the appropriate disposition of the case, or that a particular provision of the Sentencing Guidelines, or policy statement, or sentencing factor does or does not apply (such a recommendation or request binds the court once the court accepts the plea agreement).

(2) Disclosing a Plea Agreement

The parties must disclose the plea agreement in open court when the plea is offered, unless the court for good cause allows the parties to disclose the plea agreement in camera.

(3) Judicial Consideration of a Plea Agreement

(A) To the extent the plea agreement is of the type specified in Rule 11(c)(1)(A) or (C), the court may accept the agreement, reject it, or defer a decision until the court has reviewed the presentence report.

(B) To the extent the plea agreement is of the type specified in Rule 11(c)(1)(B), the court must advise the defendant that the defendant has no right to withdraw the plea if the court does not follow the recommendation or request.

(4) Accepting a Plea Agreement

If the court accepts the plea agreement, it must inform the defendant that to the extent the plea agreement is of the type specified in Rule 11(c)(1)(A) or (C), the agreed disposition will be included in the judgment.

(5) Rejecting a Plea Agreement

If the court rejects a plea agreement containing provisions of the type specified in Rule 11(c)(1)(A) or (C), the court must do the following on the record and in open court (or, for good cause, in camera):

(A) inform the parties that the court rejects the plea agreement;

(B) advise the defendant personally that the court is not required to follow the plea agreement and give the defendant an opportunity to withdraw the plea; and

(C) advise the defendant personally that if the plea is not withdrawn, the court may dispose of the case less favorably toward the defendant than the plea agreement contemplated.

(d) Withdrawing a Guilty or Nolo Contendere Plea

A defendant may withdraw a plea of guilty or nolo contendere:

(1) before the court accepts the plea, for any reason or no reason; or

(2) after the court accepts the plea, but before it imposes sentence if:

(A) the court rejects a plea agreement under Rule 11(c)(5); or

(B) the defendant can show a fair and just reason for requesting the withdrawal.

(e) Finality of a Guilty or Nolo Contendere Plea

After the court imposes sentence, the defendant may not withdraw a plea of guilty or nolo contendere, and the plea may be set aside only on direct appeal or collateral attack.

(f) Admissibility or Inadmissibility of a Plea, Plea Discussions, and Relaed Statements

The admissibility or inadmissibility of a plea, a plea discussion, and any related statement is governed by Federal Rule of Evidence 410.

(g) Recording the Proceedings

The proceedings during which the defendant enters a plea must be recorded by a court reporter or by a suitable recording device. If there is a guilty plea or a nolo contendere plea, the record must include the inquiries and advice to the defendant required under Rule 11(b) and (c).

(h) Harmless Error

A variance from the requirements of this rule is harmless error if it does not affect substantial rights.

(As amended Feb. 28, 1966, eff. July 1, 1966; Apr. 22, 1974, eff. Dec. 1, 1975; July 31, 1975, eff. Aug. 1 and Dec. 1, 1975; Apr. 30, 1979, eff. Aug. 1, 1979, and Dec. 1, 1980; Apr. 28, 1982, eff. Aug. 1, 1982; Apr. 28, 1983, eff. Aug. 1, 1983; Apr. 29, 1985, eff. Aug. 1, 1985; Mar. 9, 1987, eff. Aug. 1, 1987; Nov. 18, 1988; Apr. 25, 1989, eff.

Dec. 1, 1989; Apr. 26, 1999, eff. Dec. 1, 1999; Apr. 29, 2002, eff. Dec. 1, 2002.)

Anhang C

2009 FEDERAL SENTENCING GUIDELINES MANUAL

CHAPTER 6 - PART B - PLEA AGREEMENTS

Introductory Commentary

Policy statements governing the acceptance of plea agreements under Rule 11(c), Fed. R. Crim. P., are intended to ensure that plea negotiation practices: (1) promote the statutory purposes of sentencing prescribed in 18 U.S.C. § 3553(a); and (2) do not perpetuate unwarranted sentencing disparity.

These policy statements make clear that sentencing is a judicial function and that the appropriate sentence in a guilty plea case is to be determined by the judge. The policy statements also ensure that the basis for any judicial decision to depart from the guidelines will be explained on the record.

Historical Note: Effective November 1, 1987. Amended effective November 1, 2004 (see Appendix C, amendment 674).

§ 6 B1.1. Plea Agreement Procedure (Policy Statement)

(a) The parties must disclose the plea agreement in open court when the plea is offered, unless the court for good cause allows the parties to disclose the plea agreement in camera. Rule 11(c)(2), Fed. R. Crim. P.

(b) To the extent the plea agreement is of the type specified in Rule 11(c)(1)(B), the court must advise the defendant that the defendant has no right to withdraw the plea if the court does not follow the recommendation or request. Rule 11(c)(3)(B), Fed. R. Crim. P.

c) To the extent the plea agreement is of the type specified in Rule 11(c)(1)(A) or (C), the court may accept the agreement, reject it, or defer a decision until the court has reviewed the presentence report. Rule 11(c)(3)(A), Fed. R. Crim. P.

§ 6 B1.2. Standards for Acceptance of Plea Agreements (Policy Statement)

(a) In the case of a plea agreement that includes the dismissal of any charges or an agreement not to pursue potential charges (Rule 11(c)(1)(A)), the court may accept the agreement if the court determines, for reasons stated on the record, that the remaining charges adequately reflect the seriousness of the actual offense behavior and that accepting the agreement will not undermine the statutory purposes of sentencing or the sentencing guidelines.

However, a plea agreement that includes the dismissal of a charge or a plea agreement not to pursue a potential charge shall not preclude the conduct underlying such charge from being considered under the provisions of §1B1.3 (Relevant Conduct) in connection with the count(s) of which the defendant is convicted.

(b) In the case of a plea agreement that includes a nonbinding recommendation (Rule 11(c)(1)(B)), the court may accept the recommendation if the court is satisfied either that:

(1) the recommended sentence is within the applicable guideline range; or

(2) (A) the recommended sentence departs from the applicable guideline range for justifiable reasons; and (B) those reasons are specifically set forth in writing in the statement of reasons or judgment and commitment order.

(c) In the case of a plea agreement that includes a specific sentence (Rule 11(c)(1)(C)), the court may accept the agreement if the court is satisfied either that:

(1) the agreed sentence is within the applicable guideline range; or

(2) (A) the agreed sentence departs from the applicable guideline range for justifiable reasons; and (B) those reasons are specifically set forth in writing in the statement of reasons or judgment and commitment order.

§ 6 B1.3. Procedure Upon Rejection of a Plea Agreement (Policy Statement)

If the court rejects a plea agreement containing provisions of the type specified in Rule 11(c)(1)(A) or (C), the court must do the following on the record and in open court (or, for good cause, in camera)—

(a) inform the parties that the court rejects the plea agreement;

(b) advise the defendant personally that the court is not required to follow the plea agreement and give the defendant an opportunity to withdraw the plea; and

(c) advise the defendant personally that if the plea is not withdrawn, the court may dispose of the case less favorably toward the defendant than the plea agreement contemplated.

Rule 11(c)(5), Fed. R. Crim. P.

§ 6 B1.4. Stipulations (Policy Statement)

(a) A plea agreement may be accompanied by a written stipulation of facts relevant to sentencing. Except to the extent that a party may be privileged not to disclose certain information, stipulations shall:

(1) set forth the relevant facts and circumstances of the actual offense conduct and offender characteristics;

(2) not contain misleading facts; and

(3) set forth with meaningful specificity the reasons why the sentencing range resulting from the proposed agreement is appropriate.

(b) To the extent that the parties disagree about any facts relevant to sentencing, the stipulation shall identify the facts that are in dispute.

(c) A district court may, by local rule, identify categories of cases for which the parties are authorized to make the required stipulation orally, on the record, at the time the plea agreement is offered.

(d) The court is not bound by the stipulation, but may with the aid of the presentence report; determine the facts relevant to sentencing.

Anhang D

Verfassung Georgiens

Artikel 18

1. Die Freiheit eines Menschen ist uneinschränkbar (unantastbar).
2. Freiheitsentzug oder irgendeine andere Art der Einschränkung der persönlichen Freiheit ist ohne Gerichtsentscheidung unzulässig.
3. Die Festnahme eines Menschen durch eine dazu befugte Person ist nur in den durch das Gesetz vorgeschriebenen Fällen gestattet. Die verhaftete Person oder eine Person, deren Freiheit auf irgendeine andere Weise eingeschränkt wurde, ist dem zuständigen Gericht binnen 48 Stunden vorzuführen. Entscheidet das Gericht in den nachfolgenden 24 Stunden nicht über die Verhaftung oder Freiheitseinschränkung, so ist die verhaftete Person unverzüglich freizulassen.
4. Weggefallen *(27.12.2006 N4137-RS).*
5. Dem Festgenommenen oder Verhafteten sind seine Rechte und die Gründe der Einschränkung seiner Freiheit unverzüglich nach der Verhaftung darzulegen. Die verhaftete Person darf unverzüglich nach der Verhaftung den Beistand eines Verteidigers verlangen
und ihrem Verlangen muss stattgegeben werden.
6. Die Dauer der Verhaftung eines Verdächtigten darf 72 Stunden, die Untersuchungshaft eines Beschuldigten neun Monate nicht überschreiten.
7. Die Nichteinhaltung der durch diesen Artikel vorgesehenen Voraussetzungen wird gesetzlich bestraft. Der widerrechtlich Festgenommene oder Verhaftete hat Anspruch auf Entschädigung.

Artikel 20

1. Die Privatsphäre eines Menschen, der Arbeitsplatz, seine persönlichen Notizen, sein Briefwechsel, seine Telefongespräche oder seine Äußerungen mittels eines anderen technischen Mediums sowie die durch technische Medien erhaltene Mitteilungen sind unantastbar. Die Einschränkung der oben genannten Rechte ist aufgrund einer Gerichtsentscheidung oder ohne Gerichtsentscheidung in den durch Gesetz vorgesehenen dringenden Notfällen zulässig.
2. Niemand darf gegen den Willen des Besitzers in dessen Wohnung und andere Räumlichkeiten eindringen. Eine Durchsuchung darf nur aufgrund einer gerichtli-

chen Entscheidung oder in durch Gesetz vorgesehenen dringenden Notfällen vorgenommen werden.

Artikel 40

1. Ein Mensch ist solange unschuldig, bis seine Schuld durch gesetzlich geregelte Ermittlungen und einen rechtswirksamen Schuldspruch bewiesen worden ist.
2. Keine Person ist verpflichtet, seine Unschuld zu beweisen. Die Beweislast der Anklage trägt der Ankläger.
3. Die Entscheidung eine Person anzuklagen und zur Verantwortung zu ziehen, das Urteil und die Urteilsbegründung dürfen sich nur auf glaubwürdige Beweise stützen. Jede Vermutung (Zweifel), die mit Hilfe der durch Gesetz bestimmten Regeln nicht bewiesen wird, muss zugunsten des Angeklagten ausgelegt werden.

Artikel 42

1. Jeder Mensch hat das Recht, sich zum Schutze seiner Rechte und Freiheiten an ein Gericht zu wenden.
2. Eine Person ist nur von jedem Gericht zu hören, unter dessen Zuständigkeit diese Sache fällt.
3. Das Recht auf Verteidigung wird gewährleistet.
4. Niemand darf wegen derselben Tat wiederholt verurteilt werden.
5. Niemand unterliegt der Verantwortung für eine Handlung, die im Moment ihrer Verübung nicht als strafbar gegolten hat. Ein Gesetz, wirkt nicht zurück, soweit es die Verantwortlichkeit nicht mindert oder von ihr entbindet.
6. Der Angeklagte hat das Recht, die Vorladung und Vernehmung seiner Zeugen unter denselben Bedingungen zu verlangen, denen die Zeugen der Anklage unterliegen.
7. Gesetzwidrig erlangte Beweismittel besitzen keine Rechtskraft.
8. Niemand ist verpflichtet, Aussagen gegen sich selbst oder ihm nahe stehende Personen, deren Kreis vom Gesetz bestimmt wird zu machen.
9. Jedermann wird der volle Ersatz des durch die Staatsorgane und Selbstverwaltungskörperschaften bzw. deren Beamte gesetzwidrig zugefügten Schadens auf gerichtlichem Wege aus Staatsmitteln gewährleistet.

Artikel 82

1. Die rechtsprechende Gewalt wird durch Verfassungskontrolle, durch die Rechtspflege und durch andere gesetzlich festgelegte Formen ausgeübt.
2. Gerichtsakte ist für alle Staatsorgane und Personen auf dem gesamten Territorium bindend.
3. Die rechtsprechende Gewalt ist unabhängig, und sie wird nur durch die Gerichte ausgeübt.

4. Die Gerichte verkünden ihre Urteile im Namen Georgiens.
5. Vor Ordentlichen Gerichten werden Rechtssachen in der gesetzlich vorgesehenen Weise durch vereidigte Schöffen [Jury] verhandelt. (6.02.2004, N3272)

Artikel 85

1. Eine Rechtssache wird vor Gericht in öffentlicher Sitzung verhandelt. Die Verhandlung der Sache in nichtöffentlicher Sitzung ist nur in den vom Gesetz vorgesehenen Fällen zulässig. Ein Gerichtsurteil wird öffentlich verkündet.

2. Die Rechtsprechung wird in der Amtssprache ausgeübt. Personen, die die Amtssprache nicht beherrschen, wird ein Dolmetscher zu Verfügung gestellt. In Gebieten, in denen die Bevölkerung die Amtssprache nicht beherrscht, wird das Erlernen der Amtssprache und die Lösung der übrigen mit der Rechtsprechung verbundenen Fragen garantiert.

3. Die Rechtsprechung wird auf der Grundlage von Gleichstellung und Wettbewerb der Parteien durchgeführt.

Anhang E

Strafprozessordnung Georgiens (Ausgewählte Vorschriften)

Grundprinzipien

§ 14

Legalitäts- und Dispositionsgrundsatz

1. Untersucher, Staatsanwalt, Richter und Gericht, die in öffentlichem Interesse handeln, sind verpflichtet, eine Straftat und den Täter feststellen. Zu diesem Zweck sind sie verpflichtet alle nach diesem Gesetz vorgesehen prozessuale Handlungen von Amts wegen (mit eigene Initiative) oder auf Antrage einer interessierten Person durchzuführen.

2. Für die Aufklärung der Tat und für die Feststellung der materiellen Wahrheit sind Eingriffe in die persönliche Freiheit und Rechte der Person nur aus den im Gesetz vorgesehenen Gründen und nur nach den dort aufgestellten Regeln zulässig

3.Das nach den in diesem Gesetz vorgesehenen Fällen normierte private Interesse hat Vorrang gegenüber dem öffentlichen Interesse an der Aufklärung der Sache und der Bestrafung des Täters. Der Schutz des privaten Interesses einer Person dient den Interessen der Gesellschaft

4. Die Parteien haben das Recht, ihre materiell-rechtlichen und prozessualen Rechte in dem nach dem Gesetz vorgesehenen Rahmen und den dort festgelegten

Regeln auszuüben und die Einleitung einer Untersuchung und die Entscheidung über die Strafsache zu beeinflussen.

5. Der Zurücknahme der Privatklage durch den Ankläger führt zur Einstellung des Falles

6. Nach der Zurücknahme der Anklage in den nach diesem Gesetz vorgesehenen Fällen erfolgt die Einstellung der Strafrechtlichen Verfolgung oder Ermittlungen oder der Freispruch nach § 504 Abs. 3

7. Wenn der Zivilkläger die Zivilklage zurücknimmt und die Parteien sich verständigen, wird das Verfahren über die Zivilklage eingestellt

§ 15

Kontradiktorisches Verfahren

1. Das Strafverfahren wird aufgrund der Gleichstellung der Parteien kontradiktorisch durchgeführt.

2. Die Funktionen von Anklage, Verteidigung oder Entscheidung der Sache sind von einander getrennt und dürfen nicht einem anderen Organ übertragen werden.

3. Wegen ihrer verfahrensrechtlichen Gleichstellung haben die Parteien das Recht, Beweise vorlegen, an der Beweisaufnahme über diese Beweise teilzunehmen, Anträge und Ablehnungsanträge stellen und zu jeder Frage in Bezug auf die Strafsache Stellung zu nehmen.

4. Das kontradiktorische Verfahren wird dadurch gewährleistet, dass die Anklagefunktion auf den Staatsanwalt, auch auf den Geschädigten, den Zivilkläger und seinen Vertreter übertragen ist. Verteidigungsrechte haben der Beschuldigte, der Verteidiger, Zivilbeklagte und ihrer Vertreter.

5. Das Gericht ist kein Strafverfolgungsorgan. Es schafft notwendigen Voraussetzungen für Ankläger und Beschuldigten, dass die Beweismittel vorgelegt werden und eine vollständige und allseitige Untersuchung dieser Beweismittel stattfindet kann.

6. Die Meinungen der Parteien sind für das Gericht nicht bindend.

§ 15 (1)

Prozessuale Absprache

Die prozessuale Absprache wird unter dem Schutz des Grundsatzes der Unabhängigkeit der Gerichte getroffen. Ihr Ziel ist die Gewährleistung einer schnellen und effektiven Strafrechtspflege.

§ 16

Öffentlichkeitsgrundsatz

1. Alle Strafsachen werden im Gericht öffentlich verhandelt.

2. Im Gerichtsgebäude werden Video-, Audio-, und Kinoaufnahmen sowie stenografische Aufnahmen entsprechend des GVG Georgiens durchgeführt. (11.07.2007 N5289)

3. Abgeschafft (11.07.2007 N5289)

4. Auf Beschluss des Gerichts kann zum Schutz von Staatsgeheimnissen oder zum Schutz kommerzieller Interessen (Geschäftsgeheimnissen) eine geschlossene gerichtliche Sitzung durchgeführt werden, ebenso bei der Verlesung privater Schreiben oder der Privatpost, sofern die betroffene Person mit der Verlesung in öffentlichen Sitzung nicht einverstanden ist. In folgenden Sachen kann die geschlossene Sitzung auch auf Antrag einer Partei durchgeführt werden: Jugendstrafsachen, Verfahren, die ein Sexualverbrechen zum Gegenstand haben sowie in Fällen, in denen die öffentliche Erörterung intimer oder privater Lebensgeheimnisse den Schutz der Prozessteilnehmer, seiner Familienmitglieder oder Verwandten unnötig verletzen würde.

5. In der nichtöffentlichen gerichtlichen Sitzung wird auch über die Anträge der Ermittlungsbehörde auf Erlass gerichtlicher Befehle und Anordnungen entschieden. Das gilt nicht für den Erlass von Haftbefehlen (3.07.2007 N5182)

6. Für die Verhandlung in der nichtöffentlichen gerichtliche Sitzung gelten entsprechen allgemeinen verfahrensrechtlichen Vorschriften entsprechend.

7. Die Entscheidungen (Urteile) werden auf jeden Fall mündlich in öffentlicher Sitzung verkündet.

8. Über die Veröffentlichung der Strafakten entscheidet der Ermittler oder Staatsanwalt. Bei der Entscheidung Sie müssen Unschuldsvermutunng beachten

9. Personen unter 16 Jahren werden nicht zur Verhandlung zugelassen.

10. Das Tragen von Waffen während der Verhandlung bedarf der gerichtlichen Erlaubnis

§ 18

Die objektiven, allseitigen und vollständigen Untersuchungen der Umstände der Sache

1. Der Untersucher, der Staatsanwalt , der Richter und das Gericht sind verpflichtet, wahrheitsgemäß feststellen, ob das Verbrechen begangen worden ist, wer das Verbrechen begangen hat; ferner müssen sie klären, welche Gegenstände als Be-

weisgegenstände in Betracht kommen, sowie alle Umstände feststellen, die für das Verfahren von Bedeutung sind.

2. Die Untersuchung (Klärung) der Umstände der Sache muss allseitig, vollständig und objektive sein. Mit derselben Sorgfalt müssen die belastende und entlastende Umstände sowie die erschwerende und günstige Umstände für den Beschuldigten und den Angeklagten geklärt werden

3. Das Gericht muss alle Anträge und Beschwerden des Verdächtigen, Beschuldigten, und Verteidigers über Unschuld oder verminderte Schuld , über die Teilnahme anderer Personen an der Straftat, über Verstöße gegen das Gesetz und andere Verstöße während der Untersuchung oder Verhandlung des Falles sorgfältig prüfen.

§ 19

Verwertung der Beweise nach der inneren Überzeugung

1. Der Untersucher, der Staatsanwalt und der Richter und das Gericht würdigen die Beweise nach ihrer inneren Überzeugung.

2. Das Ziel der Würdigung der Beweise ist die Klärung ihrer Bedeutung für die Sache, ob sie gemäss den prozessualen Normen gesammelt worden sind, ihre Richtigkeit und ob sie ausreichen, die Begehung des Verbrechens zu beweisen Die Würdigung der Beweise wird gemacht entsprechend des Materialen und prozessualen Strafrecht.

3. Das Geständnis des Beschuldigten, das nicht durch andere Beweismittel gestützt wird, ist kein ausreichender Beweis dafür, dass er die Straftat begangen hat. Das Urteil soll auf der Würdigung aller Beweise beruhen

§ 20

Der Unmittelbarkeits- und Mündlichkeitsgrundsatz

1. Die Behörde, die den Prozess durchführt, ist verpflichtet, den Geschädigten zu vernehmen, die Zeugen zu hören und die Gutachten von den Experten auszuwerten sowie die übrigen Beweise zu überprüfen. Abweichungen von diesen Regeln sind nur nach den in diesem Gesetz vorgesehenen besonderen Fällen zulässig.

2. Die bei den Untersuchungen und in der Hauptverhandlung vernommenen Zeugen machen ihre Aussage mündlich. Die Aussage muss protokolliert werden

3. Die gerichtliche Entscheidung beruht auf den Beweisen, die während der Hauptverhandlung (untersucht) erhoben (Beweisaufnahme) worden sind.

Kapitel 3 der StPO Georgiens

Die Einleitung der Strafverfolgung und ihre Arten

§ 22

Einleitung der Strafverfolgung - Legalitätsprinzip

Der Staatsanwalt oder - mit der Zustimmung des Staatsanwalts - der Untersucher sind verpflichtet, die Strafverfolgung einleiten, wenn es dafür ausreichende Gründe gibt.

§ 23

Die Arten der Strafverfolgung

Die Strafverfolgung kann von Amts wegen, subsidiär, auf Antrag oder privat sein.

§ 24

Legale Strafverfolgung

1. Die Strafverfolgung von Amts wegen wird für alle Straftaten durchgeführt.

2. Die öffentliche Strafverfolgung wird durch den Staatsanwalt oder den Ermittler durchgeführt.

3. Bei der Strafverfolgung von Amts wegen sind Untersucher und Staatsanwalt nicht an der Meinung des Geschädigten oder anderen Person gebunden.

4. (25.03.2005 N1204) abgeschafft

5.Sind die hinreichenden Beweismittel gesammelt, erlässt der Ermittler mit der Zustimmung des Staatsanwalts oder der Staatsanwalt selbst eine Anordnung, durch die der Verdächtige den Status des Beschuldigten überführt wird.

51. Sind die hinreichenden Beweismittel gesammelt, sieht der Ermittler mit der Zustimmung des Staatsanwalts oder der Staatsanwalt selbst aber gleichwohl von der vorstehend genannten Anordnung ab, kann der Geschädigte oder die Person, gegen die Beweise gesammelt worden sind, nach diesem Gesetz bei dem vorgesetzten Staatsanwalt oder beim Gericht eine Beschwerde einlegen und die Überführung des Verdächtigen als Beschuldigten fordern.

52 Der Beschuldigte kann gegen die Anordnung über die Überführung als Beschuldigter innerhalb von zehn Tagen eine Beschwerde beim vorgesetzten Staats-

anwalt oder beim Gericht einreichen wegen vorsätzlicher Verschleppung der Einleitung der strafrechtlichen Verfolgung. Wird der Beschwerde stattgegeben, werden alle Beweise, die vor der Strafverfolgung gesammelt worden sind und die den Grund für der Einleitung des Verfolgung bildeten, als unzulässige Beweise gewertet. . (20.12.2005 N 2359)

53. In den in Absatz 51 und 52 vorgesehenen Fällen verhandelt über die Beschwerde das Amts- oder Landgericht nach der örtliche Zuständigkeit entsprechend § 242. Die Gerichtsentscheidung ist anfechtbar beim übergeordneten Gericht(17.06.2005. N1681)

6. Die Anordnung, durch die der Staatsanwalt die Überführung des Verdächtigen als Beschuldigten zum strafrechtlichen Verantwortung festlegt, muss innerhalb von 48 Stunden dem Verdächtigen oder Beschuldigten vorgelegt werden..

Der Ermittler ist befugt den Beschuldigten zu vernehmen. An der Vernehmung können der Staatsanwalt und der Verteidiger teilnehmen. Das gilt nicht, der Beschuldigte nicht erscheint und sich versteckt.

7. Sind nach dem Abschluss der Ermittlungen hinreichende Verdachtsgründe vorhanden, erhebt der Staatsanwalt die Anklage; eine Kopie der Anklageschrift wird dem Beschuldigten zugestellt. Hält sich der Beschuldigte versteckt, wird die Kopie der Anklageschrift dem Verteidiger zugestellt. (29.12.2006. N4212)

8. Wenn der Staatsanwalt die Anklage in der Hauptverhandlung zurücknimmt, ist das Gericht verpflichtet, den Fall einzustellen oder den Angeklagten freizusprechen. Bei einer Änderung der Anklage ist der Staatsanwalt verpflichtet, dem Gericht eine geänderte Anklage vorzulegen.

§ 25

Subsidiäre Strafverfolgung

Der Geschädigte und sein Vertreter haben das Recht, die vom Staatsanwalt erhobene Anklage zu unterstützen.

Falls der Staatsanwalt die Anklage zurücknimmt oder sie ändert, hat der Geschädigte das Recht, gegenüber dem Gericht die ursprüngliche Anklage zu vertreten. In diesem Fall wird das Verfahren nicht eingestellt, der Staatsanwalt hat aber das Recht, der weiteren Verhandlung fernzubleiben.

§ 49

Kontradiktorisches Verfahren

1.Das Gericht muss für die Parteien zum Schutz ihrer eigener Interesse dieselben Bedingungen schaffen, sodass keine einen Vorteil hat.

2. Das Gericht ist verpflichtet, sich bei der Erlangung von belastenden oder entlastenden Beweismittel zurückzuhalten. Das Gericht muss berücksichtigen, dass das Erlangen und Vorlegen der Beweise Aufgabe der Parteien ist.

3. Haben die Parteien Schwierigkeiten, die Beweise zu erlangen, soll das Gericht ihnen bei der Erlangung der Beweise helfen

§ 439

Das gerichtliche kontradiktorische Verfahren

1. Die gerichtliche Verhandlung wird strittig zwischen den Parteien – Ankläger und Verteidiger - geführt.

2. Die Parteien – Ankläger und Verteidiger – haben dieselben prozessualen Befugnisse und Möglichkeiten.

3. Das Gericht darf nicht die Funktionen des Staatsanwalts oder des Verteidigers ausüben.

4. Das Gericht gewährleistet die Vorlage der Beweise durch die Parteien und die Bedingungen für die Untersuchungen dieser Beweise; dabei bleibt das Gericht unparteiisch und hält sich mit eigenen Beweiserhebungen zurück.

5. Vor der Verkündung des Urteils darf das Gericht keine Meinung zur Sach- und Rechtslage äußern.

6. Nach dem Vortrag der einen Partei muss das Gericht die andere Partei anhören

7. Während der Verhandlung wird die Partei der Anklage durch den Staatsanwalt, den Geschädigten oder den Zivilkläger und dessen Vertreter gebildet; die Partei der Verteidigung wird von dem Verteidiger, dem Beschuldigten und seinem gesetzlichen Vertretern gestellt. (3.07.2007 N5182)

§ 440

Unmittelbarkeit und Mündlichkeit der gerichtlichen Verhandlung.

1. Während der gerichtlichen Verhandlung muss das Gericht die Unmittelbarkeit der Beweisaufnahme durch die Vernehmung des Angeklagten, Geschädigten, der Zeugen, sowie durch die Bekanntgabe der Gutachten und des Augenschein, in notwendigen Fällen auch durch die Verlesung der Untersuchungsprotokolle und Dokumente gewährleisten.

2. Das Gericht muss seine Informationen über Tatsachen möglichst aus erster Quelle bekommen.

3. Die Untersuchungsakten sollen nur in den nach diesem Gesetz vorgesehenen Fällen veröffentlicht werden.

§ 473

Entscheidung über die Aufhebung, Abkürzung oder Weiterverhandlung der Hauptverhandlung

1. Wenn der Angeklagte die Straftat gesteht, dieses Geständnis freiwillig ist und darüber kein Streit und keine Zweifel unter den Parteien bestehen, kann die Hauptverhandlung durch gerichtliche Entscheidung nicht durchgeführt oder abgekürzt werden. Die Vernehmung des Angeklagten ist notwendig.

2. Das Gericht muss sich vergewissern, dass

a) der Angeklagte den Anklagevorwurf verstanden hat;

b) der Angeklagte ausreichend Zeit für eine qualifizierte rechtliche Beratung von der Seite eines Verteidigers hatte;

c) das Geständnis freiwillig zustande gekommen ist;

e) das Geständnis durch den Akteninhalt bewiesen wird, wozu der Angeklagte zustimmt hat.

3. Richtet sich das Verfahren gegen mehrere Angeklagten und ist auch nur einer mit der Aufhebung oder Verkürzung der Hauptverhandlung nicht einverstanden, muss eine vollständige Beweisaufnahme durchgeführt werden.

4. Die Aufhebung oder Verkürzung der Hauptverhandlung ist unzulässig, wenn der Angeklagte unter 16 Jahre alt oder psychisch krank ist oder ihm eine Tat vorgeworfen wird, für die das StGB eine Freiheitsstrafe von 15 Jahre vorsieht, oder wenn sich das Verfahren gegen mehrere Angeklagte richtet, von denen ein Angeklagter kein Geständnis ablegt

5. (28.04.2006. N2936) abgeschafft

6. Der Angeklagte wird zuerst vom seinem Verteidiger vernommen, danach wird er von anderen Prozessbeteiligten vernommen, die keine Partei des Verteidigers sind, anschließend vom Staatsanwalt sowie anderen Prozessbeteiligten und am Ende vom Gericht. Erst danach kann der Verteidiger zusätzliche Fragen stellen. (25.03.2005 N1204)

7. Hat der Beschuldigte ein Geständnis abgelegt, dabei aber über Tatsachen gesprochen, deren Wahrheitsgehalt überprüft werden muss, muss eine Hauptverhandlung stattfinden.

8. Nach der Vernehmung des Beschuldigten, der ein Geständnis abgelegt hat, schließt das Gericht das Beweisaufnameverfahren. Danach erfolgt Plädoyer.

9. Hat das Gericht zu Beginn der die Entscheidung getroffen. die Hauptverhandlung in vollem Unfang durchzuführen, ist die Aufhebung oder Verkürzung der Hauptverhandlung später unzulässig.

§ 474

Reihenfolge der Aufnahme der Beweismittel

1. In der Hauptverhandlung werden folgende Beweise erhoben:

a. Beweise; welche die der Partei des Anklägers – der Staatsanwaltschaft -, des Geschädigten und seines Vertreters, sowie des Zivilklägers und dessen Vertreter vorgelegt haben.

b. Beweise, welche die Partei des Verteidigers – des Beschuldigten - seines Verteidigers, des gesetzlichen Vertreters des Beschuldigten, des Zivilbeklagten und seines Vertreters vorgelegt haben,

2. Beweisaufnahme folgt in folgenden Reihenfolge:

Zuerst werden die Beweise erhoben, die der Ankläger vorgelegt hat, danach die der Verteidigung. Der beide Parteien legen die Beweise in der Reihenfolge der Absätze a. und b. vor.

3. In der Beweisaufnahme über die Beweise, die der Ankläger vorgelegt hat, nimmt die Verteidigung und danach das Gericht teil. In der Beweisaufnahme über die von der Verteidigung vorgelegten Beweise, nimmt teil der Ankläger und danach das Gericht teil. (s.o)

4. Beweismittel, die auf Initiative des Gerichts erlangt worden sind, werden zuerst vom Staatsanwalt, dann vom Verteidiger und erst zum Schluss vom Richter ausgewertet.

5. Beim Kreuzverhör kann die Person, auf deren Initiative der Zeuge geladen worden ist, die letzte Frage stellen.

§ 475

Vorlage der Beweise

1. Die Beweisaufnahme erstreckt sich auf alle belastenden aber auch auf alle entlastenden Umstände der angeklagten Tat. Darüber hinaus sind alle Umstände Gegenstand der Beweisaufnahme, die die Persönlichkeit des Angeklagten charakterisieren sowie solche Umstände, die für Art und Höhe der Strafe von Bedeutung sind

2. Das Gericht legt von sich aus keine Beweise vor, unterstützt aber die Parteien bei der Erlangung von Beweisen.

21 Die Parteien legen die Beweise dem Gericht vor. Das Gericht bestimmt einen angemessenen Zeitraum – längstens zehn Tage -, innerhalb dessen die Parteien die Beweise vorlegen sollen. Innerhalb diese Zeitraum führt das Gericht mindesten eine Sitzung durch. Ist es den Parteien nicht möglich, die Zeugen innerhalb des vom Gericht bestimmten Zeitraums vorzuführen, kann das Gericht auf Antrag der Parteien die zwangsweise Vorführung der Zeugen anordnen. Falls es trotz diese Anordnung für die Partei nicht möglich ist., den Zeuge vorzuführen, ist das Gericht befugt, auf Antrag der Partei oder von Amts wegen eine Entscheidung für die Veröffentlichung dieser Beweise zu treffen.((28.04.2006. N2936)

2.(2) Stellt keine Partei einen Antrag auf Vernehmung des Zeugen, darf das Gericht nicht von sich aus den Zeugen vorladen und vernehmen.

3. Gemäß dem kontradiktorisch ausgestalteten Verfahren können die Parteien die Zeugen vernehmen. Die Gegenpartei befragt den von der Partei vernommenen Zeugen (Kreuzverhör); Anschließend hat die Partei, die den Zeugen geladen hat, das Recht, ihn erneut zu vernehmen (erneute Vernehmung)

4. Der Staatsanwalt darf die Beweise vorlegen, die in der Anklageschrift bezeichnet worden sind. Ergeben sich in der Hauptverhandlung neue Beweise, unterbricht das Gericht die Verhandlung und gibt dem Verteidiger Gelegenheit, sich mit diesen Beweisen vertraut zu machen. Führt die Verteidigung neue Beweise ein, soll das Gericht die Verhandlung unterbrechen, damit der Staatsanwalt Gelegenheit hat, sich mit diesen Beweisen vertraut zu machen.. Die Verteidigung liegt die Beweise dem Gericht spätestens fünf Tage vor der Hauptverhandlung vor.(28.04.2006. N2936)

5. Werden dem Zeugen beleidigende oder unsachliche Fragen gestellt, kann die Gegenpartei dagegen Einspruch einlegen. Das Gericht entscheidet, ob es dem Einspruch stattgibt oder ablehnt. Auch kann Gericht diese Fragen selbst ablehnen. Für die Stellung dieser Fragen bestimmt das Gericht eine angemessene Zeit. 28.04.3006. N2936)

6. Die Partei bestimmt Art und Weise der Vernehmung ihrer Zeugen. Sie kann also den Zeugen veranlassen, sein Wissen zur Sache im Zusammenhang vorzutragen und danach auf einzelne Fragen zu antworten oder von vornherein zu einzelnen Fragen Stellung zu nehmen.

7. Auf Antrag der Parteien oder von Amt wegen prüft das Gericht die Unzulässigkeit eines Beweismittels (28.04.006. N2936)

8. (28.04.006. N2936) abgeschafft

9. Ist die Erhebung der Beweise des Verteidigers abgeschlossen, verkündet das Gericht die Erhebung der Beweise, die die persönlichen Umstände des Angeklagten betreffen und die für die Beurteilung der straferschwerenden und strafmildernden Umstände von Bedeutung sind. Die Beweisaufnahme wird entsprechend der §§ 474, 475 durchgeführt.

§ 476

Vernehmung des Angeklagten

1. Der Vorsitzende Richter gibt dem Angeklagten Gelegenheit, über den Tatvorwurf und über andere Tatsachen des Falles auszusagen. Dem Angeklagten wird dabei über sein Schweigerecht belehrt

2. Der Angeklagte wird zuerst vom Staatsanwalt, dann vom Geschädigten, dann vom Verteidiger und zum Schluss vom Gericht vernommen

3. Der Angeklagte hat das Recht, mit Genehmigung des Vorsitzenden Richters zu jeder Beweiserhebung Stellung zunehmen

4. Der Beschuldigte kann bei seiner Aussage Schriftstücke und Dokumente verwenden.

5. Bezieht sich der Angeklagte bei seiner Aussage auf Schriftstücke und Dokumente, übergibt er sie anschließend dem Gericht.

§ 479

Zeugenvernehmung

1. Der erwachsene Zeuge schwört vor seiner Vernehmung, dass er nur die Wahrheit sagen werde.

2. Die Zeugen werden getrennt vernommen

3. Der Vorsitzende Richter klärt, in welcher Beziehung der Zeugen zum Angeklagten, einer anderen Partei oder einem Prozessbeteiligten steht.

4. Ein Zeuge, der auf Antrag der Parteien geladen worden ist, wird zuerst von derjenigen Partei vernommen, die seine Ladung beantragt hat, anschließend von der Gegenpartei, am Ende vom Gericht.

5. Ein Zeuge, der auf Initiative des Gerichts geladen worden ist, wird zuerst vom Gericht, dann vom Verteidiger und danach vom Staatsanwalt vernommen.

§ 482

Vernehmung der Geschädigte

1.Die Vernehmung des Geschädigten erfolgt nach den Regeln über die Zeugenvernehmung

2.Der Geschädigte wird erst am Ende der Vernehmung vom Gericht vernommen, dagegen zu Beginn, wenn er die Anklage des Staatsanwalts unterstützt.

§ 483

Gutachten in der Hauptverhandlung

1. Es ist möglich das die Gutachter, die das Gutachten erstattet haben, oder neue Gutachter vor dem Gericht eingeladen werden

2. Das Gericht muss den Gutachter einer Partei, in deren Auftrag dieser ein Gutachten erstattet hat, laden, es sei denn, es liegen Ablehnungsgründe gegen ihn vor.

3. Die Gutachten werden entsprechen der §§ 356-374 StPO erstattet.

4. Das Gericht trifft auf Antrag der Parteien oder auf eigene Initiative eine Entscheidung über die Erstattung der Gutachten.

5.Der Gutachter nimmt an der Hauptverhandlung teil. Er darf dem Angeklagten und anderen Prozessbeteiligten Fragen stellen, die mit dem Gegenstand des Gutachtens zusammenhängen.

6. Die Parteien haben das Recht, dem Gutachter in der Hauptverhandlung zusätzliche Fragen zu stellen,

7. Das Gericht übersendet dem Gutachter seine Anordnung (den Gutachterauftrag) mit den Fragen, die von den Parteien formuliert worden sind und die dem Gutachter gestellt werden sollen. Wenn die Erstattung des Gutachtens eine besondere technische Untersuchung voraussetzt, übersendet das Gericht dem Gutachter den entsprechenden Gegenstand und bestimmt für die Erstellung des Gutachtens einen angemessenen Zeitraum

8. Hat der Gutachter den Untersuchungsgegenstand schon im Ermittlungsverfahren begutachtet, ist er befugt, in der Hauptverhandlung auf seine Untersuchungen zu verweisen, wenn dort keine neuen Umstände bekannt und gegen seine bisherigen Untersuchungen keine Zweifel geäußert werden. Aber er ist verpflichtet, die ihm gestellten Fragen zu beantworten.

9. In der Hauptverhandlung liest der Gutachter das von ihm erstattete Gutachten vor. Der Gutachter kann von den Parteien und vom Gericht vernommen werden.

§ 484

Die Aufnahme von schriftlichen Beweismitteln.

1.Auf Antrag der Parteien oder auf Initiative des Gerichts können Schriftstücke verlesen werden.

2. Die vom Gericht erlangten Dokumente werden vom Gerichtsvorsitzenden verlesen.

3. Die von den Parteien erlangten Dokumente werden vorgelesen

§ 496

Das Urteil

1. Das Urteil muss den Gesetzen entsprechen, sachlich begründet und gerecht sein.

2. Das Urteil entspricht den Gesetzen, wenn es entsprechend der Verfassung und den anderen Gesetzen ergangen ist.

3. Das Urteil ist sachlich begründet, wenn seine Schlussfolgerungen auf den tatsächlichen Beweisen beruht, die in der Hauptverhandlung erörtert und gewürdigt worden sind, und die die Feststellung der wahren Sachverhalts zweifelsfrei belegen.

4. Das Urteil ist gerecht, wenn das verhängte Strafmaß der Person des Täters und der Schwere der von ihm begangenen Tat entspricht.

Strafgesetzbuch

Die Strafzumessung

§ 53

1. Das Gericht verhängt eine diesem Gesetz entsprechende gerechte Strafe

2. Werden in das Urteil weitere Strafurteile gegen den Angeklagten einbezogen oder liegt Tatmehrheit vor, kann die zu verhängende Strafe gemäß §§ 59, 60 die Höchststrafe übersteigen, die in den anzuwendenden Strafvorschriften angedroht wird.

3. Bei der Strafzumessung berücksichtigt das Gericht die erschwerenden und die mildernden Umstände der strafrechtlichen Verantwortlichkeit. Namentlich: Motive und Ziel des Verbrechens, die kriminelle Energie des Täters, Art und Weise der Begehung der Tat und ihre Folgen, das Vorleben des Täters, die persönlichen und ökonomische Umstände des Täters, sein Bemühen, den Schaden wieder gutzumachen und Frieden mit den Geschädigten herzustellen.

4. Sieht das Strafgesetzbuch erschwerende und mildernde Umstände bereits im Straftatbestand vor, darf derselbe Umstand nicht mehr bei der Strafzumessung berücksichtigt werden.

§ 54

Strafzumessung wegen der mildernden Umstände

Hat sich der Täter nach Begehung der Tat freiwillig gestellt und ein Geständnis ablegt, hat er die Aufklärung des Verbrechens aktiv unterstützt. Es existieren dann keine erschwerenden Umstände. Das Höchstmass der Strafe mindert sich in diesen Fällen auf drei Viertel der härtesten angedrohten Strafe des anzuwendenden Paragrafen des Strafgesetzbuches.

§ 55

Abweichung von der im Gesetz vorgesehenen Mindeststrafe

Das Gericht kann in den Absprachefällen von der im Gesetz vorgesehenen Mindeststrafe abweichen und eine mildere oder andere Strafe verhängen.

§ 63

Die Bewährungsstrafe

1. Wenn zwischen den Parteien eine Absprache getroffen worden ist, kann das Gericht die verhängte Freiheitsstrafe zur Bewährung aussetzen.

2. Hat der Täter eine schwere oder besonders schwere Tat begangen, wird ihm keine Bewährung gewährt.

3. Hat der Täter eine minderschwere oder eine fahrlässige Tat begangen und hat er ein Geständnis abgelegt oder mit den Untersuchungsbehörden zusammengearbeitet, kann das Gericht die Strafe zur Bewährung aussetzen, wenn der Angeklagte nicht wegen einer schweren oder besonders schweren Tat vorbestraft ist.

4. Ist der Beschuldigte zweimal wegen einer vorsätzlichen Tat bestraft, ist eine Aussetzung der Strafe zur Bewährung nicht zulässig.

5. Ist der Täter noch nicht 18 Jahre alt und nicht vorbestraft, darf das Gericht die Strafe zur Bewährung aussetzen, wenn er keine besonders schwerer Tat begangen hat.

6. Eine Bewährungsstrafe ist auch möglich, wenn zusätzlich eine Nebenstrafe verhängt werden muss.

§ 70 (1)

Die Entlassung aus der strafrechtlichen Verantwortlichkeit wegen der Zusammenarbeit mit den Untersuchungsbehörden.

Wenn in besonderen Fällen der Zusammenarbeit mit dem Beschuldigten durch seine Mitwirkung die Täterschaft einer hoch gestellten Persönlichkeit oder der Täter einer besonders schweren Straftat ermittelt wird, kann das Gericht bei diesem Beschuldigten vollständig von Strafe absehen.

Anhang F
Strafprozessordnung Georgiens
Kapitel LXIV (1)
Prozessuale Absprachen und Absehen von Strafe

§ 679 (1)
Begriff der prozessualen Absprache

1. Bei einer prozessualen Absprache ergeht das Urteil ohne Hauptverhandlung. Der Gegen-stand der prozessualen Absprache ist die Absprache über die Schuld und die Strafe. Der Beschuldigte (Angeklagte) oder der Staatsanwalt kann die Absprache vorschlagen. In der Hauptverhandlung kann das Gericht bis zu den Plädoyers den Parteien anraten, eine nach diesem Kapitel vorgesehene Absprache zu treffen.
2. Bei der Absprache über die Strafe erklärt der Beschuldigte (Angeklagte), dass er dem Anklagevorwurf nicht widerspricht und der vom Staatsanwalt vorgeschlagenen Strafe oder dem Absehen von Strafe zustimmt. Als Folge der Absprache ist die Person vorbestraft.
3. Bei der Absprache über die Schuld gibt der Beschuldigte (Angeklagte) die ihm vorgeworfene Straftat zu.
4. Die prozessuale Absprache wird vom Leiter der Staatsanwaltschaft auf Grund der vorläufigen schriftlichen Vereinbarung der Parteien bestätigt.
5. Auf Grund der prozessualen Absprache ist der Staatsanwalt befugt, die Reduzierung der Strafe für den Beschuldigten (Angeklagten) zu fordern oder bei Tateinheit eine Entscheidung über die teilweise Aufhebung der Anklage oder Verminderung des Tatvorwurfs zu treffen.
6. Der Staatsanwalt muss bei der Entscheidung über die Reduzierung der Strafe, die teilweise Aufhebung der Anklage oder Verminderung des Tatvorwurfs das öffentliche Interesse, die Schwere der begangenen Tat, das Ausmaß der Rechtswidrigkeit der Tat und den Grad der Schuld berücksichtigen.
7. Absprachen ohne Teilnahme eines Verteidigers oder ohne vorläufige Zustimmung des Beschuldigten (Angeklagten) sind unzulässig.

7(1). Ist eine Absprache unter Folter oder durch eine unwürdige oder unmenschliche Behandlung zustande gekommen, darf das Recht des Beschuldigten (Angeklagten), gegen die betreffende Person ein Strafverfahren anzuregen, nicht durch eine Absprache beschränkt werden.

8. Der Staatsanwalt ist verpflichtet, den Beschuldigten darüber zu belehren, dass durch die Absprache eine etwaige zivilrechtliche oder andere Verantwortung nicht aufgehoben wird.
9. In besonderen Fällen kann der Generalstaatsanwalt oder sein Stellvertreter beim Gericht beantragen, dass der Angeklagte von der zivilrechtlichen Verantwortung freigestellt wird. In diesem Fall geht die zivilrechtliche Verantwortung auf den Staat über.
10. Wird durch die prozessuale Absprache des Beschuldigten eine andere Person belastet, muss dieser bzw. ihrem Verteidiger der Inhalt der belastenden Absprache sowie die im Zusammenhang damit gegebenen Informationen offenbart werden.

§ 679 (2)

Die Form des Antrags über die Verurteilung ohne Hauptverhandlung.

1. Der Antrag auf Verurteilung ohne Hauptverhandlung muss folgende Angaben enthalten:
   a) Name des Beschuldigten (Angeklagten) mit Geburtsdaten (Tag, Monat, Jahr)
   b) Die Anklage mit der Beschreibung der vorgeworfenen Tat und der Angabe des Tatortes, der Tatzeit, des Tatmittels, der Tatwaffe und der Tatfolgen
   c) Die Beweismittel, die den hinreichenden Tatverdacht gegen den Beschuldigten (Angeklagten) begründen.
   d) Die Paragrafen (Absatz, Nummer und Buchstabe) des Strafgesetzbuches, die auf die angeklagte Straftat anzuwenden sind
   e) Das vom Staatsanwalt geforderte Strafmaß
   f) Den Hinweis über die nach § 679 (1) Nr. 8 dieses Gesetzes vorgesehene Belehrung.
2. Der Antrag des Beschuldigten (Angeklagten) muss vom ihm und seinem Verteidiger unterzeichnet werden. Er muss die Erklärung enthalten, dass er seine Zustimmung zu einer Verurteilung ohne Hauptverhandlung freiwillig nach der Beratung mit seinem Verteidiger abgegeben hat. Außerdem müssen sich der Beschuldigte (Angeklagte) des Inhalts des Antrags und der zu erwartenden rechtlichen Folgen bewusst sein.

3 Wenn Staatsanwalt, Beschuldigter (Angeklagter) und Verteidiger eine Vereinbarung über die Zusammenarbeit treffen, stellt der Staatsanwalt einen Antrag, in welchem er den Inhalt der Vereinbarung bezeichnet. Der Antrag wird von Staatsanwalt, Beschuldigtem (Angeklagtem) und Verteidiger unterzeichnet

4. Der nach Nr. 3 dieses Paragrafen vorgesehene Antrag ist öffentlich mit Ausnahme der Informationen über die Ermittlungen gegen andere Beschuldigte.

Das Recht auf Kenntnisnahme der von dem Beschuldigten (Angeklagten) gegebenen Informationen haben nur Personen, die den Antrag unterzeichnet haben und das Gericht, im Fall des § 679 (1) Nr. 10 auch die dort genannten Personen.

§ 679 (3)

Gerichtliche Verhandlung über den Antrag der Staatsanwaltschaft über die Verurteilung ohne Hauptverhandlung.

1. Der Antrag muss schriftlich sein. Er muss vom Gericht bestätigt werden und zwar in öffentlicher Sitzung, es sei denn, dass wichtige Gründe eine geschlossene, gerichtliche Verhandlung erfordern. Die prozessualen Absprachen müssen im Urteil aufgeführt werden. Das Gericht muss davon überzeugt sein, dass die Absprachen ohne Gewalt, ohne Bedrohung, ohne Täuschung und ohne ungesetzliche Versprechungen und freiwillig zustande gekommen ist; auch muss der Angeklagte (Beschuldigte) die Möglichkeit einer qualifizierten juristischen Beratung bekommen haben.
2. Vor der Entscheidung über die prozessuale Absprache muss das Geicht über zeugt sein, dass

a) der Beschuldigte (Angeklagte) die Art des ihm vorgeworfenen Verbrechens in vollem Umfang verstanden hat;
b) dem Beschuldigten (Angeklagten) die nach dem Gesetz vorgesehene Strafe für die von ihm eingestandene Straftat in vollem Umfang bewusst ist;
c) dem Beschuldigten (Angeklagten) alle mit der prozessualen Absprache verbundenen gesetzlichen Anforderungen an ein Geständnis bekannt sind;
d) der Beschuldigte (Angeklagte) weiß, dass die Informationen, die er dem Gericht während der Verhandlung über die prozessuale Absprache gegeben hat, nicht gegen ihn verwendet werden dürfen, wenn das Gericht die prozessuale Absprache nicht bestätigt;
e) dem Beschuldigten (Angeklagten) bewusst ist, dass er folgende verfassungsmäßigen Rechte hat:
aa. das Recht auf Verteidigung
bb. das Recht, die prozessuale Absprache über ein Geständnis zu verweigern
cc. das Recht auf eine Hauptverhandlung
f) die prozessuale Absprache nicht durch Gewalt, Verängstigung des Beschuldigten (Angeklagten) oder durch ein über den Rahmen der

prozessuale Absprache hinausgehendes Versprechen zustande gekommen ist;

g) der Beschuldigte (Angeklagte) die wahren Tatsachen der prozessualen Absprache angegeben hat,

h) alle Voraussetzungen der Absprache zwischen dem Staatsanwalt und dem Beschuldigten (Angeklagten) in der schriftlichen Vereinbarung bezeichnet worden sind,

i) der Beschuldigte (Angeklagte) und sein Verteidiger die Akten vollständig kennen.

2(1) Vor der Bestätigung der prozessualen Absprache ist das Gericht verpflichtet, sich von dem Angeklagten überzeugen zu lassen, dass es von der Seite der Polizeibeamten oder Beamten anderer Rechtspflegeorgane weder Folter noch unmenschliche oder erniedrigende Behandlung gegenüber dem Angeklagte gegeben hat. Der Richter ist verpflichtet, den Angeklagten darüber aufzuklären, dass eine vom ihm eingelegte Beschwerde wegen Folter, unmenschlicher oder erniedrigender Behandlung der Bestätigung einer nach dem Gesetz getroffenen prozessualen Absprache nicht entgegensteht.

3. Der Richter entscheidet über die prozessuale Absprache nach dem Gesetz; er ist nicht verpflichtet, die prozessuale Absprache zu bestätigen.

4. Die Verhandlung über den Antrag der Staatsanwaltschaft auf Verurteilung ohne Hauptverhandlung muss wörtlich protokoliert werden.

§ 679 (4)
Gerichtliche Entscheidung über die Verurteilung ohne Hauptverhandlung

1. In den nach diesem Kapitel vorgesehenen Fällen ist das Gericht befugt, eine Entscheidung über die Verurteilung ohne Hauptverhandlung oder über die Zurückverweisung der Akten an die Staatsanwaltschaft zur Entscheidung über die Erhebung der Klage zu treffen.
2. Die Zuständigkeit des Gerichts für die Entscheidung über die Verurteilung ohne Hauptverhandlung richtet sich nach den Strafakten.
3. Das Gericht überprüft auf Grund der Strafakten und des Geständnisses, ob der Schuldvorwurf begründet ist, ob die im Antrag geforderte Strafe dem Gesetz entspricht und ob das Geständnis freiwillig abgelegt worden ist.
4. Wenn das Gericht davon überzeugt ist, dass unumstrittene Beweismittel für den Beweis der Schuld vorgelegt worden sind und die geforderte Strafe dem Gesetz entspricht, verkündet es das Urteil innerhalb von 15 Tagen nach Einreichung des Antrags der Staatsanwaltschaft. Das Urteil ist von dem verhandelnden Richter (Spruchkörper) zu unterschreiben.
5. Wenn das Gericht die Beweismittel für den Schuldspruch nicht für ausreichend hält oder wenn es feststellt, dass der Antrag über die Verurteilung ohne Hauptverhandlung die Vorschriften dieses Kapitels verletzt, weist es die Akten an die

Staatsanwaltschaft zurück zur Entscheidung über die Erhebung der Anklage. Anstelle der Zurückverweisung der Akten kann das Gericht während der Verhandlung bei den Parteien anregen, einzelne Bestimmungen der Absprache zu ändern.

6. Das Gericht kann einer Änderung der Bedingungen der prozessualen Absprachen nur mit Zustimmung der Parteien vornehmen.
7. Der Beschuldigte hat das Recht, bis zur Verkündung des Urteils ohne Hauptverhandlung eine Entscheidung über die Absprache ablehnen. Der Antrag über die Ablehnung der Absprache benötigt keine Zustimmung des Verteidigers. Nach der Verkündung des Urteils ist die Ablehnung der Absprache unzulässig.
8. Die Parteien haben das Recht, bis zur Verkündung des Urteils einzelne Bedingungen der Absprache zu ändern.

§ 679 (5)

Aufhebung des Urteils über die Bestätigung der prozessualen Absprache. Die Verwertbarkeit der durch die prozessuale Absprache erlangten Beweismittel.

Hebt das Gericht das Urteil über die Bestätigung der prozessualen Absprache auf oder lehnt der Angeklagte die Entscheidung über die prozessuale Absprache ab, darf seine bisherige Aussage nicht gegen ihn verwendet werden.

§ 679 (6)

Anfechtung des Urteils über die Bestätigung der prozessualen Absprache.

1. Der Angeklagte hat das Recht, innerhalb von 15 Tagen nach der Verkündung eines nach diesem Kapitel ergangenen Urteils eine Beschwerde mit dem Ziel der Aufhebung des Urteils über die Bestätigung der prozessuale Absprache zum Beschwerdegericht einzulegen, wenn:
   a. die prozessuale Absprache unter Täuschung zustande gekommen ist;
   b. der Beschuldigte in seinem Recht auf Verteidigung beschränkt war;
   c. die prozessuale Absprache unter Verängstigung, Bedrohung oder Gewalt zustande gekommen ist;
   d. das verhandelnde Gericht die nach diesen Kapitel vorgesehenen wesentlichen Regeln verletzt hat.
2. Wenn der Beschuldigte Bestimmungen für die prozessuale Absprache verletzt hat, kann der Staatsanwalt innerhalb eines Monats nach Entdeckung der Verletzung Beschwerde zum Beschwerdengericht mit dem Ziel der Aufhebung des Urteils über die Bestätigung der prozessuale Absprache einlegen.

3) In den nach Nr. 1 und Nr. 2 dieses Paragrafen vorgesehenen Fällen weist das Gericht die Akten nach der Aufhebung des Urteils über die Bestätigung der prozessuale Absprache an die Staatsanwaltschaft zurück.

§ 679 (7)
Die Zustellung des Urteils und Inkrafttreten

1. Nach der Verkündung des Urteils wird dem Angeklagten, seinem gesetzlichen Vertreter und dem Verteidiger einen beglaubigte Kopie des Urteils zugestellt.
2. Das nach diesem Kapitel ergangene Urteil ist - außer in den in § 679 (6) vorgesehenen Fällen - nicht anfechtbar und tritt unmittelbar nach der Verkündung in Kraft.

2(1). Die Parteien haben das Recht, die gerichtliche Ablehnung der Bestätigung der prozessualen Absprache innerhalb von 15 Tagen beim zuständigen Beschwerdegericht anzufechten.

3. Die Überprüfung des Urteils ist zulässig nach den allgemeinen Regeln des Wiederaufnahmeverfahrens.

§ 679 (8)

Benachrichtigung des Geschädigten über die prozessuale Absprache

1. Der Staatsanwalt ist verpflichtet, den Geschädigten über die prozessuale Absprache zu unterrichten.
2. Der Geschädigte hat kein Recht, die prozessuale Absprache anzufechten.
3. Die prozessuale Absprache entzieht dem Geschädigten nicht das Recht, Zivilklage zu erheben.

§ 679 (9)

Die vollständige Freistellung des Beschuldigten von Strafe.

1. Wird bei der Zusammenarbeit des Beschuldigten mit den Ermittlungsorganen durch seine Mitwirkung die Täterschaft einer hoch gestellten Persönlichkeit geklärt oder der Täter einer besonders schweren Straftat ermittelt, kann der Generalstaatsanwalt beim Gericht beantragen, bei diesem Beschuldigten vollständig von Strafe abzusehen. Wird das vollständige Absehen von Strafe bewilligt, gilt diese Person aber trotzdem als vorbestraft.
2. Über das vollständige Absehen von Strafe wird ein schriftlicher Antrag gefertigt, der vom Beschuldigten und vom Generalstaatsanwalt unterschrieben wird.
3. In dem Antrag auf vollständiges Absehen von der Strafe wird darauf hingewiesen, dass die Absprache entsprechend den Regeln für die Absprache für ungültig erklärt wird, wenn die Person nicht mit den Ermittlungsorganen zusammenarbeiten will.
4. Der Generalstaatsanwalt legt die Absprache über das vollständige Absehen von Strafe dem Gericht zur Bestätigung vor. Das vollständige Absehen von Strafe nur wegen der Bezahlung einer Geldstrafe oder eines Geldbetrags ist unzulässig.

Literaturverzeichnis

Abadinsky, Howared:2002: Law & Justice An introduction to the American Legal System, Chicago 5th ed., zitiert: Abadinsky, Law & Justice

Alder, Markus B.:2001:Die Strafzumessungsrichtlinien der USA in ihrem Kontext mit plea bargaining,.

Alschuler, Albert W.:1981: The changing Plea Bargaining Debatte, California Law Review, zitiert: *Alschuler,* 69 Cal.L.Rev.1975: The Defense Attorney's Role in plea bargaining, 84 Yale Law Revview, Volume 84, 1979: Plea Bargaining and its History, 13 Law & Society Review, 211, at 211 et seq. 1968: The Prosecuters's Role in Plea bargaining, University of Chicago Law Reviw (Bd.36), 50.

Altenhein, Karsten/Hagemeier, Ina /Haimerl, Michael: 2007: NStZ.Die Vorschläge zur gesetzlichen Regelung der Urteilsabsprachen im Lichte aktueller rechstatsächlicher Erkentnisse, 71 ff.

Altenhain, Karsten/Hagemeier, Ina/Haimerl, Michael/Stammen, Karl-Heinz:2007: Die Praxis der Absprache im Wirtschaftsstrafverfahren, Baden-Baden, zitiert: Altenhein/Hagemeier, Die Praxis der Absprache

Bartsch, Hans-Jürgen:1969: ZRP. Einstellung gegen Bußgeldzahlung - Unzulässiger Freikauf von der Strafsanktion, 128 ff.

Baumann, Jürgen:1987: NStZ.Von der Grauzone zur rechtsstaatlichen Regelung, 158 ff.1980: JZ.Über die Denaturierung eines Rechtsinstitutes (§ 59 StGB), 469 ff.1972: ZRP.Grabgesang für das Legalitätsprinzip, 273 ff.

Becker, Loftus E.:1988: Plea Bargaining and the Supreme Court. 21 Loyola of Los Angeles Law Review. S 757. zitiert: Becker, Loyola of Los Angeles Law Review 21 (1988)

Becker, Jörg Peter: 2006:in Löwe-Rosenberg, Strafprozessordnung und das Gerichtsverfassungsgesetz, Großkommentar, 26. Auflage, Berlin, zitiert: LW, 26. Auflage, 2006, Berlin, Bearbeiter *Jörg PeterBecker.*

Benke, Meisse: 2009: Juristenlatein, 3. Auflage, 110.

Beulke, Werner:2008: Strafprozessrecht, 10. Auflage, Heidelberg, S. 29, Rn. 28, zitiert Beulke, Strafprozessrecht. 10. Auflage, 2008. 2007: in: Löwe-Rosenberg, Die Strafprozessordnung und das Gerichtsverfassungsgesetz, Großkommentar, 26. Auflage, Berlin, § 153 a, Rn. 2. zitiert: LR, 26. Auflage, 2007, Bearbeiter Beulke. 2006: Strafprozessrecht, 9. Auflage, Heidelberg, S. 21, Rn. 17. zitiert: Beulke, Strafprozessrecht, 9. Auflage, 2006. Löwe-Rosenberg, Die Strafprozessordnung und das Gerichtsverfassungsgesetz, Großkommentar, 25. Auflage.2004: Berlin, zitiert: LR, 25. Auflage, Berlin, 2004, Bearbeiter Beulke

Beulke, Werner/Satzger, Helmut:1997: JuS. Der fehlgeschlagene Deal und seine prozessualen Folgen - BGHSt 42, 191. 1072 ff.

Bickel, Johannes: 2001:Das förmliche Geständnis im US-amerikanischen Strafprozess als Beispiel der Verfahrenserledigung, zitiert: Bickel, das förmliche Geständnis

Bieneck,Klaus: 2004: Wistra. Folgen einer fehlgeschlagenen Verständigung, 470 ff.

***Bittmann, Folker*:**2007: DRiZ.Gesetzliche Regelung der Verständigung im Strafverfahren, 22 ff.

***Bode, Hans Jürgen*:**1988: DRiZ.Verständigung im Strafprozess, 281 ff.

***Bopp, William J./ Schultz, Donald O*.**: Principles of American Law Enforcement and Criminal Justice, zitiert: Bopp &Schultz, Criminal Justice

Boujong, Karlheinz: 2008: in: Karlsruher Kommentar zur Strafprozessordnung, 6. Auflage, herausgegeben von Rolf Hannich, zitiert: Karlsruher Kommentar zur Strafprozessordnung, 6. Auflage, München, 2008, Bearbeiter Boujong,

***Böttcher, Reinhard*:** 2001: Der deutsche Juristentag und die Absprachen im Strafprozess, Festschrift für Lutz Meyer-Goßner, 52 ff.

Böttcher Reinhard/Dash, Hans/Widmaier, Gunter:1993:NStZ. Verständigung im Strafverfahren – eine Zwischenbilanz, 375 ff.

***Böttcher, Reinhard/Widmaier, Gunter*:** 1991: JR. Absprachen im Strafprozess? – Besprechung des Urteils des BGH vom 23.1. 1991 – 3 StR 365/90, 353 ff.

***Braun, Stefan*:** 1998: Die Absprachen im deutschen Strafverfahren, Aachen, zitiert: Braun, Die Absprachen.

***Bruns, Hans-jürgen*:** 1985: Das Recht der Strafzumessung, Köln.

Bussmann, Kai-D.: 1989:KritV. Das Entstehen eines neuen Rechtsbegriffs: Verständigung in Strafverfahren, 376 ff.1988:MschrKrim. Rechtsbeugung oder rationale Verfahrenspraxis? Über informelle Absprache in Wirtschaftsstrafverfahren, 88 ff.

Bußemann, Kai-D./Lüdemann, Christian: 1989:Krimonologische Journal. Diversionsschancen der Mächtigen? Eine empirische Studie über Absprachen im Strafprozeß, 54 ff.

Chachidze, Dimitri: 2004:Prozessuale Absprache „Art 42 der Verfassung“, zitiert: Chachidze, ProzessualeAbsprachen

***Church, Thomas W.*:**1979: In Defence of Bargain Justice, Law & Society Review, volume 13 no. 2, page 509.

Cole, George F., Smith, Cristopher E.: 2005: Criminal Justice in America, Belmont et al. 4th ed. zitiert:Cole&Smith, Criminal Justice, 206 et seq.2004: et al., Criminal Justice System, Politics and Policies, Belmont et al. 9 th ed., zitiert: , 189. Cole, Crminal Justice System

***Cole, George*:** 1993: Crminal Justice - Law& Politics, Monterey 6 th ed., zitiert: Cole, Criminal Justice

Cook, Joseph G./Marcus, Paul: 1981:Criminal Procedure, Matthew Bender, New York/San Francisco, zitiert: Cook/Marcus, Criminal Procedure

Cramer, Peter: 1989:Festschrift für Kurt Rebmann: Absprachen im Strafprozess, in: Eyich, Heinz/Odersky, Walter/Säcker, Franz Jürgen (Hrsg.), München, zitiert: Cramer, FS für Rebmann, 148 ff.

***Damaska, Mirjan*:**1988: StV.Der Austausch von Vorteilen im Strafverfahren: Plea Bargaining und Absprachen, 398 ff.

Dash, Hans:1999: Handbuch des Strafverteidigers, Köln. 1988: NStZ. Absprachen im Strafprozess – Chancen und Risiken, 153 ff.1987: NJW. Buchbesprechung „Verständigung im Strafverfahren“, 1318 ff.

Däubler-Gmelin, Herta: 2001: StV. Überlegungen zur Reform des Strafprozesses, 359 ff.

Deal, Detlef: 1982:StV. Der strafprozessuale Vergleich, 545 ff.

Deckers, Rüdiger:2002: AnwBl. Öffentlichkeit und Protokollierungspflicht, 41.

Dencker, Friedrich /Hamm, Rainer: 1988: der Vergleich im Strafprozess, Frankfurt a. M.zitiert: Denker/Hamm, der Vergleich

Dencker, Friedrich: 1973: JZ. Die Bagatelldelikte im Entwurf eines EStGB, 144 ff.

Dielmann, Heinz:1981:GA. Guilty Plea und Plea Bargaining im amerikanischen Strafverfahren - Möglichkeiten für den deutschen Strafprozess? 558 ff.

Diemer, Herbert: 2008: in:Karlsruher Kommentar zur Strafprozessordnung, 6. Auflage, herausgegeben von Rolf Hannich, zitiert: Karlsruher Kommentar zur Strafprozessordnung, 6. Auflage, München, 2008, Bearbeiter *Diemer*

Döhring, Silke: 1999: Ist das Strafverfahren vom Legalitätsprinzip beherrscht? Frankfurt a.M.

Dölling,Dieter: 2001: Über die Beschleunigung des Strafverfahrens, Festschrift für Lutz Meyer-Goßner, München, 102 ff.

Dörr, Günter H./Schmidt-Hiber, Werner: 1986: Verständigung im Strafverfahren, München

Dreher, Kyra:2003:Kontrollierbarkeit konsensualer Verfahrensweisen am Beispiel des US-amerikanischen Strafprozessrechts, Berlin

Dressler, Joshua: 1997: Understanding Criminal Procedure, 2. Auflage, New York/San Francisco

Duttge, Gunner: 2003:ZStW. Möglichkeiten eines Konsensualprozesses nach deutschem Strafprozessrecht, 539 ff.

Duttge, Gunner/Schoop, Christian: 2005: StV. Anmerkung zum BGH-Beschluss vom 03.03.2005, 421 ff.

Eschelbach, Ralf, in: Kommentar zur Strafprozessordnung, zitiert: KMR, Eschelbach

Eser, Albin: 1992: ZStW. Funktionswandel strafrechtlicher Prozessmaximen: Auf dem Weg zur „Reprivatisierung“ des Strafvefahrens? 361 ff.

Fahl, Christian: 2005:ZStW. der abgesprochene Rechtsmittelverzicht, 605 ff.1997: JA. Besprechung: BGH, Urteil vom 20.2.1996 - 5 StR 679/95 (LG Hannover), 272 ff.

Farmnsworth, Allan E.:1996:An Introduction to the Legal System of the United States, London et al. 3 rd ed.zitiert: Farmnsworth, Legal System of the United States

Feeney , Floyd F./Herrmann, Joachim: 2005:One case-two systems, Ardslay. zitiert: Feeney & Herrmann, one case-two systems.

Fischer, Thomas: 2009: StraFo. Absprache-Regelung: Problemlösung oder Problem? 177 ff. 2008: Karlsruher Kommentar zur Strafprozessordnung, 6.

Auflage, Pflicht des Gerichts, herausgegeben von Rolf Hannich, zitiert: Karlsruher Kommentar zur Strafprozessordnung, 6. Auflage, München, 2008, Bearbeiter Fischer 2007: NStZ. Regelung der Urteilsabsprache – ein Appell zum Innehalten, 433 ff.

Fischer*, *George: 2003: Plea Bargaining`s Triumph – A History of plea Bargaining in America, Stanford, zitiert: Fischer, Plea Bargaining`s

***Freed, DanielJ*.:** June 1992: Yale Law Journal 1681. Federal Sentencing in the Wake of guidelines: Unacceptable Limits on the Discretion of Sentences, 101.

Freund, Georg: 2002: GA. Stellungnahme eines Arbeitskreises der Strafrechtslehrer zum „Eckpunktepapier" zur Reform des Strafverfahrens, 82 ff.

Ferdico, John N.: 1979: Criminal Procedure for the law Enforsment Officer, St. Paul et al. 2 nd ed, zitiert: Ferdico, Criminal Procedure

Feser, Gerhard: 1994: ZStW. Vereinfachte Verfahren im Strafprozess, 1 ff.

Festa, Genaro:2003: Absprache im deutschen und italienischen Strafprozess, Münster.

Gallandi, Volker: 1987:NStZ. Besprechung der Entscheidung des BVerfG vom 27.01.1987, 420 ff.

***Geisler, Markus*:** 1998:Die Ausgestaltung des Anklageprinzips nach amerikanischem Strafverfahrens- und Verfassungsrecht, Berlin, zitiert: Geisler, Die Ausgestaltung des Anklageprinzips

Gerlach, Götz: 1992:Absprache im Strafverfahren, Frankfurt a. M. zitiert: Gerlach, Absprache

Geppert, Klaus: 1979:Der Grundsatz der Unmittelbarkeit, Berlin, New York, zitiert. Geppert, der Grundsatz der Unmittelbarkeit

Gieg, Georg: 2007:GA. Letzter Anlauf für eine gesetzliche Regelung von Verständigungen im Strafverfahren?469 f .

Gleß, Sabine: 2007: in: Löwe-Rosenberg, Die Strafprozessordnung und das Gerichtsverfassungsgesetz, Großkommentar, 26. Auflage, Berlin, zitiert: LR, Die Strafprozessordnung, 26. Auflage, Bearbeiter Gleß

Gogschelidze, Revaz: 2007: Die prozessuale Absprachearten des Verbrechens, in: „Beruf Rechtsanwalt", 84 ff.

Gollwitzer, Walter: 1987:Bearbeiter Gollwitzer.Löwe-Rosenberg, Die Strafprozessordnung, 1987, Berlin/New York, zitiert: LR, Berlin/ New York.

Graumann, Andre: 2005: Vertrauensschutz und strafprozessuale Absprachen, Berlin, zitiert: Graumann Vertrauensschutz

Grillot, Harold J.: 1992: Introduction to Law and the Legal System, Boston et al. 5th ed, zitiert: Grillot, Introduction to Law and the Legal System, 299 ff.

Grünwald, Gerald: 1960:NJW. Zur Ankündigung von Strafmilderung für den Fall eines Geständnisses, 1941 ff.

Günter, Hans-Helmut: 1992: DRiZ. Kein Handel mit der Gerechtigkeit, 230 ff.

Gwenetadze, Nino: 2005: Der Schutz der Menschenrechte und Freiheit, die Europäische Konvention, Protokoll 7 und die Absprache, Tbilissi. zitiert:Gwenetadze, Prozessuale Absprache.

Hammerstein, Dominik: 2007:StV. Das Geständnis und sein Wert – Lippenbekenntnisse n der Strafzumessung, 48 ff. Absprache, Symposium Triberg, 95 ff.

Hanack, Ernst-Walter: 1999: in: Löwe-Rosenberg, Strafprozessordnung und das Gerichtsverfassungsgesetz, Großkommentar, 25. Auflage, herausgegeben von Peter Rieß, Berlin, zitiert: LW, 25. Auflage, Berlin, Bearbeiter Hanack1987: StV. Vereinbarung im Strafprozess, ein besseres Mittel zur Bewältigung von Großverfahren, 502 ff.1987: StV.Vereinbarung im Strafprozess, 500 ff.1973:Festschrift für Wilhelm Gallas. Das Legalitätsprinzip und die Strafrechtsreform, Berlin/New York u.a.347, zitiert: Hanack FS-Gallas

Hamm, Rainer: 2005: Festschrift für Hans Dahs. Rechtsgespräch oder Urteilsabsprachen? Der Deal erreicht die Revision, Köln, zitiert: Hamm, FS für Dahs, 2005. 2001: Festschrift für Lutz Meyer-Goßner zum 65. Von der Unmöglichkeit, Informelles zu formalisieren – das Dilemma der Urteilsabsprachen, in: Strafverfahrensrecht in Theorie und Praxis. Geburtstag, hrsg. von ser/Goydke/Maatz/Meurer, München, 33 ff., zitiert: Hamm, FS Meyer-Goßner1984: StV. OLG Beschl. v. 20.8.1984 - 6 Ws 266/84, 456 ff.,mitgeteilt von RA Rüdiger Deckers.1990: ZRP. Absprache im Strafverfahren, Gegenstände und Grenzen, 337 ff.

Hassemer, Winfried: 2006: StV.Sicherheit durch Strafrecht, Eröffnungsvortrag Strafverteidigertag 24.3.2006, Frankfurt/M., Paulskirche, 321 ff.1989: JuS. Pacta sunt servanda - auch im Strafprozessrecht? 890 ff.

Harms, Monika: 2006:Festschrift für Kay Nehm zum 65. Die konsensuale Verfahrensbeendigung, das Ende des herkömmlichen Strafprozesses?, in: Griesbaum, Rainer/Hannich, Rolf/Schnarr, Karl Heinz (Hrsg.): Strafrecht und Justizgewährung. Geburtstag, S. 289 ff., zitiert: Harms, Festschrift für Nehm

Hassemer, Winfried/Hippler, Gabriele: 1986: StV. Informelle Absprachen in der Praxis des deutschen Strafverfahrens, 363 ff.

Hauer, Judith: 2007: Geständnis und Absprache, Duncker & Humblot – Berlin, zitiert Hauer, Geständnis

Heller, Jens:2004: Die gescheiterte Absprache - Verfahrensfairnes gegenüber dem Angeklagten im Anschluss an BGH 43, 195, Baden-Baden, zitiert. Heller, Die gescheiterte Urteilsabsprache.

Herrmann, Joachim: 1971: Die Reform der deutschen Hauptverhandlung nach dem Vorbild des anglo-amerikanischen Strafverfahrens, Bonn, zitiert: Herrmann, Die Reform der deutschen Hauptverhandlung 1999: JuS. Rechtliche Strukturen für die Absprachen in der Hauptverhandlung: die Die Richtlinienentscheidung des Bundesgerichtshofes - BGHSt 43, 195, 1162 ff.2000: Absprachen im deutschen Strafverfahren, Archivum Iuridicum Cracoviense (Poland) 31/32, zitiert: Herrmann, Absprachen,1999.

Heumann, Milton: 1978: Plea Bargaining: Experience of Prosecutors, Judges and Defence Attorneys, Chicago University Press

Hirsch, Hans Joachim: 1980:ZStW. Zur Behandlung der Bagatellkriminalität in der Bundesrepublik Deutschland,18 ff.

Hömig, Dieter: 2007:Grundgesetz, 8. Auflage, Baden-Baden,zitiert: Hömig, Grundgesetz, 8. Auflage

Huttenlocher, Peter: 2007:Dealen wird Gesetz – die Urteilsabsprache im Strafprozess und ihre Kodifizierung. Zugleich eine kritische Untersuchung der aktuellen Gesetzesvorschläge des BMJ, der BRAK, des Bundesrates, des DAV, der Generalstaatsanwälte u.a, Hamburg, zitiert: Huttenlocher, Dealen wird Gesetz

Ignor, Alexsander: 2006: Festschrift zu Ehren des Strafrechtsauschusses der Bundesrechtsanwaltskammer. Die Urteilsabsprache und die leitenden Prinzipien der StPO, Neuwied, zitirt: Ignor, FS für Strauda, 332 ff.

Ioakimidis, Ariadne: 2001: Die Rechtsnatur der Absprache im Strafverfahren, Frankfurt a.M./Berlin, zitiert: Ioakimidis, Die Rechtsnatur.

Israel Jerold H./LaFave, Wayner R.: 2001: Criminal Procedure – Constitutional Limitations in a Nutshell, St.Paul 6th ed, zitiert: Israel&LaFave, Criminal Procedure, 425 et seq.

Jahn, Matthias: 2006: ZStW. *Die Konsensmaxime in der Hauptverhandlung*, 428 ff.2005: JuS. Strafprozessrecht als geronnenes Verfassungsrecht - Hauptprobleme und Streitfragen des § 136a StPO, 1057 ff.

Jahn, Matthias / Müller, Martina: 2006: JA. Der Widerspenstigen Zähmung – Aktuelle Gesetzgebungsvorschläge zu den Urteilsabsprachen im Strafprozess, 681 ff.2009: NJW. Das Gesetz zur Regelung der Verständigung im Strafverfahren - Legitimation und Reglementierung der Absprachenpraxis, 2625 ff.

Jahn, Matthias: 2005: NJW. Aktuelle Probleme der Reform des Strafverfahrens, 106 ff.

Janke, Alexander: 1997: Verständigung und Absprachen im Strafverfahren, Aachen, zitiert: Janke, Verständigung

Jarass, Hans D. /Pieroth, Bodo: 2007: Grundgesetz für die Bundesrepublik Deutschland, Kommentar, München, 9. Auflage, zitiert: Jarass/Pieroth, GG, Kommentar, 9. Auflage

Kannegießer, Christoph:2004: in:Schmidt-Bleibtreu, Bruno, /Klein Franz, GG - Kommentar zum Grundgesetz, 10. Auflage, München. zitiert: Schmidt-Bleibtreu/Klein, GG - Kommentar zum Grundgesetz, 10. Auflage, Bearbeiter Kannegießer

Kargl Walter/Sinner, Stefan: 1998:Jura. Der Öffentlichkeitsgrundsatz und das öffentliche Interesse in § 153 a StPO, 231 ff.

Kasimir, Yale/LaFave, Wayne R./Israel, Jerold H: 1986:Modern Criminal Procedure, 6. Ed., West Publishing., St Paul (Minesota). zitiert: Kasimir/LaFave/Israel, Modern, Criminal Procedure

Nehm, Kay/ Senge, Lothar: 1998:NStZ. Ursachen langer Hauptverhandlungen – dargestellt am Beispiel von drei Verfahren, 377 ff.

Keller, Rolf/Schmid, Wolfgang: 1984:Wistra. Möglichkeiten einer Verfahrensbeschleunigung in Wirtschaftsstrafsachen, 201 ff.

Kintzi, Heinrich: 1992: DRiZ. Verständigung im Strafverfahren – Eine unendliche und spannende Geschichte, 245 ff.1990: JR. Verständigung im Strafrecht, 309 ff.1994: DRiZ. Möglichkeiten der Vereinfachung und Beschleunigung von Strafverfahren de lege ferenda, 325 ff.

Kipnis, Kenneth: 1978: Law &Society Review. plea bargaining-A Critic's Rejoinder, volume 13, Page 555.

*Koblenz, Hans Joachim Ulrich:*1982: ZRP. Die Durchsetzung des Legalitätsprinzips und des Grundrechts der Gleichheit aller vor dem Gesetz in der Praxis der Staatsanwaltschaften, 169 ff.

Kobor, Susanne: 2007: Bargaining in the Criminal Justice Systems oft he United States and Germany, Frankfurt a. M., zitiert: Kobor, Bargaining

Koch, Karl-Heinz: 1990:ZRP. Absprachen im Strafprozess, 250 ff.

Kohlmann, Günther: 1988: Festschrift für Gerd Pfeiffer, Köln/Berlin/ Bonn/München „Überlange Strafverfahren" – bekannt, bedenklich, aber nicht zu vermeiden? S. 203 ff., zitiert: Kohlmann, FS für Pfeiffer

König, **Stefan:** 2006. StraFo. Anmerkung zum Beschluss des KG vom 28.2.2005 - 5 Ws 673/04, 170 ff.

Krause, Daniel: 2000:AnwBl.Partizipation und Strafverfahren – Zweck- mäßigkeit einer gesetzlichen Regelung von Absprachen im Strafprozess, 36 ff.

Krauss, Detlef: 2006: Strafprozessrecht und Probleme des Strafverfahrens in Staaten des Umbruchs am Beispiel der Rechtsreform in Georgien. Kriminalität und Kriminalprävention in Ländern des Umbruchs. Beiträge einer internationalen Konferenz in Baku/Aserbaidschan. Helmut Kury und Elmar Karimov (Hrsg.), zitiert: Krauss, Strafprozessrecht und Probleme des Strafverfahrens in Staaten des Umbruchs, 255 ff.

Kremer, Stefan: 1994:Absprachen im Strafprozess zwischen Gericht und Verfahrensbeteiligten, Bonn, zitiert: Kremer, Absprache

Krüger, Hans Joachim: 1989: DRiZ.Verantwortung und Selbstbewusstsein bei der Verständigung im Strafverfahren, 150 ff.

*Kuckein, Jürgen/Pfister, Wolfgang:*2000: Festschrift aus Anlass des fünfzigjährigen Bestehens des BGH: Verständigung im Strafverfahren - Bestandsaufnahme und Perspektiven, Kuckein/Pfister, 50 Jahre Bundesgerichtshof, S. 643 hrsg. von Geiß/Karkmann, Köln, S. 641 ff., zitiert: Kuckein /Pfister, 50 Jahre Bundesgerichtshof

Kühne, Hans-Heiner: 2007: Strafprozessrecht. Eine systematische Darstellung des deutschen und europäischen Strafverfahrensrechts, 7. Auflage, Heidelberg, zitiert: Kühne, Strafprozessrecht, 7. Auflage. 2006: Löwe-Rosenberg, Strafprozessordnung und das Gerichtsverfassungsgesetz, Großkommentar, 26. Auflage, Berlin, zitiert: LW, 26. Auflage, 2006, Berlin, Bearbeiter Kühne

Küpper, Georg/Bode, Karl-Christoph: 1999:Jura. Absprachen im Strafverfahren – Bilanz einer zehnjährigen Diskussion, 351 ff.

Landau, Herbert/ Bünger, Ralph: 2005:ZRP. Urteilsabsprachen im Strafverfahren, 268 ff.

Landau, Herbert: 2004: ZRP. Chansen und Risiken einer Reform des Strafverfahrens, 146 ff.;

LaFave, Wayne R: 2004:Criminal Prosedure, St. Paul 4th ed., zitiert: Criminal Procedure, 237. Et seq. LaFave et al. Criminal Procedure, 237. Et seq.

LaFave Wayne R./Israel,- Jerold H.: 1984:Criminal Procedure, Criminal Practice Series, 3 Bände, West Publishing, St Paul (Minenesota), zitiert LaFave/Israel, Criminal Procedure1992: Criminal Procedure St. Paul Minn., jeweils mit pocket Part 1997, zitiert: aFave/Israel, Criminal Procedure 1992. 1992: Criminal Procedure, Hornbook Series, West Publishing Co., St. Paul (Minoseta), 2nd ed. zitiert: LaFave/Israel, Hornbook

Lemke, Michael: 2009:in:Heidelberger Kommentar zur Strafprozessordnung, Heidelberg, Bearbeiter Lemke, zitiert: Lemke, HK

Lesch, Heiko H.:Oktober 1999: Kommentar zur Strafprozessordnung, 21, zitiert: KMR, Bearbeiter Lesch

Leibholz, Gerhard/Rinck, Hans-Justus: 2009:Grundgesetz für die Bundesrepublik Deutschland, Kommentar, Art. 20, Rn. 1321, Lfg. 50, März, zitiert: Leibholz/Rinck, GG

Leipold, Klaus: 2009: NJW-Spezial. Die gesetzliche Regelung der Verständigung im Strafverfahren, 520 ff.

Lien, Lie: 2006: GA.Analytische Untersuchung des andauernden Streites um Absprachen – Kritik an den bisherigenLegitimationsmodellen der Absprachen aus sprachanalytischer Sicht,S. 129 ff.

Loos, Fritz: 1978: JZ.Probleme der beschränkten Sperrwirkung strafprozessualer Entscheidungen, , 593 ff.

Marsch, Verden, Hans-Peter: 2007:ZRP.Grundregeln bei Absprachen im Strafverfahren, 220

Massaro, Toni M.: 1989:StV. Das amerikanische Plea bargaining System: Staatsanwaltschaftliches Ermessen bei der Strafverfolgung, 454 ff.

Maul, Heinrich: 1984: die gerichtliche Aufklärungspflicht in der Sicht der Rechtsprechung des Bundesgerichtshofs, Wahrheit und Gerechtigkeit im Strafverfahren, Festgabe für Peters, 47 ff., zitiert: Maul, Festgabe für Peters.

Meurer, Dieter: 2000:NJW. Dogmatik und Pragmatismus - Marksteine der Rechtsprechung des BGH in Strafsachen, 2936 ff.

Meyer, Frank: 2006: Plea Bargaining im Krieg gegen den Terror, Höchstrichterliche Rechtsprechung Strafrecht, Volum 5.

Meyer-Goßner, Lutz: 2009: Strafprozessordnung, 52. Auflage, München, zitiert:Meyer- Goßner, Strafprozessordnung, 52. Auflage. 2009: Strafprozessordnung-Ergänzungsheft - Gesetz zur Regelung der Verständigung im Strafverfahren, 52. Aufl. zitiert: Ergänzungsheft, Strafprozessordnung, 52. Auflage. 2008: Strafprozessordnung, 51. Auflage, , München, zitiert: Strafprozessordnung, 51. Auflage, Anhang 4 MRK. 2007: Strafprozessordnung,

50. Auflage, München, zitiert: Meyer-Goßner, Strafprozessordnung, 50. Auflage. 2006: Strafprozessordnung, 49. Auflage, München, zitiert: Meyer-Goßner, StPO, 49. Auflage, München 2006. 2009: ZRP. Was nicht Gesetz werden sollte! Einige Bemerkungen zum Gesetzentwurf der Bundesregierung zur Verständigung im Strafverfahren, 107 ff. 2007: NStZ. Rechtsprechung durch Staatsanwaltschaft und Angeklagten? Urteilsabsprachen im Rechtsstaat des Grundgesetzes, 425 ff.2006: StV. Zum Vorschlag der Bundesrechtsanwaltskammer für eine gesetzliche Regelung der Urteilsabsprache im Strafverfahren, 485 ff.2005: Domestikation der Absprache im Strafprozess, in: Hefendel, Roland (Hrsg.): Empirische und dogmatische Fundamente des kriminalpolitischen Impetus, Symposium für Bernd Schünemann zum 60. Geburtstag, Köln, S.235 ff, zitiert:Meyer-Goßner, Empirische und dogmatische Fundamente des kriminalpolitischen Impetus, Symposium für Schünemann, 2005. 2004: ZRP. Gesetzliche Regelung der „Absprachen im Strafprozess"?, 187 ff. 2003: StraFo. Der gescheiterte Deal, 401 ff.2001: StraFo. Die Rechtsprechung zur Verständigung im Strafprozess, S. 73. 2000: ZRP. Theorie ohne Praxis und Praxis ohne Theorie im Strafverfahren, 345ff.1996: DRiZ. Strafverfolgung und Gerechtigkeit - ist der Strafprozess noch zu retten?,180 ff.1992: NStZ . Entlastung der Strafrechtspflege – Ein ungewöhnlicher Vorschlag, 167 ff.

Meyer Goßner, Lutz/ Ströber, Hubert: 1996:ZRP. Reform des Rechtsmittelsystems in Strafsachen, 354 f.

Meurer,Dieter: 2000:NJW. Dogmatik und Pragmatismus – Marksteine der Rechtsprechung des BGH in Strafsachen, 2936 ff.

Metzger, Ernst:1998: KMR.in: Kommentar zur Strafprozessordnung, Bearbeiter Metzger, zitiert: Mitautor Metzger

Moldenhauer,Gerwin: 2004: Eine Verfahrensordnung für Absprachen im Strafverfahren durch den Bundesgerichtshof, Frankfurt a. M., zitiert: Moldenhauer, Eine Verfahrensordnung

Müller, KlausJochen: 1993: Strafbefehlsverfahren (§§ 407 ff,), Frankfurt a. M. u.a., zitiert: Müller, Strafbefehlsverfahren

Müller, Eckhart: 1977: JZSanktionen in Juristischer und soziologischer Sicht. Zur Kooperation von Rechts- und Sozialwissenschaft, 381 ff.

Neuebauer, David W.: 1996: America´s courts and the criminal Justice system, 5. Auflage, New York

***Nestler-Tremel,* Cornelius**: 1989:StV. Anmerkung zur Entscheidung des LG Berlin, Urt. v. 23.3.1988 – (508) IOp Js 823/87KLs (8/88), 109 ff.1989: KritJ. Der Deal aus der Perspektive des Beschuldigten, 448 ff.1988: DRiZ. Der Handel um die Funktionstüchtigkeit der Strafrechtspflege, 288 ff.

Niemöller, Martin: 1990: StV.Absprachen im Strafprozess, 335 ff.2009: GA. Urteilsabsprachen im Strafprozess – noch ein Regelungsvorschlag,181 ff.

Orlandi,Renzo: 2004:ZStW. Absprache im italienischen Strafverfahren, 116, 120 ff.

Olters, Günther: 1988: DRiZ. Amtsführung der Richter und Staatsanwälte aus der Sicht der Verfahrensbeteiligten, 50 ff.

Pamas I, Raymond: 1983: Californian Lawyer Volume3. Is Plea Bargaining a Cure or a Diesease? Heft 2, zitiert: Pamas, Californian Lawyer 3 (1983), Heft 2, S. 11.

Pfister, Wolfgang: 2004: DRiZ . Die Verständigung im Strafverfahren - Die Praxis, das geltende Recht, die obergerichtliche Rechtssprechung und der Gesetzgeber, 179 ff.

Pfeiffer, Gerd: 2008: Karlsruher Kommentar zur Strafprozessordnung, 6. Auflage, herausgegeben von Rolf Hannich, zitiert: Karlsruher Kommentar zur Strafprozessordnung, 6. Auflage, München, 2008, Bearbeiter Pfeiffer/Hannich. 2005: Strafprozessordnung, Kommentar, 5. Auflage, München, zitiert: Bearbeiter Pfeiffer, StPO, 5. Auflage. 2003: Karlsruher Kommentar zur Strafprozessordnung, 5. Auflage, herausgegeben von Pfeiffer, München, Bearbeiter: Pfeiffer. zitiert: Karlsruher Kommentar zur Strafprozessordnung, 5. Auflage, München, Bearbeiter: Pfeiffer 2003. 1999: Karlsruher Kommentar zur Strafprozessordnung, 4. Auflage, herausgegeben von Pfeiffer, München, Bearbeiter: Pfeiffer, zitiert: Karlsruher Kommentar zur Strafprozessordnung, 4. Auflage, München, 1999, Bearbeiter Pfeiffer. 1998: Grundzüge des Strafverfahrensrechts, 3. Auflage, München, Rdnr. 9, zitiert: Bearbeiter Pfeiffer, Grundzüge des Strafverfahrensrechts

Pfeiffer, Gerd/Fischer, Thomas: 1995*:* StPO. Strafprozessordnung, Kommentar, 1995, zitiert: Pfeiffer/Fischer, Kommentar.

Plöd: 2009:Kommentar zur Strafprozessordnung, zitiert: KMR, Bearbeiter Plöd

Ranft, Ottfried: 2005: Strafprozessrecht, 3. Auflage, Stuttgart, München, Hannover, Berlin, Weimar, Dresden, zitiert: Ranft, Strafprozessrecht, 2005

Ratiani, Ziala: 2007:Die Rechtsprechung. Das Institut der prozessualen Absprache im Strafverfahren, 168 ff.2006: Rechtsprechung und das Gesetz. Absprachen im georgischen Strafverfahren, 117 ff.

Rebmann, Kurt: 1984:NStZ. Strafprozessuale Bewältigung von Großverfahren, 241 ff.

Rieß, Peter: 2005:JR: Anmerkung zum Beschluss des Großen Senats für Strafsachen des BGH v. 3.3.2005 – GSSt 1/04, 430 ff.1999: Löwe-Rosenberg, Strafprozessordnung und das Gerichtsverfassungsgesetz, Großkommentar, 25. Auflage, herausgegeben von Peter Rieß, Berlin, zitiert: LW, 25. Auflage, 1999, Berlin, Bearbeiter Rieß. 1989: Festschrift für Kurt Rebmann. Prozeßmaximen und Emittlungsverfahren, hrsg. von Hinz Eyrich/Walter Odesky/Franz Jürgen Säcker, München, 381 ff., zitiert: Rieß, FS Rebmann. 1983: ZRP. Entwicklung und Bedeutung der Einstellungen nach § 153a StPO,93 ff.1981, DRiZ. Die Entwicklung der Geschäftsbelastung der ordentlichen Gerichtsbarkeit, 201 ff.1981: NStZ. Die Zukunft des Legalitätsprinzips, 2 ff.

Robinson Matthew B.: 2002: Justice Blind – Ideals and realities of American Criminal Justice, Upper Saddle River, zitiert: Robinson, Justice Blind

Roxin, Claus: 2009:Strafverfahrensrecht, 26. Auflage, München, zitiert: Roxin, Strafverfahrensrecht, 26. Auflage. 1998: Strafverfahrensrecht, 25. Auflage, München, zitiert: *Roxin,* Strafverfahrensrecht, 25. Auflage

Rönnau, Thomas: 1998:Wistra. Die neue Verbindlichkeit bei den strafprozessualen Absprachen, 49 ff. 1990: Die Absprachen im Strafprozess. Eine rechtssystematische Untersuchung der Zulässigkeit nach dem geltenden Strafprozessrecht, Baden-Baden, zitiert: Rönnau, Die Absprachen.

Rogall, Klaus: Juli 1995:Systematischer Kommentar zur Strafprozessordnung und zum Gerichtsverfassungsgesetz, 14. Erg. Lfg, zitiert: SK StPO, Bearbeiter Rogall

Rudolf, Kurt: 1992: DRiZ. Prozessflut und Erledigungsdruck, 6 ff.

Rudolphi, Hans-Joachim: 1976: ZRP. Strafprozess im Umbruch, 165 ff.

Rückel, Christoph:1987:NStZ.Verteidigertaktik bei Verständigungen und Vereinbarungen im Strafverfahren, 297 f.

Saliger, Frank: 2005:NJW. 2006: JuS. Absprachen im Strafprozess an den Grenzen der Rechtsfortbildung - BGH (GS), 1440, 8 ff.2005:GA. Grenzen der Opportunität: § 153 a StPO und der Fall Kohl – Zugleich Besprechung von LG Bonn, Beschluss vom 28.02.2001, 155 ff.

Salzburg, Stephan A./Capra, Daniel: 1977: American Criminal Procedure, St ch. 9 C.1. S. 832 f. Dix, 55 Tex.L. Rev. 193, 242 ff., zitiert: Salzburg/Capra, American Criminal Procedure, ch. 9 C.1. S. 832 f. Dix, 55 Tex.L. Rev. (1977), 193, 242 ff.

Salzburg, Stephan A.:1978:Michigan Law Review, Volume 76.Pleas of Guilty and the loss of Constitutional Rights, The Current Prise of pleading of guilty, pages 1265, at 1265 et seq, zitiert: Salzburg, Pleas of Guilty and the loss of Constitutional Rights, 76 Mich.L. Rev. 1265, at 1265 et seq. (1978)

Satzger, Helmut: 2006: StraFo. Braucht der Strafprozess Reformen?, 45 ff.2005: JA. Absprachen im Strafprozess, Wirksamkeit eines abgesprochenen Rechtsmittelverzichts, 684 ff.2004:Gutachten C zum 65. Chancen und Risiken einer Reform des strafrechtlichen Ermittlungsverfahrens, München. zitiert: Gutachten, Deutscher Juristentag. 2000: JuS. Die Unwirksamkeit eines „ausgehandelten" Rechtsmittelverzichts - BGHSt 45, 227, 1157 ff.1998: JA. Zur Zulässigkeit von Absprachen im Strafprozess, 98 ff.

Schaal,Hans-Jürgen: 1990: Hinreichender Tatverdacht oder richterliche Überzeugungsbildung für den Strafbefehlserlass? Gedächtnisschrift für Karlheinz Meyer, Berlin/New York,

Schäfer, Herbert: 1989: DRiZ. Rechtsgespräch und Verständigung im Strafprozess, 294 ff., Symposium Triberg, 135

Schäfer, Gerhard: 2001: Praxis der Strafzumessung, München, 3. Auflage, zitiert: Schäfer, Praxis der Strafzumessung

Schäfer, Karl: 1988: in: Löwe-Rosenberg, Die Strafprozessordnung, 24. Auflage, Berlin/New York. zitiert: LR, 24. Auflage, 1988, Berlin, Bearbeiter Schäfer

Schlothauer, Reinhold/Weider, Hans-Joachim: 3 August 2009: StV. Das „Gesetz zur Regelung der Verständigung im Strafverfahren", 600 ff.

Scott, Robert E./Stuntz, William J.: 1992: Plea bargaining as Contract 101 Yale L.J. 1909 ff., zitiert: *Scott/Stuntz*,101 Yale L.J.(1992) 1909 ff.

***Schmidhäuser, Eberhard*:** 1973: JZ. Freikaufsverfahren mit Strafcharakter im Strafprozess?, 529 ff.

***Schmehl, Martin/Vollmer, Wolter*:** 2005: Die Assessorklausur im Strafprozess, 8. Auflage, München, zitiert: Schmehl/Vollmer, Die Assessorklausur

***Schmidt, Niklaus*:** 2000: Strafverfahren und Strafrecht in den Vereinigten Staaten Eine Einführung, Heidelberg, 59, zitiert: Schmid, Strafrecht in den Vereinigten Staaten. 1986: Das amerikanische Strafverfahren. Eine Einführung, Heidelberg, zitiert: Schmidt, Das amerikanische Strafverfahren

***Schmitt, Bertram*:** 2001:GA. Zu Rechtsprechung und Rechtswirklichkeit verfahrensbeendender Absprachen im Strafprozess, 41 ff.

***Schmidt-Hieber, Werner*:** 1990: NJW.Absprachen im Strafprozess – Privileg der Wohlstandskriminellen? 1884 ff.1990: DRiZ. Absprache im Strafprozess – Rechtsbeugung und Klassenjustiz, 321 ff.1988: NStZ. Die gescheiterte Verständigung, 302 ff. 1986: Verständigung im Strafverfahren, München, S. 1 ff., zitiert: Schmidt-Hieber, Verständigung. 1986: StV. Der strafprozessuale „Vergleich" - eine illegale Kungelei, 355 ff. 1985: Festschrift für Rudolf Wassermann. Hinweis auf die strafmildernde Wirkung eines Geständnisses, Neuwied u.a., zitiert: Schmidt-Hieber, FS für Wassermann, 1004 ff.

Schmitt, Bertram: 2001: GA.Zu Rechtsprechung und Rechtswirklichkeit verfahrensbeendender Absprachen im Strafprozess, 411 ff.

Schoreit, Armin: 2003: Karlsruher Komentar zur Strafprozessordnung, 5. Auflage, , München, zitiert: KK, Strafprozessordnung, 5. Auflage, Bearbeiter Schoreit

Schulhofer, Stephen J.: 1984: Is Plea Bargaining Inevitable?, Harvared Law Review (Bd. 97), zitiert: Schulhofer, 97 Harv.L.Rev. (1984)

Schumann, Karl F.,: 1977:Der Handel mit der Gerechtigkeit – Funktionsprobleme der Strafjustiz und ihre Lösungen am Beispiel des amerikanischen plea bargaining, Frankfurt a. M., zitiert: *Schumann,* Der Handel mit der Gerechtigkeit

***Schünemann, Bernd*:** 2009: ZRP. Ein deutsches Requiem auf den Strafprozess des liberalen Rechtsstaates, 104 ff.2006: ZRP. Bundesrechtsanwaltskammer auf Abwegen, 63 ff.2005: Wetterzeichen vom Untergang der deutschen Rechtskultur, 9 ff.2005: Festschrift für Andreas Heldrich zum 70. Zur Entstehung des deutschen „plea bargaining",. Geburtstag, 1184.2004: StraFo. Ein Linsengericht zum Tausch für den Strafprozess von 1877?, 293 ff.2002: ZStW. Wohin treibt der deutsche Strafprozess?, 1 ff.2002:

Festschrift für Peter Riess zum 70. Geburtstag am 4. Juni 2002. Die Absprachen im Strafverfahren. Von ihrer Gesetzes und Verfassungswidrigkeit, von der ihrenVersuchungen erliegenden Praxis und vom dogmatisch gescheiterten Versuch des 4. Strafsenates des BGH, sie im geltenden Strafprozessrecht zu verankern, in: Hanack, Ernst-Walter/Hilger, Hans/Mehle, Volkmar/Widmaier, Gunter (Hrsg), Berlin/New York, 525 ff., zitiert: Schünemann, FS Rieß. 1993: StV. Wetterzeichen einer untergehenden Strafprozesskultur? Wider die falsche Propetie des Absprachenelysiums, 657 ff.1990: Absprachen im Strafprozess? Grundlagen, Gegenstände und Grenzen, Gutachten B für den 58. Deutschen Juristentag, München, zitiert: Schünemann, Gutachten B, 1990. 1989: JZ. Informelle Absprachen und Vertrauensschutz im Strafverfahren, 984 ff. 1989: NJW. Die Verständigung im Strafprozess – Wunderwaffe oder Bankrotterklärung der Verteidigung, 1896 ff.1988: Festschrift für Gerd Pfeiffer. Reflexionen über die Zukunft des deutschen Strafverfahrens, in: Strafrecht, Unternehmensrecht, Anwaltsrecht, Köln/München, hrsg. von Gamm/Raisch/Tiedemann, Köln, 461 ff., zitiert: Schünemann, FS für Pfeifer

Schünemann Bernd/Hauer, Judith:2006: AnwBl. Absprachen im Strafverfahren - Zentrale Probleme einer künftigen gesetzlichen Regelung, 439 ff.

Seher, Gerhard: 2005: JZ. Anmerkung zum Beschluss des Großen Senats vom 3.3.2005 – GSSt 1/04, 634 ff.

Seifert, Karl-Heinz/Hömig, Dieter: 2003:Grundgesetz für die Bundesrepublik Deutschland, Taschenkommentar, 7. Auflage, Baden-Baden, zitiert: Seifert/Hömig, Grundgesetz, 7. Auflage, Art. 3, Rn. 2.

Seier, Jurgen: 1988: JZ. Der strafprozessuale Vergleich im Lichte des § 136a StPO, 683 ff.

Sinner, Stefan: 1999Der Vertragsgedanke im Strafprozessrecht, Frankfurt a. M.

Siolek, Wolfgang: 2002: Festschrift für Peter Rieß. Zur Fehlenentwicklung strafprozessualer Absprachen, Berlin, zitiert: Siolek, FS Rieß. 1993: Verständigung in der Hauptverhandlung, Baden-Baden, 44 ff., zitiert: Siolek, Verständigung. 1993: DRiZ. Neues zum Thema Verständigung im Strafverfahren, 422 ff.1989: DRiZ. Verständigung im Strafverfahren – eine verfassungswidrige Praxis, 321 ff.

Schulhofer, Stephan J.: 1984: Harvard Law Review, Volume 97.Is Plea Bargaining Inevitable, pages 1037 et. Seq

Schulhofer, Stephan J./Nagel, Ilene H: 1991-2. Plea Bargaining Under The Federal sentencing guidelines, 3 Federal Sentencing Reporter, 218 (janury/February 1991, zitiert: Schulhofer/Nagel, Plea Bargaining,1991-2)

Standen, Jeffrey: 1993: Plea Bargaining in the Shadow of the guidelines, 81 California law Review 1472-1532, (Dezember), zitiert: Standen, plea bargaining, California law Review1472-1532, 1993

Schlothauer, Reinhold/Weider, Hans-Joachim: 3. August 2009StV. Das Gesetz zur Regelung der Verständigung im Strafverfahren, 603 ff.

Stukey, Gilbert B: 1991: Procedures in the Justis System, Fourth Edition New Yourk, zitiert: Stukey, Procedures in the Justis System

Symposium: 1987: Tagung am 20. und 21.11.1986 in Triberg, Tagungsbericht: Absprache im Strafprozess – ein Handel mit der Gerechtigkeit?, Ministerium für Justiz, Bundes- und Europaangelegenheiten, Baden-Württemberg, zitiert: Symposium Triberg

Terhorst, Brunno: 2002: GA. Kriterien für konsensuales Vorgehen im Strafverfahren - freie Wahl für Urteilsabsprachen, 600 ff.1988: DRiZ. Informelle Absprachen im Strafprozess, 296 ff.

Theile, Hans: 2005:StraFo.Der konsentierte Rechtsmittelverzicht, Überlegungen zum Beschluss des Großen Senats (BGH GSSt 1/04), 409 ff.

Trüg, Gerson: 2003:Lösungskonvergenzen trotz Systemdivergenzen im deutschen und US-amerikanischen Strafverfahren, Tübingen, zitiert: Trüg, Lösungskonvergenzen

Tscherwinka, Ralf: 1994:Absprache im Strafprozess, Frankfurt a. M., zitiert: Tscherwinka, Absprachen

Turawa, Merab/Gwenetadze Nino: 2006: Methodik überdie Entscheidungstreffen über die Straffälle, Tbilissi, 152 ff.2005: Rechts- und Justizformen im Südkaukasus, Materialsammlung N 16. Effizient der Justiz Tagungsband der III. Internationalen Richterkonferenz, 139 ff.

Tröndle, Herbert /Fischer, Thomas: 2007:Strafgesetzbuch und Nebengesetze, 44. Auflage, München, zitiert: Tröndle/Fischer, 2007

Ugrechelidze, Mindia: 1982: Schuld in Gefährdungsdelikten, Tbilissi, , zitiert: Ugrechelidze, Schuld in Gefährdungsdelikten

Vogler,Theo: 1977: ZStW. Straf- und strafverfahrensrechtliche Fragen in der Spruchpraxis der Europäischen Kommission und des Europäischen Gerichtshofes für Menschenrechte, 761 ff.

Wagner, Heinz/Rönnau, Thomas: 1990: GA.Die Absprache im Strafprozess, Ein Beitrag zu Gesamtreform des Strafverfahrens mit Gesetzesvorschlägen, 387 ff.

Wagner, Heinz: 2002:Festschrift für Karl Heinz Gössel zum 70. Geburtstag. Das einvernehmliche Verfahren, hrsg. von Dieter Dölling und Volker Erb, Heidelberg, 585 ff., zitiert: Wagner, FS für Gössel

Weber, Ulrich:1975:GA. Der Missbrauch prozessualer Rechte im Strafverfahren, 289 ff.

Whitbread, Charles H./Slobogin, Cristopher: 2001: Criminal Procedure – An Analysis of Cases and Consepts, Westbary 4th ed., zitiert: Whitbread/Slobogin, Criminal Procedure

Weichbrodt, Korinna: 2005: Das Konsensprinzip strafprozessualer Absprachen – Zugleich ein Beitrag zurReformdiskussion unter besonderer Berücksichtigung der italienischen Regelung einvernehmlicher Verfahrensbeendigung, Berlin, zitiert: Weichbrodt, Das Konsensprinzip

Weider, Hans-Joachim: 2003:StraFo. Der aufgezwungene Deal, 406 ff.2002: StV.Der verweigerte Deal – oder die Rache des Schwurgerichts, 397

ff.2002: Festschrift für Klaus Lüderssen. Rechtsmittelverzicht und Absprache, Baden-Baden, zitiert: Weider, FS für Klaus Lüderssen. 2001: StV. Ein OLG-Deal, 595 ff.2000: Vom Dealen mit Drogen und Gerechtigkeit, Mönchengladbach

Weider, Hans-Joachim/Schlothauer, Reinhold: 2009: StV. Das „Gesetz zur Regelung der Verständigung im Strafverfahren" . vom 3. August 2009, , 601 ff.

Weiser, Benjamin: 2000: My Name is not Robert, New York Times, August 6 th, available http://www.truthinjustice.org/wrongman.htmpages.

Widmaier, Gunter:2005:NJW.Die Urteilsabsprache im Strafprozess – ein Zukunftsmodell? 1985 ff.1990: DJT. Referat zum 58. Deutschen Juristentag, Sitzungsbericht über die Verhandlungen der Abteilung Strafrecht, München, zitiert. Widmaier, Referat auf dem 58. L 33 ff.1986: StV. Der strafprozessuale Vergleich, 357 ff.

Weigend, Thomas: 2001: ZStW. Unverzichtbares im Strafverfahrensrecht, 271 ff.1990: JZ. Abgesprochene Gerechtigkeit, 774 ff.1978: Anklagepflicht und Ermessen. Die Stellung des Staatsanwalts zwischen Legalitäts- und Opportunitätsprinzip nach deutschem und amerikanischem Recht, Baden-Baden, zitiert: Weigend, Anklagepflicht.2000: Der BGH vor der Herausforderung der Absprachepraxis, Festschrift zum 50jährigen Bestehen des BGH, Köln, München u.a., 1011, zitiert: Weigend, 50 Jahre Bundesgerichtshof, 2000. 1999: NStZ. Eine Prozessordnung für abgesprochene Urteile, 55 ff.1990: Absprachen in ausländischen Strafverfahren, Freiburg. i. Br., zitiert: Weigend, Absprachen. 1982: ZStW. Strafzumessung durch die Parteien - das Verfahren des plea bargaining im amerikanischen Recht, 200 ff.1979: Funktion und Tätigkeit der Staatsanwaltschaft in den USA , in: Funktion und Tätigkeit der Anklagebehörde im ausländischen Recht, Jescheck, Hans- Heinrich/Leibinger, Rudolf (Hrsg.), Baden-Baden, zitiert:Weigend, Funktion und Tätigkeit der Staatsanwaltschaft in den USA. 1978: Anklagepflicht und Ermessen: Die Stellung des Staatsanwalts zwischen Legalitäts- und Opportunitätsprinzip nach deutschem und amerikanischem Recht. Rechtsvergleichende Untersuchungen zur gesamten Strafrechtswissenschaft, zitiert: Weigend, Anklageschrift.

Weßlau, Edda: 2008:FS für Müller... Strategische Planspiele oder konzeptionelle Neuausrichtung? Zur aktuellen Kontroverse um eine gesetzliche Regelung der Absprache im Strafverfahren. zitiert: Weßlau, FS für Müller. 2007: StraFO. Konsensprinzip als Leitidee des Strafverfahrens? 1 ff.2007:SK StPO. Systematischer Kommentar zur Strafprozessordnung und zum Gerichtsverfassungsgesetz, Rudolphi/Frisch/Paefgen/Rogall/Schlüchte/ Wolter, München, zitiert: 2007, München, Bearbeiter Weßlau. 2006: StV Absprachen und Strafverteidigung, 357 ff.2002: Das Konsensprinzip im Strafverfahren - Leitidee für eine Gesamtreform? Baden-Baden, zitiert: Weßlau, das Konsensprinzip. 2004: ZStW. Absprachen im Strafverfahren, 152 ff.

Widmaier, Gunter: 1986:StV.Der strafprozessuale Vergleich, 358 ff.

Wickern, Thomas: 1999: Löwe-Rosenberg, Strafprozessordnung und das Gerichtsverfassungsgesetz, Großkommentar, 25. Auflage, herausgegeben von Peter Rieß, Berlin, zitiert: LW, 25. Auflage, Berlin, Bearbeiter Wickern

Wolfslast, Gabriele: 1990: NStZ.Absprachen im Strafprozess, 410 ff.

Wolter, Jürgen: 1985:GA. Strafverfahrensrecht und Strafprozessreform, 49ff.1989: GA. Informelle Erledigung und summarische Verfahren bei geringfügiger und minderschwerer Kriminalität, 400 ff.

Zschockelt, Alfons: 1991:NStZ. Die Urteilsabsprache in der Rechtsprechung des BVerfG und des BGH, 305 ff.

Zuck, Rüdiger: 1990: MDR. Rundschau – Kurze Beiträge - Blick in die Zeit, 18 ff.

Zypries, Brigitte: 2006:AnwBl. Die Bekämpfung des Terrorismus kann nur innerhalb rechtsstaatlicher Gründsätzen erfolgen, 102 ff.

FSC
www.fsc.org
MIX
Papier | Fördert gute Waldnutzung
FSC® C083411

Kolibri 360 GmbH
Ferdinand-Jühlke-Straße 7
99095 Erfurt, Deutschland
produktsicherheit@kolibri360.de